Le grand guide de votre enfant

DE 0 À 3 ANS

Pour Éléonore.

Le grand guide de votre enfant

DE 0 À 3 ANS

Anne Bacus

Marabout

Sommaire

INTRODUCTION

Le livre est devenu le partenaire obligé de la femme enceinte et des jeunes parents. Les conseils entendus sont si contradictoires, les modes si fragiles, les nouveaux parents si inexpérimentés et l'exigence de réussite si grande, qu'il faut maintenant des manuels pour retrouver son instinct et des idées de bon sens.

Autrefois, dans nos pays, et encore maintenant dans quelques régions du monde, les jeunes femmes arrivaient préparées à la maternité. Les autres femmes de la famille ou du groupe leur avaient transmis la manière traditionnelle d'attendre un enfant et de s'en occuper. Ce savoir n'était sans doute pas scientifique, mais, plein d'expérience et de sagesse, il rassurait et guidait. Aujourd'hui les « experts » ont remplacé la tradition et les médecins les femmes de la famille. Le problème est que les modes et les conseils ont changé souvent. Si les femmes sont mieux informées (mais le sont-elles vraiment ? Hors d'un cercle privilégié, il est permis d'en douter), elles sont moins bien préparées, et tout cela génère de l'anxiété dont la famille fait les frais.

Je n'ai pas souhaité faire un ouvrage de plus sur la question mais un guide destiné aux parents convaincus qu'il faut tenter de dépasser les phénomènes de mode pour se remettre à l'écoute de l'enfant. En tant que mère, j'ai écrit le livre que j'aurais aimé trouver lorsque mon premier enfant est né. En tant que psychologue de crèche, vivant au contact des mères et des enfants, il m'a semblé important de dépasser les problèmes de couches et de biberons pour parler du bébé comme d'une personne humaine et pas seulement comme d'un objet de soins attentifs. J'ai souhaité faire un livre différent des autres, qui insisterait moins sur le médical, le pathologique ou l'exceptionnel, moins sur les règles de puériculture, toujours sujettes à caution, mais développerait longuement les aspects concrets et relationnels de la vie de tous les jours.

Une compétence instinctive

Les conseils de puériculture ne sont pas très importants : ils ont changé souvent et changeront encore. Ne les suivez que s'ils vous semblent pertinents et en accord avec votre sentiment profond et avec ce que vous connaissez de votre bébé. Comme l'a développé le pédiatre et psychanalyste britannique Donald Winnicott, la mère, pendant les premiers mois de la vie de son bébé, se trouve dans un état de « préoccupation maternelle primaire » qui fait d'elle la plus compétente pour répondre de manière adéquate aux besoins de son enfant. Personne ne le connaît mieux qu'elle car elle s'y identifie instinctivement. Noyer cette mère de conseils techniques et rigides ne peut que troubler cette merveilleuse et instinctive com-

pétence qu'elle a pour prendre soin de son bébé. L'idée de ce livre est plutôt de renforcer cette compétence, cette sensibilité au bébé, cette confiance en soi : les parents sont les premiers spécialistes de leur bébé.
Donner à son enfant tout ce qui est nécessaire en amour, en expérience et en éducation, afin qu'il se développe d'une façon heureuse et équilibrée, ne réclame nullement un don ou des études particulières. Un mélange de tendresse, de patience, d'enthousiasme et de bon sens donne d'excellents résultats. Mais il semble également très important de bien connaître son enfant. Quelles grandes étapes traverse-t-il ? À quelles difficultés ou à quelles peurs est-il confronté ? Que se passe-t-il dans sa tête et dans son corps à tel ou tel âge ? Ce livre est là pour répondre à ces questions.

Un nouveau regard sur le bébé…

Depuis quelques années, du fait de nouvelles recherches et connaissances sur le fœtus et sur le nouveau-né, le regard que l'on porte sur les jeunes enfants a changé : la façon de les élever également. On ne s'occupe plus des bébés aujourd'hui comme hier. Il n'est plus possible avec ce que l'on sait maintenant, quoi qu'en disent certaines grands-mères ou voisines, de mettre sur le pot un enfant d'un an, de laisser pleurer un nouveau-né pour qu'il fasse ses poumons, de suralimenter un petit parce que « être rond » est un gage de santé ou de lui attacher les mains le long du corps pour l'empêcher de sucer son pouce. Mais ses « nouvelles » compétences mises en évidence ne justifient pas non plus qu'on lui passe tout pour ne pas le traumatiser ou qu'on lui apprenne à lire le japonais à l'âge de six mois. Il est dépassé également, dans une société comme la nôtre, de perdre un temps fou à appliquer des règles d'hygiène, de rigueur et de perfection. En revanche, on a découvert que le nourrisson était merveilleusement équipé pour communiquer, se faire aimer, se faire comprendre et réguler seul la quantité de nourriture et de sommeil dont il a besoin. Le respecter, c'est aussi être à son écoute et lui faire confiance. Passer du temps avec lui et non pour lui.
L'essentiel, pour moi, est de donner confiance aux parents dans leur valeur en tant qu'éducateurs, afin qu'ils puissent, progressivement, trouver eux-mêmes leurs réponses. J'ai voulu aborder avec eux les vraies questions que se posent les parents d'aujourd'hui, qui concernent l'éveil, l'équilibre et l'épanouissement physique, social, affectif et intellectuel de leur enfant.

… et sur les premières années de l'enfant

Aucune période ne comptera autant dans l'existence future d'un enfant que ses trois premières années. Aussi convient-il, en tant que parent, d'y être particulièrement attentif.

Suivre au plus près l'avancée de son enfant dans tous les domaines de son développement physique, psychologique, affectif et social permet de mieux affronter les nombreux problèmes éducatifs qui ne manquent pas de survenir.
À un moment ou à un autre, tout parent se sent perdu et démuni face à son enfant qui semble pleurer sans raison, refuse la cuillère, se met à avoir peur du bain, tarde à être propre, se relève la nuit ou se plonge dans des colères effroyables. On voudrait rester calme et disponible : on se retrouve épuisé et tendu, ne sachant pas s'il faut laisser faire, consoler ou bien sévir.
Les troubles spécifiques ou purement médicaux ne sont pas traités dans cet ouvrage. S'ils peuvent survenir entre la naissance et trois ans, comme à toute période, ils sont trop complexes pour être abordés ici d'une manière utile au lecteur. Les questions sur les maladies relèvent souvent de l'urgence : mieux vaut appeler un médecin que chercher la réponse dans un livre.
En revanche, les questions telles que : « À quel âge puis-je commencer à l'asseoir sur le pot ? », « À son âge, quels sont les bons jouets à lui offrir ? », « Comment le faire manger quand il ne veut pas ? », ou : « Comment l'empêcher de mordre ? » sont quotidiennes.
C'est à ces interrogations permanentes, qui laissent les parents souvent désarmés dans leur rôle éducatif, que j'ai souhaité répondre en priorité.
Si la première année d'un enfant est plutôt calme, marquée par des découvertes mutuelles et un éveil progressif, les deux années suivantes sont plus mouvementées... mais tout aussi passionnantes ! Quand des difficultés apparaissent, elles sont le plus souvent liées aux repas, au sommeil et au caractère. Jusque-là si conforme au rêve qu'on s'en faisait, l'enfant devient en grandissant plus complexe à comprendre et plus exigeant.
Parce qu'il est porteur de leurs espoirs, les parents le voudraient intelligent, obéissant, précoce, talentueux, gai... ; ils donneraient tout pour lui éviter les échecs et les soucis. Ils ont donc beaucoup de mal à accepter les petites difficultés lorsqu'elles surviennent. Aussi vaut-il mieux savoir d'emblée qu'un enfant, entre un et trois ans, traverse une sorte de « petite adolescence », souvent conflictuelle : les crises rencontrées, qui, par moments, rendent l'enfant insupportable et, à d'autres, tout à fait délicieux, sont inhérentes à la construction de sa personnalité.
Au début de cette période, il est encore un bébé que vous tenez dans vos bras. À la fin, il est une petite fille ou un petit garçon qui vous dit « Au revoir, à ce soir », en agitant la main sur le seuil de sa classe, à l'école. C'est ce chemin, semé de plaisirs immenses, de grandes découvertes et de diverses embûches, ce chemin qui mène à la découverte et à l'acquisition de l'autonomie, que vous allez parcourir ensemble.

Chaque enfant est unique

S'il tient compte des nouvelles découvertes, ce livre s'appuie avant tout sur l'expérience et le bon sens. Il aidera les parents, je l'espère, à trouver l'attitude appropriée à leur enfant. Dans ce but, il fournit des informations et des conseils qui ont fait leurs preuves. Mais surtout, il permet aux parents de comprendre qui est leur enfant. Le connaissant mieux, ils peuvent se mettre à sa place et agir en accord avec lui, en complicité plutôt qu'en malentendu.

J'aurais aimé vous parler simplement de votre enfant en ce qu'il a d'unique. Parce que chaque famille a sa particularité et sa culture, que chaque parent a son histoire, un simple livre ne peut suffire à répondre précisément à toutes les interrogations. Aussi est-ce à chacun de prendre ses responsabilités et de déterminer, en relative connaissance de cause, ses choix éducatifs. Mes conseils, s'ils sont psychologiques, et forcément culturels, s'efforcent de n'être que des repères, des points de départ pour une réflexion. À chaque parent, à sa manière, de faire ses choix et d'inclure l'enfant dans une relation de confiance, de respect, de sécurité et d'amour.

EN GUISE D'AVERTISSEMENT

- Tous les enfants sont différents. Ils n'ont ni le même tempérament ni le même goût des choses : certains développeront plus tôt leurs capacités physiques globales, d'autres leur habileté manuelle, d'autres encore leur sens de l'observation. L'enfant moyen est un leurre. Pourtant, c'est lui qui est décrit dans un livre qui s'adresse à tous. Aussi les parents ne doivent-ils ressentir ni orgueil ni inquiétude si les acquisitions de leur enfant ne coïncident pas exactement avec les âges avancés dans cet ouvrage.

- Quand je dis « vous », c'est aux deux parents que je m'adresse, même si les mères sont souvent les interlocutrices privilégiées des premières années de l'enfant. J'éprouve un grand respect pour les pères qui trouvent parfaitement normal de s'occuper de leur jeune enfant et le font avec plaisir.

- Parce que, dans la langue française, « enfant » et « bébé » sont du genre masculin, j'ai qualifié l'enfant par le pronom « il ». Que les parents de filles ne s'en offusquent pas, les filles n'étaient nullement absentes de mes pensées.

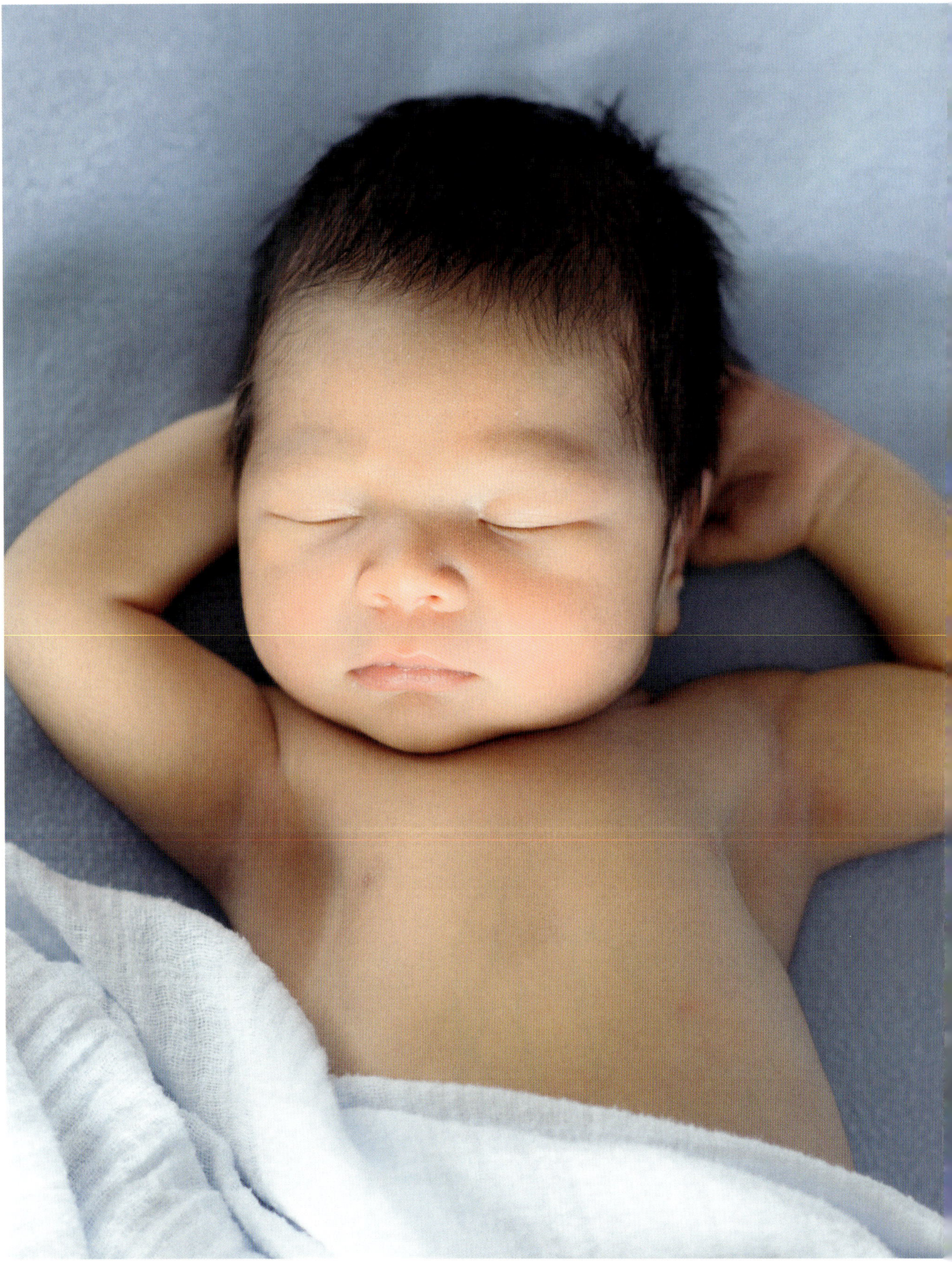

I

LA PREMIÈRE ANNÉE DE VOTRE ENFANT

SE PRÉPARER ET S'ORGANISER

Neuf mois de grossesse, ce n'est pas un temps trop long pour se préparer psychologiquement à la venue d'un bébé et pour lui aménager une place dans sa vie. Le nouveau-né est tout petit, mais l'espace qu'il occupe ne l'est pas Je ne parle pas seulement de l'abondant matériel qu'il va falloir prévoir, mais surtout du bouleversement que la venue d'un bébé va entraîner dans la vie de ses parents.
Déjà, avant la naissance, ils sont très occupés : aménager un coin pour bébé, s'équiper, préparer le trousseau, chercher un mode de garde. Quand la date se rapproche, il faut prévoir la valise pour la maternité et la couleur des faire-part, remplir le congélateur, se mettre enfin d'accord sur les prénoms choisis.
Sans compter le temps pour rêver, caresser le bébé blotti dans son abri, faire des projets, des câlins, et se raconter à deux combien la vie sera douce à trois.

AMÉNAGER L'ESPACE

Profitez de votre congé maternité pour aménager le coin de votre bébé. Les premiers jours à la maison seront plus calmes si tout est prêt pour le recevoir.

Le coin de bébé

Qu'il ait sa chambre ou qu'il la partage, l'essentiel est qu'il ait un coin à lui, lumineux et calme, au besoin isolé par un rideau ou un paravent. Le lit sera de préférence près de la porte, et à l'abri des courants d'air.

Choisissez des revêtements lavables et faciles à entretenir. Évitez la moquette de couleur claire, sauf si elle est garantie antitaches. Le lino est peut-être moins doux à l'œil, mais beaucoup plus résistant. Les dalles offrent l'avantage de pouvoir se remplacer à l'unité en cas de besoin. Peinture murale et papier peint doivent aussi être choisis plus en fonction de l'usage qui en sera fait que du seul point de vue esthétique. Pour une peinture, choisissez une teinte discrète que vous relèverez avec des motifs de couleurs vives. Prenez-la impérativement sans plomb. Pour un papier peint, attention aux décors « bébé » qui ne conviennent pas longtemps à l'âge de l'enfant. Mieux vaut un fond discret, orné d'une frise « Babar » ou « nounours » que l'on pourra changer.
L'éclairage idéal est une lampe dont on peut régler l'intensité lumineuse. Vous la réglerez au minimum lorsque vous viendrez voir votre bébé la nuit, mais plus fort quand il faudra retrouver la tétine qui aura roulé sous le lit... Si la fenêtre ne possède pas de volet, prévoyez des doubles rideaux pour obscurcir la pièce.

ATTENTION

- Ne placez jamais sous la fenêtre des meubles que l'enfant pourra un jour avoir envie d'escalader.
- Fixez solidement au mur les étagères et les meubles hauts.
- Si vous décidez de mettre un tapis dans la chambre, prévoyez un système antidérapant.
- S'il y a du parquet, poncez-le bien pour éviter les échardes et bouchez les interstices pour éviter qu'ils deviennent un nid à acariens. Un plancher vitrifié se lave plus facilement.
- Attention au système électrique : pas de rallonge ; placez des cache-prises ou des prises de sécurité partout. Faites installer les prises électriques en hauteur (1,30 m).
- Utilisez uniquement des lampes qui respectent les normes de très basse tension (moins de 24 W).

Décorer

Pour la décoration, les couleurs traditionnelles comme le blanc, le bleu ciel et le rose cèdent progressivement la place à des teintes plus variées, ce qui est une bonne chose. Le bébé s'éveille davantage si sa chambre est gaie. Il suffit de quelques éléments de couleurs vives sur un fond mural plus neutre.

La stimulation visuelle vient aussi :
- des affiches que l'on accroche au mur ;
- du mobile suspendu au-dessus du lit ;
- du miroir incassable que l'on place à côté de lui ;
- des étoiles fluorescentes que l'on colle au plafond.

Les meubles

- Les meubles doivent être solides, recouverts de peinture non toxique, pratiques et faciles à nettoyer. Arrondissez les coins des meubles « à hauteur d'enfant ».
- Le mobilier évolutif est plus cher à l'achat mais sera rentabilisé au cours des années suivantes. Choisissez de préférence des marques qui possèdent le label NF; elles suivent leurs modèles sur des années et peuvent fournir des pièces détachées.
- Prévoyez beaucoup d'espaces de rangements (tiroirs et étagères): les affaires de bébé prennent beaucoup de place. Pour les petits jouets, des bacs en plastique de couleurs vives montés sur roulettes sont très pratiques.
- Les étagères sont pratiques pour tout ce qui doit être hors de portée de l'enfant. Mais n'en installez jamais au-dessus du lit de l'enfant. Il y a toujours un risque pour qu'il en reçoive le contenu sur la tête

Le coin du change

Outre la table à langer (à défaut, une planche posée sur des tréteaux un peu haut et recouverte d'un matelas à langer), veillez à avoir à portée de main:

- un robinet et un lavabo (pas indispensable, mais pratique);
- des étagères en hauteur pour ranger les produits de toilette;
- une corbeille qui ferme ou une poubelle pour jeter les couches sales;
- des tiroirs pour les couches propres, les serviettes, etc.;
- un dévidoir de papier absorbant;
- un mobile pour distraire bébé;
- des crochets au mur pour suspendre gant, serviette, pyjama.

Les trucs qui simplifient la vie

- Installez dans la chambre un fauteuil bas et confortable. Vous apprécierez d'être bien installée et d'avoir le bras soutenu lorsqu'il faudra allaiter ou donner le biberon à toute heure du jour et de la nuit...
- Accrochez au mur un grand tableau blanc magnétique muni de petits aimants. Il permet de garder sous les yeux l'ordonnance ou le numéro des urgences. Il sert de pense-bête et permet d'accrocher le petit chausson qui traîne.

ATTENTION

Si vous achetez des meubles en kit, ouvrez le colis et sortez tous les morceaux à assembler à l'extérieur de la maison, sur un balcon par exemple, ou bien dans une pièce donc vous fermez la porte et laissez la fenêtre grande ouverte plusieurs heures. Laissez bien l'ensemble s'aérer longuement afin que tous les composés volatiles se soient dissipés.

DERNIERS PRÉPARATIFS

Il est souhaitable d'acheter avant la naissance, quand on est encore disponible, le matériel dont on aura besoin dès le retour à la maison. Les dernières semaines sont aussi l'occasion d'arrêter ensemble le choix du prénom.

ASTUCE

Pendant les six premiers mois, le bébé grandit très vite et se salit souvent : il faut beaucoup de changes. Durant la même période, il utilise du matériel qui ne servira plus par la suite (baignoire de bébé, landau, berceau, couffin, lit-auto, etc.). N'investissez que si vous prévoyez déjà la venue d'autres enfants...

- Tout votre équipement n'a pas besoin d'être neuf ou dernier cri. Faites-vous prêter du matériel ou bien achetez-en d'occasion.
- Méfiez-vous des listes fournies par les manuels de puériculture. Renseignez-vous plutôt auprès de vos amies pour savoir ce qui est pratique et utile.

Le gros équipement

La quantité d'objets, meubles et accessoires que vous devez vous procurer est impressionnante. Certains ne peuvent s'improviser, et doivent être choisis parmi les modèles respectant les normes de sécurité. D'autres peuvent se bricoler ou s'inventer. D'autres, enfin, sont pratiques mais pas indispensables : des jeunes mamans de votre entourage pourront vous renseigner. Pour vous équiper, pensez aux copines ou cousines qui ont accouché il n'y a pas si longtemps : le marché « seconde main » se développe de plus en plus dans le domaine de la puériculture. Les bébés grandissent si vite. Certains objets ou vêtements, nécessaires à un certain âge, n'ont pas eu le temps de s'user alors qu'ils ne sont déjà plus adaptés. Enfin n'oubliez pas que votre pharmacien peut vous louer du matériel (berceau, balance, etc.), ce qui est souvent intéressant.

Pour les grosses pièces, prenez le temps de visiter plusieurs magasins et de consulter les catalogues avant de vous décider. Vous gagnerez à choisir du matériel « premier âge » de bonne qualité, surtout si vous envisagez qu'il serve pour plusieurs enfants. Pour tout ce qui n'est pas urgent (qui servira lorsque l'enfant aura six mois et plus), vous pouvez, une fois votre choix fait, faire circuler une « liste de naissance » parmi la famille et les amis. Cela vaut mieux que d'accumuler vingt grenouillères taille naissance ou quinze chats en peluche.

À la maison

- Les tables à langer du commerce sont pratiques mais encombrantes. Un dessus de commode ou une ancienne table d'ordinateur peuvent aussi faire l'affaire. L'essentiel est que la hauteur soit bonne (vous ne devez pas vous pencher en avant pour changer l'enfant), que la surface soit lavable et que vous disposiez d'espaces de rangements. Quant aux matelas, rembourrés avec un bloc de mousse, ils sont plus solides. Pour éviter le contact froid du plastique contre la peau du bébé, fabriquez deux ou trois housses en cousant ensemble deux vieilles serviettes de toilette ou glissez le matelas dans deux taies d'oreiller que vous changerez régulièrement.

- Choisi solide, le couffin peut tout à fait servir de lit au nouveau-né. Il a l'intérêt de pouvoir être transporté de pièce en pièce et facilement emmené en déplacement. Mais attention, un couffin ne peut en aucun cas remplacer un lit-auto.
- Un berceau, c'est ravissant, mais c'est un investissement important et pas très utile. Ne craquez que si vous en rêvez vraiment. Certains bébés héritent du berceau familial, d'autres d'un berceau loué ou prêté.
- Le transat est en revanche un équipement indispensable. Il vous servira tant que votre enfant ne se tiendra pas assis seul. Choisissez un modèle solide, avec un système d'attaches réglables selon le poids de votre enfant, à armature rigide ou en toile.
- La baignoire en plastique est inutile si vous lavez votre bébé dans le lavabo, mais sera nécessaire lorsqu'il grandira. Vous pouvez la remplacer par une grande bassine ou encore par un grand seau, style seau de maçon (certains sont particulièrement conçus à cet effet).

Pour la balade

- Si vous rêvez depuis toujours d'un vrai landau traditionnel, faites-vous plaisir. Mais sachez que le landau-poussette transformable sera nettement plus maniable et plus économique. Un landau confortable peut, dans un premier temps, servir de lit.
- Facultatif, le porte-bébé est pratique et peu onéreux. La forme « kangourou » est la plus classique, mais à vous de choisir ce qui vous convient le mieux. L'essentiel est qu'il soit solide, facile à enfiler, et que vous et votre bébé vous sentiez bien l'un contre l'autre. Vous pouvez aussi vous procurer une écharpe de portage, très à la mode chez les jeunes mamans. Y installer son enfant de manière tout à fait sécurisée demande un certain savoir-faire, vite acquis avec un peu de pratique. Porte-bébé et écharpes ont le même résultat : votre bébé est tenu sur votre ventre, la tête posée sur le cœur, bien au chaud contre vous. Ils ont aussi le mérite de vous laisser les mains libres. Quant au bébé, il s'y calme très vite…
- La poussette n'est pas nécessaire au début si vous avez un landau. Mais elle va vite se révéler indispensable. Autant la choisir d'emblée solide, évolutive, pliable facilement et munie d'une capote pour la pluie et de roues pivotantes (plus maniable).
- Dernier élément indispensable pour transporter un bébé en voiture jusqu'à l'âge de six mois (neuf pour le siège), le lit-auto ou le siège-baquet dos à la route. Procurez-vous un système conforme aux normes de sécurité. Maniable, le lit-auto peut aussi servir de lit d'appoint pendant quelques mois.

Le petit matériel

Il vous faudra encore acquérir :

- des biberons premier âge avec leurs tétines, clairement gradués (un ou deux si vous allaitez, sept si vous n'allaitez pas) ;
- un système de stérilisation ;
- un chauffe-biberon (casserole d'eau chaude ou four à micro-ondes peuvent vous en dispenser) ;
- des bouteilles d'eau pour bébé ;
- un stock de couches premier âge.

Dans quelques mois, il vous faudra compléter votre équipement avec une chaise haute, un siège-auto, un parc et un lit de bébé à barreaux.

Le trousseau de bébé

- Choisissez les vêtements un peu grands, en tenant davantage compte de la conformation du bébé que de son âge. N'achetez que des textiles doux, naturels, confortables, lavables en machine et ne nécessitant pas de repassage. Dans les prochains mois, vous aurez mieux à faire pour votre bébé que de repasser les petits plis en dentelle de ses vêtements… Les vêtements en coton bio se trouvent maintenant partout, à des prix compétitifs.
- Évitez les habits qui se passent par la tête (les bébés ont généralement horreur de cela). Pensez que vous devrez changer les couches souvent : aussi, choisissez des vêtements qui permettent de libérer le bas du corps sans déshabiller le haut. Bannissez les ouvertures compliquées en leur préférant pressions et Velcro®. Évitez aussi rubans et petits boutons (ou alors recousez-les très solidement), qui deviennent dangereux dès que votre bébé peut s'en emparer.
- Durant les premières semaines, le bébé passe une grande partie de son temps à dormir. Le vêtement dans lequel il sera le mieux est le pyjama une pièce, en tissu extensible, s'ouvrant grâce à un « pont arrière » sur les fesses. Doublé, selon la température, d'une gigoteuse.
- Sauf si votre enfant est prématuré ou spécialement « petit format », inutile d'investir dans des vêtements taille 0 ou « Naissance ». Ils servent très peu de temps. La taille « 3 mois », même si elle semble un peu grande au début, est vite plus adaptée et fait davantage d'usage.

BON À SAVOIR

Souvent, surtout pour son premier bébé, on a envie de se faire plaisir en s'offrant ce qu'il y a de mieux, de plus chic, de plus cher. N'oubliez pas que votre bébé trouve avant tout son plaisir dans le confort et dans le temps complice que vous passez ensemble. Faites toujours passer le confort et l'aspect pratique en priorité.

- Pour éviter l'hyperthermie, n'habillez pas votre bébé trop chaudement et ne le couvrez pas trop lorsqu'il dort, ou en voiture.
- Ne laissez aucune chaîne autour de son cou.

→ **Préparez votre valise** pour la maternité mais aussi les vêtements et affaires qui serviront dès votre retour.

allo

Les indispensables

- 4 bodies en coton
- 6 grenouillères en tissu éponge
- 2 gilets
- 6 paires de chaussettes
- 1 nid d'ange ou 1 combinaison molletonnée pour l'extérieur
- 1 bonnet
- 6 bavoirs
- 2 surpyjamas (ou gigoteuses)
- 2 alèses pour le matelas
- 1 couverture légère et douce
- 4 petits draps ou draps-housses

BON À SAVOIR

Voici quelques conseils pour prévenir les allergies et l'eczéma, fréquents chez les tout-petits :

- N'utilisez pas de vêtements en fibres synthétiques en contact avec la peau.
- Pour les vêtements en laine, pas de fibres longues.
- Lavez les vêtements neufs une première fois avant de les faire porter à votre bébé.
- Utilisez une lessive neutre, bio, ou bien du savon de Marseille. Oubliez l'adoucissant.

Les derniers préparatifs

Il est sage de préparer votre valise dès le huitième mois afin d'être prête si le bébé se présente avec un peu d'avance. Outre les affaires du bébé, vous devez penser à ce dont vous pourrez avoir besoin à la maternité, selon que vous souhaitez allaiter ou non, selon vos goûts et en fonction des exigences de la maternité.

Votre valise

- 2 chemises de nuit ouvertes devant et une robe de chambre
- 1 paire de chaussons
- 1 trousse de toilette
- 2 serviettes de toilette et 2 gants
- 1 sèche-cheveux
- 2 soutiens-gorge d'allaitement (si c'est votre choix)
- Des slips jetables
- Le livret de famille
- Votre dossier de maternité
- Votre carnet d'adresses
- De quoi écrire
- De quoi écouter de la musique
- Des magazines et des livres

Dans les derniers jours de la grossesse, pensez à remplir le congélateur. À votre retour de la maternité, vous serez très contente de n'avoir qu'à réchauffer des plats plutôt qu'à cuisiner.

Enfin, c'est aussi le moment de choisir les faire-part, de dresser la liste des personnes à qui vous les enverrez. Vous pouvez également déjà écrire les adresses sur les enveloppes.

Décider d'un prénom

Le temps est loin où l'on se contentait, le jour J, de choisir le prénom du saint du calendrier ou de reprendre par tradition celui du grand-père. Les parents veulent pour leur enfant un prénom original mais pas trop, peu courant mais pas trop difficile à porter non plus…

Il existe deux écueils principaux. Le premier est de rechercher l'originalité à tout prix. Car comment savoir si votre enfant aura envie de se distinguer de manière aussi manifeste ? Certains prénoms sont difficiles à porter et il faut en tenir compte.

L'autre écueil est l'effet de mode. Les enfants risquent d'être plusieurs dans la classe à porter le même prénom. Ce prénom, si courant pendant quelques années, pourra paraître démodé ensuite.

Un choix important

Le choix du prénom mérite qu'on y passe du temps. C'est le mot qui sera accolé à cet être toute son existence (on constate que même ceux qui n'aiment pas leur prénom en changent rarement). L'enfant s'identifiera à ce prénom au point, disent certains, d'en faire une part de sa personnalité et de son caractère.

Certains prénoms ont une signification, d'autres une sonorité ou une histoire particulières. Le prénom a une fonction sociale (il signe une appartenance à un groupe socioculturel), une fonction familiale (lorsqu'il reprend le prénom d'une personne aimée ou s'inscrit dans la tradition d'une lignée), une fonction religieuse ou culturelle.

Dans tous les cas, il témoigne du projet que les parents ont pour cet enfant particulier. Aussi est-il intéressant de mettre à jour ce que ce choix recouvre, consciemment ou inconsciemment.

LE SÉJOUR À LA MATERNITÉ

Le grand jour est arrivé. Quelle joie – parfois mêlée d'inquiétude – à l'idée de faire enfin connaissance après cette longue attente.
Neuf mois de cohabitation vous ont déjà permis d'entamer un dialogue qui va maintenant largement s'enrichir lors de sa venue au monde.
Si tout s'est bien passé, votre bébé, à peine sorti, est placé sur votre ventre, la tête enfouie près de vos seins, les jambes repliées sur vous. Il prend doucement sa respiration. C'est une fille, ou bien c'est un garçon, découverte annoncée ou confirmation de l'échographie. Il a dix doigts minuscules, un nez retroussé...
Tout commence.

FAIRE CONNAISSANCE

Ou plutôt continuer... parce qu'il est évident que le dialogue avec le bébé était déjà entamé pendant la grossesse. Mais les jours passés à la maternité sont vraiment le moment idéal pour que, pleine d'amour et de disponibilité, vous approfondissiez la rencontre avec votre bébé à peine né.

À quoi il ressemble

Il est là, enfin, dans vos bras... Votre bébé est le plus beau du monde. Lisse, rond et rose... Non ? Allons, il le sera dans quelques jours. Pour l'instant, il a peut-être :

- la peau couverte d'un enduit blanc et visqueux. C'est le vernix. Il a recouvert son épiderme et l'a protégé. Il a aussi aidé à le « faire glisser » lors de l'accouchement. Le vernix s'enlève lorsqu'on lave l'enfant, mais il est préférable de le laisser disparaître tout seul, ce qui est fait en un ou deux jours.
- le teint jaune. Il s'agit de l'ictère du nouveau-né, phénomène qui traduit la destruction de certains globules rouges devenus inutiles et qui, dans sa forme banale, ne nécessite aucun traitement. Il faut souvent quelques jours pour que la peau du bébé prenne sa jolie teinte rose. Les marques de naissance, taches couleur lie-de-vin situées en général à l'arrière du crâne, sont aussi très fréquentes. Elles mettront quelques mois à disparaître.
- une grosse tête, vaguement déformée, asymétrique ou « en pain de sucre ». La tête des bébés paraît grosse en comparaison de la nôtre, car elle représente, en proportion, une plus grosse partie de son corps (un quart de sa taille globale). De plus, les os du crâne du bébé ne sont pas encore soudés et les pressions subies par le crâne lors de l'accouchement ont pu le déformer légèrement. Cela se remet en place tout seul.
- une abondante chevelure et des poils sur les épaules, le dos, les oreilles ou le front. Cela est fréquent : tous ces poils disparaîtront en quelques semaines.
- des petits points blancs sur le nez, des taches rouges sur le visage ou sur la nuque. Ils disparaîtront aussi, les premiers plus rapidement que les secondes, mais elles seront vite cachées par les cheveux.
- les yeux bleus ou gris foncé. Cela ne signifie pas qu'il aura les yeux bleus. Il faut plusieurs mois, parfois plusieurs années, avant que les yeux du bébé prennent leur teinte définitive.

Au moment de sa naissance, l'aspect de votre nouveau-né peut vous surprendre… Tout cela va s'arranger très vite.

Juste après la naissance

Votre bébé est posé sur votre ventre, encore tout gluant, la respiration à peine établie. Placez le bébé à plat ventre sur vous, la tête près de vos seins, ses jambes repliées sur vous. Posez largement vos mains sur son dos et massez-le tout doucement.

Il est bien que son premier contact soit avec vous, peau à peau, quand cela est possible, et non avec une sage-femme ou avec un lange. Si le père est présent, il peut lui aussi avoir ce contact très précoce avec son bébé en posant sa main près de la vôtre.

Tout contre vous

Votre bébé retrouve le bruit des battements de votre cœur, qui l'a bercé pendant toute la période intra-utérine. Retrouver ce même bruit « au-dehors » est un élément important d'apaisement chez le nouveau-né. Contre vos seins, il repère votre odeur et présente déjà le réflexe de s'y enfouir.
Si vous et son père parlez à votre bébé, l'appelez par son nom, il retrouvera vos voix, dont il a perçu les vibrations avant même de les entendre. Ces voix sont forcément perçues différemment de ce que le bébé entendait quand il était dans votre ventre, mais elles ont les mêmes inflexions et les mêmes accents, ce qui fait que votre bébé pourra les reconnaître.

Dans les heures qui suivent

Si l'accouchement s'est bien déroulé, le bébé reste près de sa mère pendant deux heures environ, en salle de travail. S'il est en couveuse, vous pouvez demander que celle-ci soit placée près de vous, à portée de main. Vous serez étonnée de voir votre enfant aussi éveillé, calme, tranquille et attentif. Comme si cette « tempête » dont il sort était déjà oubliée. Le nouveau-né est totalement réceptif à votre regard, à vos paroles et sensible, n'en doutez pas, à l'accueil que vous lui faites.

L'accordage

Ce que les spécialistes appellent parfois « l'accordage », c'est-à-dire l'accord qui se crée entre le nouveau-né et sa mère, mais aussi avec son père, commence dès la venue au monde.

BON À SAVOIR

Une puéricultrice ou une sage-femme va emmener votre bébé quelques minutes pour un examen rapide : dégagement des voies respiratoires et digestives, collyre, toilette, pose du petit bracelet d'identification.
Puis votre bébé vous sera rendu et vous pourrez faire mieux connaissance. Parfois un bain lui sera donné juste à côté de vous. Enfin, au bout d'une heure ou deux si tout va bien, vous vous retrouverez ensemble dans la chambre et vous pourrez faire connaissance tout à loisir.

Utilisez ces moments pour :
- parler doucement à votre bébé ;
- continuer à le caresser tendrement, sur la tête, le long du dos, sur tout le corps... De vraies caresses lentes et douces peuvent être, en plus du plaisir que vous en retirerez tous les deux, d'un grand bienfait sur le plan physiologique ;
- placer votre bébé au sein si vous souhaitez l'allaiter.

Ces deux heures de doux tête-à-tête écoulées, vous allez vous rendre dans votre chambre pour prendre un peu de nourriture et de repos. Vous retrouverez votre bébé un peu plus tard, vêtu et couché au fond de son berceau, désireux, comme vous l'êtes, de vous retrouver.

Il arrive qu'un problème de santé affecte la mère ou l'enfant et les empêche de profiter au mieux de ces premières heures. Si c'est votre cas, n'en soyez pas trop déçue : dès que vous le pourrez, vous rattraperez le temps perdu par un surcroît d'attention et de tendresse.

Les compétences des nouveau-nés

Le bébé naît toujours aussi démuni, inachevé et dépendant. Mais depuis l'avènement de la « bébologie », qui se donne pour objet l'étude des compétences et comportements des bébés, on sait que ces derniers sont des « vraies » personnes (ce dont les mères n'avaient jamais douté...). On sait désormais que :

- le nouveau-né entend et voit ;
- il réagit aux caresses ;
- il reconnaît l'odeur et la voix de sa mère, puis de son père ;
- il est sensible aux voix et aux paroles prononcées ;
- il marque des préférences auditives, visuelles et gustatives ;
- il cherche le regard et le fixe ;
- il imite des mimiques faciales ;
- il apprend et sait moduler son comportement selon les situations ;
- il cherche à communiquer avec d'autres êtres humains.

Cette dernière compétence est la plus importante et la plus réelle. Comme l'écrit la pédiatre Marie Thirion, le bébé « est capable d'anticiper sur son propre développement et de montrer un cerveau actif et agissant, capable, dès la naissance, de communication sociale profonde et de choix ».

Son premier bilan de santé

Avant de quitter la maternité, votre bébé passera, en votre présence, un examen médical approfondi effectué par le pédiatre de l'établissement et destiné à vérifier que tout va bien. Il est important que ce bilan se déroule à un moment où le bébé est en éveil, disponible et calme. Tout cet examen est un peu éprouvant pour lui, mais rassure souvent les parents qui en profitent pour poser leurs dernières questions au pédiatre.

- Examen des sutures des os du crâne et des fontanelles, qui sont des espaces membraneux souples situés au sommet du crâne.
- Écoute du rythme cardiaque et auscultation pulmonaire pour rechercher d'éventuelles anomalies ou malformations.
- Palpation de l'abdomen et des organes internes principaux.
- Inspection des mains, des pieds et des organes génitaux.
- Contrôle de la tonicité pour vérifier si l'enfant réagit aux stimulations, suit des yeux, communique, etc.
- Prises des mensurations (taille, poids, périmètre crânien).
- Vérification de la cicatrisation de l'ombilic (nombril).
- Vérification des hanches (afin de dépister une éventuelle luxation).
- Vérification des réflexes archaïques, comme la marche automatique, le *grasping* (l'enfant s'agrippe très fort des mains), le réflexe de succion.

BON À SAVOIR

Dès la naissance, le bébé « sait » déjà faire un bon nombre de choses, dont certaines seront oubliées quelques semaines plus tard et qu'il devra progressivement réapprendre.

VOTRE SÉJOUR À LA MATERNITÉ

Ces quelques jours sont tout à vous et à votre bébé. Le personnel médical est là pour les soins, pour répondre à vos questions, mais aussi pour vous aider tous les deux à bien commencer votre vie commune.

Premières rencontres

Quelles que soient les règles en vigueur dans la maternité, essayez d'avoir votre bébé avec vous pendant ses temps d'éveil, qui sont encore assez courts. Dans vos bras, votre bébé retrouve le rythme de votre cœur, qu'il connaît si bien, apprend à identifier votre voix et découvre votre odeur, qu'il saura vite reconnaître.

Reposez-vous

Votre séjour à la maternité, où vous êtes normalement dégagée des responsabilités et des soucis matériels, sera bénéfique si vous en profitez pour vous reposer et faire connaissance avec votre bébé;

C'est vous la mère

- Sauf dans les cas d'urgence médicale, vous avez votre mot à dire sur la façon dont on s'occupe de votre bébé. Exprimez vos demandes avec gentillesse et fermeté, sans craindre ce que l'on pensera de vous.
- Si vous allaitez, vous avez le droit de le faire à la demande du bébé et non à un rythme imposé.
- Il existe des médicaments pour soulager vos petites douleurs: hémorroïdes, constipation, tranchées, seins engorgés, etc. Renseignez-vous.
- Si vous êtes fatiguée, donnez-vous le droit de refuser ou de limiter les visites. Vous vous rattraperez lorsque vous serez rentrée chez vous.
- Levez-vous dès que possible.
- Donnez vous-même un bain à votre bébé, en compagnie de l'auxiliaire de puériculture.
- N'hésitez pas à poser des questions et à demander des réponses précises.

BON À SAVOIR

Posez toutes les questions qui vous viennent à l'esprit, même celles qui vous semblent trop simplistes. Écrivez-les sur une feuille au fur et à mesure qu'elles vous viennent à l'esprit. Vous les poserez d'un coup lors de la visite du médecin.

Le baby-blues

Il arrive fréquemment que, dans les jours qui suivent l'accouchement, la jeune maman se sente vide, triste, abattue. Ce contrecoup s'explique par différentes raisons. Certaines sont physiologiques : chamboulement hormonal, amaigrissement brutal, manque de sommeil. D'autres sont psychologiques : sentiment de solitude et de terrible responsabilité, séparation d'avec l'enfant, etc.

Pour échapper au baby-blues

- Ne restez pas seule. Profitez des jours de congé accordés à votre conjoint. Appelez une personne capable de vous écouter.
- Laissez tomber tout ce qui n'est pas indispensable pour vous consacrer totalement et uniquement à votre bébé. Faites du « peau à peau » et laissez-le vous exprimer combien il est heureux d'être venu chez vous…
- Reposez-vous le plus possible.
- Pensez à vous accorder des petits plaisirs qui remontent le moral.
- Prenez patience car cet état est, heureusement, passager.

L'instinct maternel

L'amour maternel n'est pas toujours immédiat. Si certaines mères fondent aussitôt de tendresse devant leur petit, d'autres, épuisées ou inquiètes, s'étonnent de ne pas ressentir d'élan envers leur bébé. Rares sont les accouchements parfaits et les bébés qui ressemblent exactement à l'enfant rêvé. Il faut prendre en compte les hormones et la fatigue…

La femme « fait » un enfant, mais c'est ce premier enfant qui fait de la femme une mère. Or cette transformation, si elle se déroule le plus souvent naturellement, peut poser des difficultés à certaines femmes. Il y a une immense variété des situations qui vont influencer la relation entre la mère, le père et l'enfant. Il faut prendre conscience de la grande complexité de ce qui se joue autour de la naissance et de la fragilité psychique de ceux qui la vivent. La période « grossesse-accouchement-premiers mois du bébé » est évidemment centrale dans la vie d'une femme. C'est une période charnière, avec une sensibilité particulière et un réaménagement de son identité, comme il en existe peu dans une existence.

Peut-on réellement parler d' « instinct maternel » chez l'être humain? Notre part animale possède certainement des instincts dans son cerveau archaïque, mais l'être humain est fait de plus de culture que de nature, de plus d'apprentissages et d'acquis que de gènes. C'est pourquoi toute femme n'est pas envahie, dès la mise au monde de son bébé, par un sentiment d'amour et une envie irrépressible de prendre soin de lui. Toute femme n'est pas spontanément porteuse de ce fameux « instinct » qui ferait d'elle, à l'instant de la naissance, une experte en bébé. Des femmes ressentent une difficulté initiale à considérer ce bébé comme le leur (qu'elles l'expriment ou non) ou peinent à s'y attacher. Elles sont comme inhibées dans leurs compétences à le materner et vivent cela avec un sentiment d'étrangeté. Il est clair qu'on « devient » parent, chacun à son rythme. On peut donc parler de transition vers l'état de parent.

C'est avec sa propre histoire d'enfance qu'on devient père ou mère : avec le lien qui nous unissait à nos propres parents, avec la mère que l'on a eue, avec la manière dont on a traversé son adolescence, avec les traumatismes que l'on a enfouis en soi. Mais également selon comme l'enfant qui vient de naître a été conçu, comme il a été attendu et comme il est venu au monde…

L'accouchement crée un vide dans le ventre et peut ainsi raviver des expériences de séparation et de manque. Il faut un temps, variable chez chaque nouvelle mère, pour faire le deuil de l'état de plénitude de la grossesse, le deuil de l'accouchement idéal et de l'enfant imaginaire. Puis un autre temps, parallèle, pour faire une place en soi à cet état de mère, responsable d'un autre être humain.

Un temps pour rencontrer ce bébé réel et lui faire une place dans son psychisme et dans son cœur.

Chez la plupart des femmes, ces mécanismes psychologiques complexes s'effectuent rapidement et spontanément. L'attachement et les comportements de maternage s'installent, le sentiment d'amour étant déjà là bien avant la naissance elle-même. À peine quelques jours de baby-blues…

Mais chez d'autres femmes, « l'accordage » avec leur bébé ne se fait pas si facilement. La dépression post-partum peut s'installer, rendant difficile la prise en charge du bébé.

Que faire? Surtout ne pas rester seule avec cette souffrance. Le risque serait de culpabiliser tellement ce sentiment d'étrangeté, d'indifférence, voire de rejet, que la jeune maman cacherait ce qu'elle ressent profondément, restant seule avec sa difficulté. Faire appel à sa propre mère, si celle-ci sait à la fois soutenir la jeune maman sans jamais chercher à la remplacer, peut être une bonne idée. Le nouveau papa a un rôle primordial, en accompagnant la maman et en prenant en charge avec elle les soins du bébé.

Enfin, il ne faut jamais hésiter à se confier à des professionnels, sage-femme, puéricultrice, psychologue. Ce problème est bien connu et bien pris en charge. Aidée, entourée et soutenue, la jeune maman prend le temps de rencontrer son bébé et de trouver confiance dans ses compétences parentales. L'amour inconditionnel apparaît.

NOURRIR VOTRE BÉBÉ

Sein ou biberon, le choix n'est pas toujours facile. Il dépend de beaucoup d'éléments : la tradition familiale, l'influence des médecins, le rapport que la femme entretient avec son corps, l'idée qu'elle se fait de son rôle de mère.
En France, plus d'une femme sur deux choisit d'allaiter (90 % dans les pays scandinaves). Le plus souvent, le choix d'allaiter ou non est déjà fait par la mère avant qu'elle n'accouche. Il peut être différent pour un premier ou pour un second bébé.
En parler avec le père permet de prendre à deux une décision qui engagera chacun : si l'allaitement exclut le père de l'intimité des repas, il demande à la mère une grande disponibilité. Mais c'est à chaque jeune maman de s'interroger sur son intime conviction et de prendre sa décision.

SEIN OU BIBERON

On n'est pas une mauvaise mère parce qu'on n'allaite pas son bébé. Ou parce qu'on ne sent pas instantanément la puissance de l'instinct maternel vous envahir. C'est à chacune de trouver sa façon d'être mère, selon son propre tempérament. Le choix qu'une mère fera sera le bon s'il est en accord avec ses sentiments profonds.

BON À SAVOIR

Autrefois, on faisait jeûner les bébés dans les heures qui suivaient l'accouchement. Jusqu'à ce que l'on constate que le réflexe de succion est fort et précoce ; une mise au sein dès l'accouchement a de bonnes chances de se dérouler naturellement et sans problème.

Un moment privilégié

Les moments du repas sont des moments privilégiés pour le bébé, surtout à un âge où il passe une grande partie de la journée à dormir. Le biberon, comme le sein, peut être donné dans un contact de grande intimité. Le bébé est blotti dans vos bras, il sent votre odeur, vous lui parlez doucement, vous lui souriez, il vous regarde… Cette ambiance de calme, de plaisir intime et partagé est essentielle.

L'allaitement au sein

Si vous avez choisi d'allaiter votre bébé, on vous a sûrement proposé de le mettre au sein dans les heures qui suivaient sa naissance pour favoriser la montée de lait. Dans les premiers jours, les seins sécrètent du colostrum. Puis la composition du lait va évoluer au cours d'une même tétée (la teneur en matières grasses augmente), au cours de la journée (le lait est plus riche la nuit) et au fil des semaines, pour s'adapter aux besoins de l'enfant. Le lait maternel apporte à l'enfant exactement ce dont il a besoin. C'est donc le meilleur que le bébé puisse recevoir. Il est parfaitement adapté aux besoins du nouveau-né ; sa composition apporte à l'enfant des anticorps pour lutter contre les infections et semble satisfaire mieux que la tétine les besoins de succion du bébé. Enfin, le lait maternel, plus facilement et plus vite digéré, provoque moins de renvois.

Le point de vue affectif est tout aussi important. Pour la mère qui l'a choisi, allaiter son bébé est une aventure merveilleuse qui maintient l'intimité et crée entre eux une complicité durable.

Le point de vue du bébé est très simple: l'allaitement comble son besoin de contact, de proximité et de corps à corps avec sa mère, satisfaisant ainsi les relations affectives entre maman et bébé. En outre, le lait maternel est un aliment particulièrement adapté, et ce pour plusieurs raisons.

- Il est fabriqué spécifiquement pour lui et se modifie en qualité et en quantité, selon ses besoins.
- Il contient des anticorps qui immunisent l'enfant contre bon nombre de maladies.
- Il permet au bébé de régler seul son appétit et ses besoins, donnant à sa mère l'occasion de connaître intimement ses rythmes. Symboliquement, il renforce la relation en maintenant un lien corporel.
- Il est parfaitement digeste et n'entraîne aucune allergie.

Quelles femmes peuvent allaiter?

À part quelques rares contre-indications, toutes les femmes peuvent allaiter, quelles que soit la taille de leurs seins et la forme de leurs mamelons. Passé une mise en route parfois délicate de quelques jours, l'allaitement deviendra plus facile et plus régulier.
La femme qui allaite peut manger tout ce qu'elle aime. Si les aliments donnent un goût au lait, cela ne peut que favoriser la diversification alimentaire ultérieure du bébé. Elle doit boire de l'eau en quantité suffisante (2 litres par jour en dehors des repas) et elle évitera tabac et alcool, ainsi que tout médicament dont le médecin n'a pas garanti l'innocuité.

Offrir à la demande

Au début, l'allaitement doit se faire à la demande. Le bébé sait lorsqu'il a faim et c'est à lui de déterminer le rythme de ses repas et la quantité qu'il doit absorber. Faites confiance à votre bébé: il connaît parfaitement ses besoins. Y répondre, c'est lui donner confiance en lui et en vous: ce monde est bon, où l'on vous prend tendrement et où l'on vous nourrit lorsque votre ventre crie famine. Inutile, donc, de réveiller un bébé qui dort pour le nourrir. Chaque bébé trouvera le rythme qui lui convient, différent de celui d'un autre bébé. N'usez qu'avec parcimonie de la balance (une pesée chaque jour, puis chaque semaine, suffit largement).

BON À SAVOIR

Si votre bébé vomit après la tétée, cela ne veut pas dire qu'il ne supporte pas votre lait. S'il a des renvois importants, parlez-en à votre médecin. Il s'agit plus vraisemblablement d'une béance du cardia, l'orifice situé à la base de l'œsophage.

LE COLOSTRUM

Si vous choisissez d'allaiter votre bébé, le mieux est de commencer dès l'accouchement. Vos seins ne produiront du lait à proprement parler que dans trois jours. Mais d'ici là, ils forment un liquide jaunâtre, qui précède l'apparition du lait et qui s'appelle le colostrum. Riche en protéines et en sels minéraux, pauvre en graisse et en sucre, il convient parfaitement aux besoins du nouveau-né. Comme il est légèrement laxatif, il aide à l'expulsion du méconium, une substance noirâtre présente dans les intestins du bébé à sa naissance.

Le colostrum contient également de nombreux anticorps, que la mère transmet ainsi à son bébé et qui le protègent contre les infections. Le colostrum est donc précieux: n'en privez pas votre bébé Dans certaines maternités, l'habitude consiste à séparer les mères de leur bébé afin que celles-ci se reposent. C'est alors à vous de demander que l'on vous amène votre bébé, afin de le mettre au sein chaque fois qu'il le réclame.

Si vous hésitez encore...

- Sachez que l'on peut toujours passer du sein au biberon, mais pas l'inverse.
- Sauf rares exceptions médicales, toutes les mères peuvent allaiter.
- L'allaitement permet une bonne rétraction de l'utérus.
- L'hormone activant la production de lait stoppe aussi l'ovulation. Mais en aucun cas vous ne devez considérer cela comme une méthode contraceptive fiable.

IDEES REÇUES SUR L'ALLAITEMENT

Vrai

- Il faut boire beaucoup (2 litres d'eau par jour en plus des repas).
- L'alcool que vous buvez passe dans le lait. Abstenez-vous.
- Certains aliments donnent un goût au lait (poireaux, asperges, choux, etc.).
- Allaiter renforce les défenses naturelles du bébé contre les maladies.
- Mettre le bébé au sein fait monter le lait.

Faux

- Allaiter fait grossir.
- Allaiter déforme les seins.
- On ne peut pas allaiter quand on a les seins trop petits ou les mamelons rentrés.
- Un lait trop clair n'est pas assez nourrissant.
- Ne pas être allaité traumatise un bébé. C'est faux : un biberon donné avec amour remplit pleinement son rôle et crée un lien tout aussi tendre entre celui/celle qui le donne et celui qui le reçoit.
- Allaiter fatigue (non, c'est surtout le manque de vrai repos qui fatigue).

Nourrir au biberon

Si, par choix ou par nécessité, vous nourrissez votre bébé au biberon, sachez que les préparations lactées du commerce sont tout à fait adaptées à ses besoins. De bonnes conditions d'hygiène sont nécessaires dans la préparation et le nettoyage des biberons. Mais avant tout, le bébé a besoin d'amour, de temps et d'attention. Le repas est un moment privilégié d'échange et d'intimité où le bébé apprend votre odeur, votre regard, votre sourire… Cela est beaucoup plus important que la façon d'allaiter. Et puis le papa peut ainsi participer et nourrir son bébé, ce qui peut être important pour lui et soulager la maman. Alors, si vous avez opté pour le biberon, faites-le d'un cœur joyeux : bébé sera tout aussi heureux et bien nourri.

Les biberons

Faire les biberons est le premier problème auquel vous allez être confrontée, à peine rentrée chez vous, si vous avez choisi de ne pas allaiter votre bébé. Même si cela semble compliqué au début, sachez que vous prendrez très vite la main. Ce n'est pas une question bien difficile si vous suivez les précautions d'usage. Au vingtième biberon, le père et la mère sont au point.

Le matériel dont vous avez besoin :

- des biberons,
- des tétines,
- de quoi stériliser,
- de l'eau minérale en bouteille,
- du lait en poudre.

Vous donnerez environ 7 biberons par jour. Si vous ne voulez pas stériliser trop souvent, achetez 7 grands biberons (220 g) et 1 petit (pour l'eau et les jus de fruits). Ils doivent être tous stérilisables et de préférence incassables (un jour votre bébé s'en servira tout seul…). Prévoyez un nombre légèrement supérieur de tétines : elles s'usent plus vite que les biberons et doivent être changées aussi souvent que nécessaire.

DES BIBERONS SANS BISPHÉNOL

Les études scientifiques ont déterminé que le Bisphénol A, ce produit chimique et perturbateur hormonal présent dans de nombreux plastiques, est nocif pour la santé de tous, *a fortiori* pour celle des bébés. La principale source d'exposition des tout-petits se produit lorsque le biberon de polycarbonate est chauffé. C'est à la suite de nombreuses recherches effectuées, tant chez l'homme que chez l'animal, que le 23 juin 2010, le Parlement français a interdit la fabrication et la commercialisation de biberons contenant du Bisphénol A.

La stérilisation

Vous avez le choix entre deux systèmes.

La stérilisation à chaud

Elle se fait dans un stérilisateur ou dans un autocuiseur, ou simplement dans une casserole pleine d'eau bouillante. Biberons, bagues et tétines, au préalable bien lavés et rincés à l'eau chaude, doivent bouillir 20 minutes.

La stérilisation à froid

Vous faites fondre une pastille stérilisante dans un récipient d'eau froide muni d'un couvercle. Vous y disposez biberons et tétines propres, de façon à ce qu'ils soient recouverts d'eau et vous laissez tremper 15 minutes. Vous pouvez aussi laisser tremper et sortir les biberons au fur et à mesure de vos besoins. Il est inutile de rincer les biberons. En revanche, il est souhaitable de bien les égoutter et de rincer les tétines avec l'eau dont vous vous servez pour reconstituer le lait. La solution doit être renouvelée tous les jours.

Autre méthode : la stérilisation au micro-ondes, plus rapide et plus simple. On place tous les éléments à stériliser, tétines comprises, dans le stérilisateur micro-ondes avec un peu d'eau, et, quelques minutes plus tard, tout est stérile grâce à la vapeur d'eau bouillante.

BON À SAVOIR

Pendant les six premiers mois de l'enfant, utilisez de préférence une eau en bouteille, ou une eau de source (vérifiez sur l'étiquette que l'eau soit bien destinée aux nourrissons). En cas de doute, consultez http://www.anses.fr. Attention : une bouteille entamée doit être réfrigérée et consommée dans les 24 heures.

Le lait en poudre

En fait de lait, il s'agit d'un ALD (aliment lacté diététique), premier âge. Il est fabriqué à partir de lait de vache, transformé afin de correspondre aux besoins du bébé. Il est tout à fait adapté à l'alimentation du bébé, de la naissance à quatre mois. Un seul impératif: respectez les quantités indiquées pour la reconstitution, qui sont généralement d'une cuillère-mesure arasée (non bombée) pour 30 g d'eau. « Forcer » sur la proportion de lait en poudre ne pourrait que nuire à la santé de votre bébé.

Une précaution supplémentaire recommandée par de nombreux pédiatres : évitez les laits qui contiennent le mot « aluminium » dans leurs ingrédients.

Préparer un biberon

Vous pouvez préparer les biberons de la journée à l'avance, à condition de les conserver ensuite dans le réfrigérateur (pas plus de vingt-quatre heures) et de les réchauffer au fur et à mesure. Mais ne conservez jamais le lait que le bébé a laissé au fond de son biberon. Voici comment procéder:

- Versez dans le biberon la quantité d'eau nécessaire.
- Faites chauffer l'eau. Vous pouvez aussi préparer le biberon avec de l'eau à température ambiante (20 °C) ou tiède.
- Versez le nombre de mesures de lait correspondant à la quantité d'eau. Les quantités sont données sur l'emballage. Veillez à bien les respecter.

- Ajustez la tétine et le capuchon.
- Agitez doucement le biberon pour diluer la poudre.
- Versez quelques gouttes de lait sur le dos de votre main pour contrôler la température. Le biberon est prêt.

Combien de biberons par jour?

Un nouveau-né boit environ toutes les trois heures, puis rapidement toutes les quatre heures. Mais cela dépend beaucoup du poids et de l'appétit de votre enfant. Le mieux est de vous laisser guider par lui. Un bébé qui a faim sait parfaitement se faire comprendre par ses cris parfois véhéments…

Au début, le rythme des repas sera forcément irrégulier. Inutile, si votre bébé dort depuis trois heures, de le réveiller pour manger. La faim s'en chargera. Suivre les besoins de son bébé demande une grande disponibilité, mais c'est ainsi que les choses se mettent en place le plus facilement. Vous verrez rapidement que ses horaires se stabiliseront au fil des semaines.

Le réglage de la tétine

Les tétines premier âge n'ont qu'un débit et conviennent bien pour les premières semaines. Si vos tétines ont trois débits, choisissez le plus petit pour commencer. Les autres seront utiles lorsque vous épaissirez les biberons. Pour savoir si le trou de la tétine est correct, retournez le biberon rempli: une tétine bien percée laisse passer un goutte-à-goutte rapide. Si le jet est trop rapide, changez de tétine. S'il est trop lent, agrandissez le trou avec une aiguille stérilisée (chauffée à la flamme).

Quelle quantité donner?

Cela dépend de l'âge et du poids du bébé. Commencez par 45 g, puis laissez-vous guider par votre médecin. Mais le meilleur guide reste votre bébé, qui doit manger à sa faim, mais n'être jamais forcé. S'il n'a plus faim, il arrête de boire. Mais s'il finit d'une traite tous ses biberons, il est temps d'augmenter les quantités. Si vous avez un doute, préparez des biberons un peu plus remplis que nécessaire et laissez votre bébé prendre la quantité qui lui convient. Elle peut varier d'un repas à l'autre.

La température du biberon

La température ambiante est suffisante, soit un biberon à 20 °C environ. Si vous souhaitez qu'il soit un peu plus chaud, laissez la bouteille d'eau minérale sur le radiateur. Si le biberon était prêt au réfrigérateur, mieux vaut le tiédir au chauffe-biberon ou au bain-marie.

Beaucoup de mères réchauffent les biberons au micro-ondes: c'est pratique et rapide… mais beaucoup de bébés se sont brûlés. Le biberon est tiède mais le lait brûlant. Soyez prudente et vérifiez toujours la température du lait.

LA TÉTÉE

Que vous donniez le sein ou le biberon, il est important que vous vous installiez confortablement. Le bébé ressent le bien-être comme la tension musculaire de celui qui le tient dans ses bras, et cela n'est pas sans incidence sur son appétit.

Une position confortable

La meilleure position consiste à s'asseoir dans un fauteuil et à appuyer le bras qui soutient la tête du bébé sur un accoudoir. Tant que le bébé est tout petit, il est moins fatigant de le poser sur un coussin ou sur un oreiller placé sur les genoux de celui ou de celle qui le nourrit, afin de le hausser à la bonne hauteur.
Si la mère allaite couchée, elle peut s'allonger sur le côté, le haut du corps surélevé par un oreiller, et allonger son bébé contre elle. Il n'est pas recommandé que le bébé boive en position horizontale.
De jour, il peut être agréable d'être assise dans un fauteuil assez bas, les bras en appui, l'enfant en position semi-verticale, sa tête se reposant dans le creux du coude. De toute façon, chaque mère saura trouver la position où elle se sent le mieux.

Nourrir à la demande

BON À SAVOIR

Tous les bébés sont différents. Selon leur poids, ils ont des besoins différents en nombre de tétées, en quantité ou en régularité.

Votre bébé n'est pas une mécanique : les horaires de ses repas ne peuvent être réglés comme par ordinateur. Il a son rythme propre, que vous allez découvrir progressivement. Il peut avoir davantage d'appétit certains jours ou à certaines heures.
Ne vous laissez pas contraindre par des injonctions du type « un repas toutes les trois heures » ou « dix minutes à chaque sein ». Ces trois heures ou ces dix minutes ne doivent pas vous faire vivre l'œil sur la pendule. Concentrez plutôt votre attention sur votre bébé pour apprendre rapidement à interpréter les « signes » qu'il vous envoie sur son appétit ou sur sa satiété.
Une certaine régularité dans les heures des repas est bénéfique à l'enfant et vous permet de prévoir et de vous organiser. Mais cette régularité va se mettre en place progressivement et naturellement. Ne cherchez pas à forcer les événements et acceptez que les trois heures qui séparent généralement une tétée de la suivante puisse aussi bien être deux heures et demie que quatre.

Comprendre ses besoins

Le lait maternel est plus vite digéré que le lait en poudre. Vous avez allaité votre bébé il y a deux heures, mais il pleure déjà. Allez-vous le laisser pleurer de faim jusqu'à ce qu'il soit l'heure prévue? C'est totalement inutile et nuisible. L'avantage du sein est justement que le bébé prend la quantité qu'il veut, sans que vous ayez à vous en inquiéter. Tâchez de faire de même si votre bébé est au biberon.
Contraindre un bébé à adopter un rythme rigide qui ne serait pas le sien risque de provoquer malaises et difficultés. Néanmoins, c'est aussi le rôle des parents d'amener tout doucement l'enfant à prendre progressivement un rythme plus régulier, compatible avec une vie familiale et sociale. En quelques mois, le bébé va acquérir doucement une régularité de vie, gage pour lui de sécurité intérieure.

Un moment d'intimité

Toutes ces notions donnent une image un peu technique de la tétée. En réalité, tout cela devient vite une routine qui s'effectue sans aucune difficulté particulière. Il ne faut pas que cela fasse oublier que le plus important est l'échange d'intimité et de tendresse qu'offre le moment des repas.
Ne vous laissez pas déranger par le téléphone ou la télévision quand vous nourrissez votre bébé. Il vous regarde dans les yeux: il cherche à communiquer. Souvent il va émettre des petits signes ou grognements que vous apprendrez à interpréter. Détendue, vous lui souriez, vous lui parlez. Lorsque le bébé a fini de manger, il se sent comblé et heureux. Il arrive qu'il s'endorme rapidement, dans un état de totale béatitude. Laissez-le boire à son rythme, même s'il s'arrête parfois pour se reposer.

IL PLEURE APRES LA TETEE

- Il a peut-être encore faim: proposez-lui une petite ration supplémentaire pour vous en assurer.
- Il se peut qu'il souffre d'une digestion difficile ou d'une crampe intestinale: tenez-le dans vos bras, bercez-le et caressez-lui doucement le ventre.
- S'il pleure de fatigue, bercez-le un peu, puis couchez-le. Il ne devrait pas tarder à s'endormir.
- Enfin, il est possible qu'il pleure parce qu'il n'a pas assez tété. Aidez-le à prendre ses doigts ou donnez-lui une tétine: cela l'apaisera.

Le rot

Le rot est un réflexe digestif qui correspond à un rejet d'air par le bébé, parfois accompagné d'un léger renvoi de lait. Cet air a été généralement avalé avec le lait en cours de tétée, peu par les bébés au sein, davantage par les bébés au biberon. Certains bébés attendent la fin du biberon pour émettre rapidement un rot bien sonore. D'autres ont besoin de deux ou trois pauses en cours de repas pour expulser à chaque fois un peu de l'air ingurgité. Vous le repérerez au fait que le bébé cesse de téter, repousse la tétine et se tend légèrement.
Il est de toute façon conseillé de ménager une pause en cours de repas, mais j'ignore pourquoi il est fait tant de cas de ce fameux rot. « Faire son rot » n'est pas indispensable et ne nécessite pas que l'on réveille le bébé ou qu'on lui tapote le haut du dos. Une fois la tétée finie, prenez votre bébé contre vous, le menton appuyé sur votre épaule, et câlinez-le. Si le rot ne vient pas dans les dix minutes, vous pouvez remettre votre bébé au lit.

Les régurgitations

Tous les bébés recrachent un peu de lait après avoir bu leur biberon. Ces régurgitations n'empêchent pas la prise de poids. L'aspect caillé du lait rejeté signifie simplement que la digestion était déjà commencée. Mais si bébé semble souffrir, s'agite et rejette du lait caillé, il s'agit alors d'un vrai vomissement, douloureux pour le bébé. Si cela se répète, c'est un signe d'alarme à ne pas négliger : il faut consulter rapidement un médecin. Il peut en effet s'agir d'une béance du cardia ou d'un reflux gastro-œsophagien, qui demandent tous deux un traitement rapide. Des mesures concrètes sont à prendre, que le médecin vous expliquera.
Ces régurgitations sont souvent un phénomène de reflux consécutif à une mauvaise fermeture du clapet fermant le haut de l'estomac. Cette béance disparaît d'elle-même vers dix ou douze mois. Mais elle nécessite, d'ici là, que vous preniez un certain nombre de précautions pour éviter ces reflux acides. Sinon, ils pourraient à la longue provoquer des brûlures douloureuses de la paroi de l'œsophage.
Tant que les régurgitations sont peu abondantes, qu'elles n'ont aucune influence sur la courbe du poids du bébé et qu'il ne semble pas en souffrir, il est inutile de vous inquiéter. Il s'agit d'un « trop-plein » dont le bébé se débarrasse.
Si les régurgitations se font trop fréquentes ou abondantes, vous pouvez prendre quelques précautions simples :

- épaissir les biberons ;
- installer le bébé dans un transat après le repas ;
- coucher le bébé sur le côté ou relever légèrement le haut de son lit pour éviter qu'il ne s'étouffe en régurgitant ;

- donner au bébé, avant chaque repas, un médicament pour calmer les contractions de l'estomac.

Enfin, des régurgitations importantes peuvent aussi être provoquées, en l'absence de toute malformation de l'estomac, par une intolérance alimentaire au lait choisi. Ne prenez pas l'initiative d'en changer. Seul le médecin pourra vous conseiller utilement et vous indiquer comment nourrir votre bébé.

←
Qu'il soit nourri au sein ou au biberon, la tétée est un moment d'échange intense entre vous et votre bébé.

LES DÉBUTS À LA MAISON

Il vous faudra sans doute quelques jours pour trouver vos marques, que vous soyez inquiète ou prise par la magie de ces premières heures. Car c'est maintenant que vous allez, son papa et vous, faire vraiment connaissance avec votre bébé.
Pas de précipitation, pas de panique. Votre bébé ne peut rêver meilleurs parents que vous. Vous êtes ceux qu'il a choisis et il vous aime déjà. Faites-lui confiance : c'est lui qui vous fera parents, en vous faisant comprendre ce qui est bon pour lui.
Faites-vous confiance également, en suivant votre intuition et votre tendresse.

DE LA DOUCEUR

Le bébé est très sensible à la douceur dont font preuve ceux qui s'occupent de lui. Un soupçon de nervosité ou d'impatience, une absence de chaleur dans le contact, sont suffisants pour qu'il se sente malheureux et pleure.

Les besoins du bébé

Pour se développer harmonieusement, un bébé a besoin de bien plus que le lait… Et je peux vous assurer qu'il s'agit pour lui de besoins dont la revendication est légitime et dont la satisfaction lui est due. Nullement de caprices. En répondant à ces besoins, non seulement vous ne gâterez pas votre bébé, mais vous lui permettrez de devenir un enfant plus facile, parce que plus heureux.

BON À SAVOIR

Des chercheurs ont mis en évidence que les contacts corporels étroits entre la mère et le bébé n'ont pas seulement des effets psychologiques, mais également des effets biologiques. Chez les bébés rats, à nourriture égale, la synthèse des protéines s'opère mieux si la mère les a léchés…

Le contact corporel

Le bébé est manipulé pendant de longs moments. Changements de couche, bain, déplacement, repas, sont autant de situations où son corps est entre vos mains, au sens propre. Il sent si vos mains sont calmes, accueillantes, ou si elles sont pressées d'en finir. Dans ce dernier cas, il manifeste son insatisfaction et devient irritable. La relation corporelle est tellement importante pour lui qu'il ne peut supporter la brusquerie.

La douceur de la voix compte également beaucoup. Autant un bébé est vite sous le charme d'une voix chaude, douce, sûre d'elle, s'adressant à lui avec des mots tendres, autant il va se mettre à crier ou se replier sur lui-même s'il est au contact d'une voix agressive ou angoissée.

Tenir son bébé

Dans les premières semaines de sa vie, le nouveau-né semble si petit et si vulnérable que certaines mères, mais surtout certains pères, hésitent à le manipuler. En réalité, le bébé est souple et robuste. Douceur et fermeté sont les règles de base pour que le bébé se sente en confiance et en sécurité contre vous.

Des positions qu'il aime…

- Celles où il se sent tout près de vous, dans votre odeur et votre chaleur. Il aime blottir sa tête dans votre cou et que vous le souteniez sous les fesses, mais il aime également être face à vous et pouvoir regarder votre visage.

- Le bébé a besoin de contact physique. Toute position confortable et où il sera en contact avec vous le satisfera. N'hésitez pas à le blottir contre vous, surtout les premières semaines : cela lui donne un sentiment de sécurité. C'est le cas aussi de toute position où, le dos du bébé étant en position verticale, vous soutenez bien sa colonne par un appui fessier solide.

… et d'autres qu'il déteste
Quand vous soulevez votre enfant, évitez de le tenir simplement sous les aisselles, ou de le prendre par surprise ou par-derrière, sans qu'il ait pu anticiper votre geste.

LA TENUE DE LA TÊTE

Le nouveau-né ne tient pas encore sa tête et, durant les premières semaines, il est important de ne jamais le soulever sans soutenir sa tête. Même lorsque son dos est maintenu bien droit, il a toujours besoin d'avoir la tête en appui.

- **À la naissance** : la tête ne tient pas et retombe en avant ou en arrière si elle n'est pas tenue.
- **À 4 semaines** : si le bébé est tenu en position assise, il peut tenir sa tête verticale un bref instant.
- **À 6 semaines** : couché sur le ventre, il commence à pouvoir relever sa tête en même temps que le corps, une minute environ ; couché sur le dos, il tourne sa tête à droite et à gauche et tente de la relever.
- **À 8 semaines** : en position assise, la tête tient mieux dans l'alignement du corps, mais sans stabilité.
- **À 12 semaines** : couché sur le dos, le bébé peut garder sa tête au milieu et la soulever ; allongé sur le ventre, il peut soulever sa tête et la garder ainsi un moment s'il est en appui sur les coudes.
- **À 16 semaines** : allongé sur le ventre ou sur le dos, l'enfant peut soulever sa tête sur de courtes périodes ; en appui sur les avant-bras, il peut rester plusieurs minutes la tête bien décollée du sol ; maintenu en position assise, il tient sa tête bien droite.

Bercer son bébé
Autrefois, les petits bébés étaient couchés dans des berceaux suspendus avec des sangles ou que l'on balançait avec le pied. Les nourrices et les mères savaient bien qu'habitués au bercement aquatique du ventre maternel, ils se calmaient et dormaient mieux ainsi balancés. Une douce chanson les accompagnait.
Il s'éloigne – et heureusement – le temps où l'on déconseillait de bercer les bébés, sous prétexte que cela leur donnait de mauvaises habitudes. Si vous avez hérité du berceau de vos grands-parents, vous savez qu'il était alors de tradition d'ins-

taller le nouveau-né dans un petit lit à sa taille et que l'on pouvait balancer. Les vrais berceaux sont en voie de disparition : c'est maintenant aux parents de tenir ce rôle. Pourquoi ne pas vous installer confortablement dans un rocking-chair qui bercera à la fois le père ou la mère et son bébé ?

De nombreuses études ont mis en évidence que les bébés bercés et régulièrement pris dans les bras étaient plus calmes que les autres. Ils développent des liens de confiance avec leurs parents, car ils se sentent aimés. Alors suivez votre instinct s'il vous souffle de tenir votre petit au chaud tout contre vous.

Une réelle source de bien-être

La modernité et la technique aidant, les bébés sont aujourd'hui couchés dans des petits lits immobiles et la boîte à musique a remplacé la chanson. Des professionnels ayant affirmé qu'il ne fallait pas trop prendre les bébés dans les bras au risque de les rendre capricieux, bien des nouveau-nés d'aujourd'hui n'ont plus ni bercement, ni berceau, ni berceuse. Quel dommage Car cela ne rend pas leur caractère plus difficile. Au contraire, cela les aide à acquérir une sécurité intérieure, qui est un bien précieux. Quelle idée du monde veut-on donner à un petit qui vient d'y entrer ? Celle d'un monde froid où l'on vous laisse seul faire face à vos malaises, ou celle d'un monde chaleureux où des bras accueillants viennent à votre secours ? (Pour en savoir plus sur l'importance des câlins pour le nourrisson, reportez-vous au chapitre « Les besoins affectifs », page 184.)

Bruit du cœur et odeur maternelle

Votre bébé est propre, nourri, et pourtant il pleure. Il n'arrive pas à trouver son sommeil. Prenez-le contre vous et appuyez son oreille sur votre poitrine, côté gauche. Il entendra le bruit rythmé de votre cœur, bruit qui a bercé les neuf mois de sa vie dans votre ventre. Ce bruit va le rassurer. Tenez-le là tendrement, vous verrez qu'il se calmera.

Vous devez bouger ? Installez votre bébé dans un porte-bébé ventral. En plus du bruit de votre cœur, il retrouvera le rythme de vos pas, le balancement de votre démarche. Pour votre bébé, le contact physique avec vous, parce qu'il permet de retrouver le corps, l'odeur, le mouvement, tout ce qu'il aime et le rassure, sera toujours mieux qu'un landau ou un berceau rigides.

Le portage

Vous pouvez utiliser un porte-bébé ventral en tissu. Il est aussi possible de porter son bébé dans une grande écharpe conçue à cet effet. Inspiré d'habitudes traditionnelles sous d'autres latitudes, ce mode de portage séduit désormais beaucoup de jeunes mamans occidentales. Il satisfait, chez le bébé, son besoin de présence, de chaleur, de sécurité affective. Quant au parent, il jouit d'une grande intimité avec son bébé, ses mains sont libres et il peut s'occuper normalement.

BON À SAVOIR

Votre enfant connaît votre voix : il l'entendait avant de naître. Il connaît déjà l'odeur de votre peau, la douceur de vos mains. Dans les premières semaines de sa vie, il a réellement besoin de se retrouver à votre contact, d'être suffisamment proche pour percevoir votre odeur, sentir votre cœur, vous regarder droit dans les yeux (il voit net à 25 cm) et sentir la douceur de vos mains. Il vient d'être expulsé du paradis, du seul lieu qu'il ait connu. Le corps à corps avec sa mère l'aide à faire le lien avec sa vie actuelle et trouver bon le monde où il entre.

L'écharpe permet une très bonne position du bébé : il est soutenu sous les fesses et les cuisses, son dos est arrondi, ses jambes écartées et repliées (position dite de « la grenouille », précieuse pour son dos). Les façons de nouer l'écharpe dépendent du poids de l'enfant (elles sont détaillées sur plusieurs sites Internet). Bébé peut être porté sur le ventre, sur le côté ou sur le dos. Certains nouages sont particulièrement adaptés à l'allaitement. Trois précautions doivent cependant être prises :

- La tête du bébé doit être bien soutenue. Le tissu doit donc bien englober la tête du bébé, surtout chez les plus jeunes.
- Évitez le portage face au monde. Pour que la position du dos soit bonne, le bébé doit être tourné vers celui qui le porte. Il peut quand même regarder sur le côté…
- Le tissu de l'écharpe doit être de bonne qualité, souple, lavable et résistant : c'est ce qui explique souvent son prix…

Le sommeil du bébé

Un nouveau-né dort en moyenne entre dix-huit et vingt heures par jour mais ce rythme varie selon les bébés. Dans les tout premiers jours, son sommeil peut toutefois être perturbé ; s'il n'est pas possible d'obliger un bébé à dormir, on peut le mettre dans la situation la plus propice à faire venir le sommeil.
Le jour où votre bébé saura se retourner, il choisira la position la plus confortable pour lui. Mais d'ici là, il dormira dans la position où vous le coucherez. Pendant des années, la polémique a fait rage entre les partisans de la position sur le dos ou sur le ventre. Aujourd'hui, les médecins s'accordent sur la nécessité de coucher les nouveau-nés sur le dos. En effet, des études médicales concordantes ont mis en évidence un moindre risque de mort subite du nourrisson dans cette position. Pour la même raison, certains médecins recommandent de garder le couffin à côté de son lit pendant les trois premiers mois.

Où le faire dormir ?

Pour le nouveau-né, tout lieu confortable et chaud fera l'affaire. Vous pouvez donc transporter le couffin dans la pièce où vous vous trouvez, ou le garder la nuit près de vous. Passé trois ou quatre mois, il a besoin d'un coin à lui, de préférence hors de la chambre de ses parents, où il retrouve ses petites habitudes quand on le met au lit.

Communiquer avec lui

Un nouveau-né que l'on se contenterait de nourrir et de soigner aurait du mal à se développer de manière harmonieuse. Il manquerait deux choses essentielles à son développement : les câlins et le langage.

Le nouveau-né a besoin de se sentir au plus près, au plus chaud du corps de sa mère ou de son père. Dans ce contact corporel intime, il puise un sentiment de protection et découvre progressivement les limites de son propre corps. Il va se construire, au fil des jours, en incorporant les expériences vécues par l'intermédiaire du corps maternel. Un contact chaleureux, paisible et tendre l'aidera à s'adapter au monde.
Parler à son bébé, c'est l'introduire dans le monde des humains. Parlez-lui de tout ce qui le concerne : le biberon qui n'est pas encore chaud, papa qui rentrera bientôt, ce petit pyjama qui lui va si bien... L'enfant comprend. Le sens précis des mots, peut-être pas, mais il comprend que vous vous adressez à lui avec amour et sollicitude. Ces premiers mots qui lui sont adressés sont aussi importants que les caresses. Ils l'aident à entrer dans l'échange et dans le langage, et à bâtir sa personnalité à venir.

Une passion pour les visages

Les jeunes bébés sont passionnés par les visages, celui de leur mère en particulier, et par les yeux. Cette partie du visage est en effet la plus contrastée, donc celle qui ressort le mieux (les bébés voient surtout les couleurs à fort contraste). Mais le regard est avant tout la partie du visage qui « parle » le mieux. Sourires, clignements, éclats, ouvertures et fermetures, les yeux sont constamment mobiles et vivants. Ils sont le reflet de l'état d'esprit et une source inépuisable de communication non verbale. Le bébé cherche le regard : aussi est-il très important de ne jamais le lui refuser. Au contraire : pour qu'une bonne relation se crée, il faut entrer dans ce jeu de contact visuel à toute occasion. Au cours de la tétée, bien sûr, quand vous parlez à votre bébé ou lorsque vous vous tenez face à lui. Ce tout premier dialogue concerne aussi les frères et sœurs : à eux de prendre le temps d'échanger longuement et de se faire reconnaître par le bébé.

Premiers sourires

Quel parent ne l'a pas attendu impatiemment, ce premier sourire de son bébé, signe évident de bien-être ?

Les sourires aux anges

Au cours des deux ou trois premières semaines de sa vie, vous surprenez sur le visage de votre bébé ces tout premiers sourires que l'on nomme les « sourires aux anges » parce qu'ils semblent davantage tournés vers le ciel que vers une personne précise.
Ces premiers sourires ne concernent que la partie basse du visage : le plus souvent, ils n'entraînent pas de plissement des yeux. Mais même s'ils ne semblent

pas dirigés vers quelqu'un, ils reflètent bien un sentiment de plaisir.
À quoi sont dus ces sourires? Difficile à dire. Apparaissant souvent après une tétée, on pourrait penser qu'ils témoignent d'une sensation de plénitude et de satisfaction. Ou répondent-ils à une image intérieure? À chacun d'imaginer...

Les vrais sourires

Ces sourires intentionnels diffèrent des sourires aux anges: ils engagent tout le visage du bébé, non seulement la bouche mais aussi les yeux qui se plissent; ils sont dirigés explicitement vers quelqu'un (bébé sourit en vous regardant droit dans les yeux) ou vers quelque chose et sont à comprendre comme faisant partie d'un dialogue.
Le bébé aura tendance à sourire facilement dans les situations où il se sent bien: quand vous lui parlez d'une voix douce et calme, avec des petites phrases tendres toutes simples; quand vous le bercez ou vous le caressez légèrement sur la tête, sur les joues ou sur le ventre; quand vous le regardez dans les yeux, en lui parlant ou en lui souriant.
Le rôle de l'imitation est très important: votre bébé sera souriant si vous lui souriez beaucoup. Même si l'on a montré que l'aptitude à sourire était innée, elle se développera mieux dans un environnement lui-même souriant.
Peu à peu, les sourires de votre bébé vont se faire plus attentifs et n'iront qu'aux personnes aimées.

BON À SAVOIR

Le nouveau-né peut voir les choses très contrastées et assez proches (à une vingtaine de centimètres). Très vite (environ quatre semaines), son champ visuel s'élargit, mais il faut toujours lui présenter les objets de face, à une trentaine de centimètres, afin qu'il les voie correctement. Il commence également à pouvoir suivre des yeux un objet brillant ou coloré qui se déplace lentement dans son champ de vision.

De nombreuses études ont montré que le bébé est plus intéressé par les personnes que par les objets, par ce qui bouge que par ce qui est immobile, par les contrastes que par les couleurs tendres, par les visages que par toute autre chose.

←

Votre bébé sourit aux anges. Essayez de capturer en photo ce moment précieux...

UN BÉBÉ, ÇA PLEURE

C'est une vérité que beaucoup de jeunes parents ignorent. À la maternité, passe encore : l'agitation, les pleurs des autres bébés... on comprend que le sien soit énervé. Mais une fois à la maison, bébé pleure encore et souvent.

Un message pour ses parents

BON À SAVOIR

Répondre à son nouveau-né lorsqu'il pleure ne le rend pas capricieux. Cela lui donne confiance dans ce monde où il vient de faire irruption.

Le nouveau-né crie : c'est un signal de malaise, ou bien il vide une tension intérieure. Progressivement, il apprend que crier vous fait venir et que vous savez trouver les gestes qui l'apaisent. Ainsi naît la confiance entre vous.
Au fil des jours, vous serez plus à même de comprendre le sens des cris de votre bébé : il a faim, il a soif, il a froid ou chaud, il est fatigué, il est sale, il a mal quelque part. Le bébé ne ressent qu'un malaise dans la globalité de son être, et il appelle pour que vous le soulagiez. C'est vous qui allez donner du sens à ses cris et en faire un langage. Bien sûr, cela ne se fera pas du jour au lendemain : c'est un processus délicat au cours duquel vous apprendrez à vous connaître l'un l'autre. Vous comprendrez de mieux en mieux ce que signifie telle ou telle manifestation, vous apprendrez à donner des réponses différentes en fonction du cri entendu, et cet échange constitue un début de dialogue.

Son seul moyen pour communiquer

Il faut tout d'abord savoir que le jeune bébé partage son temps entre trois états : il dort, il est en éveil calme ou il est agité (pleurs, cris, etc.). Ces pleurs sont, à son âge, le seul moyen dont il dispose pour communiquer ce qui ne va pas et tenter de vous faire comprendre ce qu'il désire. Il est donc positif que votre enfant pleure : il a l'espoir de se faire comprendre de vous et compte sur vous pour lui venir en aide. Il faut savoir aussi que le bébé est très sensible aux émotions de sa mère. Le bébé d'une mère fatiguée aura tendance à pleurer pour l'appeler et dire son inquiétude. Ce qui ne fera que crisper davantage sa mère. Mais ne vous culpabilisez pas pour autant si votre bébé pleure beaucoup : c'est sa façon de communiquer avec vous ; il vaut mieux cela qu'un bébé apathique qui ne s'exprime pas. Tentez de garder votre calme et de répondre au mieux à votre bébé avec ce que vous êtes.

DES PLEURS D'IMPUISSANCE

Pendant les neuf mois de sa vie intra-utérine, tous les besoins de votre bébé ont été comblés : il n'avait ni froid ni chaud, ni faim ni soif, ni mal à l'estomac, ni le nez bouché. En venant au monde, il découvre toutes ces sensations si désagréables. Plus bien d'autres : la fatigue, les lumières vives, les bruits violents, la peau nue, etc. Il découvre en même temps qu'il ne possède pas les moyens de réagir, qu'il est trop petit et dépendant. Que feriez-vous à sa place ? J'ai toujours pensé que les jeunes bébés pleuraient autant sur leurs besoins légitimes que sur leur impuissance à les satisfaire...

Ces pleurs nous perturbent...

- Les pleurs d'un bébé inquiètent. Parfois, on en trouve la cause et le bébé se calme. Mais d'autres fois, on s'épuise à essayer de détendre un bébé qui ne veut rien savoir. Tous les bébés traversent de tels moments. Si votre bébé refuse même vos bras, installez-le simplement dans son petit lit, dites-lui que vous l'aimez, que tout va bien, et laissez-le vider sa tension intérieure. Revenez le voir de temps en temps. Il finira par trouver en lui le moyen de se calmer et de s'endormir.
- Les pleurs d'un bébé sont souvent déchirants, voire stridents, et il est parfois difficile de ne pas finir par s'énerver soi-même (surtout la nuit) – ce qui n'arrange pas les choses. Les crises de larmes peuvent se répéter quatre ou cinq fois par jour et pendant des périodes qui semblent des heures. Vous vous épuisez parfois à chercher : de quoi a-t-il besoin ? où a-t-il mal ? que veut-il dire ? Il a mangé, il a dormi, il n'a mal nulle part, et il pleure quand même... Êtes-vous une mauvaise mère parce que vous ne pouvez rien pour lui ?...

En faire un enfant gâté ?

Il existe encore beaucoup de gens pour vous dire : « C'est normal qu'un bébé pleure, il fait ses poumons », « Laisse-le pleurer, il finira par se fatiguer » ou encore « Ne le prend pas tout le temps dans les bras, au moindre caprice, tu vas en faire un enfant gâté », etc.
Pourtant, vous souffrez d'entendre votre bébé pleurer et votre instinct de mère vous souffle de le prendre avec vous pour tenter de le soulager. C'est vous qui avez raison.
Un bébé ne pleure pas « pour rien ». Un bébé n'est pas capricieux : c'est une notion d'adulte qui, à son âge, lui est complètement étrangère. Lui a une raison de s'exprimer par des cris, il vit un malaise. Le minimum que l'on puisse faire, à défaut de le soulager, c'est de lui dire, par des mots et par des gestes : « Je suis là,

je suis avec toi, je ne comprends pas pourquoi tu pleures, mais je vais essayer de te soulager. »

L'enfant qui appelle ou se plaint attend du parent une réponse adaptée et compréhensible. C'est ainsi qu'il se sentira aimé, qu'il acquerra confiance en lui et confiance en ses parents, qu'il deviendra capable de donner de l'affection et qu'il deviendra autonome.

À l'inverse, l'enfant privé d'affection, qu'on laisse trop souvent face à sa souffrance, risque de se refermer sur lui-même et de se désespérer. Quel message transmet-on à un jeune enfant lorsqu'on ne le soutient pas dans ses moments difficiles ? Il se sent abandonné : comment lui ferez-vous croire que vous l'aimez et que la vie est belle ?

Vous ne ferez pas de votre bébé un enfant gâté si vous répondez à ses appels et si vous suivez ce que votre instinct vous dicte. Votre enfant pleure, il a besoin de votre contact, de votre odeur, de votre voix, de votre amour. Spontanément, vous avez envie de lui porter secours et de le soulager. Il vous parle : répondez-lui. Il a faim : nourrissez-le. Il a besoin de compagnie : prenez-le dans la pièce où vous êtes et faites la conversation. Il veut vos bras : câlinez-le. Il a besoin de calme : offrez-lui de rester un moment tranquille dans sa chambre ou dans son espace habituel.

Chaque chose en son temps. Jusque six mois environ, votre bébé est dans celui où il est bon que l'on réponde à ses désirs et à ses besoins. Pour en faire un enfant heureux et confiant. Ensuite, vous pourrez commencer à faire la part entre les cris auxquels répondre rapidement et ceux qui peuvent attendre.

> **ATTENTION**
>
> Il arrive que le bébé pleure parce qu'il a besoin, à ce moment-là, de décharger ses tensions internes et de les transformer en une bonne fatigue qui l'amènera au sommeil. C'est le cas en fin de journée, ou lorsqu'il y a eu du bruit, de l'animation. Il est fréquent de se tromper dans ce cas et d'offrir à son bébé un surcroît de distraction pour le détourner de ses cris, ce qui fonctionne quelques minutes, puis il se remet à pleurer. On lui offre encore plus d'activités, ce qui le fatigue et l'énerve davantage... Répondre à ses pleurs, oui, mais il faut parfois comprendre qu'il a juste besoin qu'on le laisse pleurer un peu, puis de se calmer seul dans son petit lit.

Comprendre ses pleurs

Ce n'est que vers six ou sept semaines que le bébé commence à s'organiser. Il comprend mieux son environnement, s'est habitué à ses rythmes et à ses parents, pleure moins souvent et différencie ses pleurs. Il vous est alors plus facile de comprendre les raisons de ses crises. Mais d'autres pleurs apparaissent qui n'existaient pas lorsque l'enfant était nouveau-né.

Il pleure d'ennui

Au cours de ces mois d'intense apprentissage, votre bébé a besoin, lorsqu'il est éveillé, de découvrir et d'apprendre de nouvelles choses. Il va crier si vous le laissez seul dans son lit, parce qu'il n'a pas assez de choses à y faire.

Que faire ?

Fournissez-lui du « matériel » (jouets ou objets divers) qui lui permettra de s'exercer. Mais l'enfant a aussi besoin de compagnie. Plutôt que de rester seul dans sa chambre pendant que vous vaquez à vos occupations dans le reste de la maison, il aura grand plaisir à vous accompagner, assis dans son transat ou à plat ventre, de pièce en pièce, pendant que vous faites le ménage, votre toilette ou que vous préparez le repas. Il aime vous voir bouger. Il aime entendre votre voix lorsque vous lui commentez ce que vous faites. Il aime être à vos côtés et a besoin de cette douce complicité.

Il pleure de frustration

C'est un sentiment qui peut habiter votre enfant lorsqu'il est empêché de faire quelque chose qu'il désire. Physiquement et intellectuellement, ses capacités sont de plus en plus grandes chaque jour. Il va avoir peu à peu des envies de toucher à tout, des désirs de découvrir le monde. Mais deux forces s'y opposent :

- son impuissance à faire ce qu'il voudrait faire, parce qu'il est trop petit et que ses désirs sont en avance sur son développement physique : cela le met en rage ;
- vos refus et vos interdits, lorsque vous l'éloignez des prises de courant, du vase à fleurs ou de tout ce qui peut être dangereux pour lui ou pour l'objet. Cette frustration dans son élan peut aussi le faire hurler.

Que faire ?

Il n'y a guère de solution : il faut que tout enfant apprenne peu à peu à supporter la frustration. Vous pouvez l'y aider en limitant les interdits, en l'encourageant dans ses tentatives et en l'éloignant doucement de ce qui est défendu, sans jamais le punir d'une curiosité bien naturelle et tout à fait légitime.

Il pleure de peur

Votre enfant est maintenant capable d'anticiper et peut pleurer de peur, par avance, par exemple en reconnaissant le médecin qui lui a fait un vaccin le mois précédent. Ne le grondez pas : c'est une preuve de sa bonne mémoire et de son intelligence Mais il peut aussi développer une peur des personnes inconnues et se réfugier derrière vous dans les situations inhabituelles.

Que faire ?

Là encore, ne le brusquez pas : il traverse une nouvelle phase, ses angoisses sont réelles et il a besoin que vous le rassuriez. Prenez-le dans vos bras et respectez ses peurs : c'est ainsi qu'il prendra confiance en lui.

Il pleure de faim

Les cris commencent doucement mais, si vous n'y répondez pas, cela tourne rapidement à la rage. C'est la cause la plus fréquente des cris. Il faut savoir que la faim est une vraie douleur pour le petit bébé.

Que faire ?
Le nourrir, bien sûr. Pourquoi le laisser pleurer de faim, sans autre nécessité que d'appliquer un horaire strict ? Chaque bébé a son rythme : à vous de le découvrir.

Il pleure de soif

C'est une cause à laquelle on ne pense pas souvent. Pourtant, il est fréquent qu'un bébé, trop couvert, pleure d'inconfort et de soif. De même, la chaleur et la sécheresse de l'air régnant dans les habitations modernes entraînent souvent une soif du bébé à laquelle il faut répondre.

Que faire ?
Donnez-lui un petit biberon d'eau et non de lait.

Il pleure de fatigue

Votre bébé a passé un long moment éveillé, charmant. Puis, la fatigue venant, il a commencé à pleurnicher un peu. Il se peut qu'il trouve son sommeil. Mais il se peut aussi que l'énervement monte, en longs sanglots, et que vous ayez l'impression qu'il ne s'endormira jamais.

Que faire ?
Vous pouvez essayer de le bercer, de le promener dans un porte-bébé ventral ou une écharpe ou de lui chanter une berceuse. Un bébé se sent bien s'il est en contact corporel étroit avec sa mère. Mais vous pouvez aussi le coucher dans une pièce calme et lui offrir la possibilité de vider tranquillement la tension qui l'habite, sans vous angoisser.

Il pleure d'inconfort

Ces pleurs sont petits, mais répétés, insistants. Tâchez de comprendre d'où vient la gêne afin d'y remédier : couche souillée, érythème fessier, impression de froid ou de chaud, position inconfortable, nudité, etc.

Que faire ?
À chaque problème sa solution. Un exemple : votre bébé a horreur d'être nu ? Enroulez-le dans une serviette bien chaude quand vous avez à le déshabiller entièrement.

Il pleure de douleur

Ces cris sont aigus, stridents, difficiles à supporter. Mais l'enfant de cet âge ne sait souvent pas encore porter la main là où il souffre ; aussi est-il difficile, dans la plupart des cas, de comprendre d'où vient le mal.

BON À SAVOIR

Nombreux sont les bébés qui, en fin de journée, se mettent à pleurer de façon systématique et souvent bien mystérieuse... On a avancé plusieurs explications : le bébé a besoin d'exprimer et de décharger toutes les émotions accumulées dans la journée ; c'est l'heure où la mère est elle aussi pressée et fatiguée : le bébé ne fait que renvoyer la tension ambiante ; il ressent l'angoisse du soir qui tombe.

Ces pleurs réguliers, à l'heure où le repas est à préparer, où le père rentre du travail, sont parfois difficiles à supporter. Essayez de rester calme : plus l'entourage est énervé et plus l'enfant pleurera.

LE SPASME DU SANGLOT

Il s'agit d'un symptôme fréquent (il touche environ 5 % des enfants entre 7-8 mois et 3 ans), sans conséquence ni gravité, si ce n'est d'inquiéter beaucoup les parents. À la suite d'un événement déclenchant, l'enfant se met à pleurer. Les pleurs deviennent hoquetants et l'enfant perd peu à peu sa respiration. Il bleuit et peut aller jusqu'à perdre brièvement connaissance. Cela suffit à arrêter les spasmes et la respiration revient normalement. L'enfant reste pendant quelques minutes un peu pâle et apathique, puis tout rentre dans l'ordre. Il n'y a pas de séquelles. Ce sont toujours des pleurs de colère qui déclenchent le spasme. Le premier se produit pour des raisons purement physiologiques. Mais la réaction de peur et de sollicitude immédiate de la mère renforce le comportement qui aura tendance à se reproduire.

Lors du spasme, la réaction adéquate consiste à allonger l'enfant sur le sol, à lui souffler doucement sur le visage et à lui tapoter les joues. L'essentiel est de garder son calme et de ne pas montrer à l'enfant l'inquiétude dans laquelle il vous met. Sinon, cela risque de devenir un moyen de pression pour obtenir ce qu'il veut. L'enfant a besoin d'être rassuré de façon tranquille et ferme : pas besoin de telles manifestations pour que votre amour et votre attention lui soient acquis. (voir aussi p. 326)

Que faire?
Prendre votre bébé dans vos bras, pour ne pas le laisser souffrir seul. Tenter de comprendre ce qui lui fait mal et y remédier. S'il paraît malade, appeler un médecin.

Il fait ses dents

Si votre bébé a les pommettes rouges, suce vigoureusement son poing, bave beaucoup, a les gencives enflées et semble souffrir, peut-être est-il en train de se préparer à sortir sa première dent.

Celle-ci peut apparaître dès cinq mois ou n'être toujours pas sortie à un an, sans qu'il y ait lieu de s'inquiéter dans un cas comme dans l'autre. Il n'existe pas d'enfants qui n'ont pas de dents et la date d'apparition de la première est absolument sans importance et sans aucun rapport avec le reste du développement de l'enfant. Autant les dents de lait sortent toujours plus ou moins dans le même ordre, autant l'âge d'apparition de la première dent peut être très variable: cinq mois est assez banal, mais douze mois est courant aussi. Alors ne faites preuve d'aucune impatience.

Certains bébés semblent souffrir plus que d'autres quand les dents sortent. Cela peut même s'accompagner de rougeurs sur les fesses. En revanche, les dents ne sont jamais directement responsables de fièvre, de diarrhées, de bronchite ou de vomissements. L'enfant, souvent moins résistant pendant cette période, est ex-

BON À SAVOIR

Les deux incisives inférieures sortent en premier, puis les incisives supérieures. Les incisives latérales supérieures sont souvent les suivantes, et les incisives latérales inférieures sortent en dernier.

posé à des infections qu'il faut soigner comme telles. Négliger un symptôme en le mettant sur le compte des dents serait une erreur.

Aider son bébé

Donnez-lui quelque chose de ferme à mâcher : anneau de dentition, carotte réfrigérée. L'anneau qui contient un liquide doit être mis au réfrigérateur (le froid soulage l'inflammation).
Vous pouvez aussi frotter doucement sa gencive avec votre petit doigt, et éventuellement un gel apaisant que le pharmacien vous conseillera. Mais évitez anesthésiques et aspirine.
Par temps froid, ou seulement si le vent est frais, couvrez chaudement la tête et le visage de votre bébé.

Il est malade

Dans certains cas, c'est la fièvre ou la douleur qui font pleurer le bébé. Les jeunes enfants peuvent monter très vite à des températures élevées. Un bébé trop couvert ou exposé soudain à une forte chaleur ne peut pas réguler sa température interne rapidement et risque le classique coup de chaleur qui se traduit entre autres par une température très élevée.
Une main posée sur son front n'est pas un bon indicateur de la température : plus vous avez les mains froides, plus le front vous semblera chaud. S'il vous semble que votre enfant a de la fièvre, seul un thermomètre vous le confirmera. Le thermomètre frontal à cristaux liquides vous donnera déjà une bonne indication, mais c'est le classique thermomètre rectal qui vous donnera une indication totalement fiable.
Si la fièvre de votre bébé dépasse 38 °C et qu'elle est associée à d'autres signes (toux, diarrhées, pleurs, etc.), contactez vite votre médecin. Lui seul pourra déterminer les causes de cette température élevée et vous dire comment la traiter. Car la fièvre n'est qu'un signe associé à une maladie qu'il convient de diagnostiquer sans tarder.

ATTENTION

Une fois que votre bébé a des dents, ne le laissez plus mâchouiller toute la nuit un biberon de lait ou d'eau sucrée. Attention aux caries.

Faire baisser la fièvre

Il existe des moyens simples et tout à fait efficaces, qui dispensent d'employer des médicaments risquant de brouiller les symptômes, alors qu'un diagnostic n'a pas encore été posé.

- Découvrez l'enfant. Ôtez brassière et couvertures. Ne lui laissez, au maximum, qu'une petite chemise de coton.
- Faites fonctionner un ventilateur en l'orientant dans sa direction, mais sans le mettre trop près de lui.

- Enveloppez-le dans un linge fin (drap de lit) imbibé d'eau froide, puis essoré.
- Laissez-le une vingtaine de minutes dans un bain dont l'eau est d'une température inférieure de 2 °C à la sienne.

←

Pas toujours facile de comprendre pourquoi votre bébé pleure... Courage, petit à petit, vous décoderez ses besoins.

LE MOMENT DE LA TOILETTE

Les parents peuvent être anxieux de prodiguer les soins du corps, et les explications données à la maternité ne suffisent pas toujours à les rassurer. Pourtant, en quelques jours, les choses deviennent simples et se révèlent être un vrai plaisir. Avec le temps, le bain sera une grande source de joie pour le bébé et un moment de délicieuse complicité avec ses parents.
Certains nouveau-nés détestent être nus, d'autres redoutent d'être plongés dans l'eau. Tout cela s'arrangera au fil des mois. D'ici là, il est inutile de les brusquer. Hormis le crâne, le visage et les fesses, un bébé n'est pas sale, et une toilette locale où l'on ne déshabille pas entièrement le bébé peut souvent suffire.

LE BAIN

Sans doute vous a-t-on expliqué à la maternité comment donner le bain à votre bébé. Le nez, les oreilles, les yeux, le nombril, le crâne, etc. Mais une fois rentrés chez vous, la manœuvre peut vous sembler bien compliquée.

Installez-vous bien

BON À SAVOIR

Préparez à l'avance tout ce dont vous avez besoin:

- **gant de toilette,**
- **coton hydrophile,**
- **brosse à cheveux,**
- **linge de rechange,**
- **savon de Marseille ou pain sans savon surgras,**
- **serviette de toilette,**
- **gaze,**
- **couche propre,**
- **séchoir à cheveux (idéal pour sécher les petits plis du cou, des fesses et des aisselles, et prévenir les irritations),**
- **au besoin: éosine, huile d'amande douce, pommade, etc.**

Pour changer et laver votre bébé, vous avez sans doute installé dans votre salle de bains une table à langer. À défaut, une planche posée en travers du lavabo, que vous couvrez d'un matelas de mousse, d'un plastique et d'une serviette éponge, fait très bien l'affaire. Cependant plusieurs points sont essentiels. Il faut:

- qu'il fasse bien chaud dans la pièce (22 à 24 °C) et que l'eau soit à la bonne température (le thermomètre de bain doit marquer 36 à 37 °C, mais cela dépend aussi du goût de votre enfant);
- que vous ayez tout à portée de la main, produits de toilette, couche et vêtements propres;
- que vous ayez un peu de temps devant vous pour être détendu et être sûr de ne pas être dérangé.

Peu importe encore que votre bébé soit rincé dans le lavabo, dans une grande bassine ou dans une petite baignoire de bébé. Ce qui est essentiel, en revanche, c'est le confort que votre bébé ressentira et le plaisir que vous partagerez tous les deux. Le bain quotidien se justifie par ce plaisir et par des nécessités d'hygiène, mais ne vous culpabilisez pas si vous n'avez pas le temps de baigner votre bébé entièrement. Une version abrégée peut consister à laver les fesses au savon de Marseille et à nettoyer visage, cou, mains et petits plis avec un coton imbibé d'eau chaude.

L'heure du bain

- Ne donnez pas le bain juste avant le repas: si votre bébé hurle, c'est peut-être de faim.
- Ne laissez jamais votre bébé seul dans le bain. Même dans très peu d'eau, il pourrait s'y noyer. Apportez tout ce dont vous avez besoin à portée de main. On sonne à la porte? Ne répondez pas, ou bien emmenez votre bébé avec vous, roulé dans sa serviette de bain. Mettez systématiquement le téléphone sur vibreur ou sur répondeur pendant le temps du bain: ainsi, vous ne serez pas tentée de répondre.

- Agissez avec des gestes fermes et confiants. Votre bébé se sentira en sécurité et acceptera le fait d'être baigné. Si, au contraire, il vous sent hésitante, il se sentira lui-même mal à l'aise et compliquera encore la situation.
- Soignez le confort de votre bébé : eau suffisamment chaude, serviette sur le radiateur, chauffage d'appoint, habits à portée de la main, etc.
- Si votre bébé a peur de l'eau, plongez-le progressivement dans la baignoire, juste pour le rincer. Mettez d'abord peu d'eau, puis un peu plus les jours suivants. Tenez-le dans vos bras et plongez-le doucement dans l'eau tout en continuant à lui parler d'une voix douce et tendre pour le rassurer.
- Trouvez un ou deux jouets de bain que le bébé aura plaisir à retrouver chaque jour et à voir flotter.
- Retirez votre bébé de la baignoire avant de vider l'eau : il y en a que cela effraie (craignent-ils d'être jetés avec l'eau du bain ?).
- Pour des questions d'hygiène, débutez la toilette par le haut et finissez par le bas. Ne prenez pas votre bain avec votre bébé, sauf si vous venez juste de vous laver soigneusement.
- Enfin, faites de l'heure de la toilette un moment privilégié. C'est le temps du jeu, des chatouilles, des caresses, du bavardage.

Attention, danger…

Certains produits pour la toilette, même s'ils sont vendus dans des lignes de produits pour bébés, sont inutiles, voire risqués pour un nouveau-né.

- Les Coton-Tige ou le coton enroulé autour d'une allumette. N'en utilisez jamais pour nettoyer les oreilles ou les narines de votre bébé. Un petit morceau de coton roulé en mèche et imbibé d'eau tiède suffit largement. Ne l'enfoncez pas dans les conduits : contentez-vous d'en essuyer les contours.
- Les éponges, qu'elles soient synthétiques ou naturelles. Elles sont de vrais nids à microbes. À son âge, vous pouvez laver votre bébé à main nue, ou avec un gros morceau de coton hydrophile. Plus tard, préférez le gant de toilette : il a le mérite de pouvoir être changé chaque jour et passé en machine.
- Le shampooing. Il est inutile pendant les deux ou trois premiers mois. Lavez plutôt le crâne de votre enfant avec le savon que vous utilisez pour le reste du corps. Plus tard, choisissez un shampooing « spécial bébé ».
- Le lait de toilette, qui nettoie de façon superficielle. Il peut certes dépanner. Mais en usage quotidien, de l'eau tiède avec un peu de savon est préférable. De plus, certains bébés à la peau très fragile peuvent être irrités par le lait de toilette en usage répété.
- L'eau de toilette. Même les eaux de toilette « spécial bébé » sans alcool peuvent, du fait des parfums, provoquer des réactions allergiques chez certains enfants. Et puis un bébé propre sent tellement bon naturellement…

- Le talc. Très utilisé autrefois, il est aujourd'hui fortement déconseillé. Avec l'urine, il favorise la macération dans les petits plis et peut être la cause d'irritations cutanées.

Tenez compte de ses goûts

Votre nouveau-né déteste être déshabillé ? Vous ne vous sentez pas assez sûr de vous pour lui donner un vrai bain ? Vous n'avez pas beaucoup de temps ? Lavez alors votre bébé tout en le gardant sur vos genoux (recouverts d'une grande serviette éponge), ou bien couché sur son matelas à langer. Ne déshabillez que le haut du corps, que vous savonnez à la main, avec un morceau de coton ou avec un gant propre. Puis rincez, séchez et rhabillez avant de découvrir le bas du corps.
Votre bébé aime être plongé dans l'eau ? Commencez alors par le savonner entièrement, y compris le crâne, sur la table à langer. Puis plongez-le tout doucement dans l'eau, une main sous la tête et l'autre sous les fesses. Gardez toujours la main sous la nuque et servez-vous de l'autre pour le rincer. Quand votre bébé est bien propre et qu'il a profité un moment de ces nouvelles sensations, sortez-le et enveloppez-le dans une grande serviette de toilette.

S'il n'aime pas l'eau

Le bébé passe les neuf premiers mois de sa vie dans le ventre maternel, en milieu liquide. La sensation de l'eau sur sa peau lui est donc connue et normalement très appréciée. Le premier bain, donné parfois en salle de travail, le prouve. Pourtant certains bébés, dans les jours ou les semaines qui suivent, se mettent apparemment à détester l'eau. Ils refusent le bain et hurlent chaque fois qu'on les y plonge. Pourquoi ? C'est difficile à dire. Il semble qu'une seule expérience désagréable suffise. Le bébé peut avoir eu du savon dans les yeux, ou avoir éprouvé un sentiment d'insécurité parce qu'il n'était pas bien soutenu. Si un jour un bain a été donné de façon trop brusque ou dans une eau trop froide, cela peut suffire. Le bébé a associé bain et souvenir désagréable. Depuis, il pleure chaque fois. D'autant qu'il déteste le plus souvent sentir l'air sur sa peau nue.
Si votre bébé n'aime pas l'eau, vous devez prendre le temps, très progressivement, de le réconcilier avec les plaisirs de l'eau. Interrompez le bain au besoin. Vous pouvez laver votre bébé avec un gant de toilette et du savon, et le rincer avec un autre gant que vous trempez dans une eau bien chaude, sans crainte pour son hygiène. Si vous prenez soin de laver alternativement le haut, puis le bas du corps sans jamais le mettre entièrement nu, il y a de fortes chances pour que tout se passe bien.

En grandissant

À trois ou quatre mois, votre bébé a pris confiance en lui et peut désormais apprécier le bain. Devenu trop grand pour sa baignoire de bébé, il se baigne désormais dans la grande. Pour l'habituer, vous pouvez, pendant quelque temps, déposer sa petite baignoire au fond de la grande. Pensez aussi à prendre soin de votre dos et évitez de trop vous pencher. Agenouillez-vous à côté de la baignoire après avoir posé près de vous tout ce dont vous aurez besoin.
L'horaire du bain importe peu, de même que le lieu (salle de bains, cuisine...), pourvu qu'il soit bien chauffé.
Au fil des mois, le bébé a davantage besoin de son bain quotidien. Assis dans l'eau, il trouve un grand plaisir à éclabousser et à jouer. Se baigner est alors une détente pour l'enfant et un temps de partage privilégié avec l'adulte. Si votre enfant fait partie de ceux qui se précipitent dans le bain et ne veulent plus en sortir, vous n'aurez pas de problèmes pour enrichir son plaisir de nouveaux jeux différents. En revanche, s'il se baigne à contrecœur, il vous faudra faire preuve de patience.

Les plaisirs du bain

Ils seront nombreux si vous vous souvenez que ce moment n'est pas seulement destiné à se laver, mais aussi à s'amuser et à se relaxer. Laissez couler l'eau lentement pour que l'enfant puisse jouer avec le filet d'eau. Les éclaboussements sont une autre source de plaisir, même si vous devez ensuite passer la serpillière dans la salle de bains... Cela n'est rien en comparaison du bonheur que l'enfant prend à jouer avec l'eau. Les enfants apprennent ainsi à ne pas craindre l'eau et pourront ensuite généralement aborder la piscine ou la mer de façon très détendue.
Autre grand plaisir : la patouille. Dès que votre bébé se tient assis dans le bain, vous pouvez lui fournir des jouets. Remplir, vider, transvaser... il ne s'en lasse pas.

ATTENTION

Tant que votre bébé ne tient pas bien assis, gardez un bras sous sa nuque.

- Mettez peu d'eau dans la baignoire.
- Couvrez le robinet d'eau chaude avec un gant de toilette pour éviter que votre bébé ne se brûle. Et soyez prudent si vous ajoutez de l'eau chaude dans la baignoire lorsque l'enfant y est.
- Évitez le bain moussant qui décape la peau et risque de piquer les yeux.
- Placez systématiquement un tapis antidérapant au fond de la baignoire.
- Ne laissez pas votre bébé se mettre debout dans la baignoire.
- Ne laissez pas votre bébé jouer avec des flacons en verre.

LES SOINS DU CORPS

La peau fragile des bébés a besoin de soins spécifiques et de précautions élémentaires. Pour autant, la toilette et le change ne doivent pas vous apparaître comme une opération complexe.

Fontanelle et croûtes de lait

On appelle fontanelle la partie molle qui se trouve au sommet du crâne de l'enfant. Il s'agit d'une zone de la forme d'un losange correspondant à un cartilage de croissance, là ou les os du crâne ne sont pas encore soudés (cela prendra entre un et deux ans). Recouverte par le cuir chevelu, la fontanelle est élastique et ne présente aucune fragilité particulière. Pourtant, bien des parents croient le contraire, au point qu'ils hésitent à savonner correctement la tête de leur bébé. Or, il se trouve que le crâne de bébé produit des sécrétions graisseuses entraînant la formation de petites croûtes que l'on nomme couramment des « croûtes de lait ». Pour les éviter, il ne faut pas hésiter à laver chaque jour la tête du bébé. Pour les faire disparaître, on les enduit matin et soir d'un peu de vaseline ou d'huile d'olive pendant deux jours, puis on ôte le tout le troisième jour avec du savon, en s'aidant au besoin d'un petit peigne. Cela fait partir les croûtes de lait et s'effectue sans aucun risque.

Le change

Quand changer le bébé ? À chaque repas. Avant, après ou pendant la tétée ? Cela dépend de vous et de votre bébé. Si vous le changez avant, il y a de grandes chances pour qu'il ait une selle au cours du repas. Si vous attendez la fin du repas, vous risquez de devoir réveiller un bébé qui commence à s'endormir. Alors pourquoi pas au moment du rot ?
Vous changerez également votre bébé en dehors des repas, chaque fois que c'est nécessaire (couche souillée), mais ne le réveillez jamais.

Comment procéder ?

- Préparez tout ce dont vous avez besoin à portée de main : couche propre, gant et serviette de toilette, savon, eau tiède.
- Allongez votre enfant sur le matelas à langer recouvert d'une serviette.
- Retirez proprement la couche souillée en la roulant sur elle-même et en la refermant avec les adhésifs.

- Lavez les fesses avec le gant savonneux, toujours l'avant avant l'arrière, sans oublier les petits plis.
- Rincez soigneusement. Essuyez avec la serviette.
- Mettez la nouvelle couche après avoir, au besoin, étalé une pommade sur les fesses de votre bébé si elles sont abîmées.
- Quand le bébé est assez grand pour se tenir debout dans la baignoire, il est pratique de lui laver les fesses directement avec le jet de la douche.

Quelles couches utiliser ?

Les changes complets ou couches jetables

Ils sont très pratiques, mais il faut savoir que le « budget couches » est important. Faites votre enquête : les marques de distributeurs sont souvent meilleur marché. Les parents qui cherchent une alternative plus écologique aux couches jetables habituelles peuvent se rabattre sur les couches écologiques ou lavables.

Les couches jetables écologiques

Ce sont des couches jetables biodégradables : elles sont tout aussi pratiques à utiliser que les précédentes, pas nécessairement plus chères, mais plus respectueuses de l'environnement. Ces couches écologiques sont toutes composées de matériaux naturels (fibre de maïs non OGM, pulpe de bois, fécule, etc.) et assurent la même capacité d'absorption que des couches ordinaires. Comportant moins de produits chimiques, elles sont aussi plus saines pour les fesses du bébé.

Les couches lavables

C'est une solution qui assure protection et confort au bébé. Vous devrez au départ investir dans un set (culottes enveloppantes de protection, couches rectangulaires lavables ou langes, inserts lavables ou voiles jetables et biodégradables), qui sera vite amorti, car tout ceci est inusable et durera aussi longtemps que nécessaire. C'est une méthode qui permet d'économiser en couches jetables, mais présente l'inconvénient de devoir laver et sécher 6 à 8 couches par jour.

L'érythème fessier

C'est le nom que l'on donne aux rougeurs qui apparaissent fréquemment sur les fesses des bébés. Elles sont dues le plus souvent à la fragilité de la peau du bébé, en contact fréquent avec l'humidité et l'acidité des couches. L'urine et les selles produisent de l'ammoniaque qui brûle sa peau. Ces rougeurs, pour banales qu'elles soient, n'en sont pas moins douloureuses et nécessitent que l'on s'en préoccupe.

ASTUCE

En prévention de l'érythème fessier, vous pouvez essayer d'enduire les fesses de votre bébé, à chaque change, d'une très fine couche d'une crème protectrice à l'oxyde de zinc, qui a le mérite d'isoler ses fesses de l'humidité. Mais cessez les applications en cas de rougeurs, car elles empêcheraient la peau de respirer, donc de guérir convenablement. Vous pouvez aussi essayer l'huile d'amande douce en massage. Mais il semble que la meilleure prévention soit une parfaite hygiène, basée sur l'eau et le savon…

- Changez la couche dès que nécessaire. Ne laissez jamais votre bébé longtemps avec une couche mouillée sur les fesses.
- Laissez-lui les fesses à l'air aussi souvent que possible, notamment l'été. Il n'y a pas de meilleur traitement.
- À chaque change, lavez les fesses de l'enfant avec un coton imbibé d'eau chaude, et avec du savon de Marseille en cas de selles. Rincez très soigneusement et séchez longuement avec un séchoir à cheveux.
- Appliquez éventuellement une pommade ou badigeonnez avec une solution, selon ce que le médecin aura prescrit.
- Assurez-vous qu'il ne s'agit ni d'une réaction à une lessive ou à un type de couche, ni de l'effet d'une autre affection, le muguet par exemple. Cette infection causée par le Candida Albicans commence dans la bouche, sous forme de petites taches blanches, et, détruisant la flore intestinale, peut finir par entraîner diarrhée et érythème fessier.

Habiller bébé

Certains parents se sentent maladroits lorsqu'il s'agit d'habiller et de déshabiller leur bébé. Ils n'osent pas tirer sur le bras pour enfiler la manche, encore moins passer des encolures autour de la tête du bébé. Par ailleurs, de nombreux bébés détestent qu'on les déshabille. La sensation de nudité leur est désagréable et ils hurlent dès qu'ils sentent l'air frais sur leur peau nue. Plus tard, c'est rester immobile quelques minutes qui leur deviendra insupportable.
Pourtant, le bébé est loin d'être aussi fragile qu'il y paraît, et vous deviendrez vite expert. Si vous êtes de celles ou ceux pour qui le côté pratique (pour vous) et confortable (pour bébé) doit primer sur l'esthétique, voici la tenue de base : body s'ouvrant devant, grenouillère, chaussons et gilet (par temps frais). À posséder en plusieurs exemplaires… Si vous évitez les encolures serrées qui se passent par la tête et les manipulations trop nombreuses, et si vous y mettez une bonne dose d'humour et de tendresse, tout se passera vite et bien.

Comment procéder ?

- Préparez tout à portée de main et installez-vous confortablement.
- Roulez les jambes et les manches des vêtements comme pour un collant. Glissez votre main dans la manche et attrapez doucement la petite main.
- Tirez sur l'encolure de la chemise avant de la passer par la tête.
- Retournez le moins possible votre bébé. Parlez-lui doucement et attirez son attention sur ce que vous faites en commentant vos gestes.

Le trousseau de base

- Plusieurs grenouillères (il se salit beaucoup) faciles à entretenir, en tissu éponge extensible. Préférez celles qui se ferment devant : vous n'aurez pas à retourner votre bébé pour le changer.
- Des sous-vêtements. Dans les premiers temps, préférez les brassières à large encolure au « body », qu'il vous faudra changer dès qu'il sera un peu mouillé (ce qui oblige à le déshabiller entièrement).
- Des chaussettes ou chaussons.
- Un surpyjama, un nid d'ange ou une gigoteuse.

Pour l'enfant plus grand

Le problème essentiel sera de le faire patienter pendant que vous l'habillez. Dessins au plafond et comptines vous y aideront. Progressivement, votre enfant participera aux étapes de l'habillement, rendant celui-ci nettement plus facile. Les conseils essentiels pour cet âge consistent avant tout dans le choix des vêtements.

- Ne vous fiez pas aux tailles des fabricants et achetez toujours un peu grand.
- Achetez de préférence des vêtements en coton et évitez tout ce qui ne va pas au lave-linge à 30 °C. Aux habits compliqués, préférez l'ample et le douillet.
- Quand votre bébé commence à se mettre debout, pensez à mettre des semelles antidérapantes à ses grenouillères.
- Optez pour des combinaisons et salopettes, qui ne laissent pas le ventre à l'air.
- Évitez les robes pour les petites filles tant qu'elles ne marchent pas : cela les empêche de se déplacer sur le sol.

Les séances d'habillage

Si votre enfant est très actif, il se peut qu'il ne supporte plus de rester immobile pendant que vous le changez et les séances d'habillage deviennent une épreuve de force. Vous le contraignez pendant qu'il essaie de s'enfuir, vous vous énervez parce qu'il vous met en retard. Bref, c'est très dur.

Pour vous aider

- Pour le « haut », habillez-le pendant qu'il est assis, en train de jouer ; pour les pieds, pendant qu'il est installé sur sa chaise haute.
- Pour les couches, organisez des jeux sur la table à langer : petits objets à manipuler, chansons, petits jeux. Vous pouvez en profiter pour lui apprendre le nom des différentes parties du corps…
- Pour le « bas », asseyez-vous et coincez-le entre vos jambes, debout et dos à vous.
- Apprenez-lui à participer, comme un « grand » : tendre la main, enfiler le bras, glisser son pied, sont des gestes qu'il peut faire pour vous aider.

BON À SAVOIR

D'une manière générale, les jeunes bébés sont trop couverts. Votre bébé est comme vous : si vous avez chaud, il a chaud aussi. Si vous vous sentez bien avec une chemise et un gilet, inutile de lui en mettre deux.
Il a la nuque humide ? Découvrez-le : il a trop chaud. Mais laissez-lui ses chaussons : les bébés ont souvent les pieds froids. Si vous avez froid, votre bébé a plus froid que vous. Sa masse musculaire est plus faible et il se défend moins bien contre le froid. Aussi ne tardez pas à lui rajouter un gilet ou une couverture. Lorsque vous lui donnez son bain, branchez au besoin un radiateur d'appoint dans la salle de bains. En revanche, une température de 19°C dans sa chambre est suffisante. Une couverture de laine, en plus de son pyjama, suffira à son confort.

LA FAMILLE CHANGE

Ce bébé, qui est maintenant un nouveau membre de la famille, va en bouleverser toutes les habitudes. Pendant cette première année où les tâches de maternage sont prédominantes, le rôle de la mère auprès du bébé est essentiel. Au cours de votre congé de maternité, vous avez plus de temps pour faire connaissance et créer, ou plutôt prolonger, une relation d'étroite intimité. Pendant les premières semaines, tout votre temps est consacré à votre bébé, toutes vos préoccupations tournent autour de lui. Par moments, vous êtes débordée ou épuisée. C'est normal. Il vous faut un peu de temps pour vous organiser. Et pour que chacun trouve sa place dans la nouvelle cellule familiale.

UNE PLACE POUR CHACUN

Pendant les premières semaines, alors que toute l'attention est concentrée sur le nouveau-né, chacun doit se faire une nouvelle place : père, mère, frères et sœurs, grands-parents...

Devenir mère

Dans les premiers temps, le bébé requiert une attention de tous les instants. Cette préoccupation maternelle est normale. Mais rester isolée chez soi en tête à tête avec son bébé ne peut avoir qu'un temps. Vous existez aussi et vous allez pouvoir recommencer à vous occuper de vous.

Faites-vous aider

Certaines mères souffrent de solitude et d'enfermement. C'est le moment de téléphoner aux copines. Privilégiez celle dont les enfants sont grands et qui sera ravie de pouponner un peu ou celle qui saura arriver avec une tarte aux poireaux, faire chauffer l'eau du thé et repartir lorsque vous serez fatiguée.

Si vous n'avez pas de copine à appeler :

- invitez une voisine à boire un café ;
- osez aborder cette maman avec son bébé que vous avez vue au square plusieurs fois ;
- glissez votre bébé dans un porte-bébé et sortez faire du lèche-vitrines.

D'autres mères souffrent d'être envahies par la famille qui s'impose, les visites qui n'en finissent pas :

- apprenez à dire non gentiment ;
- abusez du répondeur téléphonique ;
- à la visiteuse qui bavarde, assise sur le canapé, proposez de faire votre repassage pendant que vous allaitez le bébé ;
- gardez du temps pour des tête-à-tête avec votre conjoint.

Occupez-vous de vous

Physiquement, où en êtes-vous ? C'est peut-être le moment de :

- démarrer la rééducation du périnée chez le kinésithérapeute ;
- prendre soin de votre alimentation pour commencer à perdre en douceur les kilos de la grossesse ;
- faire un soin de peau ou prendre rendez-vous chez le coiffeur ;
- entamer une cure de vitamines...

ASTUCE

Simplifiez les tâches ménagères :

- Faites vos courses alimentaires par Internet et faites-vous livrer ; pensez congélateur et four à micro-ondes.
- Prévoyez des repas simples.
- Limitez le repassage en ne faisant porter à la famille que les vêtements qui se froissent le moins possible.
- Faites-vous offrir vingt heures de ménage.
- Déléguez le plus possible de tâches auprès des « grands », enfants ou adultes.
- Reposez-vous chaque fois que bébé dort.

Faites-vous plaisir

On n'a encore rien trouvé de mieux pour le moral. Pour l'une, il s'agira de surfer sur Internet et de se commander un nouveau pull. Pour une autre, d'écouter sa musique favorite. Pour une troisième, de se repasser son film préféré (même s'il faut le voir en plusieurs épisodes) ou de relire tous les vieux Astérix… À chacune de savoir, sans culpabilité, se faire du bien. L'ambiance n'en sera que meilleure et le bébé plus heureux.

Soyez indulgente

S'occuper quotidiennement d'un bébé, élever son enfant sont des tâches difficiles. Trouver sa vérité à travers les consignes des livres de puériculture ou de psychologie, les conseils des grands-mères ou des copines, et son propre bon sens se fait parfois au prix de longues hésitations, rarement sans une bonne dose d'anxiété.

La mère parfaite : un mythe

Être parent : c'est parfois une galère

S'occuper quotidiennement d'un bébé, élever son enfant, sont des tâches difficiles. Trouver sa vérité à travers les consignes des livres de puériculture, les conseils des grands-mères ou des copines, et son propre bon sens se fait parfois au prix de longues hésitations et rarement sans une bonne dose d'anxiété.
Que proposent les médias? L'image d'une femme toujours détendue et souriante, disponible et reposée, ayant déjà perdu son ventre et ses kilos en trop, mère d'un charmant bambin rose et rond qui mange, bien, à heures fixes et dort de longues nuits d'une seule traite. Ses seules interrogations concernent le moelleux des couches et la taille des petits pots, problèmes dont elle discute avec son mari, très concerné. Bref : une mère idéale.
Vous, à côté ? Vous êtes fatiguée par des nuits trop courtes. Votre bébé est enrhumé. Il pleure la nuit et les voisins cognent au plafond. Chacun s'énerve. Ou bien c'est votre bébé qui vomit tous ses biberons, ou qui ne veut pas s'adapter à la garderie, ou qui a horreur du bain, que sais-je ? Parfois vous vous dites : « C'était donc ça, un bébé ? » et vous vous sentez au bord du désespoir.

Tabou ?

Rien ni personne ne vous a préparée ou avertie de ces difficultés. Vous vous comparez à la mère des magazines, la mère parfaite de l'enfant parfait, et vous vous sentez doublement mise en échec. Parce que personne n'est là pour vous dire que oui, les choses sont difficiles, oui, elles vont s'arranger, oui, vous faites pour le mieux avec tout votre amour, vous commencez à croire que, mauvaise mère, vous êtes responsable des difficultés de votre bébé.

Halte ! La mère parfaite n'existe que dans les feuilletons. Vous êtes en train d'apprendre à être mère. Cela demande du temps et des efforts, de l'intuition et de l'amour. Cela ne vient pas d'emblée le premier jour. Peut-être, pour votre cinquième enfant, aurez-vous plus d'aisance. Mais, en attendant, c'est vous qui êtes là. Vous rencontrez les difficultés normales d'une mère d'un bébé normalement constitué. C'est lui, votre tout-petit, qui vous a faite mère, et c'est lui qui vous aidera à en devenir une bonne. Pour vous, il a toutes les indulgences. Telle que vous êtes, avec votre anxiété et vos maladresses, mais aussi avec votre immense tendresse, vous êtes tout pour lui.

Acceptez-vous comme vous êtes

Ne mettez pas votre fierté dans le fait d'avoir un bébé calme, un dîner qui embaume la maison, un ventre redevenu plat et une coupe de cheveux parfaite. Ne vous laissez pas enfermer dans la culpabilité : on a toujours tendance à se sentir mauvaise mère lorsque son bébé ne s'endort pas, repu, une fois le lait avalé.
Si votre bébé ne se calme pas malgré tous vos efforts, alors dites-vous pour une fois qu'il a besoin de pleurer et pensez à autre chose. De même si vous sentez la colère ou l'énervement monter, arrêtez. Servez-vous des techniques de relaxation apprises lors des séances de préparation à l'accouchement. Détendez-vous, mettez une musique que vous aimez, faites-vous une tasse de thé, occupez-vous l'esprit avec un bon roman. C'est souvent à ce moment-là, lorsque vous cesserez d'essayer à tout prix de faire dormir votre bébé et que vous renoncerez à agir qu'il va se calmer pour de bon. Comme s'il se disait : « Maman s'assied, elle se détend, elle est bien, je peux donc me détendre aussi ».

BON À SAVOIR

Comme l'écrit si joliment le Professeur Sheila Kitzinger, vous n'avez pas à être un mélange de la Vierge Marie et des « Cosmo girls », parfaite sur tous les plans.

La maternité triomphante

Quelle mère ne s'est jamais dit, un soir de déprime : « Je n'aurais jamais dû avoir un bébé. Je ne serai jamais une bonne mère. Jamais je ne ferai aussi bien que ma mère. Je suis nulle et seule à blâmer s'il pleure trop, mange trop ou pas assez, s'il dort trop longtemps ou trop rarement, si je le tiens trop souvent contre moi, ou insuffisamment, ou pas au bon moment, ou maladroitement… »
La « super-maman » est un mythe qui a la vie dure. Non seulement il ne s'allège pas ces temps-ci où les mères travaillent davantage et où les pères mettent la main à la pâte, mais il se renforce. La « super jeune maman » se doit de tout réussir : ses enfants, son métier, son couple. Je mets intentionnellement les enfants en premier, tant le poids social qui pèse sur la maternité est lourd. Avoir un enfant « doit » apporter à la jeune maman satisfaction et plénitude. Une femme qui a un enfant est supposée l'avoir choisi, voulu, en avoir pesé et assumé les conséquences, donc n'être que joie et compétences.

La masculinité ne se définit pas en termes de paternité. La féminité, bien souvent. Ce mythe de la femme faite pour avoir des enfants et sachant d'instinct les comprendre et s'en occuper ne repose sur rien de réel. Les jeunes femmes n'ont jamais été si mal préparées à s'occuper d'un bébé. Mais il permet de séparer celles qui réussissent dans leur rôle de mère de celles qui échouent. Réussir, c'est ressembler à l'image de la publicité : dans une maison nette, au sol brillant, une jeune mère mince et élégante épluche des légumes frais pour préparer la soupe de son bébé qui dort si gentiment dans son berceau en dentelle, les fesses au sec. Elle est reposée et dynamique, elle a tout le temps et les compétences nécessaires pour répondre aux besoins de son bébé et de son conjoint. Si le bébé est calme et le mari satisfait, c'est qu'elle est compétente. Si le bébé pleure et que le mari râle, c'est l'échec.

Le poids de la culpabilité

Ce qui est frappant dans ce mythe que des mères, elles-mêmes encore aujourd'hui, entretiennent (malgré quelques best-sellers humoristiques et bienvenus), c'est l'illusion que la mère a le contrôle de la situation. Il suffit de surprendre les regards courroucés des passants à la vue d'une jeune mère avec son bébé hurlant dans ses bras et incapable de le faire taire. Tout est supposé dépendre d'elle, de son comportement et de son talent. Si ceux qui l'entourent ne réagissent pas de la façon souhaitée, c'est qu'elle s'y est mal prise. C'est donc à elle de changer. Viennent alors la culpabilité, l'épuisement et le sentiment d'échec, qui mettent en place un véritable cercle vicieux.

L'amour ne suffit pas, sinon la quasi-totalité des bébés seraient calmes.

Il faut que les mères redéfinissent leur rôle de manière plus réaliste. Elles ne sont pas celles sur qui repose l'entière responsabilité du présent et de l'avenir. Un bébé, « une communauté familiale », ne sont pas une pâte à modeler à laquelle on pourrait donner la forme souhaitée.

Que faire ?

Ne pas se comparer : chaque trio, père, mère, enfant(s), est unique. Si la mère tente de se détendre, de se reposer; si elle passe plus de temps à câliner et dialoguer avec son bébé qu'à calculer la quantité de lait qu'il a avalée ou le temps qu'il a dormi, alors elle est la mère parfaite de cet enfant-là : il ne pouvait en avoir une meilleure, il n'en rêve pas d'autre.

Si vous avez des jumeaux

ATTENTION
Si vous attendez des jumeaux, préparez votre retour à la maison et surtout, n'hésitez pas à demander de l'aide.

Les situations que rencontre la mère de deux bébés (ou plus...) du même âge sont les mêmes que celles de tous les parents : nombreux biberons, sentiment d'incompétence, sommeil haché, intendance infernale, etc. À deux « détails » près :

- les jumeaux naissent souvent avec un poids inférieur au poids moyen des bébés et doivent, de ce fait, se voir proposer de nombreux petits biberons chaque jour ;
- chaque situation est vécue en double, tout simplement... Quand la maman d'un bébé se recouche à trois heures du matin, épuisée, après avoir fini la tétée et le change de son nouveau-né, celle de jumeaux recommence immédiatement. Et à peine a-t-elle fini que le premier a de nouveau faim... Si l'un a de la fièvre, il y a des chances pour que l'autre attrape le même virus. Si l'un pleure, l'autre se réveille...

Loin de moi l'idée de brosser un tableau effrayant de la situation. Mais toutes les mamans de jumeaux que j'ai interrogées m'ont confié la difficulté des premières semaines. « Pendant trois semaines, je n'ai pas touché terre, m'a avoué l'une d'elles. Je ne dormais pas, j'étais comme un zombi, je pensais n'en voir jamais le bout. Je m'en veux aujourd'hui de n'avoir pas eu le temps, alors, des petits câlins avec chacun de mes enfants. Mais comment faire ? Mes seuls moments de répit étaient utilisés pour récupérer un peu d'énergie, sinon je n'aurais jamais tenu le coup. »

Avec le temps, on s'organise : les bébés grossissent, les rythmes se régularisent, on prend l'habitude et les choses s'arrangent. Mais toutes les mères m'ont confié que les premières semaines avaient été les plus difficiles. « Le blues d'après la naissance ? Un luxe que je n'ai pas pu m'offrir. »

Préparer les premières semaines

La leçon à en tirer est simple. Si vous attendez des jumeaux, vous devez préparer votre retour à la maison avec encore plus de soin que si vous n'attendez qu'un enfant : le réfrigérateur et le congélateur remplis de produits rapides à cuisiner ; les chambres, les biberons, les couches, le matériel, tout doit être prêt ; le papa qui prévoit son congé paternel. Et de l'aide, de l'aide, de l'aide... Une voisine qui se propose pour le pain frais. Une grand-mère pour faire la baby-sitter. Une copine pour un coup de ménage ou un repas tout préparé. Surtout, il ne faut pas hésiter à demander de l'aide de manière précise. Les gens sont pleins de bonne volonté mais souvent n'ont pas idée de ce qui vous rendrait réellement service.

Devenir père

Le rôle du père n'est pas moins important. Personne ne niera que la mère a, dans les premiers temps, un rôle privilégié. Parce qu'elle a porté son enfant neuf mois, par la préparation psychologique et hormonale qui s'est effectuée en elle, par sa disponibilité quotidienne lors de son congé de maternité, la mère vit dans une intimité totale avec son bébé. Mais cela ne doit pas exclure le père. Son rôle, indispensable, spécifique et fondateur, commence bien avant la naissance. Parce qu'il est différent de la mère, parce qu'il représente le monde du dehors, il apporte une dimension d'éveil et d'ouverture qui n'existerait peut-être pas sans lui – ou alors autrement.

Les « nouveaux » pères

Qu'il se montre fou de joie, attentionné, émerveillé ou un peu perdu, lui aussi vit une grande transformation dans sa vie de tous les jours. Ce nouveau-né qui vous accapare tant, votre conjoint vous aide à vous en occuper. Il participe aux tâches quotidiennes. Peut-être se sent-il comme ces « nouveaux pères » qui trouvent une grande joie à pouponner leur nouveau-né. Mais cette nouvelle responsabilité peut entraîner une certaine anxiété. De plus, votre conjoint a sûrement besoin que vous le rassuriez sur le fait que vous êtes toujours et avant tout une femme, celle qu'il aime et dont tout l'horizon ne se résume pas à la maternité.

La place du père est aussi importante que celle de la mère. Il peut donner les biberons, se charger des soins du corps, faire des câlins. Le bébé apprécie toujours ces sensations différentes que le père procure : odeur et gestes différents, façon autre de s'occuper de lui. Il apprend ainsi progressivement à se différencier de sa mère et à adopter une identité propre ; mais le père a aussi, au cours de cette première année, un rôle très important à jouer auprès de sa femme.

- Il peut, en la déchargeant d'un certain nombre de tâches, l'aider à se consacrer aux besoins de son bébé. (Inutile d'attendre qu'elle soit épuisée pour partager avec elle les contraintes.)
- En lui signifiant qu'elle est encore et avant tout sa femme, il l'aide à ne pas se vivre comme exclusivement mère, mais à reprendre son identité de femme et d'épouse.

Une place fondamentale

Impressionné par ce si petit bébé, le père se sent souvent très maladroit. Pourtant, s'occuper très tôt de son bébé est le meilleur moyen de dépasser cette appréhension et de créer une bonne relation avec lui. Devenir père se fait dans l'exercice concret de la paternité, et tous ceux qui se sont occupés de leur bébé y ont trouvé un grand plaisir.

Chaque père devrait se donner pour plaisir de passer chaque jour un moment en tête à tête avec son bébé et de s'en occuper seul pendant un temps plus long, une demi-journée ou une journée chaque semaine. Père, mère et enfant ont tout à y gagner. Trop de pères ignorent encore à quel point leur petit enfant les aime, a besoin d'eux et combien il serait parfois plus important le soir de rentrer faire un câlin plutôt que de terminer un ultime dossier. Aujourd'hui, cependant, les pères s'occupent de plus en plus de leurs bébés et ils y trouvent beaucoup de plaisir. Le temps est révolu où ils estimaient que les jeunes enfants étaient l'affaire des femmes…

BON À SAVOIR

Il n'y a pas plus d'instinct paternel qu'il n'y a d'instinct maternel. Certains pères ne ressentent pas grand-chose devant cette petite boule de chair. D'autres sont intimidés. D'autres encore fous de bonheur et de fierté. Mais tous devront apprendre à faire connaissance, à entrer en relation et à répondre aux besoins de ce nouvel enfant.

Finalement, l'amour des parents pour leur enfant se développe au fil des premiers jours, puis s'approfondit au cœur du quotidien, à travers les mille liens qui se tissent en une toile solide.

Un rôle en contrepoint

Le père exerce peu à peu un rôle de contrepoint face à l'amour de la mère, évitant que mère et enfant ne s'enferment trop longtemps dans une relation dualiste, exclusive et fermée.

Les rôles des deux parents sont devenus davantage interchangeables. Pour autant, l'homme apporte à l'enfant des sensations différentes de celles de la mère, dont l'enfant a tout à fait besoin. Un père invente au quotidien la relation qui le lie à son enfant, avec son corps, son histoire et sa sensibilité d'homme. L'odeur, le contact, la voix, la façon de le porter du père sont différents et permettent à l'enfant une nouvelle ouverture sur le monde. C'est parce que ses parents sont différents que l'enfant, situé à la croisée de deux influences, trouvera son chemin et sa personnalité propres. Grâce à cela, l'enfant apprend peu à peu à différencier ses parents, et à se situer lui-même en tant que petite fille ou petit garçon.

Un père qui joue avec son bébé, par exemple, ne se comporte pas de la même manière que la mère. Son jeu est généralement plus physique et plus stimulant, plutôt qu'intellectuel ou médiatisé par un jouet, comme le fait la mère. Le bébé vit avec lui une expérience différente. Il intègre si bien cette donnée que, dès l'âge d'un mois, le bébé manifeste une attitude tout à fait spécifique et particulière lorsque son père ou sa mère s'approche de lui ! Comme si déjà, avec papa, il s'attendait à être davantage stimulé ou à vivre des expériences exaltantes…

Dès six mois, on constate que bébé se calme en présence de sa mère alors qu'il semble éveillé et stimulé par la présence de son père. Il faut dire que les pères, en général, développent davantage les activités corporelles avec leur petit et le poussent davantage à faire des efforts et à trouver son individualité. Le père complète donc la mère et permet à l'enfant d'aller de l'avant.

Si vous êtes parent solo

Il est de moins en moins rare qu'une mère se retrouve très tôt seule en charge de son bébé. Les raisons divergent : géniteur disparu, père à distance, insémination avec donneur anonyme, etc. Mais qu'elle résulte ou non d'un choix personnel, la situation n'en reste pas moins délicate à assumer. Ce qui peut en être dit s'applique également à certains pères : la chose est plus rare mais existe néanmoins.
Les situations que rencontrent les parents solo ne sont pas différentes de celles des autres parents : bébé qui pleure, réveil de nuit, fièvre soudaine, etc. Mais ils ont à y faire face seuls, sans pouvoir s'appuyer sur l'autre ni passer le relais. Ce qui peut générer une anxiété importante.
Outre le fait de tenter que l'absent/e s'investisse dans l'existence de son enfant et participe à son éducation, il est important que le parent solo s'entoure suffisamment. Une famille qui saura prendre le relais, mais aussi des amis qui sauront l'inviter à sortir de chez lui et le distraire parfois de ses occupations parentales. Le risque essentiel du parent solo est le repli sur soi et sur le « petit couple » qu'il forme avec son enfant – ce qui n'est bon ni pour le parent, ni pour l'enfant.

Si vous êtes déjà parent

Si votre famille comporte déjà un ou plusieurs enfants, c'est à un comité d'accueil plus vaste que sera confronté votre nouveau-né. Vous aurez bien sûr préparé cette naissance avec le ou les aînés, de façon qu'ils ne se sentent pas délaissés ou déçus, mais enrichis par la venue de ce nouvel arrivant. Au cours de la grossesse, ils sont souvent enthousiastes et impatients de voir ce nouveau copain de jeux que vous leur préparez. Mais l'arrivée d'un nouveau-né braillard devant qui tout le monde s'émerveille remet parfois douloureusement les pendules à l'heure.
Devenir un grand frère ou une grande sœur est certes une joie et une promotion. Mais cela signifie aussi que l'on va devoir dorénavant partager le temps de ses parents avec un intrus qui pleure, qui fait pipi dans sa couche et qui ne sait même pas jouer aux dominos…

Trouver sa place

Votre aînć a besoin de comprendre que vous êtes restée la même pour lui. Votre cœur a grandi et la place qu'il y occupe ne s'est pas réduite. Pour cela, prenez le temps, pendant que le bébé dort, d'être disponible pour votre aîné, de parler et de jouer avec lui. Rappelez-lui combien vous êtes fière qu'il soit grand, combien vous l'aimez et montrez-lui combien sa présence vous rend heureuse. Enfin soyez compréhensive envers les mouvements de jalousie qu'il risque d'exprimer.
Chaque enfant a besoin de savoir qu'il est unique dans le cœur de ses parents.

C'est ainsi que la rivalité cédera la place à la complicité. Quant au bébé, il va vite devenir fan de ses aînés. Il va guetter leur arrivée, rechercher leur compagnie et rire à leur moindre grimace.
Cette première année n'est pas toujours idyllique. Des manifestations de rivalité ou d'agressivité peuvent apparaître. Elles doivent être reçues comme des marques d'inquiétude et de difficultés à dépasser ensemble. La vie en commun, le partage, le respect de l'autre, cela s'apprend. Cette période sème les bases de cet apprentissage et exige des parents compréhension, amour et vigilance.

Les grands-parents

Dès la première année de sa vie, il est bon pour l'enfant de savoir qu'il existe, au-delà de son noyau familial, une famille plus large, sorte de tribu dont il fait d'emblée partie. Oncles, tantes, cousins, parrain et marraine, grands-parents, sont autant d'adultes ou d'enfants avec lesquels il va pouvoir lier des liens d'affection sincère et confiante. La « tatie » de la crèche ou l'assistante maternelle sont payées par les parents pour s'occuper de l'enfant et il les quitte lorsqu'il rentre à l'école. Au contraire, les membres de la famille offrent un amour « gratuit » et durable. À cela, les enfants sont sensibles très tôt, bien avant qu'ils ne puissent réellement le comprendre. Ils sentent rapidement qu'ils ont d'emblée leur place

→
L'aîné qui trouvait votre grossesse bien longue est valorisé par son rôle de « grand ».

au sein de la « tribu », dernier maillon en date de deux longues chaînes d'ancêtres qui les ont précédés.

Un bouleversement pour chacun

Lorsque les jeunes, ayant encore le statut « d'enfants de... », deviennent parents à leur tour, ils font des leurs des grands-parents. Ils revivent inconsciemment l'histoire de leur relation personnelle au père et à la mère, tout au long de leur enfance, qui conditionne le parent qu'ils vont devenir. La relation entre les deux générations change forcément. Les jeunes parents souhaitent bénéficier de l'appui des grands-parents, de leur expérience, mais craignent en même temps leurs critiques, redoutent leurs conseils et se méfient de leur emprise. Les jeunes parents sont heureux du soutien matériel, en temps de garde essentiellement, dont ils peuvent bénéficier auprès de leurs propres parents, temps précieux pour se retrouver en couple. Mais ils craignent souvent des influences éducatives qui ne seraient pas les leurs et que, redevables, ils ne pourraient pas critiquer.

Un rôle primordial

Les grands-parents tiennent une place privilégiée auprès de leurs petits-enfants.

- Plus expérimentés et souvent disponibles, ils peuvent offrir un relais appréciable aux parents débordés. Ils sont capables de prendre davantage de distance vis-à-vis des problèmes. Ils peuvent offrir aux parents la possibilité de retrouver, à deux, un peu de leur intimité de couple.
- Les grands-parents témoignent que l'enfant est à la croisée de deux lignées, de deux histoires, de deux cultures. Il n'est pas seulement le fils de l'un ou la fille de l'autre. Cela introduit l'enfant dans un monde symbolique où le temps reprend sa place.
- Les grands-parents sont les témoins d'un temps où leurs parents ne se connaissaient pas encore, où ils étaient petits enfants. Cela fait du bien à l'enfant de sentir que ces parents parfaits, si forts et puissants, ne l'ont pas toujours été. Ainsi lui, si petit, le sera un jour.
- N'étant pas responsables de l'éducation de leurs petits enfants, souvent à la retraite, les grands-parents ont plus de temps et de patience pour les confidences, les berceuses, les secrets, les compotes « maison » et les promenades au zoo. La constance de leur affection, leur stabilité rassurante, leur disponibilité, en font des partenaires précieux dans la vie de leurs petits-enfants.

ATTENTION

Quelle que soit l'entente qui règne entre le gendre, la bru et les belles-mères, ne privez pas vos enfants de leurs grands-parents. Au contraire, faites tout ce que vous pouvez pour les laisser ensemble, en votre absence, sans vous en mêler. En retour, il est souhaitable que les grands-parents apprennent de leur côté à respecter les façons de faire et d'éduquer des parents, afin d'éviter d'inutiles tensions.

Du conjugal au parental

Avant la naissance du premier bébé, le couple est conjugal. Après, il devient parental. Quelles conséquences ce changement de statut a-t-il sur le fonctionnement du couple, et singulièrement sur son intimité?

Cela dépend. Il arrive que le père et la mère retrouvent progressivement une sexualité encore plus profonde et complice qu'avant la naissance. Plus souvent, le choc physique et psychique de l'accouchement, suivi de l'arrivée du bébé, entraîne un bouleversement dans le couple. La vie quotidienne et relationnelle, qui avait trouvé son équilibre à deux, est totalement chamboulée. Quand revenir à une relation plus amoureuse? Comment trouver un nouvel équilibre satisfaisant pour chacun?

La femme

BON À SAVOIR

La femme est dans cette « folie maternelle primaire » qui la fait se tourner essentiellement vers la satisfaction des besoins de son bébé.

Elle a été, sur les plans physique, hormonal et psychologique totalement bouleversée par ces douze derniers mois. Elle a vu son corps changer de formes, parfois dans des proportions importantes. Ce corps s'est adapté à la tâche de nourrir, protéger et faire grandir un enfant pendant neuf mois, le mettre au monde, puis l'allaiter. Tout cela, elle l'a accepté d'avance. Mais, même une fois le bébé sevré, la femme a parfois du mal à se reconnaître. Il lui reste des séquelles physiques de cette aventure, qu'elle avait peut-être mal anticipées. Kilos accumulés, cicatrices d'épisiotomie, ventre rebondi, hémorroïdes, vergetures... Il faut à la femme quelques mois pour réapprivoiser son corps. Il s'était mis entièrement au service de la fabrication d'une nouvelle vie ; il doit redevenir un corps érotique et séducteur. Cela ne se fait pas tout seul. Ni en un jour.

La femme, même si elle se sent une nouvelle maman heureuse et épanouie, peut avoir du mal à se sentir simultanément une partenaire désirable et désirante. Si l'on ajoute, à ce trouble de l'image du corps, la fatigue résultant de l'accouchement, des nuits hachées, des soins du bébé et de l'allaitement, on comprend aisément le peu d'enthousiasme de la nouvelle maman à reprendre une vie sexuelle là où elle l'avait laissée...

L'homme

Le choc de la venue au monde de son bébé est psychologique et symbolique, mais il peut avoir des répercussions physiques.

L'homme, particulièrement s'il a assisté à l'accouchement, peut avoir été saisi d'une sorte d'effroi, à peine conscient, qui se superpose à l'émerveillement. Sa femme, qu'il voyait physiquement comme sa partenaire de jeux sexuels, est devenue à ses yeux un corps de mère. Pour certains hommes, cela rend difficile le désir et les pratiques précédentes. Des ambiguïtés font obstacle. Le sein par exemple, organe sexuel par excellence, est devenu source d'alimentation. Comment gérer ce double statut ?

Si le papa s'implique dans la nouvelle situation, il n'est pas non plus à l'abri de la fatigue des nuits écourtées et du surcroît d'activités. S'il a du mal à se situer par rapport à son nouveau statut, il peut se sentir exclu de la diade fusionnelle mère-enfant et le vivre douloureusement. Lui qui était l'unique objet d'amour et d'attentions de sa compagne, passe désormais systématiquement après ce petit bout qui dévore temps, substance et énergie…

Le couple

L'homme et la femme, qui avaient su trouver un accord de vie lorsqu'ils étaient deux, doivent réinventer les règles communes maintenant qu'ils sont trois. Chacun apprécie-t-il le père ou la mère que l'autre est devenu ? Y a-t-il frustration ? Désaccords ? Lassitude ? Tous ces éléments peuvent générer des difficultés nouvelles au sein du couple. Si l'on ajoute à cela le manque de temps pour se retrouver à deux, se parler et se confier l'un à l'autre, on comprend que la période soit délicate. Le nombre important de séparations qui suivent la naissance d'un enfant en témoigne.

Les tensions sexuelles existent également. Le plus souvent, l'homme souhaite reprendre une vie intime rapidement après la naissance. Non seulement il n'a pas été éprouvé physiquement, mais il ressent le besoin de resserrer les liens conjugaux aux dépens du parental qui semble tout envahir. La femme, éprouvée et fatiguée, n'est pas souvent prête aussi vite. Elle peut être craintive de nouvelles douleurs lors de la pénétration.

Que faire ?

Les couples qui avaient une bonne relation sexuelle avant et durant la grossesse, où les deux partenaires trouvaient leur compte de plaisir, n'auront généralement pas de problèmes, les premiers mois passés, à retrouver une intimité satisfaisante. La seule condition est que chacun des deux en ait le désir. Qu'un dialogue ouvert se noue sur les attentes, les désirs et les craintes de chacun. La patience et la tendresse feront le reste. Un conseil, toutefois : ne pas laisser passer trop de temps pour reprendre des échanges amoureux, quelle que soit leur forme. Ne pas attendre plus de trois à cinq mois pour recommencer à faire l'amour régulièrement. Plus le délai est long et plus la reprise sera compliquée.

Le dialogue et la bonne volonté réciproque sont ce qui aidera le plus les couples en difficulté.

La femme doit se rappeler qu'avant d'être mère, elle était femme et amante, et qu'elle est appelée à le rester. Les deux statuts ne sont pas incompatibles, mais cela demande de trouver un nouvel équilibre.

Lui doit comprendre qu'il n'est plus seulement amant et que son statut, à lui aussi, a changé. Mieux il acceptera ses nouvelles responsabilités, plus il donnera à sa compagne le sentiment qu'elle peut s'appuyer sur lui, plus vite elle se tournera à nouveau vers lui sexuellement. C'est aussi son rôle de lui rappeler qu'elle est belle, désirable et attirante pour lui. Cela peut passer par l'organisation d'une soirée, d'une journée ou d'un week-end à deux : le bébé est confié à la grand-mère et le couple se donne un peu de temps « en amoureux » pour se retrouver vraiment.

BON À SAVOIR

Si les difficultés persistent, si le couple n'a pas repris de vie sexuelle active six mois après la naissance, il est important de s'en préoccuper. Inutile de se raconter des histoires ou de se servir du bébé dans la chambre des parents comme alibi… Aller discuter ensemble au cabinet d'un psycho-sexologue peut être précieux : cela permettra de mettre des mots sur ce qui bloque et de trouver le chemin de la réconciliation amoureuse et sexuelle.

PREMIÈRES SÉPARATIONS

Après la passion symbiotique des premiers jours, la mère éprouve le besoin de recommencer une vie « normale ». Elle ne doit pas culpabiliser, il en va de l'équilibre de son enfant comme du sien. Tous deux vont apprendre à s'éloigner l'un de l'autre et l'enfant va comprendre que sa mère ne lui appartient pas.

Si les deux parents travaillent

Dans un nombre croissant de familles, les deux parents travaillent et doivent donc faire garder leur bébé quand s'achève le congé maternité et/ou paternité. Ils ne peuvent s'empêcher de se poser des questions : est-ce que je passe assez de temps avec mon enfant ? Est-ce que ma présence pendant sa toute petite enfance ne lui aura pas trop manqué ? Comment faire pour compenser tout ce temps que l'on passe séparés ?
Sachez d'abord que l'intensité et la qualité de votre présence comptent davantage que la quantité. Vous pouvez passer des heures à côté de votre enfant : s'il s'occupe seul et vous aussi, si vous ne créez aucun contact, il ne bénéficie pas de votre présence. Mais cette qualité sera d'autant plus importante que la quantité est faible. C'est-à-dire que moins vous partagez de temps avec votre bébé, plus ce temps doit être fait de moments intenses et riches. Cela est valable pour le père comme pour la mère.

BON À SAVOIR

Toute mère ou tout père qui travaille aura à cœur de dégager un maximum de temps pour son enfant et de se rendre disponible quoi qu'il arrive. Les structures sociales et l'organisation des entreprises n'y sont pas toujours très favorables. À chacun de tenter de les faire évoluer et de faire ses choix. Un enfant ne reste pas petit longtemps. Il a besoin de la présence de ses parents. Profitez-en avant qu'il ne soit trop tard. Même si vous travaillez à temps plein, le temps passé avec votre enfant suffira s'il est bien utilisé.

Les modes de garde

En théorie, vous avez le choix entre plusieurs possibilités. Dans la pratique, le choix est malheureusement beaucoup plus restreint. Or, cette question de la garde est une question clé. Il est en effet plus facile de travailler en paix si son bébé est dans un bon environnement et qu'il semble heureux. Le mieux est de s'y prendre assez tôt pour choisir en fonction de son goût et prévoir une solution de rechange en cas de refus. Une fois le mode de garde choisi, sachez vous y tenir afin d'offrir au bébé la possibilité de s'habituer à ce nouveau « chez-lui ».

La collectivité

- La crèche collective peut être municipale, départementale ou privée. Les horaires d'accueil sont stricts et le prix à payer dépend de vos revenus. Elle favorise l'éveil, la sociabilité et… la propagation des microbes. Le nombre de places étant très inférieur au nombre de demandes, il est bon de s'inscrire avant même d'accoucher et de « soutenir » son dossier par tous les moyens possibles.

- La crèche familiale est un regroupement d'assistantes maternelles, disposant d'un suivi et d'une formation, sous l'autorité d'une crèche. Les tarifs sont ceux de la crèche collective.
- La halte-garderie est conçue pour dépanner ponctuellement les mères au foyer. Les horaires sont variables (certaines structures prennent les enfants une journée entière) et les places souvent très demandées.

L'assistante maternelle

L'assistante maternelle est une mère de famille qui accueille votre bébé chez elle, ainsi que deux ou trois autres enfants. Si elle est agréée, elle est suivie par une assistante sociale et les services de la PMI. Les horaires et les tarifs sont à décider conjointement et font l'objet d'un contrat. La mairie pourra vous fournir une liste d'adresses d'assistantes maternelles habitant près de chez vous.

Faire garder son bébé à la maison

De plus en plus de parents profitent des aides de l'État pour employer une personne à domicile. Outre la garde du bébé, elle pourra aussi, à la demande, aller chercher l'aîné à l'école et donner le bain du soir. C'est un choix très privilégié pour le bébé, qui n'a pas à être réveillé et déplacé tôt le matin, et pour les parents, rassurés de savoir leur enfant à la maison. Mais les coûts liés à ce mode de garde restent élevés. C'est pourquoi beaucoup de familles qui font ce choix cherchent à partager la garde avec un autre couple du voisinage ayant un bébé du même âge. Les deux bébés, vite copains, se retrouvent tantôt dans une famille, tantôt dans l'autre.

Le système D

Les autres solutions vont de la crèche parentale à la jeune fille à domicile que l'on partage avec la voisine, en passant par la concierge-nourrice-au-noir et la grand-mère complaisante. Cette dernière solution est évidemment agréable pour l'enfant comme pour les parents, mais c'est un luxe de plus en plus rare. Les familles sont souvent éloignées et les grands-parents pas toujours disponibles…

Les émotions en jeu

Les toutes premières séparations entre le bébé et ses parents, et plus spécialement sa maman, sont très importantes. Ce sont celles qui vont s'inscrire en lui et faire le lit de toutes les autres. Pour les parents, de même, la séparation d'avec leur enfant est un revécu de celles qu'ils ont, dans leur histoire, plus ou moins bien vécues. On le voit, les émotions sont fortes autour de cet événement, et les enjeux sont importants.

Après trois mois de vie étroite avec son bébé, la maman doit reprendre son travail. Elle peut être heureuse de sortir à nouveau de chez elle, de retrouver ses collègues, mais elle vit pourtant la séparation d'avec son bébé comme une déchirure.

Se séparer, pour la maman, c'est renoncer à cet état fusionnel, où elle est très proche physiquement de son bébé et où elle est, avec le père, son unique référence. Confier son bébé, c'est donc accepter de ne plus être la seule à s'occuper de lui et tenter de concilier sa vie de maman, sa vie d'épouse et sa vie de professionnelle. On sait combien cela peut se révéler difficile.
Ici, l'assistante maternelle (ou l'auxiliaire de puériculture de la crèche), comme tout le personnel qui contribue à l'accueil du petit enfant, a un rôle fondamental à jouer. Sa compétence, son expérience et la manière dont elle va savoir parler aux parents et à l'enfant vont faire d'elle un acteur essentiel de cette période, tellement déterminante pour la suite.

Les débuts à la crèche ou chez la nourrice

Votre congé de maternité est terminé. Vous allez faire votre rentrée professionnelle et votre bébé sa rentrée à la crèche ou chez l'assistante maternelle. Sans quelques précautions, cet événement risque d'être mal vécu de part et d'autre. Un bébé de cet âge est très sensible à la séparation d'avec sa mère et ses besoins affectifs sont importants. Il n'a ni les moyens de comprendre la situation ni ceux d'exprimer sa détresse.

BON À SAVOIR

Mal préparée, la séparation peut entraîner de part et d'autre de la souffrance et du mal-être. Ce qui permet que les choses se passent bien, c'est d'éviter toute précipitation. Faire garder son bébé, cela se prépare des semaines à l'avance. Non seulement pour choisir l'assistante maternelle et s'entretenir avec elle, cela, c'est évident, mais aussi pour bien se préparer psychologiquement, pour en parler avec le bébé, pour se séparer de lui de temps à autre, pour l'habituer à être en relation avec d'autres personnes, à dormir dans un autre petit lit, etc.

Une adaptation en douceur

Pour accompagner votre bébé dans cette étape, il est indispensable de fonctionner en douceur. Le temps de l'adaptation est fondamental pour qu'il s'habitue. Peu à peu, il apprendra à s'y retrouver dans ses deux cadres de vie et parmi les différentes personnes qui prennent soin de lui.
Mais l'adaptation est plus qu'une immersion progressive dans un milieu. C'est un temps où vous allez accompagner votre bébé dans son nouveau lieu, y être avec lui, vous tenir dans toutes les pièces où il se tiendra bientôt seul. Ce lieu sera pour lui « investi » de votre présence et il se souviendra de vous lorsqu'il s'y retrouvera seul. L'adaptation est aussi le moment de faire bien connaissance avec l'auxiliaire ou l'assistante qui s'occupera de votre bébé.
Soyez également très attentive à préserver la sécurité intérieure de votre bébé. Pour cela, il est bon qu'il n'y ait ni rupture ni conflit entre la crèche et la maison. Une phase de transition de quelques minutes, matin et soir, destinée à échanger au sujet de votre bébé, de sa nuit, de sa journée, de son rythme est nécessaire.
N'oubliez pas enfin que les craintes d'un bébé font souvent écho à l'anxiété et au sentiment de culpabilité éprouvés par sa mère ou son père. Si vous êtes sûrs de votre choix, votre enfant l'acceptera paisiblement. Mais si vous êtes malheureux ou mécontents du mode de garde choisi, l'enfant va le ressentir. Si vous êtes inquiets, il va se dire que vous avez des raisons de l'être et qu'il y a un danger pour lui. Alors il va refuser.
Inutile de tricher cependant, de faire semblant d'être bien. Souvenez-vous que votre enfant est en contact direct avec vos émotions. Mieux vaut lui parler sim-

plement : « Tu sens que je suis triste de te laisser toute la journée, mais nous nous habituerons l'un et l'autre. Je suis sûre que tu seras bien ici et nous serons très heureux de nous retrouver ce soir.

Le moment des départs…

La séparation de chaque matin est un moment délicat. Celui où l'on dit au revoir à son enfant et où on part travailler. Se retrouver le soir afin que tout se passe bien demande également une certaine habileté. Y a-t-il une bonne manière de dire au revoir et de dire bonjour à son petit enfant ? À interroger les professionnels de la petite enfance, il semblerait bien… Quitter son enfant sans lui communiquer d'anxiété, cela s'apprend. Voici les règles de base.

- Être clair dans son message. Ne pas partir en exprimant, par le dit ou le non-dit, un souhait de rester. Ne pas revenir sur ses pas, même si l'enfant appelle ou semble triste : les fausses sorties, c'est le drame assuré. Certains parents attendent que leur enfant pleure pour partir, coupables, malheureux mais rassurés sur son attachement…
- Ne pas jeter l'enfant dans les bras de l'assistante maternelle (ou de l'auxiliaire) et partir en vitesse sans lui dire au revoir. Ne pas non plus partir quand il a le dos tourné. Dans les deux cas, il s'agit d'éviter la crise de larmes, mais le résultat est pire. Cela crée une angoisse chez l'enfant. Mieux vaut qu'il exprime sa tristesse.
- Toujours dire au revoir, faire un bon câlin, mais ne pas traîner. Le départ sera bien vécu par l'enfant s'il est bien vécu par le parent.
- Savoir qu'il y aura toujours des périodes, au cours de ces trois ans, où l'enfant protestera. Cela ne veut pas dire qu'il n'est pas bien. Mais certains jours, il préférerait peut-être rester à la maison, ou rester avec maman, et c'est bien compréhensible.

… et celui des retrouvailles

Les retrouvailles après une séparation sont tout aussi délicates.

- Si le bébé est encore petit, il ne faut pas se jeter sur lui, au risque de l'effrayer. Le temps lui a paru long : il faut prendre le temps de se faire reconnaître. D'abord l'appeler par son nom. Se mettre face à lui. Attendre qu'il réagisse, puis, seulement, le prendre dans ses bras.
- S'il est plus grand, il faut comprendre qu'il a attendu longtemps et que c'est normal qu'il fasse attendre parfois un peu à son tour.
- Certains parents peuvent être blessés que l'enfant ne leur sourit pas, voire qu'il pleure lorsqu'ils arrivent. Qu'ils se rassurent : l'enfant les attend et il est heureux de les retrouver. Mais la fatigue accumulée se résout souvent par quelques larmes dans les bras de ceux qu'on aime…
- Certains petits râlent pour venir à la crèche ou chez la nounou et râlent pour en repartir. C'est difficilement compréhensible par les parents, qui croient qu'il s'agit d'un caprice. C'est plutôt que les petits enfants ont horreur des change-

ments. Une fois qu'ils ont fait l'effort de s'adapter, ils ne veulent plus changer à nouveau. Être déplacés matin et soir leur est pénible : ils s'habitueront, mais il leur faut un peu de temps.

De retour à la maison

Les parents rentrent souvent épuisés de leur travail et ils ont du mal à trouver la patience et la disponibilité nécessaires. Pourtant, il est important de soigner ces moments-là car leur énervement retentit sur leur enfant. Pour attirer leur attention, celui-ci peut multiplier les bêtises ou les crises : s'il reste sage, on ne s'occupe pas de lui… Et les retrouvailles, qui devraient être un moment de joie, tournent parfois à l'affrontement. Ou bien les parents se disent qu'ils ne vont pas utiliser le peu d'heures qu'ils partagent avec leur enfant à faire de la discipline, et la situation risque d'empirer.

C'est aux parents de trouver le moyen de se détendre avant de retrouver leur enfant : celui-ci n'est pas responsable de la pression professionnelle et n'a pas à en subir les conséquences. C'est à eux d'établir, quand ils sont avec lui, une bonne qualité de communication. Ainsi l'enfant n'aura pas besoin de se servir de troubles divers (arrêter de manger, se réveiller la nuit, etc.) pour réclamer son dû de tendresse.

ASTUCES

- Préparez à l'avance tout ce dont elle aura besoin : biberon, lait, eau, couches, crème, etc. Vous lui éviterez ainsi d'avoir à ouvrir tous les placards pour trouver un pyjama propre.
- Mettez-lui par écrit les habitudes de votre bébé : médicaments, soins, bain, biberon, etc. Mettez également le ou les numéros de téléphone où vous êtes joignable et les numéros utiles tels que médecin, voisins, urgence ou famille proche. Enfin, allez là où vous l'avez dit. Prévenez la baby-sitter si vous modifiez votre programme et soyez ponctuelle.

RENDRE LA SÉPARATION PLUS FACILE

- Si vous allaitez encore, n'attendez pas les derniers jours pour sevrer votre enfant. Donnez-vous deux ou trois semaines, afin de remplacer très progressivement les tétées par des biberons, sans que cela soit lié à une séparation. Vous pouvez garder les tétées du matin et du soir.
- Dans le mois qui précède votre reprise professionnelle, essayez de faire garder votre bébé, tantôt une heure, tantôt un après-midi. Vous lui donnerez ainsi confiance en votre retour.
- Dans le nouveau lieu où il va être gardé, installez dans son lit deux ou trois jouets qui viennent de la maison, pour créer un lien. Glissez près de son oreiller un foulard que vous aurez gardé au cou plusieurs jours. Imprégné de votre odeur, il rappellera votre présence à votre bébé et le rassurera.
- Préparez une liste des « habitudes de vie » de votre bébé, ainsi que les questions à poser à l'assistante maternelle qui s'occupera de votre enfant. Vous serez sûre ainsi de ne rien oublier d'important.
- Prévoyez du temps pour une adaptation progressive. Arrangez-vous pour que, les premiers temps, votre bébé ne fasse que des petites journées à la crèche. Être d'emblée séparé de vous huit à dix heures par jour lui semblerait très long.

Soyez vraiment disponible

Jusqu'à ce que votre enfant soit couché, laissez de côté tout ce qui n'est pas indispensable ou qui ne le concerne pas : ménage, courses, courrier, repas des parents, télévision, etc. Dites-vous bien que passer le balai est moins important que de monter une tour avec ses cubes. Servez-vous utilement du temps passé ensemble. Le bain, le repas, le change, la mise au lit peuvent être autant de moments de communication, d'échange et d'éveil.

Baby-sitter : la première fois

Les premières sorties sans leur bébé sont parfois difficiles pour certains parents et le choix de la personne qui va s'en occuper contribue beaucoup à les rassurer et à les détendre. Le plus simple au début est sans doute de faire appel à quelqu'un de proche, famille ou ami. Quand ce n'est pas possible, la solution consiste à faire appel à une baby-sitter.
Il est toujours préférable de confier votre enfant à quelqu'un que vous connaissez ou que l'on vous a recommandé et en qui vous avez toute confiance. Peut-être une jeune fille de votre entourage est-elle venue vous aider à la maison dans les semaines précédentes ? Dans ce cas, faites appel à elle : l'enfant et elle se connaissent déjà, ce qui est un bon point. Mais si vous ne connaissez pas la baby-sitter, demandez-lui de venir chez vous la veille afin que vous voyiez comment elle se comporte avec votre bébé et que vous puissiez faire connaissance.
Que vous choisissiez une fille ou un garçon, une personne jeune ou plus âgée, peu importe. Ce qui compte, c'est que vous trouviez une personne de confiance, que vous jugez sûre, qui aime les enfants et qui a des gestes tendres. C'est le caractère de la baby-sitter, bien plus que son habitude des enfants, qui vous permettra de partir ou non en toute quiétude.

Partir tranquille

Demandez-lui d'arriver un quart d'heure avant votre départ, ce qui vous laissera le temps de tout lui expliquer calmement et de partir sans précipitation.
Mettez-la à l'aise : si besoin est, présentez-lui le bébé et faites-lui visiter les pièces principales de la maison (salle de bains, chambre de bébé, cuisine, salon…). Indiquez-lui où sont rangés le linge de rechange, les couches et le lait en poudre.
Prévenez votre bébé que vous allez vous absenter et dites-lui au revoir. Même s'il ne comprend pas le sens exact des mots, votre voix le rassurera. Si possible, évitez de partir pendant qu'il dort. Sinon, dites-lui au revoir avant. Le petit bébé est plus sensible à l'anxiété de sa mère qu'au fait qu'elle le laisse quelques heures à une autre personne ; alors, une fois que la décision est prise et que tout est organisé au mieux, partez de bon cœur et amusez-vous. Si tout s'est bien passé, appelez la même baby-sitter la prochaine fois : elle s'habituera au bébé et lui à elle.

LE SOMMEIL DU TOUT-PETIT

Chez les bébés, le sommeil a une fonction biologique majeure. C'est en effet lorsqu'il dort que le bébé reprend de l'énergie, qu'il libère l'hormone de croissance, qu'il fixe ses acquisitions et mûrit son système nerveux.
La difficulté, c'est que tous les bébés sont différents. Si tous, vers quatre mois, peuvent faire leurs nuits, certains sont déjà de gros dormeurs, alors que d'autres ne dorment qu'en pointillé. Vers huit mois, on voit apparaître les couche-tard et les lève-tôt... Mais, de même que l'on ne force pas un bébé à manger, on ne peut obliger un bébé à dormir. On ne peut que le mettre dans la situation favorable à la survenue d'un bon sommeil...
Ce n'est qu'en observant l'enfant que l'on peut repérer quel est son rythme propre et l'aider à s'équilibrer. Au fil des mois, les temps de sommeil vont se régulariser.

LE SOMMEIL DU NOURRISSON

Un rythme de vie régulier aide l'enfant à développer de bonnes habitudes de sommeil, mais les parents doivent aussi parfois faire preuve de flexibilité. Il est inutile de mettre au lit un enfant parfaitement réveillé qui ne présente aucun signe d'envie de dormir.

Des besoins différents

Le nouveau-né passe environ 60 % de son temps à dormir. Mais très vite on constate qu'il existe des gros dormeurs et des petits dormeurs. Il n'est pas inquiétant que votre bébé dorme peu s'il est en bonne santé et se développe normalement. Il n'est pas davantage inquiétant que votre bébé dorme des heures, en laissant parfois passer l'heure du repas. Inutile de le réveiller : la faim s'en chargera. C'est seulement le tempérament des enfants qui varie : tel pour l'instant, il sera sans doute différent demain.

Voici un récapitulatif qui donne une idée du nombre d'heures qu'un bébé passe habituellement à dormir quotidiennement. Les chiffres incluent le sommeil de nuit ainsi que les siestes faites dans la journée.

- Nouveau-né : 18 à 20 heures
- 1 à 3 mois : 18 à 19 heures
- 4 à 5 mois : 16 à 17 heures
- 6 à 8 mois : 15 à 16 heures
- 9 à 12 mois : 14 à 15 heures

Les stades du sommeil

Le comportement du bébé peut se résumer en cinq stades, qu'il est bon de connaître.

- Le stade 1 correspond à un sommeil calme. Le nouveau-né est immobile, son visage est inexpressif et sa respiration est régulière. Ses yeux sont fermés.
- Le stade 2 est celui du sommeil agité. L'enfant bouge, s'étire, grogne ou bâille. Il a des mouvements des yeux et des mimiques du visage. La respiration peut être rapide et bruyante. Ce stade couvre la moitié du temps de sommeil total. Malgré toute cette agitation, n'allez pas croire que le bébé est réveillé ; le prendre dans ses bras à ce moment ne manquerait pas de le perturber.

- Au stade 3, le bébé est réveillé et calme. Les yeux grands ouverts, il est attentif à son environnement. C'est le moment le plus agréable à partager.
- Au stade 4, le bébé s'énerve et n'est plus très attentif.
- Le stade 5 survient si l'on n'a pas trouvé la cause du malaise : bébé pleure.

Il se réveille la nuit

Beaucoup de bébés se réveillent encore la nuit, le plus souvent à la fin d'un cycle de sommeil, lorsque le sommeil est plus léger. Ils n'ont pas appris à replonger d'eux-mêmes dans le cycle suivant. Certains se réveillent une fois, d'autres deux ou trois. Généralement, le bébé se met à crier, cela dure un certain temps, puis il se calme dans les bras de sa mère ou de son père et se rendort. Jusqu'au prochain réveil.

Trouver la cause

Voici des éléments qui peuvent provoquer ces réveils nocturnes. Chacun appelle une solution appropriée.

Un problème physiologique...

- Le bébé a faim, il n'a pas assez mangé ou trop tôt.
- Il a mangé trop vite et n'a pas assez tété ou sucé.
- Il a soif : il fait trop chaud ou trop sec, le bébé est trop couvert.
- Il n'est pas dans son assiette (nez bouché, douleurs digestives, otite latente, régurgitations...).

... ou un malaise psychologique

- L'atmosphère de la maison est agitée ou anxieuse ou votre bébé a été très énervé en fin de journée.
- Vous n'avez pas pris le temps de le bercer, de le rassurer et de l'aider à glisser dans un sommeil paisible.
- Une journée fatigante (beaucoup de visites, déplacement dans un lieu inconnu de bébé) peut perturber la nuit qui suit.

Comment réagir ?

Si vous avez déterminé la cause de ces réveils, vous pourrez efficacement y remédier. Sinon, voici quelques trucs qui ont fait leurs preuves :

- Donnez un bon repas le soir, copieux et digeste.
- Disposez un humidificateur dans la chambre de l'enfant.
- Donnez-lui son bain le soir.
- Assurez-vous que l'ambiance autour de l'enfant soit calme, surtout en fin de journée.

ASTUCE

Si votre enfant a du mal à dormir, donnez-lui avant de le coucher un biberon d'eau contenant une légère infusion de tilleul ou de fleur d'oranger.

LES CONDITIONS D'UN BON SOMMEIL

- Quel que soit le type de lit choisi (couffin rigide, berceau, lit à barreaux ou autre), l'idéal est d'y installer un matelas de mousse assez ferme et bien adapté aux dimensions du bébé. Recouvrez le matelas d'un drap-housse.
- Bannissez: l'oreiller, inutile et dangereux; la plume, qui peut favoriser la survenue d'allergies; les draps et les couvertures: le bébé risque de s'entortiller ou, au contraire, de se découvrir.
- Ce qu'il reste? La couette ou la gigoteuse, ou « sac de nuit », qui garde bébé au chaud. Assurez-vous aussi que le tour de lit est bien fixé.
- La température idéale de la chambre se situe entre 18 et 20 °C.

Garder son calme

Vous ne parviendrez à calmer votre bébé que si vous-même vous êtes calme et paisible. Si vous ne vous sentez pas d'humeur câline, mieux vaut le laisser dans son lit et l'aider à trouver son pouce plutôt que de lui transmettre votre énervement.

Dans tous les cas, et même si les pleurs se répètent, vous ne devez en aucun cas:

- lui administrer des tranquillisants;
- crier pour le faire taire;
- vous déplacer au moindre appel comme si effectivement le lit était pour lui un lieu pénible ou dangereux;
- le prendre dans votre lit ou dans vos bras à chaque appel. Au contraire, faites-le patienter cinq ou dix minutes au début, avant de le rejoindre, puis augmentez le temps progressivement. Pour que l'enfant devienne autonome, il faut qu'il ait confiance en lui. Pour cela, il faut que vous ayez confiance en lui et en sa capacité à régler seul ses problèmes de sommeil.

L'aider à faire ses nuits

Comment y parvenir? En l'aidant à différencier le jour de la nuit. Pour les siestes de jour, inutile de faire l'obscurité totale ou le silence dans la maison: le bébé s'accommode naturellement de cet environnement. En revanche, la nuit, il convient de faire la pénombre dans sa chambre.

Supprimer de force le biberon nocturne en laissant pleurer le bébé ne l'aide pas à faire ses nuits. Tant qu'il a faim, il faut le nourrir et prendre patience: les nuits complètes viendront en leur temps.

ASTUCE

Si vous venez voir votre enfant la nuit, n'allumez qu'une veilleuse et parlez tout doucement.

Le pouce et la tétine

L'un comme l'autre ont leurs partisans et leurs détracteurs. Il est important de prendre en compte le besoin qu'a le bébé de téter, besoin que le temps consacré au repas suffit rarement à satisfaire. Si certains bébés trouvent vite leur pouce et se calment ainsi, d'autres n'y parviennent pas. Pourquoi leur refuser le même apaisement et ne pas leur donner une tétine ?

La tétine

Elle est souvent décriée, car jugée malsaine, transportant toutes les saletés et faisant des parents des esclaves. En fait, on constate surtout qu'elle procure une réelle satisfaction à l'enfant. Elle aide notamment ceux qui ont des coliques ou des difficultés digestives à se calmer. Le pouce est à mon sens préférable dans la mesure où il laisse le bébé libre de le prendre ou non, à volonté, sans que l'adulte ait à intervenir. Mais on peut trouver des solutions pour la tétine, par exemple en mettre plusieurs dans le lit de l'enfant afin qu'il ait plus de chances d'en trouver une la nuit. Il existe aussi des clips permettant d'attacher la tétine au vêtement.
Le problème de la tétine, c'est que les enfants qui y sont habitués ne peuvent souvent plus s'en passer avant plusieurs années. En fait, le vrai besoin de téter cesse entre quinze et dix-huit mois, lorsque l'enfant aborde une autre phase de son existence : il a des dents, il peut croquer. S'il a pris l'habitude de s'endormir ou de se consoler avec une tétine dans la bouche (voire de la sucer toute la journée), il ne va pas choisir tout seul de s'en passer. Mais ses parents peuvent l'aider à ce moment-là à mettre un terme à cette habitude. Il suffit d'expliquer à l'enfant qu'on ne lui donnera plus de tétine parce qu'il est désormais assez grand pour s'en passer, et qu'il peut se consoler ou s'endormir en serrant dans ses bras un doudou, une peluche ou le T-shirt de maman. Il ne faudra pas plus de deux ou trois jours pour que le bébé ait changé son habitude.

Un vrai besoin

Téter est un comportement inné que le bébé emploie spontanément pour se rassurer et maîtriser les émotions qui l'envahissent. C'est un besoin à respecter. Il peut être nuisible d'empêcher un bébé de le satisfaire, avec son pouce ou avec une tétine, surtout une fois que l'habitude est prise.
Le seul signe qui puisse vraiment vous inquiéter, c'est si vous constatez que votre bébé tète toute la journée et qu'il semble ainsi se couper du monde. Lorsqu'il est reposé, qu'il n'a pas faim, qu'il joue, il n'éprouve pas en permanence le besoin de téter. Sauf si ce besoin prend le pas sur le besoin d'échanger, de communiquer et d'explorer. Dans ce cas, il convient de s'interroger sur ce qui ne va pas pour l'enfant et sans doute de passer davantage de temps à s'occuper de lui.

QUAND LE BÉBÉ GRANDIT

À partir du quatrième mois, les conditions du sommeil changent progressivement. L'enfant fait ses nuits, mais il devient plus sensible à l'ambiance, aux habitudes et aux contrariétés.

Du couffin au lit

Vers trois mois, le bébé est désormais trop grand pour continuer à dormir dans un couffin ou un berceau. Vous allez devoir lui trouver un lit. Si c'est votre premier enfant, vous n'avez peut-être pas encore choisi le lit dans lequel vous l'installerez.

- Jusqu'à trois ou quatre ans, le lit traditionnel est le lit à barreaux. Souvent, la profondeur du lit est réglable et un côté des barreaux peut coulisser à volonté. Les barreaux permettent à l'enfant de voir ce qui se passe dans la chambre tout en l'empêchant de sortir de son lit.
- Si vous aimez bricoler, vous pouvez préparer un lit tout simple : un matelas posé sur le sol, avec un encadrement mesurant deux fois la hauteur du matelas. Pour plus de douceur, recouvrez les planches de tissu molletonné. L'intérêt de ce lit, c'est qu'il est à la fois un espace de sommeil délimité (ce que les bébés apprécient, comme on peut le voir à la manière dont le plus souvent ils se glissent jusqu'au bord de leur lit pour s'endormir tout contre) et un lieu dont le bébé peut facilement sortir quand il commence à ramper : à condition que sa chambre soit parfaitement sûre et fermée, le bébé, dès six mois, peut évoluer dans son domaine, sortir tôt de son lit s'il veut jouer, aller s'allonger s'il se sent fatigué… Même si votre bébé est encore tout petit, pensez à tout cela au moment de changer le couffin pour adopter un vrai lit.

À chacun son rythme

Le nombre d'heures que passe un bébé à dormir va diminuer rapidement de mois en mois au cours de la première année. Son sommeil se ressent facilement de sa vie éveillée. Peu à peu, il devient capable de lutter contre le sommeil. Il s'énerve et l'endormir devient difficile.

Vers un an, l'enfant, en plus d'une bonne nuit, fera encore souvent deux siestes par jour, une le matin et une l'après-midi.

Mais tous ces chiffres ne sont qu'indicatifs. Certains gros dormeurs feront encore une sieste le matin à onze ou douze mois. D'autres dormiront moins et s'en porteront très bien. Ces petits dormeurs qui hurlent dans leur lit pour qu'on les en sorte ne relèvent pas du sirop calmant…

C'est un couche-tard

Certains jeunes enfants, entre huit mois et un an, ont bien du mal à s'endormir le soir. Une fois mis au lit, ils crient et appellent jusqu'à ce que papa ou maman revienne. Un câlin, on s'assure que tout va bien, on ressort de la chambre… et cela recommence, parfois pendant des heures. Voici quelques-unes des questions que vous pouvez vous poser pour mieux comprendre la situation.

- Mon bébé est-il installé inconfortablement ? Par exemple, il a trop chaud, il a mal quelque part, l'air est trop sec… Voyez ce que vous pouvez faire.
- A-t-il eu le temps de présence dont il avait besoin ?
- Est-ce que je lui ai donné des bonnes habitudes (mise au lit régulière, avec respect des petits rites) ?
- Est-ce que je lui fais confiance pour se débrouiller seul la nuit ?
- Est-ce que j'ai l'impression qu'il me « manipule » ? Et si c'est le cas, est-ce que j'ai envie d'être ferme, ou est-ce que je prends du plaisir moi aussi à « jouer les prolongations » ?

C'est un lève-tôt

Certains bébés dorment moins que d'autres. Mais même parmi ceux qui dorment un nombre d'heures tout à fait normal, beaucoup sont des lève-tôt. Dès l'aube, ils jouent au réveille-matin, exigent un biberon… puis se rendorment.
D'autres enfants font de bonnes nuits, mais s'obstinent à se réveiller de très bonne heure le matin. Ce n'est pas forcément la faim qui les réveille, mais leur rythme intérieur. La semaine, ça va encore, mais être réveillé à six heures pendant les week-ends peut sembler assez rude. Certains bébés, qui ont besoin d'un nombre fixe d'heures de sommeil, peuvent gagner à être couchés plus tard. Mais cela marche rarement, car un bébé a besoin, pour son équilibre, de garder le même rythme toute la semaine. La solution consiste à lui apprendre à patienter gentiment dans son lit en attendant que vous vous leviez.

ASTUCE

Voici quelques astuces pour l'aider à patienter le matin.

- Pour garder une certaine luminosité dans la chambre, laissez une veilleuse allumée l'hiver. De simples rideaux suffiront l'été.
- Mettez dans son lit de quoi l'occuper : hochets, tableaux de découvertes, jouets suspendus à hauteur de main ou de pied, peluches.
- S'il se réveille avec une grande faim, disposez à côté de son lit, à portée de main, de quoi grignoter : biscuits, etc.
- Ne vous précipitez pas au premier appel. Donnez-lui le temps de jouer seul et d'apprendre à différer un peu son désir.
- Certains bébés, glissés dans le grand lit entre leurs parents, s'y rendorment aussitôt…

Savoir quand c'est l'heure du coucher

Un jeune enfant s'endort mieux si vous le mettez au lit au bon moment. Voici des petits signes pour vous repérer : frottements des yeux, bâillements, ralentissement de l'activité. Pour d'autres, c'est une certaine excitation qui marque la fatigue : peut-être l'enfant aura-t-il besoin de pleurer un peu pour vider ses tensions avant de plonger dans le sommeil. À chaque enfant ses manifestations, mais il ne faut pas rater le train du sommeil

Il est plus facile de repérer ce moment et d'endormir l'enfant s'il a un rythme de vie régulier. S'il est couché tous les soirs à huit heures, par exemple, son organisme le sait et se prépare à se mettre en sommeil lorsque l'heure arrive. Régularité et petites habitudes sont d'une grande aide.

Le rituel du coucher

C'est aux parents de mettre rapidement les bonnes habitudes en place : le bébé s'endort seul dans son lit, d'une manière qui ne dépend que de lui. Pour l'aider à prendre son rythme et à trouver un bon sommeil, il suffit souvent de :
- régulariser sa vie en lui donnant un rythme calme, régulier et prévisible, aussi bien dans la journée que le soir ;
- le coucher à heures fixes, en respectant un petit rituel ;
- lui faire confiance et se faire confiance en tant que parents, tenir le cap et l'entourer de beaucoup d'affection.

La mise en place de rites, répétés chaque soir au moment de la mise au lit, aide de façon efficace les enfants à rompre avec les activités de la journée et à se préparer au sommeil. Le bébé repère vite que l'on enchaîne dans le même ordre le bain, le dîner, etc. Cela l'entraîne naturellement vers le lit.
À cet âge, il ne s'agit que d'une ébauche de rituel destiné avant tout à tranquilliser l'enfant et à l'aider à se détendre. Mais avec le temps, les habitudes vont prendre de l'importance et le rituel devenir quasiment immuable. Attention alors à ne mettre en place que des habitudes que vous pourrez tenir des années
Pour ritualiser l'heure du coucher, vous pouvez mettre en scène des petits gestes pleins de douceur :
- coucher au pied du lit les peluches qui vont elles aussi s'endormir ;
- chanter une chanson douce ou raconter une petite histoire ;
- murmurer à son oreille une parole magique, la même chaque soir, par exemple : « Tu peux dormir maintenant, tout va bien, papa et maman sont là… » ;
- placer près de son lit son objet préféré. Ensuite, vous devez sortir pour de bon, après un dernier baiser.

ATTENTION
- Si vous donnez l'habitude à votre bébé de s'endormir dans vos bras, il aura du mal s'endormir ou à se rendormir seul dans son lit.
- Évitez de lui donner des habitudes d'endormissement qu'il ne retrouvera pas la nuit (mobile, tétine, etc.).
- Faites du moment du coucher un temps calme et plaisant. Développez une régularité et tenez-vous-y.

Il ne veut pas aller au lit

Vers huit ou dix mois, le bébé, qui jusque-là s'endormait calmement, repu par son dernier biberon, proteste vigoureusement lorsqu'il est mis au lit et laissé seul dans sa chambre. Il faut savoir que ces pleurs ne relèvent pas du caprice, mais témoignent souvent d'une véritable angoisse et d'une revendication légitime.
Quelles en sont les causes ? L'enfant a conscience de son existence et entretient des rapports déjà complexes avec ses proches. Toute séparation lui est pénible et la mise au lit est vécue comme telle. S'il est gardé toute la journée à l'extérieur

de la maison, ne retrouvant son père et sa mère que vers six ou sept heures le soir, il vit très difficilement d'en être séparé de nouveau une heure plus tard. Si son père rentre plus tard que l'heure de son coucher, il fera tout pour l'attendre. Il sait aussi que la vie de famille continue, et supporte mal d'en être tenu à l'écart.

Que faire ?

Toute la difficulté consiste à concilier la compréhension, visant à donner à l'enfant les échanges affectifs dont il a besoin, et une certaine fermeté. Le bébé doit aussi apprendre à s'endormir. Le relever ou lui tenir compagnie chaque fois qu'il proteste risquerait d'aboutir à une multiplication des appels et des réveils nocturnes. Voici quelques idées sur la façon de s'y prendre.

- Il importe d'être sensible à l'heure où « le marchand de sable » passe. Cette heure, à peu près la même chaque soir, est celle où l'enfant s'endormira le mieux. Elle dépend en partie de l'heure de fin de sieste.
- Une heure de coucher « raisonnable » est celle qui tient compte du temps que chaque enfant a envie de passer le soir avec son père et sa mère. Temps de rencontre, de jeux, de câlins, et pas seulement un moment réservé au repas ou au bain. Dans la mesure où il peut dormir comme il veut pendant la journée, il n'est pas bien grave de ne coucher l'enfant qu'à neuf heures. Et il sera plus calme s'il a pu profiter tranquillement de ses parents.
- Certains enfants, lorsque la fatigue vient, augmentent leur niveau d'activité et d'énervement au lieu de le ralentir. Il est bon de le savoir, afin d'interpréter correctement cet état d'excitation. Pour ces enfants, les fins de journées doivent être particulièrement calmes et apaisantes. Le bain pris le soir donne parfois de bons résultats.
- Pour aider votre bébé à faire face à l'angoisse de séparation caractéristique de cet âge, il est bon de mettre en place un rituel du coucher. Un quart d'heure de gestes habituels, reproduit chaque soir, détend et sécurise l'enfant. Sans oublier le « doudou » (voir p. 104), tellement rassurant contre la solitude.

Les troubles du sommeil

Autant les problèmes de sommeil des tout-petits sont souvent passagers et se règlent simplement lorsqu'on en a trouvé la cause, autant ceux des plus grands bébés demandent une attention particulière. En effet, il n'est pas rare que certains enfants de six mois n'aient toujours pas pris l'habitude de dormir seuls la nuit entière. Les parents, épuisés, se décident fréquemment à consulter, mais il est rare que le problème soit d'ordre médical. Toutefois, le pédiatre commencera toujours par s'en assurer avant d'évoquer des questions psychologiques.

Se rendormir seul

Ces enfants qui, à six mois, réveillent encore leurs parents une ou plusieurs fois par nuit sont la plupart du temps des enfants comme les autres, mais à qui on n'a pas appris à se rendormir seuls. Il est normal que le bébé se réveille à la fin de chaque cycle de sommeil, mais il doit être capable de se rendormir rapidement et sans aide. Certains ne le font pas. Pourquoi ?

- Il peut s'agir d'un bébé que l'on a habitué à s'endormir dans certaines conditions (dans les bras de sa mère, ou avec son mobile, etc.) et qui, lorsqu'il se réveille la nuit, a besoin des mêmes conditions pour se rendormir.
- Plus fréquemment, il s'agit d'enfants surprotégés. Le père ou la mère se précipitent au moindre appel de l'enfant, même s'il est encore à moitié endormi. Plutôt que de lui faire confiance et le laisser essayer de faire face à ses difficultés, les parents interviennent et convainquent ainsi l'enfant qu'il ne peut se débrouiller seul. Insécurisé, il devient plus exigeant.

Tant que l'enfant trouve un « bénéfice » à se réveiller la nuit (il vous voit, il a un câlin, vous jouez avec lui, etc.), il n'a aucune raison d'arrêter. Vous ne pourrez apprendre à votre bébé à dormir seul dans son lit que lorsque vous serez vous-même convaincu que c'est bon pour lui.

L'aider à se rendormir

- Soyez convaincue qu'il est meilleur pour votre enfant de dormir seul, tranquille, toute la nuit. Ce qui exige de faire la part de votre culpabilité (lui donnez-vous assez de temps pendant la journée ?).
- Ne l'habituez pas à s'endormir dans des conditions qui nécessitent votre présence.
- Ne vous laissez pas « manipuler » : c'est vous qui savez, c'est à vous d'être ferme et tendre.
- Profitez de la journée pour parler à votre enfant et l'assurer de votre amour.
- Vers huit ou neuf mois, vous constaterez peut-être que votre bébé s'endort plus facilement s'il a auprès de lui un objet privilégié qu'il s'est choisi, son « doudou ». Pour d'autres, ce sera un geste : sucer son pouce, caresser son oreille ou ses cheveux, se balancer en rythme, etc.
- Il est souvent efficace que le père se lève la nuit et explique au bébé que sa mère dort, parce qu'elle est fatiguée, qu'elle ne se lèvera pas et qu'il veuille bien se taire pour la laisser dormir.

Les répercussions

Tant que l'enfant est très jeune, il souffre généralement peu de ses difficultés de sommeil et de ses réveils nocturnes. Le plus souvent, il récupère le jour, lors de ses siestes, le sommeil qu'il n'a pas eu la nuit. Néanmoins, je suis persuadée que l'enfant qui est autonome la nuit et dort correctement est finalement plus heureux. Il est plus à même de contrôler son équilibre émotionnel et de faire face

aux défis de la journée. Il est plus relaxé, ses parents aussi : l'ambiance générale est meilleure.
Ce sont les parents, et parfois les enfants aînés, qui payent le plus lourd tribut aux troubles du sommeil du petit dernier. Leurs journées peuvent être très affectées par la fatigue, sur les plans physiques, intellectuels ou émotionnels. De merveilleux parents peuvent se retrouver à crier sur leur bébé, ou à fondre en larmes d'épuisement, tant la privation de repos peut être douloureuse. Ils peuvent aussi se trouver en difficulté dans leur vie de couple, tout simplement parce que cette dernière est désormais réduite à très peu de chose. À ne plus partager que l'épuisement, les conflits surviennent rapidement.
D'où l'importance de mettre en place de bonnes habitudes de sommeil tant que l'enfant est jeune, et de consulter un psychologue si on n'y parvient pas, sans attendre l'épuisement.

Les siestes

Contrairement au sommeil de nuit, les siestes ne posent généralement pas de problème. Le bébé profite de la lumière du jour, il entend les bruits de la maison autour de lui, il sait l'adulte dans les parages : les enjeux ne sont pas du tout les mêmes. D'autant que les adultes acceptent assez facilement que les siestes soient écourtées (voire sautées) beaucoup plus facilement que les nuits !
Pour faire la sieste, le bébé a juste besoin d'être fatigué. Inutile de fermer les volets ou de faire le silence dans la maison.
Une fois que l'enfant fait ses nuits, il se contente généralement de deux siestes, puis d'une seule sieste par jour à l'approche de ses douze mois. Cela suffit à recharger son énergie.
L'horaire des siestes dépend des enfants, leur durée également. Celle de l'après-midi démarre généralement juste après le déjeuner, au moment où chacun, s'il en avait la possibilité, s'allongerait volontiers. La seconde est souvent juste après le petit-déjeuner. Les siestes de milieu ou fin d'après-midi sont à éviter, dans la mesure où elles peuvent avoir une influence sur la difficulté d'endormissement du soir. Si votre bébé est trop fatigué pour tenir jusqu'au dîner, un petit somme d'une demi-heure en fin d'après-midi est souvent suffisant. Il est moins gênant de réveiller votre bébé occasionnellement maintenant qu'il est plus grand, surtout si c'est dans le but de l'adapter à la vie du reste de la maisonnée. Si vous devez le réveiller pour ne pas que sa sieste empiète trop sur son sommeil, faites-le à un moment où vous l'entendez remuer, se retourner. Entre deux cycles, il suffit de faire un peu de bruit dans la maison pour que l'éveil soit facile.
Vers douze mois, le rythme de sommeil et de sieste devient plus régulier et s'organise autour d'une seule sieste, en début d'après-midi. Certaines siestes durent vingt minutes ; d'autres trois heures. Il n'y a pas grand-chose à y faire !

ALLEZ CONSULTER

N'hésitez pas à consulter. Si, même en le cajolant, vous ne parvenez pas à calmer votre bébé, il faut consulter un pédiatre. Il y a peut-être un problème qui vous échappe et que lui peut résoudre. Un bébé qui pleure beaucoup la nuit est source de tension et de fatigue pour les parents qui doivent être aidés. Sinon, l'énervement de chacun ne fait qu'aggraver les choses.

Faut-il laisser ses enfants dormir avec soi ?

Dormir avec papa et maman, cela peut rassurer les enfants, et certains parents également... Mais c'est une pratique qu'il vaut mieux éviter.

Un petit bébé doit-il dormir dans sa propre chambre ?

Il est bien compréhensible que certaines mères, de retour de la maternité, se sentent plus rassurées en dormant avec leur bébé. Jusqu'à cinq ou six mois, cela ne pose pas de problème. Encore faut-il s'entendre sur ce que veut dire « dormir avec » : il s'agit de garder le couffin près du lit parental, et non de prendre le bébé dans son lit. Ne serait-ce que parce que les recommandations des pédiatres pour prévenir la mort subite du nourrisson – qu'il dorme sur le dos, sans couverture ni oreiller – ne sont pas forcément respectées dans le lit des parents. Il est également important de ne pas habituer l'enfant à s'endormir avec un contact physique : la mère ne doit pas systématiquement le prendre dans ses bras ou lui tenir la main pour qu'il trouve le sommeil. Cela aide le bébé à progressivement « mettre maman à l'intérieur de lui ». Après l'âge de trois à six mois (c'est une date approximative, bien sûr), mieux vaut habituer l'enfant à dormir dans sa propre chambre.

BON À SAVOIR

Lorsque les parents préservent leur espace privé et mettent l'enfant dans sa propre chambre, ce dernier est rassuré : cela lui montre que le couple existe en dehors de lui, qu'il n'a pas besoin de s'en occuper et donc qu'il peut mener sa propre vie d'enfant.

Si l'enfant sent que ses parents sont au clair, assumant tranquillement cette décision et entendent faire respecter fermement le « chacun sa chambre », il le vit très bien.

Quels sont les problèmes qui se posent lorsque les enfants dorment avec leurs parents ?

Certains pensent, qu'après tout, cela se fait bien dans d'autres cultures... et que c'était aussi le cas autrefois en France. Mais les gens n'avaient pas le choix. La culture a changé. Dans la pratique professionnelle, j'observe les difficultés que cela peut créer. Les enfants sont souvent plus anxieux, et les relations plus fusionnelles. Cela n'aide pas l'enfant à développer sa propre personnalité ni à devenir autonome.

Par ailleurs, cette pratique camoufle bien souvent un problème de couple : la présence du petit dans la chambre sert de prétexte à des non-retrouvailles. On retrouve cela lorsque l'enfant dort dans le « grand lit » avec sa maman, quand son conjoint est relégué sur le canapé du salon.

Et si le parent élève seul son enfant ?

Un parent qui élève seul son enfant doit être encore plus vigilant. Par exemple, une maman seule avec son fils doit éviter de le faire dormir avec elle : en grandissant, cela le mettrait dans la position « troublante » d'être le petit homme de la maison. La place du grand lit reste vide : c'est celle du conjoint, passé ou possible, de maman, pas de son fils. Idem pour les papas, bien sûr. D'une manière générale, le parent seul doit résister au désir de prendre l'enfant dans son lit.

→

N'hésitez pas à équiper le lit de votre enfant d'un tour de lit s'il a tendance à dormir contre les barreaux.

L'OBJET TRANSITIONNEL

Autrement appelé « doudou », « néné », « dodo », etc., selon le nom que lui inventera l'enfant (ou que lui a déjà donné l'enfant aîné), l'objet transitionnel est le terme que les psychologues emploient pour désigner l'objet qui deviendra le fétiche de l'enfant. Objet choisi et aimé au point qu'il ne voudra plus s'en séparer.

Un doudou pour se consoler

Vers sept-huit mois, le bébé commence à réaliser qu'il est une personne distincte de sa maman. Celle-ci peut donc ne pas être toujours disponible, se séparer de lui, voire disparaître plusieurs heures. Et même lorsque sa maman est là, il y a tous ces moments où l'enfant est au lit, seul dans sa chambre.

C'est à cette période que le bébé va développer un attachement très fort à un objet dont le rôle sera de le consoler, de l'aider à supporter la solitude ou à s'endormir. L'enfant va s'y attacher au point de ne plus vouloir s'en séparer. Il l'aidera à lutter contre l'angoisse de séparation. Au bout de quelques mois (voire de quelques années), l'objet finira sale, en lambeaux, laid, mais toujours adoré.

L'objet aimé apparaît comme une réassurance pour lutter contre cette angoisse, la peur de se retrouver seul dans un monde vaste et inconnu. Le doudou est un objet familier, qui sent « moi », et auquel je peux toujours me rattacher pour m'évoquer ce qui m'est cher. Mais cet attachement est aussi permis par les progrès d'intelligence de l'enfant. Il devient capable d'accéder au monde symbolique. Le doudou est un objet réel : c'est encore une part de moi, ce n'est pas moi vraiment. Il symbolise l'amour parental et toute la confiance, le confort et le bien-être du monde auxquels il est associé.

Tous les enfants ont-ils un doudou ?

Il semble que non. Les enfants qui sucent avidement leur pouce ou bien une sucette paraissent être plus nombreux à ne pas se choisir de doudou. Néanmoins, en cherchant bien, on trouve souvent quelque chose de très discret qui fait office d'objet transitionnel (un geste, par exemple).

Certains enfants remplaceront la possession d'un objet par un mouvement rituel : faire boulocher un lainage, se frotter le nez ou tortiller ses cheveux. D'autres n'auront en apparence aucun doudou, sans que l'on puisse savoir pourquoi. Tous ces comportements différents sont absolument normaux. Ils doivent être respectés, car ils aident l'enfant à grandir et à trouver son autonomie.

De quel objet s'agit-il?

Il s'agit de l'objet le plus doux que le bébé ait eu fréquemment à sa portée. C'est souvent un objet associé au lit: lange en tissu que l'on place sous la tête des bébés, drap, couverture, mouchoir, animal en peluche. Mais il arrive qu'un enfant s'attache à un objet plus étonnant: brassière en laine, sac de couchage, biberon, gant de vaisselle, etc. Il se peut aussi qu'un geste bien précis soit associé à l'objet: lainage que l'on fait boulocher, drap que l'on glisse entre ses doigts, mouchoir que l'on frotte contre son nez, etc. Finalement, peu importe l'objet: c'est l'enfant qui le choisira et qui l'imposera.
Des règles assez mystérieuses président au choix de l'enfant. Parmi tous les objets qui remplissent son lit, il va s'attacher à l'un particulièrement. Souvent à l'insu des parents, qui comprendront après coup, lorsque l'enfant insistera pour emporter cet objet partout. On peut seulement dire que les sens de l'odorat et du toucher interviennent certainement de façon prépondérante dans le choix de tel ou tel objet, même si ce choix reste éminemment subjectif.
Il n'y a pas de bons doudous, mais il y en a de plus pratiques que d'autres: ceux que l'on peut se procurer en double (très utile en cas de perte), ceux qui passent à la machine (l'enfant n'aime pas, car le doudou perd son odeur, mais c'est parfois indispensable), ceux qui tiennent dans le sac à main, etc.

BON À SAVOIR

On ignore pourquoi certains enfants, certes rares, n'ont aucun objet transitionnel. Ce qui est sûr, c'est que personne n'a mis en évidence de différences nettes sur le plan du développement général ou psychologique entre ces enfants et ceux qui traînent des années un vieil ours éventré.

Le rôle du doudou

Il est multiple... et toujours très important. Pour le bébé qui commence à prendre conscience de l'éloignement de sa mère, le doudou vient la remplacer. Il est une mère qui rassure, mais aussi une mère qui permet d'exprimer des sentiments contradictoires, sans crainte de représailles. Une mère que lui, tout petit, peut dominer.

- Au sortir de la toute petite enfance, le doudou est l'objet qui permet de retrouver la sécurité que l'on éprouvait, bébé, en se blottissant dans des bras tendres. On grandit, bien sûr, on devient plus autonome, mais pas sans peur ni nostalgie...
- Plus proche de soi que tout autre objet, le doudou réconforte et console. Il aide à récupérer en cas de fatigue ou de chagrin. Emporté partout, il donne un sentiment de sécurité face aux situations nouvelles ou inquiétantes (une visite chez le médecin, par exemple).
- Serré contre soi le soir dans son lit, le doudou aide à lutter contre les angoisses nocturnes. Quand on se retrouve seul dans sa chambre ou que l'on se réveille à l'heure où les monstres rôdent autour des matelas, il est bon d'enfouir son visage dans une odeur amie.

Il l'emmène partout

Quand le bébé est fatigué, ou lorsqu'il a un ennui, cet objet privilégié participe à le réconforter et à le détendre. Aussi avez-vous intérêt à ne pas l'oublier lors de vos déplacements.

Il n'y a pas de règle fixe concernant ces objets. C'est l'enfant qui choisit et qui décide lorsqu'il en a besoin. C'est lui aussi qui décidera de s'en passer lorsqu'il se sentira assez sûr de lui. Certains enfants ont un objet privilégié auquel ils tiennent beaucoup, d'autres n'en ont pas, et tous vont généralement très bien.

Peut-on le supprimer ?

Je vous le déconseille vivement, si l'attachement est solide. Les parents n'ont pas à intervenir dans cette relation que l'enfant a créée parce qu'il en avait besoin. Cette étape tient une place importante dans son développement. On ne doit laver le doudou qu'avec l'accord de l'enfant, de préférence si on en a un autre, identique, à lui offrir en remplacement. Même si l'enfant maltraite son doudou, le déchire ou le frappe, il faut se garder d'intervenir.

Certains enfants sont peu fidèles à leur doudou quand d'autres peuvent le garder des années. Les parents ne peuvent qu'attendre que leur petit s'en détache seul. D'ici là, qu'ils prennent garde que le doudou ne soit ni oublié ni perdu : ce serait un vrai drame et l'enfant aurait bien du mal à s'endormir sans lui.

→

Très vite, votre enfant choisit son doudou : libre à lui de préférer un lange tout doux à la peluche que vous avez choisie avec soin.

DES ALIMENTS NOUVEAUX

Le lait suffit aux besoins du bébé pendant cinq mois environ. Sauf cas particulier, il n'y a donc aucune nécessité de diversifier son alimentation plus tôt. De même, le rythme de cette diversification dépendra de la réaction de chaque bébé face à la nouveauté et à l'introduction progressive de nouveaux aliments. N'oubliez jamais que l'élément essentiel du repas tient dans le plaisir de la rencontre et d'un moment de bonheur partagé.

UN CHANGEMENT EN DOUCEUR

ASTUCE

Voici quelques conseils pour rendre le sevrage plus facile.

- Dès la naissance, habituez votre bébé à boire au biberon. Donnez-lui de temps à autre de l'eau ainsi que du jus d'orange au biberon.
- Familiarisez-le avec le goût du lait artificiel. Pourquoi pas lors de la tétée de nuit, que le papa peut ainsi donner pendant que la maman en profite pour faire une grande nuit ?
- Donnez-vous environ deux semaines pour remplacer la totalité des tétées par des biberons. Commencez par le repas de la nuit, puis par le goûter, etc.
- Si votre bébé a plus de trois mois lorsque vous reprenez votre travail, vous pouvez coupler le sevrage avec les débuts de la diversification et donner le goûter à la petite cuillère.

Jusqu'à la fin de la première année, le lait reste l'élément de base de l'alimentation du bébé, remplacé progressivement par des équivalents lactés (fromage, yaourt, etc.). Cette transition sera d'autant mieux vécue qu'elle aura été progressive, réalisée en douceur et sans inquiétude excessive, en tenant compte des goûts du bébé.

Le sevrage

Si vous êtes dans le cas des mamans qui allaitent et doivent sevrer leur bébé pour reprendre leur travail, sachez qu'il est préférable de ne pas attendre le dernier jour pour amorcer la transition vers le biberon. Votre bébé risque, au début, de ne pas vraiment apprécier le changement. Aussi devrez-vous vous y prendre en douceur et progressivement. Certains bébés apprécieront très vite ces biberons d'où le lait coule si facilement. Pour d'autres, il faudra prendre des précautions. Ne plus allaiter son bébé peut être vécu comme une séparation douloureuse par les deux protagonistes…

Un sevrage progressif est toujours préférable à une brusque rupture, pour vous comme pour l'enfant. Mais nombreuses sont les mères qui continuent, même après avoir repris leur travail, à allaiter leur bébé deux fois par jour, le matin et le soir, alors même qu'il mange comme les autres bébés à la crèche.

Il se peut également que, la fatigue aidant, vous n'ayez plus assez de lait pour satisfaire l'appétit grandissant de votre bébé. Si vous compensez les tétées par des biberons de complément, il y a de fortes chances pour que votre production de lait diminue encore. D'une part parce que les montées de lait diminuent en même temps que les exigences du bébé. D'autre part parce que celui-ci, une fois qu'il aura pris goût à la facilité du biberon, ne « tirera » plus assez de lait pour assurer la production. Progressivement, sur une semaine, votre bébé n'aura plus que des biberons et s'en trouvera très bien. Ne vous culpabilisez pas, au cas où votre rêve aurait été d'allaiter encore plusieurs mois : vous lui avez donné le meilleur départ possible.

Une autre alimentation

Pendant les premiers mois de sa vie, votre bébé n'a besoin que de lait. Mais son estomac ne peut en contenir qu'une certaine quantité à chaque repas. Vient un moment où, bien qu'ayant bu tout son biberon, il a encore faim ou n'a pas absorbé assez de calories pour tenir jusqu'au repas suivant. Vous le sentirez s'il semble insatisfait après les repas. Ou bien si, alors qu'il était réglé sur quatre repas, il se met à réclamer bien avant l'heure du repas suivant. D'autres encore réclament à nouveau un biberon la nuit alors qu'ils avaient appris à s'en passer. C'est sans doute le moment de diversifier l'alimentation. Ce changement se fait aujourd'hui de plus en plus tardivement pour prévenir les allergies mais il est possible de débuter la diversification alimentaire entre quatre et six mois, sans diminuer pour autant les rations de lait, car les besoins du bébé restent importants. On compte :

- à quatre mois, environ 210 ml, quatre fois par jour ;
- à six mois, environ 240 ml, trois fois par jour.

Changer en douceur

La règle d'or est de n'introduire qu'un aliment nouveau à la fois, avec un intervalle de quelques jours avant d'en proposer un autre, afin que votre bébé ait le temps de s'y habituer et que vous puissiez vous assurer qu'il ne développe aucune allergie. Évitez dans tous les cas de le forcer à manger ce qu'il ne veut pas. Il lui arrive de ne pas avoir faim ou de ne pas aimer. Transformer le repas en rapport de force serait sans aucun bénéfice, voire dangereux, pour la suite de son éducation alimentaire.

Tous les bébés étant différents, vous allez devoir adapter le moment de la diversification et la façon de procéder aux goûts du vôtre. Il saura clairement vous faire comprendre ce qu'il aime et ce dont il ne veut à aucun prix. L'essentiel, dans les repas, est toujours le plaisir de partager un moment privilégié.

ATTENTION

Quand il y a des risques d'allergies alimentaires, les médecins conseillent d'attendre les six mois du bébé pour commencer la diversification et d'éviter les aliments industriels avant un an.

Les céréales infantiles

La règle diététique veut que l'on attende quatre mois environ avant d'ajouter des céréales infantiles dans le biberon. En effet, jusqu'à cet âge, le lait suffit à couvrir les besoins du bébé. Certains enfants se passeront de céréales jusqu'à l'âge de la diversification, quand d'autres sont réveillés par la faim ou tirent bénéfice d'un lait un peu épaissi. Dans ce cas, les céréales sont une bonne transition.

Elles apportent des calories supplémentaires et des éléments nutritifs que l'on ne trouve pas dans le lait et elles sont pour la plupart sans gluten (farines de riz, maïs, blé, orge...) pour éviter les allergies alimentaires.

Les céréales sont toutefois un peu passées de mode. Grâce à cela, on voit moins de bébés bouffis. Les calories apportées par ces aliments sont en grande partie stockées sous forme de graisses : en donner trop peut faire grossir un bébé de façon exagérée. Mais données en quantité raisonnable (celle recommandée par le pédiatre plutôt que celle mentionnée sur la boîte), les céréales pour bébés peuvent rendre de grands services et contribuer à l'équilibre nutritif de votre enfant.

Choisir la bonne farine

Pour les premières bouillies, la farine que vous choisirez doit être :

- « premier âge », c'est-à-dire destinée aux enfants de trois à six mois ;
- « sans gluten » (cela est spécifié sur l'emballage) car celui-ci n'est pas toléré par le bébé de cet âge ;
- « instantanée », car elle est plus facilement assimilable ;
- simple, comme une farine composée d'une association de plusieurs céréales ;
- ni sucrée, ni salée.

Laissez de côté pour l'instant les farines aux légumes, aux fruits ou au cacao, qui ne sont pas adaptées à l'enfant très jeune. Quand votre bébé aura huit ou neuf mois, vous pourrez lui donner la farine de votre choix et varier ses plaisirs. Enfin, n'ajoutez ni sucre, ni sel, ni miel à la bouillie de votre bébé. Même si vous la trouvez décidément très fade

Quelle quantité donner ?

Une cuillerée à café dans le biberon du soir est suffisante pour commencer et aider votre bébé à passer une nuit plus longue. Elle devrait le « caler » davantage que le lait et lui permettre de dormir plus longtemps. Certains bébés peuvent recevoir une quantité plus importante de farine, mais cela est à décider en accord avec votre pédiatre.

LA VITAMINE D

Appelée aussi vitamine antirachitisme, la vitamine D est indispensable à l'organisme du nourrisson. Elle l'aide à faire face à la croissance rapide qui est la sienne pendant les premiers mois et les premières années de sa vie.

Le corps humain a la faculté de fabriquer seul cette vitamine, à condition de s'exposer au soleil. Or, c'est rarement le cas des nouveau-nés, d'abord parce que les bains de soleil leur sont déconseillés, ensuite parce qu'ils ne vivent pas tous en Provence. De toute façon, il est nécessaire de compléter leur alimentation avec un apport en vitamine D, été comme hiver.

Or, cette vitamine dont le bébé a besoin est la seule qui ne se trouve pas dans les aliments lactés diététiques (laits pour bébés). C'est la raison pour laquelle vous allez devoir en donner à votre bébé, dès le premier mois qui suit sa naissance, et pendant deux ou trois ans.

La vitamine D peut s'administrer de deux façons différentes : soit quotidiennement, sous forme de gouttes que l'on verse directement dans la bouche du bébé ou que l'on ajoute à son jus de fruits ; soit sous forme d'une ampoule que l'on donne au bébé une fois par trimestre, selon les indications de votre médecin.

La diversification alimentaire

À l'approche des cinq mois de votre bébé, des changements importants peuvent commencer à intervenir dans son alimentation. Jusque-là, il ne se nourrissait peu ou prou que de lait. Maintenant, il va pouvoir commencer à goûter à bien d'autres saveurs et textures. Il y a quelques années, la diversification alimentaire commençait dès le quatrième mois, mais des liens ont été faits entre cette précocité et les risques d'allergie. Ce risque devient beaucoup plus faible au-delà de cinq mois, aussi est-ce un bon moment pour commencer, tout en douceur, à varier l'alimentation. Pour autant, il n'y a aucun inconvénient à repousser cette étape et à continuer à nourrir son bébé de lait jusqu'à ses six mois. Au-delà de six mois, on remplace le lait habituel par du lait deuxième âge, mieux adapté, et on ajoute éventuellement une farine au biberon du soir (sans gluten jusqu'à dix ou douze mois) pour aider le bébé à tenir toute la nuit, mais ceci n'est pas indispensable (certains bébés ont du mal à la digérer).
Sur le plan nutritionnel, il faut se rappeler que le bébé a surtout besoin de lipides pendant ses deux premières années, et que lui donner trop de protéines et trop vite pourrait faire le lit d'une obésité à venir. Enfin, supprimer trop tôt le lait pourrait engendrer un manque de calcium à cette période où il en a tant besoin pour sa croissance.
Le bébé est souvent à même d'influencer sur le rythme de la diversification. Il est capable de faire comprendre s'il aime cette variété progressive et s'il apprécie de manger à la cuillère.

Diversifier en douceur

Il est plus facile de commencer par introduire les fruits en compote, mixés, car le goût sucré est spontanément préféré par les bébés. C'est grâce à cette préférence gourmande qu'on pourra amener bébé à accepter une nourriture solide et le contact de la cuillère.
Chaque bébé, comme chacun de nous, a ses goûts et ses préférences. C'est pourquoi il est conseillé d'introduire les nouveaux aliments progressivement, afin de ne pas insister sur ceux qui sont refusés.
Après les fruits, on introduit les légumes, sous forme de soupe non salée, mélangée à du lait et prise au biberon, ou sous forme de purée épaisse donnée à la cuillère.
Inutile au début, tant que le bébé boit encore beaucoup de lait, d'introduire la viande. Cela pourra être fait les mois suivants, sous forme d'un morceau de blanc de volaille, puis de poisson, le tout parfaitement haché.
Avec l'arrivée des purées et des compotes, la quantité de lait consommée en biberon va diminuer. Aussi introduit-on rapidement les laitages, souvent très appréciés des bébés, et le lait bu au biberon, puis à la timbale.

BON À SAVOIR

N'introduisez pas trop vite des aliments dont le goût est nettement prononcé, comme le céleri, le chou ou l'artichaut.

Les fruits

Avant sept mois, il est préférable de ne donner que des fruits cuits et mixés, mais sans sucre. Ensuite, les compotes peuvent laisser une place aux fruits frais. Bien mûrs, pelés et écrasés à la fourchette (ou râpés, ou mixés grossièrement selon les fruits), ils seront un délice pour les enfants et une bonne source de vitamines. Mais ne rajoutez pas de sucre dans vos compotes : ceux que contiennent les fruits sont bien suffisants.

Les légumes

Grâce à leur grande variété et à leur intérêt diététique (sels minéraux, vitamines, cellulose, etc.), les légumes sont à la base de la diversification alimentaire. Leur qualité nutritionnelle dépend surtout de leur fraîcheur.
Vous commencerez par une très petite quantité, que vous augmenterez peu à peu pour arriver au bout d'un ou deux mois à un vrai biberon de soupe.
Il apporte les vitamines, les sels minéraux et la cellulose dont le bébé a besoin sur le plan nutritionnel. Il permet en outre d'augmenter la quantité de nourriture donnée au bébé sans excès de sucre ou de farine, donc sans trop augmenter sa ration calorique.
Par ailleurs, les légumes régularisent le transit intestinal et agissent sur les légers troubles digestifs. Bébé est constipé ? Forcez sur les légumes verts. Il a la diarrhée ? Misez sur les carottes.
Pour procéder en douceur, vous pouvez aussi, pendant une semaine, préparer le biberon du midi avec du bouillon de légumes plutôt qu'avec de l'eau. Votre bébé aura ainsi déjà le goût des légumes sans avoir encore le changement de consistance.

PETITS POTS ET SURGELÉS

Les petits pots pour bébé sont sûrs et d'excellente qualité. Les normes imposent un contrôle rigoureux sur le plan bactériologique, sur la teneur en sel et en vitamines, etc. Ils sont donc parfaitement sains. Ils représentent un gain de temps et permettent de varier les menus

Pour autant, ne nourrir l'enfant qu'avec des petits pots ne lui donnerait pas l'habitude des purées ou de la cuisine faite maison, car ils n'en restituent pas le goût et la texture. À voir plutôt comme un dépannage.

Si vous achetez des surgelés, les galets de purée sont pratiques car vous pouvez n'utiliser que la quantité dont vous avez besoin. Choisissez toujours des produits sans additifs (même pas de sel). Pour ne pas rompre la chaîne du froid, transportez les produits dans un sac isotherme et ne recongelez jamais un produit qui a été décongelé.

Si vous utilisez des petits pots pour bébés ou des préparations surgelées, vérifiez qu'ils ne contiennent que des légumes (attention, car certains petits pots sont épaissis avec de la farine de maïs).

Quels légumes choisir ?

À cinq ou six mois, on commence par les légumes verts comme les haricots et les courgettes. On ajoute un peu de carottes pour leur goût sucré. Vers six ou sept mois, on peut introduire la pomme de terre, pour l'onctuosité, ainsi que les épinards et les courgettes.

Vers huit ou neuf mois, il est intéressant de ne plus mélanger les légumes en purée, mais de faire goûter au bébé des saveurs séparées : purées de carottes et de brocolis sont côte à côte. Dans les soupes, on peut ajouter semoule, vermicelles et petites pâtes.

Il sera bientôt temps de varier le goût de la soupe et d'initier l'enfant à de nouvelles saveurs. La plupart des bébés aiment les biberons de soupe. Profitez-en pour donner au vôtre le goût des légumes verts que tant d'enfants refusent plus tard pour n'y avoir pas été habitués.

La préparation des légumes

- Utilisez les légumes du marché les plus frais possible. Utilisez des légumes biologiques si possible, frais ou surgelés (plus facile à trouver dans tous les supermarchés). Épluchez-les et coupez-les en petits morceaux. Faites-les cuire dans de l'eau du robinet (elle va bouillir longuement) : quinze minutes en autocuiseur sous pression, trente minutes environ en casserole (cuisson normale).
- Ne salez pas l'eau de cuisson. Le mieux est de cuire une petite quantité de légumes dans un peu d'eau ou bien à la vapeur, puis, lorsqu'ils sont moelleux, de les réduire en purée ou de les mixer. Un jeune bébé préfère généralement les purées très lisses. Mais l'habituer rapidement à la consistance grumeleuse peut être un atout pour la suite.
- Ne faites pas trop de purée de légumes à la fois, car elle ne va conserver ses qualités que peu de temps. En revanche, vous pouvez en congeler sans problème. La consommation doit alors suivre immédiatement la décongélation.

BON À SAVOIR

Si vous pouvez vous procurer des fruits et des légumes biologiques, c'est évidemment une excellente façon d'appliquer le principe de précaution... Malgré le coût élevé, c'est le seul moyen d'être sûr que votre bébé ne consomme pas une quantité importante de pesticides et autres additifs.

Quelle quantité donner ?

Les premières étapes doivent être franchies en douceur : 10 à 20 g de purée mixée mélangée au biberon suffisent. Puis on augmente de 20 à 30 g par semaine (si bébé est d'accord, bien sûr). Progressivement la purée devient plus épaisse et se donne à la cuillère.

À quel moment ?

À midi ou le soir, comme cela vous arrange. Attention, il est déconseillé de donner à un petit bébé une soupe ou un bouillon cuits depuis plus de vingt-quatre heures. Mais vous pouvez préparer de la soupe pour plusieurs jours et la congeler en petites quantités. Pour la congélation, pensez aux emballages (parfaitement lavés) de petits-suisses ou de flans. Pensez aussi aux bacs à glaçons et aux gobelets en plastique.

Que faire en cas de refus ?

Si votre bébé refuse le biberon de lait préparé avec du bouillon de légumes, revenez au biberon de lait pur. Vous ferez une nouvelle tentative une semaine plus tard. S'il refuse l'introduction de légumes mixés dans le biberon, demandez-vous d'abord si vous n'en avez pas mis trop pour commencer (une ou deux cuillerées à café suffisent) ? Ou peut-être avez-vous choisi des légumes au goût trop fort ? Vérifiez aussi que vous avez bien agrandi la tétine du biberon pour que la soupe coule sans trop d'efforts de la part du bébé. Quoi qu'il en soit, attendez quelques jours avant d'en proposer de nouveau. La diversification alimentaire doit se faire avec douceur. Entre-temps, continuez à donner le biberon au bouillon de légumes. En cas de refus, les légumes peuvent sans problème être introduits plus tard.

Viande, poisson et œufs

Vers huit mois, lorsque votre bébé prendra bien sa purée de légumes à la cuillère, vous pourrez commencer à introduire dans son alimentation la viande et le poisson.

Commencez par une cuillerée à café de jambon ou de poisson maigre hachés, puis vous augmenterez les quantités progressivement, selon son appétit et ses réactions. Vous pourrez varier le repas avec un demi-jaune d'œuf, puis un entier. Pour donner l'œuf entier, vous attendrez que l'enfant ait dix mois environ. Dans tous les cas, l'essentiel est d'être sûre de la fraîcheur des aliments que vous allez donner à votre bébé.

Donner de la viande ou du poisson au déjeuner est suffisant pour la journée. Le soir, le bébé retrouvera une soupe de légumes, donnée à la cuillère ou au biberon selon l'âge et le goût du bébé.

Les boissons

Dès la naissance, l'eau est indispensable au bébé. Le lait en contient mais, par forte chaleur, cet apport peut être insuffisant. Dans ce cas, il faut en proposer au biberon dans la journée. De même si votre bébé souffre de diarrhées ou de vomissements. Mais il est de toute façon important, dès l'âge de quatre mois, de l'habituer à boire autre chose que du lait, et tout particulièrement un peu d'eau chaque jour.

- Pure et peu minéralisée, l'eau que vous utilisez pour les biberons convient bien. Votre médecin vous dira quand vous pourrez commencer à donner à votre bébé de l'eau du robinet. C'est le plus souvent vers cinq mois, mais cela dépend de la qualité de l'eau de votre région.

- Les tisanes aux herbes et aux fruits sont désaltérantes, calmantes, digestives.
- Les jus de fruits, maison ou « pur jus », ne doivent pas être donnés en trop grande quantité, car ils sont très nourrissants.

Manger à la cuillère

Vers six mois, ou avant si vous sentez que votre bébé est prêt, vous pouvez lui proposer de manger à la cuillère. Il va sans doute commencer par en téter le bord avant de comprendre qu'elle peut rentrer dans sa bouche. Cette découverte se fera en douceur et sans forcer. Si votre bébé est un gourmand, il risque d'être surpris par ce mode de dégustation qui ne va peut-être pas assez vite à son goût… Enfin, sachez qu'il peut refuser du jour au lendemain de manger à la cuillère, soit par fatigue, soit pour d'autres raisons. Ne le contraignez pas s'il a envie de retrouver la douceur du biberon…

- Commencez le repas par la purée ou la compote à la cuillère, quand le bébé a bien faim : cela l'encouragera dans ses efforts.
- Utilisez au début une toute petite cuillère, du genre cuillère à moka.
- Le contact du métal dans la bouche est nouveau et pas très agréable : commencez par une petite cuillère en plastique.
- Certains bébés adorent le biberon. Inutile de les en priver, en plus de la cuillère, tant qu'ils le désireront.
- Donnez-lui très tôt l'habitude de boire son jus de fruits dans une petite cuillère.

Le régime antidiarrhée

La diarrhée est une affection fréquente chez les bébés. Banale, elle peut être due à un refroidissement, à une mauvaise digestion ou à une poussée dentaire. Plus sérieuse, elle peut être le signe d'une gastro-entérite, par exemple.
De toute façon, dès que vous constatez que les selles de votre bébé deviennent liquides (ou très molles), n'hésitez pas à intervenir ou à consulter si la diarrhée se poursuit.

Supprimez immédiatement :

- le lait ;
- les laitages ;
- les fruits et les légumes crus, les jus de fruits.

Remplacez-les par :

- de la soupe de carottes, préparée avec des carottes pelées et cuites dans de l'eau, puis mixées. Délayez la purée obtenue avec de l'eau minérale. Si vous manquez de temps, procédez plus simplement en délayant dans un peu d'eau minérale

ALLEZ CONSULTER

Si les selles sont liquides, que la diarrhée est durable et qu'elle s'accompagne de fièvre ou de vomissements, si le bébé semble apathique et perd du poids, il faut vite consulter. Le médecin vous donnera un traitement adapté et vous fera mettre votre bébé au régime antidiarrhée.

un petit pot de purée de carottes. Ce biberon pourra être légèrement sucré si votre bébé le préfère ainsi.

- de la farine de riz ou de l'eau de cuisson de riz (non prétraité ou précuit). Vous pouvez utiliser cette eau de riz pour préparer les biberons.
- une banane pochée et mixée ou bien de la compote pommes-coings (il existe des petits pots en vente dans le commerce). Pour préparer la banane, commencez par choisir un fruit bien mûr que vous plongez quelques minutes avec la peau dans de l'eau bouillante. Enlevez ensuite la peau, mixez la pulpe et délayez-la avec de l'eau minérale.

Après le régime antidiarrhée

La diarrhée entraîne une déshydratation : avant même la consultation, donnez très souvent à boire à votre bébé (de l'eau sucrée avec 1 sucre pour 100 g, soit 1 dl d'eau). La réintroduction du lait et des laitages doit se faire de façon progressive, sur plusieurs jours, par exemple en ajoutant une, puis plusieurs mesures de lait en poudre dans une purée de carottes légère.

→ **Même si votre enfant est encore malhabile** et que c'est vous qui lui donnez à manger sa purée ou sa compote, laissez-lui une cuillère pour qu'il s'y habitue progressivement.

Les repas au fil des mois

Voici des exemples de repas jusqu'à un an. Vous devez moduler les menus selon le poids de votre bébé, le nombre de ses repas, son appétit… et les conseils de votre pédiatre.

Les premiers mois

Chaque enfant ayant son rythme propre, c'est finalement votre bébé qui doit vous indiquer le nombre de repas dont il a besoin. Il se régulera progressivement lui-même. Mais si vous voulez savoir combien le bébé doit prendre de repas chaque jour et quand diminuer le nombre de biberons, reportez-vous à la règle suivante :

- quand le poids du bébé atteint 4 kg, il prend 5 repas ;
- quand le poids du bébé atteint 5 kg, il prend 4 repas.

À neuf semaines, la majorité des bébés se réveille encore vers cinq ou six heures du matin avec une vraie faim. Cela impose de donner le premier biberon à cette heure-là, donc de rester à cinq repas par jour. Sinon, les écarts entre les biberons seraient trop importants pour que le bébé puisse attendre.

Quand votre bébé se réveillera plus tard le matin, vers sept ou huit heures, il sera temps de passer à quatre repas, espacés de quatre heures environ. D'autres bébés se réveillent encore la nuit pour réclamer à manger : il est normal de leur donner un biberon de nuit tant qu'ils en ont besoin.

Vers 6 mois

Les bébés prennent en général cinq repas de 160 g ou quatre repas de 200 g.

- Matin : biberon préparé avec 180 g d'eau + 6 mesures de lait maternisé.
- Midi : biberon de lait préparé avec du bouillon, puis soupe de légumes quand il est habitué.
- Goûter : biberon de lait avec compote de fruits cuits.
- Dîner : biberon de lait avec, si nécessaire, farine (1 à 2 cuillerées à café).

Vers 7-8 mois

Une fois que votre bébé est bien habitué à sa soupe de légumes du déjeuner, et peut-être aussi du dîner, vous allez pouvoir diversifier davantage son alimentation. L'essentiel est toujours de vous y prendre progressivement, afin de n'introduire dans la nourriture qu'un aliment nouveau à la fois. Ce mois-ci, vous allez faire goûter à votre bébé le jaune d'œuf (un demi), la viande et le poisson (hachés finement, la valeur d'une cuillerée à soupe). Vous pouvez varier viandes et poissons, mais choisissez de préférence les chairs maigres. Pour les desserts et le goûter, vous allez également proposer des nouveautés à votre bébé : petit-suisse, yaourt nature, fruit poché et écrasé, compote.

ATTENTION

Vous ne devez pas donner à votre enfant les fritures, les viandes et poissons fumés, les fruits de mer, les fruits secs ou les fruits à pépins (ou alors ôtez-les) et, d'une manière générale, les aliments trop épicés, trop gras ou trop sucrés.

Enfin, ne le nourrissez pas exclusivement de petits pots (ils contiennent trop de féculents et pas assez de viande ou de poisson).

Voici un exemple de régime pour un bébé de sept-huit mois (à moduler selon votre enfant, son poids et les conseils de votre pédiatre).

- Matin : bouillie faite avec un biberon de lait (210 g d'eau + 7 mesures de lait deuxième âge) et deux à trois cuillerées à soupe de farine.
- Midi : 1/2 pomme de terre + une cuillerée à soupe de haricots verts, le tout mixé et délayé avec un peu de lait + 30 g de poisson, viande maigre, jambon blanc ou jaune d'œuf dur (hachés). Pour le dessert, yaourt, petit-suisse, fromage blanc.
- Goûter : compote de fruits, avec un biscuit. Biberon de lait (180 à 200 g).
- Dîner : biberon de soupe de légumes délayée avec du lait (environ 150 g de lait et 50 g de purée de légumes mixée).

Vers 9-10 mois

À cet âge, il est intéressant de ne plus mélanger les légumes en purée, mais de faire goûter au bébé des saveurs séparées : purées de carottes et de brocolis sont côte à côte. Dans les soupes, on peut ajouter de la semoule, des vermicelles ou des petites pâtes.

Vers neuf-dix mois, l'enfant peut désormais goûter tous les fruits et profiter de ceux de la saison : framboises, cerises dénoyautées, grains de raisin (au début, vous ôterez la peau et les pépins), prunes, mangues, quartiers de mandarine ou d'orange pelés, etc.

Voici des exemples de menus qui peuvent composer les repas d'un enfant de neuf mois environ.

- Matin : un grand biberon de lait deuxième âge + farine (il en existe de nombreuses variétés) ou biscuits. Ou bien une bouillie épaisse à la cuillère (selon ce que l'enfant préfère).
- Déjeuner : purée de légumes avec une noisette de beurre. En très petits morceaux, 30 g de viande, poisson ou jambon. Début de l'œuf à la coque et des crudités. Pour le dessert, fruit cuit, compote ou laitage.
- Goûter : biberon de lait (200 g) avec biscuit, ou laitage, ou fruit avec biscuit.
- Dîner : soupe de légumes dans le biberon de lait + compote ou fruit frais écrasé. Ou purée de légumes + laitage.

BON À SAVOIR

Au fil des mois, il boira moins de biberons et mangera davantage avec les doigts ou à la cuillère.

Vers 10-12 mois

Désormais, votre bébé ne mange plus ses aliments broyés et mélangés dans de grandes soupes de légumes. Autres changements :

- les quantités augmentent progressivement, selon l'appétit de l'enfant ;
- le bébé mange couramment des crudités, des pâtes, du riz, etc. ;
- il mange un œuf entier et, d'une façon générale, élargit son régime à la totalité de la cuisine familiale. Il « goûte » à tout (cervelle, foie, flan, etc.).

Ses menus évoluent peu jusqu'à l'âge d'un an. Vous allez maintenant devoir tenir compte de ses goûts et introduire progressivement de nouveaux aliments.

Vers la fin de la première année, vous pourrez remplacer le lait maternisé en poudre par du lait UHT demi-écrémé ; pour que votre bébé s'y habitue, vous étalerez ce changement alimentaire sur quelques jours en mélangeant le lait de vache avec un peu de lait maternisé.

Le biberon du matin contiendra environ 240 g de lait, avec de la farine. Il n'est plus nécessaire de stériliser les biberons, pourvu qu'ils soient soigneusement lavés à l'eau très chaude.

PRISE DE POIDS

La prise de poids n'a pas de sens d'un jour sur l'autre car elle dépend de l'heure de la pesée, de l'appétit de votre enfant, etc. En revanche, elle doit s'établir de façon régulière d'une semaine à l'autre, puis d'un mois à l'autre.

La prise de poids moyenne d'un bébé au cours de sa première année est impressionnante : en douze mois, il aura généralement triplé son poids de naissance !

Prise moyenne par mois

- 0 à 3 mois : 900 grammes
- 3 à 6 mois : 750 grammes
- 6 à 9 mois : 600 grammes
- 9 à 12 mois : 450 grammes

LE REPAS AU QUOTIDIEN

Pour le nourrisson, manger est une source de sensations de plénitude très agréables. C'est aussi un moment précieux de tendre échange. Mais si on l'oblige à absorber la quantité que l'on a jugée correcte pour lui, il perd le contact avec ses propres besoins et parfois tout plaisir à s'alimenter.

Petits et gros mangeurs

On ne peut en aucun cas obliger un bébé à manger. Tant pis s'il ne finit pas son biberon. C'est lorsque le bébé commence à associer soupe et anxiété maternelle que les difficultés alimentaires risquent de s'installer. Par ailleurs, les aliments seront bien assimilés si le repas est un moment privilégié de complicité. Alors ne soyez surtout pas inquiète ou rigide : l'équilibre alimentaire de votre enfant découlera de son équilibre psychologique et de sa joie de vivre.
Certains bébés, dès la naissance, ont un petit appétit. Ils boudent souvent les fins de biberons ou se détournent des purées amoureusement préparées. Les mamans s'inquiètent et ne savent comment réagir. Le bébé a-t-il eu assez ? Est-il malade ? D'autres ne sont jamais satisfaits par la quantité qui leur est donnée. Ils ont toujours faim avant l'heure et se jettent sur leur repas avec voracité. Jusqu'où faut-il augmenter les quantités ?

Soyez souple

Toute mère a vite fait de s'inquiéter des particularités alimentaires de son bébé et se demande chaque jour s'il a pris assez. La réponse est oui. Vous pouvez faire confiance à votre bébé : il sait ce dont il a besoin. Un bébé qui a faim mange. S'il ne veut plus de son biberon ou de sa purée, c'est qu'il n'en a plus besoin. Si son apport alimentaire n'est pas équilibré sur la journée, il l'est certainement sur la semaine ; alors inutile de s'inquiéter. Surtout si sa courbe de taille et de poids évolue normalement.
Si votre enfant réclame davantage, il est peut-être en période de forte croissance. C'est à votre pédiatre de décider avec vous des quantités à lui donner. Veillez surtout à ne pas augmenter exagérément les quantités de farine et de sucre, à cause des risques d'obésité. Sinon, il est nécessaire qu'il mange à sa faim. Comme nous, le bébé a un appétit qui peut varier d'un jour à l'autre. À nous de nous y adapter.

Le repas

L'essentiel est que l'ambiance soit détendue pour que le repas ne se transforme jamais en rapport de force. Tant pis s'il ne finit pas son biberon ou s'il se trémousse sur sa chaise haute pour quitter la table. Quand il aura faim, il mangera. Si votre enfant est particulièrement éveillé et actif, il se peut que ses repas commencent à devenir difficiles. Curieux de tout, il devient vite capable d'attraper ce qui passe à sa portée ou de jeter ce qui pourrait produire un résultat intéressant. Distrait par ce qui peut se passer dans la cuisine, il s'agite sur sa chaise haute et en oublie de manger. Vous essayez souvent en vain de le convaincre de rester assis tranquillement et de manger ce qui est devant lui. Ne vous inquiétez pas : ses refus de manger, si vous n'en faites pas une histoire, ne dureront pas. Pour lui, la vie est trop passionnante et il a trop de choses à faire pour perdre du temps assis à table. Cela s'apaisera et l'appétit reviendra

Une solution consiste à le faire manger seul avec vous à la cuisine, au calme, sans trop de distractions. Bien sûr, ne le forcez pas à finir et ne vous mettez pas en colère face à sa façon de se tenir. Vous pouvez aussi essayer de lui confier un ou deux jouets en plastique avec lesquels il s'occupera en même temps qu'il mangera. Pourquoi ne pas lui offrir aussi la possibilité de partager parfois le repas familial ? Manger à table avec tous est un grand plaisir pour l'enfant, autant que l'occasion pour lui d'expérimenter de nouvelles odeurs et de nouvelles saveurs. C'est ainsi que commence l'éducation du goût

ATTENTION

Il ne faut en aucun cas obliger un bébé à manger.

Il ne veut rien manger

Il arrive fréquemment qu'un enfant refuse son repas ou n'en accepte que quelques petites cuillerées. La mère, qui a préparé avec soin et attention ce petit repas, admet mal que l'enfant n'en veuille pas. Si ce manque d'appétit dure plusieurs jours, elle va s'inquiéter pour sa santé et craindre qu'il ne dépérisse. Le médecin, après avoir vérifié que la croissance de l'enfant est normale, va essayer de dédramatiser la situation, mais souvent sans effet. La mère va alors tenter toutes les ruses possibles pour faire manger l'enfant : insister, choisir les plats qu'il aime, lui chanter des comptines, lui raconter une histoire, ou le placer devant la télévision pendant qu'il engloutit passivement. En vain. Souvent le résultat obtenu est contraire au résultat visé : les repas deviennent de plus en plus longs et pénibles. Donc, si votre enfant ne veut pas manger, ne faites rien. Ou presque… Si vous retirez simplement son assiette au bout d'un temps raisonnable (10-15 minutes) pour passer au dessert, il y a des chances pour qu'il se rattrape au repas suivant. Il n'y a pas lieu de s'inquiéter.

En revanche, si vous montrez votre anxiété et si vous transformez le repas en rapport de force, vous prenez le risque de figer le comportement de l'enfant. Chaque repas sera désormais un temps d'opposition entre votre volonté et celle de votre bébé. Plus vous le forcerez, plus il s'entêtera dans son refus. Ce qui ne l'empêchera pas de manger tout à fait normalement avec son père ou avec sa nourrice.

Vers l'autonomie

Les repas sont pour lui une occasion exceptionnelle de découverte : quelle joie de plonger les doigts dans la purée ou d'attraper seul son biberon Bien sûr, le résultat n'est pas toujours heureux. Mais il serait dommage de ne pas profiter du temps des repas pour le laisser s'exercer à attraper, porter à sa bouche et manipuler. Vous pensez bien que, pour lui, ce qu'il y a de plus intéressant à manipuler et à porter à la bouche, c'est la nourriture.

POUR ÉVITER LA GUERRE PENDANT LES REPAS

- Ne perdez pas de vue qu'un repas est un moment de gaieté, de découvertes et de retrouvailles. Soyez détendue et refusez de vous mettre en colère pendant ce temps-là.
- Ne nourrissez pas votre enfant devant la télévision.
- Tenez compte des goûts alimentaires de votre bébé, ce qui n'empêche pas de lui faire essayer de nouvelles saveurs lorsque l'occasion se présente.
- Ne forcez jamais votre enfant à finir son assiette. Mieux vaut lui servir une petite quantité, à renouveler au besoin, qu'une grosse qui le découragerait s'il a peu faim.
- Ne lui donnez pas à manger entre les repas « pour compenser ».
- Ne soyez pas obnubilé par sa courbe de poids.
- Faites confiance à l'organisme de votre enfant. Il est capable de gérer seul ses besoins alimentaires. Si vous respectez cela, vous n'aurez probablement aucun problème.
- Rappelez-vous enfin que, dans ce type de conflit, vous ne devez pas « gagner » à tout prix. C'est l'autonomie de votre enfant qui est en jeu.

Simplifiez-vous la vie

Dès qu'il sera en âge de le faire, confiez à votre bébé une timbale à couvercle avec bec perforé afin qu'il puisse boire seul. En plastique, donc incassable, munie d'anses, à fond alourdi, donc difficile à renverser, elle est l'objet qu'il faut pour aider votre bébé à faire la transition entre la tétine et le verre. Confiez-lui cette timbale vide, dans un premier temps, afin qu'il fasse connaissance avec l'objet : il va la retourner, la secouer, la jeter par terre, etc. Puis remplissez-la d'une boisson qu'il aime particulièrement et montrez-lui comment s'en servir. Il apprendra vite et gagnera chaque jour en habileté.

Un autre objet va vous simplifier la vie lors des repas que votre bébé va prendre à la cuillère : il s'agit du bavoir en plastique rigide qui se fixe autour du cou de l'enfant sans lien, donc rapidement et sans danger. Le bas du bavoir étant moulé en creux, il recueille la nourriture que l'enfant laisse tomber. Il est donc non seulement sûr, mais très pratique. Après le repas, un simple coup d'éponge suffit à le nettoyer. Ne vous privez donc pas de cet objet fonctionnel…

Il mange avec les doigts

Vient un moment où votre bébé veut manger tout seul et vous le fait savoir en vous prenant la cuillère ou le biberon des mains. Cette étape est importante pour lui. Prendre soin de son propre corps, donc devenir autonome, cela commence par savoir se nourrir. Bien sûr, le laisser faire entraînera beaucoup de saletés dans la cuisine. Mais ce petit inconvénient se gère facilement avec un peu d'organisation et compte pour peu en comparaison des avantages que l'enfant en retirera.
Le bébé veut manger seul, mais il est encore très maladroit avec la cuillère, et il aime manipuler. Alors il mange avec ses doigts. Il est à l'âge où il attrape pour porter à la bouche : c'est donc ce qu'il va faire avec les aliments.
Pourquoi, à côté de la purée traditionnelle, ne pas concevoir une partie du repas qui peut être prise avec les doigts ? Cette période n'a qu'un temps. Vous montrer flexible maintenant vous préservera de bien des occasions de conflits. Et votre enfant va acquérir assez vite une habileté qui lui permettra de se servir correctement de la cuillère.
Certains aliments coupés en petits morceaux réjouiront l'appétit de votre enfant et développeront sa capacité à les attraper délicatement avec les doigts. Beaucoup de fruits et légumes, cuits ou crus, peuvent ainsi être coupés en morceaux faciles à attraper et à avaler : cubes de pomme de terre, petits bouquets de choufleur ou de brocoli, petits pois, pointes d'asperge, carottes râpées, pastèque en minicubes, melon, avocat, concombre, maïs, ananas, tranches d'orange pelées, etc. N'oubliez pas non plus les miettes de poissons, l'œuf dur, les fromages mous, les mini-tartines, les flocons de céréales, les coquillettes, etc.

De fréquents conflits

Votre enfant veut attraper la cuillère et le biberon, manger seul, avec ses doigts, le tout très salement. De votre côté, vous voulez le faire manger pour être sûre de ce qu'il a avalé, pour que cela aille plus vite et que ce soit plus propre.
C'est votre enfant qui a raison. Si vous sentez que votre bébé veut manger seul, il est bon de l'y encourager. Si vous refusez, vous risquez de compromettre sa future autonomie. Même s'il mange moins que si vous vous battez pour garder la cuillère en main, ce repas lui est infiniment plus profitable, parce qu'il est en accord avec son développement. Donc éducatif au sens fort.

ASTUCE

Pour prendre patience, dites-vous qu'un enfant qui s'exerce beaucoup sera plus vite autonome qu'un autre et plus habile. Le résultat est une des premières formes de sa créativité… Soyez prête à passer la serpillière !

Il essaie de manger tout seul

C'est vers sept mois et demi que votre bébé commence à vouloir attraper seul des morceaux de nourriture. Quelques semaines plus tard, il saisit généralement des petits morceaux de nourriture entre le pouce et les deux doigts suivants. Si la nourriture se glisse à l'intérieur de la main, il aura du mal à la récupérer pour la porter dans sa bouche. Il s'essuie généralement la bouche avec sa main pleine de nourriture. Quand il se lasse de ce difficile exercice, il peut lancer par terre le contenu de son assiette Prenez patience. C'est le seul moyen de développer son plaisir des repas et de le rendre rapidement autonome et correct à table. Même si vous vous sentez réticente, vous devez l'encourager sur la voie de l'autonomie.

Pourquoi le laisser manger seul ?

Laisser son enfant manger seul et choisir la quantité de nourriture qu'il souhaite avaler sont les meilleurs moyens d'éviter les conflits alimentaires si fréquents et souvent si difficiles à résoudre une fois installés.

- Si vous laissez passer le moment où votre bébé veut manger tout seul, l'envie risque de disparaître et de ne pas revenir de sitôt. Certaines mères doivent continuer à nourrir leur enfant jusqu'à deux ou trois ans.
- L'enfant a besoin de regarder, manipuler, goûter, sentir les aliments : ses sens sont plus libres et plus fins que les nôtres. Si ce besoin est respecté, le bébé aura plaisir à venir à table, ce qui est un point important pour l'avenir. Il aimera manger, goûter des aliments nouveaux et ne sera probablement pas un enfant « difficile ».
- Il se peut que votre enfant mange davantage, grâce à la dimension du plaisir et du jeu, que si vous tenez la cuillère. Cela vient compenser sa maladresse. En tout cas, il apprend à réguler son appétit.
- L'enfant apprend vite à manger de plus en plus proprement. Vers un an, le plaisir de manipuler la nourriture laissera progressivement la place au désir de « faire comme maman », donc de manger correctement. L'enfant devient ainsi plus vite autonome et propre à table. Le temps perdu maintenant sera rattrapé plus tard.

→

Armez-vous de patience : même si votre cuisine est transformée en champ de bataille, c'est à ce prix que votre enfant saura manger seul.

BÉBÉ GRANDIT

Au fur et à mesure que le système nerveux du bébé acquiert de la maturité, il lui permet une meilleure coordination et un contrôle musculaire plus précis. L'enfant apprend à tenir sa tête droite, puis à se tenir assis, à ramper, et enfin à marcher. Il contrôle mieux les mouvements de ses mains : ses gestes gagnent en habileté et en finesse.
Tous les enfants sont différents. Les uns développent certaines aptitudes plus tôt, les autres plus tard, sans que cela ne veuille rien dire concernant ses compétences ultérieures.
Au bout de quelques années, tous les enfants se rattrapent, ceux qui ont marché plus tôt et ceux qui ont parlé plus tard, ceux qui ont su ramper tôt comme ceux qui n'ont jamais marché à quatre pattes.

CE QUI CHANGE MOIS PAR MOIS

Plus éveillé et plus disponible, votre bébé se montre de plus en plus curieux et adore jaser. À partir du sixième mois, il commence à tenir presque assis et observe ainsi le monde d'un peu plus haut. Les jeux de mains se multiplient, il explore bientôt son univers à quatre pattes, il dort moins... Bref, c'est un petit être bien vivant et toujours en mouvement.

Des points de repère

Les gains en taille et en poids sont considérables la première année. Dans la mesure où votre bébé est en bonne santé, inutile de garder l'œil vissé sur la toise ou sur la balance. Les courbes du carnet de santé sont faites pour un enfant « moyen » qui n'existe pas. Seul votre médecin est à même d'interpréter celles de votre bébé.

Les différentes étapes du développement sont acquises dans le même ordre pour tous les enfants, mais pas au même moment ni à la même vitesse. Un progrès est souvent suivi d'une période de stabilité. Toutes les nouvelles acquisitions étant sous le contrôle du système nerveux, aucune ne peut être effective avant que le cerveau du bébé ne soit prêt. Vous noterez aussi que le développement va toujours de la tête aux pieds. Le bébé commence par maîtriser la tenue de sa tête, puis de ses bras, du tronc et enfin des jambes.

À 2 mois

À partir du deuxième mois, les progrès de votre bébé dans le domaine visuel vont aller très vite. Sa vue perçoit mieux les objets, les mouvements, l'espace. Cette nouvelle performance va l'aider à explorer ce qui l'entoure, l'inciter à saisir les objets. Il préfère maintenant regarder les dessins ou les jouets plus complexes, où il y a beaucoup de détails. Vos dialogues les yeux dans les yeux peuvent se prolonger davantage. Fasciné par les lumières, il est capable de suivre aussi les déplacements d'objets. À l'affût de tous les mouvements, il sait bientôt imiter vos expressions, reproduire vos mimiques... Par le regard, c'est une autre relation à son entourage qui se met en place.

Le bébé n'est encore capable que de faire une seule chose à la fois. Quand il tète, il s'y donne entièrement. Dès qu'un objet ou une parole retiennent son attention, il cesse alors de téter.
Les bébés les plus actifs commencent à se tortiller ou à pédaler, mais restent le plus souvent couchés où on les a placés. Peu à peu, le tonus musculaire se relâche. Les mains vont s'ouvrir et le geste volontaire va prendre la place de l'agrippement. Le bébé peut, si on lui place un objet dans la main, apprendre à le retenir, à le serrer, puis à le lâcher, mais c'est très difficile.

Communiquer

Le bébé est très sensible à la stimulation tactile : il aime les caresses, les massages doux. Il reconnaît ses parents et se blottit volontiers contre eux. Son dialogue s'enrichit de sourires et de babillages qui séduisent son entourage. Il apprend très vite à quel sentiment correspondent chez vous telle ou telle intonation, une grosse voix, un froncement de sourcil…
Lorsque vous lui parlez sans qu'il vous voie, votre enfant commence à chercher à localiser l'origine de votre voix et tourne sa tête dans cette direction. Assis dans son transat, il peut suivre des yeux et de la tête vos déplacements dans la pièce.

À 3 mois

Il s'agit d'une étape importante où l'on voit véritablement le bébé sortir de la phase « nouveau-né ». La période des pleurs souvent inexplicables cesse. Le bébé, moins impuissant, commence à donner sens à son corps, qui va progressivement être perçu comme un tout, et à ce qui l'entoure.

La coordination

À cet âge apparaissent nettement les différences individuelles : les progrès dans tel ou tel domaine vont devenir fonction du tempérament de l'enfant. Le bébé très actif « attrapera » plus vite, mais sans maîtrise du geste ni attention particulière à l'objet. Le bébé plus lent et sensitif mettra davantage de temps à franchir la même étape, mais l'intégrera totalement en prêtant grande attention à chaque détail. Au cours du troisième mois, le bébé franchit une étape sur le plan de la coordination : il apprend peu à peu à faire fonctionner ensemble ses oreilles, ses yeux, tout en bougeant ses mains et sa tête. Ce qui nous semble évident, à nous autres adultes, ne l'est pas pour le bébé : il lui faut plusieurs mois pour être capable de tendre la main ou de tourner la tête vers un objet attirant ou vers un son nouveau.
Les mains – puis les pieds – commencent à prendre une place dominante. L'enfant qui les a découverts va passer de longs moments à les examiner et à les manipuler, comme il le ferait du plus intéressant des jouets. Il porte mains et pieds

BON À SAVOIR

À la naissance, les mains du bébé sont fermées. Elles peuvent saisir un objet si celui-ci effleure la paume (réflexe d'agrippement) mais l'enfant ne contrôle pas cette prise et il va lâcher involontairement. Cet agrippement est très tonique.

- À 2 mois, les mains du bébé s'ouvrent. Lorsqu'une chose l'attire, il tend encore peu la main dans la direction : c'est plutôt tout son corps qui s'excite globalement.
- À 3 mois, le réflexe d'agrippement a disparu. Le bébé peut tenir un hochet mais n'est pas encore capable de l'attraper sans aide.
- À 4 mois, il tend clairement la main vers ce qu'il vise, mais la poigne est encore malhabile. On observe un début de coordination des deux mains.

BON À SAVOIR

- À 6 mois, il vise mieux et peut maintenant attraper volontairement un objet. Il sait porter à la bouche, passer d'une main dans l'autre et heurter pour faire du bruit.
- À 8 mois, le pouce s'oppose aux autres doigts, ce qui permet une prise plus précise et des gestes minutieux. La main sert aussi à jeter ou à repousser ce que l'enfant ne veut pas.
- À 10 mois, l'index devient prédominant et l'enfant s'en sert pour montrer du doigt. L'habileté manuelle se développe dans toutes les directions: tourner, faire rouler, tirer…
- À 12 mois, la manipulation devient plus fine et plus sûre. Le bébé est capable d'imiter des gestes simples et d'empiler deux ou trois cubes.

à la bouche. La bouche est un lieu privilégié: c'est par là qu'il fait connaissance avec les objets. C'est sa bouche qui le renseigne sur la texture, la forme, le goût. Même si l'enfant attrape encore mal, il faut dès maintenant être très vigilant sur les objets que vous laissez à sa portée.
Plus attentif à ce qui l'entoure, il va être sensible au fait que l'on ait déplacé son berceau ou changé les affiches accrochées à côté de son lit. Il commence à s'intéresser aux couleurs vives.

Bébé vous connaît de mieux en mieux

Il est devenu particulièrement sensible à vos expressions. N'oubliez pas que votre bébé a pour souci principal d'être avec vous et d'être aimé de vous. Aussi ne ménagez pas les encouragements chaque fois qu'il tente ou réussit quelque chose de nouveau pour lui. Applaudissez, souriez, montrez votre fierté.
Ces découvertes permanentes et quotidiennes sont passionnantes pour lui, mais aussi parfois un peu inquiétantes et nécessitent que vous soyez là pour rassurer, encourager et aimer.
Lorsqu'il est seul, le bébé examine avec attention ce qui l'entoure: il scrute les couleurs, les formes, les contours, les motifs, les mouvements. Le reste du temps, il roucoule et vocalise: il exerce sa voix et semble fasciné par les sons qu'il peut produire

À 4 mois

Cette période est à proprement parler celle de la socialisation. Le jeu essentiel du bébé consiste à émettre des sons. Pour le plaisir de les entendre, bien sûr, mais surtout pour le plaisir d'appeler sa mère ou son père et pour le plaisir de converser: la dimension sociale et la dimension d'échange du langage se mettent en place.

La dimension sociale

Petit être sociable, le bébé de quatre mois et demi, bien que passionnément attaché à sa mère, noue de bons contacts avec les autres membres de la famille. Ses aînés sont source de fascination et de grandes crises de rire. Son père l'attire et il le recherche activement du regard, de la voix et du geste. Le père qui noue des relations étroites avec son bébé le comble de plaisir et lui fait cadeau psychologiquement d'une ébauche d'autonomie vis-à-vis de sa mère, qui lui sera précieuse. Un bébé à qui l'on ne répondrait jamais, qui ne serait pas sollicité verbalement, finirait par diminuer notablement la quantité de sons émis.
Mais socialisation ne signifie pas uniquement langage verbal. Elle se traduit tout autant par une attitude du bébé qui sait de mieux en mieux communiquer et se faire comprendre. Il répond aux sollicitations et exprime ouvertement son plai-

sir ou son déplaisir. En presque quatre mois, le bébé a déjà enregistré pas mal de souvenirs. Les expressions de son visage se modifient maintenant selon qu'il aperçoit votre visage ou son biberon, qu'il entend sa boîte à musique ou l'eau du bain couler.

Le développement moteur

Le bébé a développé à la fois une meilleure musculature et un début de coordination motrice : il sait attraper et garder un petit moment. Allongé sur le ventre, il peut garder les jambes étendues et se soulève sur les avant-bras. Il sait même arquer son dos et ses jambes afin de se balancer d'avant en arrière. Il parvient enfin à rouler de droite à gauche pour se retourner totalement, se retrouvant sur le dos.

À 5 mois

Le bébé a atteint une étape importante de son développement physique. Sans pouvoir encore s'asseoir ou se tenir assis seul, il peut néanmoins rester un long moment dans la position assise s'il est bien calé dans une chaise haute ou soutenu par des coussins. De plus, il tient maintenant sa tête bien droite.

Les débuts du jeu

Ces deux acquisitions vont lui permettre de commencer à se servir efficacement de ses mains. La plupart des bébés manipulent encore mal les objets qu'ils tiennent dans leurs petites mains maladroites, mais presque tous sont maintenant capables d'attraper un hochet et, parfois, de le porter à la bouche. Comme il dort moins et que sa curiosité est sans cesse en éveil, c'est pendant des temps de plus en plus longs qu'il est capable de jouer et de faire appel à ses proches pour jouer avec lui. Il est bon d'être disponible, mais il est aussi important que le bébé sache rester un moment seul, à regarder, à explorer ou à gazouiller en tête à tête avec ses peluches préférées.

Certains bébés sont plus actifs que d'autres. Ils adorent être tripotés, secoués ou lancés en l'air. Dès l'aube, ils appellent pour vous convier à participer avec eux à cette nouvelle journée de découverte. À peine réveillés, à six heures du matin, ils réclament avec véhémence un compagnon d'activité. Coucher un tel bébé plus tard ou doubler ses volets par des doubles rideaux risque de ne servir à rien. La seule solution pour les parents consiste soit à se lever lorsque le bébé s'éveille, soit à lui apprendre à se suffire à lui-même et à jouer seul un moment.

D'autres bébés sont plus calmes. Éveillés les premiers, ils peuvent rester un long moment dans leur lit. Attraper leurs doigts ou leurs orteils, les porter à la bouche, s'essayer à des vocalises sont des activités qui peuvent les faire patienter jusqu'à l'heure du petit-déjeuner.

BON À SAVOIR

À quatre mois, la vision du bébé est maintenant proche de celle de l'adulte : il accommode parfaitement, il peut coordonner ses deux yeux à des distances variables. Il a une vision des couleurs et il s'y intéresse tout particulièrement ; enfin, il perçoit correctement la profondeur, ce qui l'aide beaucoup pour attraper les objets. Quand il est maintenu assis, sa tête se tient droite, ce qui lui permet là encore d'avoir une vision plus globale du monde qui l'entoure.

Le caractère du bébé s'affirme. Il sait nettement ce qu'il veut : de l'attention, des jeux, s'exciter de plaisir. Il sait également ce qu'il ne veut pas et peut protester avec une certaine violence en réponse à une frustration qui lui est imposée, si on lui retire un jouet, par exemple.

LE DÉVELOPPEMENT PHYSIQUE DE 1 À 5 MOIS

Attention : les âges donnés ne sont que des moyennes.

- **À 1 mois**, le bébé, mis sur le ventre, lève la tête et dégage son nez pour respirer. Ses membres sont encore fléchis, mais il a perdu l'allure typique du nouveau-né.
- **À 2 mois**, le bébé commence à s'étirer. Sur le ventre, il lève la tête, en appui sur les avant-bras, et peut la tenir quelque temps.
- **À 3 mois**, si vous soulevez votre bébé, allongé sur le dos, en le tirant par les mains, il est capable de tenir sa tête dans l'axe du corps. Sur le ventre, il s'allonge bien à plat et se tient longtemps en appui sur les avant-bras.
- **À 4 mois**, quand l'enfant est allongé sur le ventre, l'appui sur les avant-bras, parfois tendus, est encore meilleur. Il peut aussi décoller les deux jambes du sol. Enfin, attention : le bébé est capable, parfois, de rouler du ventre sur le dos et l'inverse.
- **À 5 mois**, le bébé roule sur lui-même. Sa tête est bien stable. Si vous le tenez assis, le haut de son dos et sa tête sont droits. Couché, il lève son torse.

À 6 mois

BON À SAVOIR

À 6 mois, le bébé tient généralement assis sans support pendant quelques secondes, puis il prend appui sur les mains, mais sans stabilité. Il pivote son torse dans toutes les directions.

À partir de six mois, la plupart des bébés dorment moins : ils peuvent rester éveillés deux heures consécutives. En revanche, ils font des nuits complètes et se réveillent un peu plus tard le matin. Les rythmes de la journée se sont aussi bien régularisés et les plages de découvertes et d'éveil sont plus longues.
Physiquement, la coordination est maintenant bonne. Les yeux, les mains et la bouche fonctionnent dans un but commun : situer les objets, les attraper, les manipuler, les porter à la bouche. Les deux mains se synchronisent.
Mentalement, la mémoire progresse encore et permet la constitution de souvenirs moins éphémères en ce qui concerne le proche passé. Le bébé met en place des habitudes et des références stables qui le sécurisent : connaissant la succession des événements, il peut les anticiper. Cela lui donne l'impression d'un début de maîtrise sur son environnement.
Le bébé tient assis, même si certains ont encore besoin d'être dans une petite chaise ou d'avoir le dos soutenu par un coussin. La tête tient tout à fait droite. La position assise, parce qu'elle libère les mains, est très importante pour le développement de l'enfant qui peut désormais manipuler tout à loisir, attraper et lâcher sans perdre – ce qui l'amuse beaucoup.

Les différences individuelles s'accentuent : ce n'est plus seulement le rythme des acquisitions motrices qui varie, mais aussi l'ordre dans lequel vont se faire ces acquisitions. Certains bébés vont maîtriser en premier les mouvements généraux du corps, par exemple s'asseoir ou ramper. D'autres attendront pour cela d'avoir acquis la maîtrise parfaite des petits gestes, ceux des mains. Rien n'est mieux ou plus prometteur : chacun son style, tout simplement.

Premiers sons

Vers six mois, les capacités du dialogue sont en constante progression. Il faut en profiter pour apprendre au nourrisson que ses balbutiements peuvent avoir un sens, renforçant ainsi son désir de s'exprimer. Pour cela, il faut partager son langage, lui renvoyer, en les modulant et les enrichissant, ses propres productions.
Mais il faut lui parler comme à une personne capable de vous comprendre. Cela veut dire utiliser les bons mots, les mots précis correspondant à ce que vous êtes en train de faire, et ne pas vous cantonner à un langage « bébé ». Il est d'ailleurs tout à fait erroné de l'appeler ainsi, car jamais un jeune enfant ne dira spontanément « mimine » au lieu de « main » ou « bobo » au lieu de « mal » si un adulte ne le lui a pas appris Plutôt que de devoir ensuite le contraindre à « désapprendre », autant lui donner tout de suite l'expression correcte.

À 7 mois

Le petit garçon ou la petite fille de six mois révolus est déjà un personnage très complexe qui n'a plus grand-chose à voir avec le nouveau-né qu'il était.
La vue est parfaite : le bébé voit loin, nettement, et peut distinguer les nuances. Il s'intéresse d'ailleurs beaucoup aux couleurs. Il sait distinguer les sons, en reconnaît beaucoup et sait trouver leur provenance. Il se sert très bien de ses deux mains : il les tend vers tout ce qu'il voit et examine tout ce qu'il tient. Il est aussi capable de boire seul son biberon… à condition d'être quand même blotti dans les bras de maman ou de papa.
Il peut se tourner dans tous les sens et rouler sur lui-même. Certains enfants ont trouvé comment ramper, poussés par la curiosité. Presque tous commencent par se déplacer vers l'arrière, ce qui leur est plus facile. Mis debout et soutenu sous les aisselles, l'enfant peut se tenir, jambes droites et fermes. Il adore cette position.
Le bébé connaît son nom et se retourne quand on l'appelle. Il apprécie la compagnie des autres enfants et fait une vraie fête à ses frères et sœurs aînés. Pour ceux qu'il aime, il babille, proteste, échange, module sa voix. Il se sourit dans le miroir et devient conscient que les différentes parties de son corps forment une unité.

BON À SAVOIR

À 7 mois, le bébé tient un peu mieux assis et sait s'équilibrer en se penchant. Soutenu dans le dos, il reste longtemps stable. Certains bébés commencent à se déplacer au sol en rampant.

À 8 mois

BON À SAVOIR

À 8 mois, le bébé tient assis totalement sans support et peut pivoter sur lui-même. Mais, s'il tombe, il n'est pas capable de se réinstaller. Bébé se déplace au sol en avant ou en arrière.

Jusqu'à maintenant, les gens devaient se déplacer et venir à l'enfant, les objets lui être présentés, puisqu'il était lui-même dans l'incapacité d'aller les chercher. Maintenant, tout change : c'est désormais l'enfant qui va au-devant de ce qu'il désire. Il a en effet acquis les capacités motrices nécessaires pour se déplacer dans son environnement et aller à la découverte du monde.

Le bébé étant d'une grande curiosité naturelle, il va mettre sa toute nouvelle mobilité à son service. Il apprend à ramper, puis à marcher à quatre pattes, pour découvrir ce qui est loin de lui ; il apprend à se mettre debout tout seul pour explorer la verticalité.

La main est en passe de remplacer la bouche dans la découverte des objets : c'est désormais elle qui renseigne l'enfant de façon privilégiée. Il faut dire que, depuis que le pouce s'oppose à l'index, permettant de former une pince, la dextérité s'est beaucoup améliorée.

À cet âge, l'enfant est capable de s'amuser vraiment avec ses jouets et de faire des choix parmi eux. Il imite les actions des grandes personnes et cherche à faire le plus possible de choses par lui-même. Taquin et drôle, il fait preuve d'un vrai sens de l'humour.

À côté de cela apparaissent de vraies peurs et le petit intrépide a souvent besoin de venir se rassurer auprès de vous.

À 9 mois

BON À SAVOIR

À 9 mois, la position assise est stable. Certains enfants tentent le quatre pattes, avec un fort désir de se déplacer. Bébé aime être tenu debout et tenir fermement sur ses jambes.

Un bébé de cet âge bouge sans arrêt. La coordination des différentes parties de son corps s'améliore de semaine en semaine et cela lui permet de reculer encore les limites de ses explorations. La seule chose qui le retienne vraiment est la peur des nouveautés, des étrangers et des séparations, qui provoque encore bon nombre de retours précipités vers sa mère.

Le bébé se sert de ses mains pour s'essayer à la fois à des gestes énergiques (faire du bruit partout où c'est possible, taper, déchirer) et à des gestes fins (prendre délicatement des petits objets pour les mettre dans une boîte ou dans une bouteille qu'il vide ensuite, les laisser tomber, les ramasser, etc.). Cette exploration systématique du dessous et du dessus, du contenant et du contenu, de l'intérieur et de l'extérieur est typique de cette période. D'ailleurs, l'enfant de cet âge ne tend pas uniquement le doigt vers ce qu'il peut souhaiter attraper, mais également vers ce qui est hors de sa portée.

La position debout est souvent celle qu'il préfère. Il essaie de se hisser contre ce qui peut lui servir d'appui. Debout, sa vision du monde change et la joie qu'il y trouve est évidente.

À 10 mois

On a l'impression que le bébé ralentit un peu le rythme de ses apprentissages physiques. En réalité, il profite de ce moment plus calme pour consolider ses précédentes acquisitions et pour acquérir ce qui ne l'était pas encore. Comme s'il sentait qu'il allait avoir besoin de toutes ses capacités pour démarrer la marche, il va perfectionner ses capacités motrices. Celui qui se déplaçait à peine sur le sol va le faire de plus en plus vite. Celui qui rampait va passer à l'étape « quatre pattes », mais certains rampent si bien qu'ils passeront directement de ce stade à celui de la marche.
Autre perfectionnement : celui de la position assise. Le bébé sait désormais s'asseoir seul, à partir du sol, quelle que soit sa position. Assis, il peut tourner librement le torse à droite ou à gauche et cette stabilité lui permet de tenir sur n'importe quel siège. Beaucoup d'enfants de cet âge s'exercent également à se mettre debout et à se déplacer le long des meubles.

BON À SAVOIR

À 10 mois, le bébé se tient debout seul avec un bon appui. C'est se rasseoir qui lui pose plus de problèmes Certains remplacent le quatre pattes par un déplacement bras et jambes tendus.

L'attrait de la nouveauté

Le bébé aime les nouveaux objets, les nouveaux jeux. Il est d'ailleurs capable d'en inventer tout seul. Il est persévérant et obstiné. Comme il recherche les contacts avec ses proches, il aime aussi les jeux des autres – ce qui n'est pas toujours facile à supporter pour les frères et sœurs Il commence à s'intéresser davantage à ses peluches : il les câline, les nourrit, les couche. Il refait avec elles tout ce que sa mère fait avec lui.

Premiers non

Dans le même temps apparaît le « non », qui va devenir un de ses premiers mots-clés. Ne vous inquiétez pas : votre bébé ne sait pas encore vraiment ce que ce mot signifie. Mais il vous a entendu souvent le prononcer, avec un air très convaincu, et il sait que ce mot est puissant. Il devine, lui qui cherche à affirmer sa personnalité, que s'imposer va bientôt passer par le refus systématique de vos exigences. Pour l'instant, il ne fait que s'exercer, essayer...

À 11 mois

Ce qui domine en cette période, c'est l'apparition massive des capacités d'imagination et d'imitation. Ces progrès sont surtout mentaux, mais l'enfant met l'ensemble de ses apprentissages physiques au service de son imagination – ce qui peut être éprouvant pour la personne qui s'occupe de lui dans la journée...

BON À SAVOIR

À 11 mois et 12 mois, le bébé privilégie la position debout. Il peut généralement marcher s'il est tenu par les mains. Certains enfants ont envie de se lâcher, d'autres d'attendre un peu. Mais tous veulent se déplacer. Assis, l'enfant est tout à fait stable.

L'imitation

L'imitation se retrouve dans tous les domaines et va désormais devenir la façon principale dont l'enfant va acquérir ses nouveaux apprentissages. C'est en vous imitant qu'il va apprendre à se déshabiller, à se laver ou à parler. Il est capable de reprendre pour lui des comportements qu'il a observés chez d'autres, adultes ou enfants. Il imite sa mère lorsqu'elle essuie la table ou fait la cuisine et devient lui-même capable de cacher des objets pour les lui faire chercher.

Une main très habile

La manipulation devient de plus en plus fine. Il peut, en imitant les adultes, tenir un crayon, insérer des petits objets dans une fente, soulever un couvercle, délacer ses chaussures, encastrer, etc. Les mains ont désormais des rôles différents et l'enfant peut faire deux actions simultanées : tenir un jouet d'une main tout en mangeant de l'autre, se retenir à une chaise tout en se baissant pour ramasser quelque chose, etc.

À 12 mois

L'âge d'un an est généralement associé aux débuts de la marche, mais cela peut varier beaucoup d'un enfant à l'autre.

Celui qui ne marche pas seul peut généralement le faire s'il est tenu par une main ou par les deux. Quant au marcheur débutant, il ne sait souvent pas s'arrêter autrement qu'en se laissant tomber sur le sol. Pourtant, la position debout gagne en stabilité : l'enfant debout sans appui peut désormais pivoter, se pencher, faire des signes de la main, sans pour autant perdre l'équilibre.

Pendant cette période, le bébé semble plus intimidé par les nouveaux espaces que la marche va lui ouvrir. Il paraît moins intrépide que les mois précédents et certains se collent même à leur mère, comme s'ils craignaient de s'en éloigner… au point qu'il faut parfois les enjamber. Enfin, l'attachement au père se fait plus grand et tous les jeux remuants que celui-ci peut inventer sont les bienvenus

Les débuts du langage

Le vocabulaire se développe, ainsi que la compréhension. Un bébé à qui on a beaucoup parlé est maintenant capable d'obéir à des ordres simples du type « Va chercher tes chaussons », « Passe-moi mon journal » ou « Viens avec moi à la cuisine ». Lorsqu'il vous ramène un objet, c'est toujours avec une grande fierté qui mérite remerciement et louange.

À cet âge, la plupart des enfants ont parfaitement compris la valeur du mot « non » et s'en servent, avec la voix ou avec la tête, d'une façon que les parents jugent vite abusive : non pour s'habiller, non pour manger, non pour aller dans le bain, non pour marcher, etc. Il va désormais falloir ruser pour le conduire à

faire ce que l'on veut. Il fait aussi très bien la différence entre ce qui est autorisé (il guette sans cesse l'approbation) et ce qui ne l'est pas, qu'il fera quand même, mais en s'assurant que personne ne le regarde.
Tous les enfants sont différents. Les uns développent certaines aptitudes plus tôt, les autres plus tard, sans que cela ne veuille rien dire concernant leurs compétences ultérieures. Au bout de quelques années, tous les enfants se rattrapent, ceux qui ont marché plus tôt et ceux qui ont parlé plus tard, ceux qui ont su ramper très vite comme ceux qui n'ont jamais marché à quatre pattes.

La propreté

Il est vrai que certains parents d'enfants d'un an ont réussi, en mettant leur bébé à heures fixes sur le pot et en l'y maintenant un moment, à obtenir qu'il fasse. Mais un enfant n'est pas un chiot et l'éducation ne consiste pas à obtenir une réponse passive. Ceux qui le font prennent de grands risques que l'enfant pourrait payer cher dans les années suivantes.
Il n'y a pas d'urgence à retirer les couches. Votre enfant a beaucoup de choses à apprendre avant de savoir se retenir et demander le pot. Il doit apprendre à marcher, à courir, à monter et descendre les escaliers, à dire quelques mots. Il doit apprendre où sont les toilettes et à quoi elles servent. Il doit apprendre le plaisir d'être au sec, d'être propre, de se promener seulement avec une culotte. Il doit aussi quitter le stade oral, où tout l'intérêt et le plaisir passent par la bouche. Mais surtout, la propreté réelle, contrôlée, demande une maturité du système neuromusculaire que l'on ne peut hâter et qui n'intervient le plus souvent qu'autour de deux ans.
Alors, quelle que soit votre impatience, ne tentez rien avant l'âge de dix-huit mois. Car ni votre enfant ni vous-même n'y gagneriez à commencer plus tôt.

ATTENTION

Inutile donc de comparer votre bébé à un autre ou de l'inciter à se dépêcher. Il va à son rythme et il a absolument besoin de votre fierté et de vos encouragements.

L'ÉVEIL DE VOTRE BÉBÉ

Les parents ont toujours su ce que les scientifiques mettent en évidence depuis une vingtaine d'années environ : les bébés sont compétents, curieux et ne demandent qu'à être encouragés sur le chemin de l'éveil et de la découverte du monde.

Les étapes de son développement

- À la naissance, le bébé a une activité réflexe qui est dominante. Son odorat est si bien développé qu'il reconnaît sa maman à son odeur. Sa main est très sensible : elle explore la forme et la consistance d'un objet placé contre elle. Même si les bruits lui paraissent encore assourdis, le nouveau-né est déjà réceptif à la voix humaine, particulièrement celle de ses parents.
- Vers deux mois, il se concentre sur le visage humain comme s'il cherchait à le comprendre. Il sait que ses parents sont source de réconfort, il les appelle à grands cris et se calme lorsqu'ils apparaissent. Il a déjà des goûts et des dégoûts : il aime certaines odeurs plus que d'autres, et ses préférences dépendent beaucoup des habitudes culinaires de sa mère. Il devient sensible au bruit et au mobile au-dessus de sa tête.
- À trois mois, il voit tout de suite un jouet qu'on lui tend et commence à le suivre des yeux. Il découvre ses mains. Si un geste qu'il fait (comme heurter un hochet) provoque un bruit, il va chercher à le reproduire, découvrant le lien de cause à effet. Il sourit lorsqu'on lui parle et s'intéresse à ce qui l'entoure.
- À quatre mois, le bébé a l'oreille fine et commence à reproduire des sons et à rire aux éclats. Il tourne sa tête dans la direction d'où viennent les bruits. Son acuité visuelle étant devenue bonne, il peut suivre des yeux l'objet ou la personne qui se déplace. Il découvre la vision en relief et en couleurs. Tout ce qu'il attrape, il le porte à la bouche, faisant de sa langue un outil de connaissance perfectionné.
- À cinq mois, il produit des sons qui imitent les paroles. Il attrape les objets, les manipule et se sert de cette nouvelle compétence pour découvrir le monde. Il est capable d'exprimer de la peur et de la colère.
- À six mois, il distingue bien toutes les couleurs et marque une préférence pour les teintes vives. Il est très intéressé par son reflet dans les miroirs. Il aime jouer avec l'adulte et s'entraîne à maîtriser de nouveaux savoir-faire. Il marque certaines préférences parmi les aliments.
- À sept et huit mois, il agit de mieux en mieux sur les objets et s'y intéresse. Il connaît son nom et le mot « non », mais il sait aussi attirer l'attention et essaie

de se faire comprendre. Il s'intéresse davantage à son entourage d'enfants et d'adultes. Se déplacer lui ouvre de nouveaux horizons.
- À neuf et dix mois, il commence à dire « maman » et s'intéresse de plus en plus à ce qui l'entoure. Il est capable de retrouver un objet caché sous une couverture et fait preuve de plus de concentration dans ses jeux. Il applaudit ou fait les marionnettes.

Faut-il le stimuler?

Les besoins physiologiques du petit enfant sont des besoins de nourriture et de chaleur. Inutile d'épiloguer. Au sein ou au biberon, dans la laine ou dans la soie, tous les parents connaissent d'instinct la priorité de ces besoins et y font face. Y compris au milieu de la nuit. Mais les enfants ont d'autres besoins: ils veulent que l'on nourrisse leur curiosité et leur joie de communiquer.
La première année du bébé est à la fois la plus active et la plus sensible. Toutes les grandes acquisitions vont se mettre en place, notamment les habitudes spécifiquement humaines. C'est pendant cette période que vont se construire les structures de base qui vont supporter toute l'évolution ultérieure. Il ne faudrait pas croire pour autant que tout est figé ou déterminé à un an, seulement que tout ce qui se vit et s'acquiert pendant cette période compte. Rien n'est suffisant pour s'assurer de l'avenir. Mais il est précieux que cette première année se passe au mieux pour l'avenir de l'enfant.
Connaissant les compétences naturelles des nouveau-nés, certains parents ou éducateurs ont déduit qu'il fallait « profiter » de la première année pour éveiller et stimuler son bébé à tout prix. Cette notion se retrouve dans des phrases comme « Tout est joué avant six ans », qui a évolué en « tout est joué avant trois ans/ un an/la naissance… ». Celui qui aurait raté son départ dans la vie pour cause d'impondérables n'aurait aucune chance de se rattraper. Ce qu'on disait sur le plan psychologique, certains l'affirment maintenant sur le plan intellectuel, et justifient ainsi toutes les dérives, tous les abus.
Une théorie qui cherche à nous convaincre que nos bébés ont tous du génie est évidemment tentante. Quel parent ne souhaiterait essayer? D'autant qu'on nous persuade que cette période de grande réceptivité aux apprentissages est brève : si on ne démarre pas très tôt, c'est fichu, définitivement ! Du coup, certains se sont livrés avec leurs enfants à de véritables leçons destinées à hâter leur développement.
Oui, les premiers mois et les premières années, traçant les premières marques et les premiers souvenirs dans le cerveau de l'enfant, sont importants. Mais le cerveau est un organe flexible, adaptable, toujours en remaniement. Un bébé en avance dans un domaine sera rattrapé par les autres enfants un an plus tard, un bébé plus lent dans un autre domaine rattrapera sans problème ses camarades.

BON À SAVOIR

L'éveil du bébé ? Il passe avant tout, de façon naturelle, par ce quotidien que partagent parents et enfant, fait de mille petits riens qui s'échangent en permanence : autant de messages d'amour, autant de stimulations, autant d'occasions de découvrir et d'apprendre sur ce monde qui est le sien.

> **ATTENTION**
>
> Trop de stimulations physiques ou intellectuelles peuvent faire du bébé un enfant hyperactif, anxieux, agité. Il risque de payer cher, par la suite, le fait d'avoir atteint tel ou tel stade plus tôt que son voisin de crèche. D'ailleurs quelle importance ? Il a bien le temps de se lancer dans la rivalité et la compétition.

Même si le développement est un processus continu, où chaque étape a une influence sur les suivantes, ce déroulement n'est pas immuable. Le déroulement de la vie n'est pas linéaire, et une souplesse importante des processus laisse « du jeu » dans les mécanismes pendant de très longues années. Si un train est manqué, un autre passera. L'enfant ne perd pas ses capacités en quelques mois : c'est sa façon d'apprendre qui évolue.
Lui apprendre à un an ce qu'il apprendra tout simplement à trois ans, c'est non seulement ne pas respecter son rythme, mais encore l'empêcher de vivre ce qu'il doit vivre à un an. Chaque étape est importante. Pour que l'édifice de l'être humain soit solide, il faut que la structure ait été construite sur des bases solides, acquises au moment où elles devaient l'être.

L'ÉVEIL AU QUOTIDIEN

Tous les bébés gagnent à se trouver dans un environnement riche de nombreuses possibilités, qui les aide à épanouir leurs merveilleuses aptitudes. Les parents attentifs à l'éveil de leur bébé ont à cœur de soigner simultanément :

- son développement sensoriel et corporel, qui permet à l'enfant de percevoir le monde qui l'entoure et d'agir sur lui ;
- son développement intellectuel, qui permet à l'enfant de comprendre les informations qu'il perçoit, de les mémoriser, puis de les réutiliser ;
- le développement social et affectif, qui permet à l'enfant de créer des liens et l'intègre dans un échange d'amour indispensable. Ce dernier point est essentiel : c'est parce que vous aimez votre bébé que vous voulez pour lui ce qu'il y a de mieux et lui offrir les stimulations qu'il apprécie.

Mais un jeune bébé a autant besoin de rester seul, parfois, dans son lit ou dans son parc. Il apprend à se suffire à lui-même, à gazouiller avec ses jouets et à trouver sa propre autonomie, ce qui est fondamental. Il a aussi le droit de ne rien faire, de rester tranquille, à regarder et écouter ce qui se vit autour de lui. Alors surtout, évitons l'activisme et privilégions, autour du bébé, une ambiance faite de calme, de tendresse et de patience.

Stimuler les cinq sens

Le bébé a cinq sens, tous efficaces, à des niveaux différents, dès la naissance. Ces sens sont les portes d'entrée par lesquelles l'enfant fait connaissance avec le monde. Éveiller les sens de son enfant, c'est lui ouvrir le monde, stimuler sa curiosité et l'aider à développer son intelligence. Il existe de nombreux petits jeux sensoriels que vous pouvez faire avec votre bébé et développer selon son âge.

Mais n'oubliez jamais les points suivants :

- tout apprentissage à cet âge ne se développe que sur une relation faite d'amour, de respect et de plaisir partagé ;
- le trop étant l'ennemi du bien, respectez le rythme et le désir de votre bébé. Quelques minutes de stimulation par jour suffisent largement : davantage le fatiguerait. Ne vous fixez aucun autre but que le plaisir du bébé et de répondre à son besoin de découverte.

Le toucher

Voici quelques échanges que vous pouvez proposer à votre enfant pour stimuler le toucher.

- Massez doucement le corps de votre nouveau-né avec une huile d'amande douce.
- Quand il est plus grand, caressez ses mains ou ses pieds avec une brosse à dents ou un pinceau de maquillage.
- Quand il sait manipuler, confiez à votre bébé des objets de textures différentes pour lui faire explorer le doux, le rugueux, le mou, le dur, etc. (Mettez de côté des morceaux de textiles ou d'autres matières.)
- Attirez son attention sur le chaud ou le froid de l'eau ou du radiateur.

Pour les plus de 6 mois :

- Allongez (ou asseyez) votre bébé à plat ventre sur un journal, quotidien ou magazine. Vous serez étonné du plaisir qu'il prendra et de l'enthousiasme qu'il mettra à déchirer et à arracher les pages. Mais attention à l'encre fraîche des journaux du jour. Au plus grand, confiez un vieux catalogue de vente par correspondance. Ce livre-là, il aura le droit de le déchirer !
- Dès que votre enfant se met debout, n'hésitez pas à le laisser se promener pieds nus, dans la maison bien sûr, mais aussi dehors chaque fois que c'est possible. Marcher sur toutes sortes de surfaces différentes n'empêche pas la marche, mais favorise au contraire le développement de l'équilibre et la formation de la voûte plantaire.
- « Ne touche pas ! » est l'une des phrases que les petits enfants entendent le plus. Et cela fait grand tort à l'éveil de leur sens du toucher ! Alors, chaque fois que c'est possible, que c'est autorisé, et même si ce n'est pas très propre, incitez votre enfant à toucher : la fourrure de l'animal, la feuille de l'arbre, la chaleur du radiateur, le rugueux de l'écorce…
- Sélectionnez des morceaux de tissus de textures différentes (velours, satin, coton, Nylon, dentelle, fourrure synthétique, soie, Skaï, jersey, etc.). Faites-en des petits rectangles ourlés que l'enfant manipulera facilement tour à tour, ou bien reliez-les dans une sorte de patchwork qui pourra être cousu au dos d'une vieille couverture, ou bien fixé sur une fine planche de contreplaqué.

BON À SAVOIR

Les massages tout en douceur n'ont pas seulement un effet relaxant. Ils sont aussi précieux pour développer la sensibilité corporelle de l'enfant et son sens du toucher.

Masser son bébé

Vous pouvez profiter du moment du bain ou du change pour masser délicatement votre bébé sur tout le corps, principalement les pieds, les jambes, le dos et le ventre. La plupart des enfants adorent cela !

Le massage s'effectue dans une position confortable, à pleine paume, avec une huile d'amande douce par exemple. Il s'accompagne de petits mots doux ou d'une berceuse sereine. La technique n'est pas nécessaire : intuition et douceur suffisent. Le massage sensitif obéit à quelques règles très simples :

- Les mouvements du massage qui exercent une certaine pression sur la peau, même légère, doivent se faire dans le sens de la circulation sanguine de retour. C'est-à-dire, en direction du cœur. Par exemple, on masse une jambe en allant de la cheville vers la cuisse. Le chemin de retour vers la cheville se fait avec une grande légèreté, comme un effleurage.
- On ne rompt jamais le contact corporel entre le masseur et le massé. Si votre bébé est allongé sur vous, c'est évident. S'il est allongé face à vous, cela suppose que votre peau touche la sienne pendant toute la durée du massage. On ne lève une main que lorsque l'autre est posée. Le massage terminé, on se quitte en douceur.
- On ne masse un bébé que si on en retire un plaisir égal au sien. Alors une merveilleuse communication s'installe, dont chacun tire un grand bienfait.

L'odorat

À la naissance, l'odorat du bébé est un sens tout neuf, qui ne lui a pas servi dans le ventre où il logeait, et d'emblée merveilleusement fin et efficace. Le bébé est sensible aux odeurs et la mémoire qu'il en a est supérieure à la nôtre.

Comme les petits animaux, le nouveau-né se sert des odeurs pour reconnaître les gens. Quand la vue et le toucher auront gagné en efficacité, l'odorat deviendra moins utile et perdra de sa finesse. Savez-vous qu'un nouveau-né, dès l'âge de trois jours, peut différencier l'odeur de sa mère de celle d'une autre femme ? Une fois que l'on a conscience de cette compétence, on comprend que l'on va pouvoir s'en servir pour communiquer avec son bébé. Avez-vous remarqué combien il aime se lover dans le creux de votre cou ? Il y retrouve votre odeur et il est heureux.

La vision

Le nouveau-né ne voit bien que ce qui est face à lui, à une vingtaine de centimètres de son visage. Le bébé appréciera que son univers visuel soit enrichi par des mobiles aux motifs divers, des posters que l'on renouvelle souvent, des ballons de baudruche suspendus à des ficelles qu'on laisse voler dans le vent, des jouets de couleurs vives, un miroir accroché à côté de son petit lit, etc.

La vision est sans doute le sens qui va demander le plus de temps pour parvenir à maturité. Si plus personne ne pense, comme autrefois, que les bébés naissent

aveugles, il est exact que leur acuité visuelle à la naissance n'est pas parfaite et qu'elle se perfectionnera pendant plusieurs mois : les muscles des yeux vont devenir plus forts, la vision des couleurs va se développer et le bébé va apprendre à voir en relief.
Au cours des premières semaines, sa vision est limitée, mais suffisante pour bien voir un visage humain qui se penche vers lui. Il perçoit les objets s'ils sont face à lui, à vingt ou trente centimètres de son visage, et apprend peu à peu à suivre des yeux un objet qui se déplace lentement devant lui.
La perception des couleurs s'établit au cours des trois premiers mois : le bébé voit mieux les couleurs vives et contrastées. Quant à la vision en relief, en trois dimensions, elle ne sera sans doute pas parfaite avant l'âge de quatre mois.

Le goût

Dès la naissance, le bébé préfère le sucré aux autres saveurs. Le lait de la mère a des goûts différents selon son alimentation. Le lait en poudre a toujours le même goût, sauf si l'on décide de le parfumer légèrement. Pour le tout-petit, on peut varier la composition des jus de fruits ; pour les plus grands, celle du bouillon de légumes. Ne pas mélanger les légumes permet de mieux connaître le goût de chaque aliment et d'apprendre à les distinguer.
Tout en respectant la sensibilité gustative d'un petit, on peut lui faire découvrir, sur le bout de son doigt, des saveurs nouvelles. Vous mangez de la sauce tomate ou de la glace à la framboise ? Faites-lui goûter. Plus tard viendra le roquefort, le curry ou l'avocat. Vous serez étonnée de ses réactions.

L'audition

Un éveil musical tout en douceur peut commencer dès la naissance : musique classique, ethnique ou chansons, chants d'oiseaux, cris d'animaux, sons de la vie quotidienne et mots doux chuchotés à l'oreille.

Jouer avec les sons

Les bébés entendent parfaitement bien dès la naissance, même si parfois il vous semble le contraire. Leur attention auditive est brève, mais ils prennent beaucoup de plaisir à écouter avec vous différents sons. Autant le bruit du téléphone, de l'aspirateur ou d'un éternuement peut le faire pleurer, parce qu'il a l'ouïe fine et sensible, autant il prendra de plaisir aux registres de votre voix comme aux bruits de la maison.

La voix

Parmi tous les bruits, le bébé préfère celui que fait la voix humaine, ce qui indique clairement son désir de communiquer. Mais une voix violente ou agressive peut le faire pleurer. Une voix froide, sans affection, peut le faire se replier sur lui-même. Une voix d'adulte qui converse avec d'autres adultes peut le laisser indifférent. Ce qu'il aime, ce sont les voix douces, bien timbrées, qui se font naturellement plus aiguës pour s'adresser à lui, qui lui parlent tendrement en le regardant dans les yeux, avec des mots simples, des mots qui concernent un bébé. Ou bien une voix qui lui fredonne quelque chanson douce.

La musique

Le jeune bébé aime la musique douce, la musique classique notamment. On a attribué à la musique classique de nombreux pouvoirs sur les bébés, et il est certain que vous ne ferez que du bien au vôtre en lui faisant écouter des morceaux de musique douce, ceux que vous aimez, sans forcer le son.
Vous chantez ? N'hésitez pas, même si vous doutez de la qualité de vos cordes vocales… Votre bébé, profitant à la fois du plaisir de votre voix et de celui de la musique, sera comblé.

BON À SAVOIR

Certains préludes de Bach se sont révélés tellement efficaces pour charmer et calmer les bébés qu'ils sont utilisés maintenant de manière systématique dans plusieurs services de maternité américains.

Les sons

Le bébé aime les sons drôles, surprenants, doux, nouveaux, et toutes les occasions sont donc bonnes pour exercer son oreille. Seul interdit : les bruits violents, agressifs, désagréables à son oreille encore toute neuve. Non au hard-rock, aux cris, aux sonneries… Oui au hochet, au grelot, à la clochette, au tic-tac de l'horloge, au papier froissé près de l'oreille, au tintement d'un couteau sur différents verres, aux bruits de bouche ou de doigts, etc.

La conscience de son entourage

Après quelques mois, votre enfant distingue ses parents des autres personnes et connaît bien ses frères et sœurs aînés dont la venue le réjouit tout particulièrement. Il devient plus attentif à ce qui l'entoure. La contrepartie, c'est qu'il ne se laisse plus aussi facilement approcher ou manipuler par les personnes qu'il ne connaît pas ou peu. Il peut même se mettre à pleurer si un « étranger » veut le prendre dans ses bras. Que les amis ne s'attristent pas : cela signifie seulement une meilleure connaissance du monde de la part de ce tout petit bébé… Quand il les connaîtra mieux, il leur sourira aussi et leur tendra les bras. En attendant, vous qui comprenez les inquiétudes de votre bébé, protégez-le en suggérant aux grands-tantes qu'il n'est pas nécessaire qu'elles se jettent sur lui pour l'embrasser…

La permanence des objets

Vers quatre mois, le bébé devient conscient de son existence distincte de celle de sa mère, mais il n'est pas encore convaincu de la permanence des objets. Il a tendance à croire que ce qu'il ne voit plus cesse d'exister. Il ne croit pas que les choses puissent rester identiques à elles-mêmes en dehors de son regard, de sa présence ou s'il les voit sous un autre aspect. Non seulement il ne recherche pas les jouets qui ne sont pas très près de lui, mais il ne tente pas de récupérer un jouet que vous avez glissé sous un coussin, devant ses yeux.

Pour l'aider à progresser, vous pouvez jouer avec lui à des petits jeux très simples et qu'il adore. Ces jeux sont importants pour lui faire percevoir que les gens et les choses continuent à exister hors de sa vue. Vous saurez qu'il a franchi cette étape lorsque, après que vous aurez caché le lapin, il repoussera lui-même le drap pour le retrouver. Vous lui offrirez de grandes parties de rire.

Jouez à « Coucou, le voilà ». Cachez votre visage derrière une serviette ou un battant de porte, puis montrez-vous à nouveau, plusieurs fois de suite. Il est important de verbaliser en même temps : « Où elle est, maman ? Elle est partie ? La voilà » avec force mimiques et sourires. Vous serez heureusement surprise d'entendre votre bébé rire aux éclats… Tout en intégrant des notions de réalité physique fondamentales.

Le stade du miroir

Cette étape dans le développement de l'enfant est importante. Au début de sa vie, le bébé n'a pas une conscience globale de son corps. Il ne se vit pas comme clairement distinct de sa mère, et ses mains lui semblent de drôles de jouets… Ce n'est que progressivement qu'il acquerra un sentiment d'identité propre, connaissant bien les limites de son corps et faisant la part de qui est « moi » et « non-moi ».

Cette étape a été définie comme « le stade du miroir », puisqu'il s'agit du moment où le bébé, se regardant dans un miroir, reconnaît son image et identifie consciemment l'ensemble de son corps comme lui appartenant.

Quand se reconnaît-il ?

Tous les auteurs ne sont pas d'accord sur l'âge auquel l'enfant atteint ce stade. Vers quatre mois, le bébé jubile devant sa propre image, mais avec la même joie que provoquerait l'apparition d'un autre enfant. Si sa mère apparaît dans le miroir, se plaçant derrière lui, il est évident qu'il la reconnaît. Cela marque l'ébauche de la reconnaissance de soi.

Vers sept-huit mois, cependant, les choses se précisent. L'enfant a longtemps exploré son corps, avec ses mains ou avec sa bouche. Il a appris à s'en servir. Il

connaît bien les visages de ceux qu'il aime et répond à son nom. À cet âge, le bébé marque un intérêt certain pour le miroir. Il parle à son reflet et ébauche des grimaces. Il n'y a pas de doute : il commence à reconnaître sa propre image. Ce stade a acquis valeur de symbole : il prouve que l'enfant accède à la conscience de sa personne propre. Mais cette conscience ne se met pas en place du jour au lendemain. Si, entre six et huit mois, l'enfant semble s'y reconnaître, il faudra attendre l'âge de deux ans environ pour être sûr que l'enfant fasse le lien entre son propre corps et l'image que le miroir lui renvoie.
Les spécialistes utilisent certains « trucs » pour savoir où en est l'enfant dans sa connaissance du miroir. Les parents peuvent les essayer (mais sans garantie).

- Le bébé étant assis face au miroir, avancez-vous derrière lui sans faire de bruit, de façon qu'il vous voie dans le miroir (sans vous avoir entendu venir). S'il se retourne, c'est qu'il a compris le rôle du reflet joué par le miroir. Sinon, il croit encore que sa mère est en face de lui.
- Faites une petite tache de rouge à lèvres sur le front de votre enfant sans qu'il s'en aperçoive. Puis prenez-le dans vos bras et placez-vous tous deux face au miroir. Le jour où il portera spontanément la main à son front pour toucher la tache, vous saurez qu'il est convaincu d'être face à son image et qu'il a dépassé le fameux « stade du miroir ».

Exploration et curiosité

La curiosité est vitale pour un bébé. C'est la force qui le pousse à apprendre et à se lancer à la découverte de son monde. Il y met d'ailleurs une énergie énorme. Si cette curiosité débouche sur un plaisir et un enrichissement, elle restera vivante tout au long de l'enfance. C'est cela l'intelligence de l'enfant : cette force avec laquelle il va aller peu à peu à la rencontre de son environnement, tenter de le comprendre et de le modifier. C'est en multipliant les expériences et les explorations que le bébé va intérioriser une somme insoupçonnable de connaissances.

Un monde à découvrir

Plus le bébé grandit, plus il passe de temps à regarder autour de lui et à s'intéresser à son environnement. À trois mois, dans son transat, il prend plaisir à vous accompagner de pièce en pièce pour vous regarder vaquer à vos occupations. Il passe moins de temps à dormir et davantage à regarder autour de lui. Il aime vous suivre dans la maison, mais il aime aussi aller se promener et découvrir les plaisirs de la rue. Lorsque vous utilisez un landau pour emmener votre bébé en promenade, il est nécessaire de surélever le bébé de façon que, partiellement assis, il puisse voir ce qui se passe autour de lui. Sinon, couché sur le ventre et la tête enfouie au fond du landau, la promenade perd pour votre bébé beaucoup d'intérêt...

←
Votre enfant est content : il croit avoir trouvé un nouveau copain qui fait tout comme lui !

Plus grand, il passe moins de temps à dormir et davantage à regarder autour de lui. Puis il devient capable d'attraper et de se déplacer seul : son désir de découverte n'a plus de limites. D'ici un an, il n'y a pas un livre qu'il n'aura fait tomber de la bibliothèque, pas une prise de courant qu'il n'aura explorée, pas une corbeille qu'il n'aura vidée, pas une feuille qu'il n'aura déchirée, pas un appareil qu'il n'aura allumé... Réjouissez-vous. Vous avez un enfant plein d'idées, pétillant de vie et d'intelligence. Pour ne pas avoir à le suivre pas à pas toute la journée, une seule solution : aménager l'espace de la maison en fonction de l'enfant, de sa curiosité et de ses initiatives.

Une chambre intéressante

La chambre du bébé est le lieu où il passe le plus de temps, et souvent des moments de tranquillité et de solitude. Elle est au cœur de son univers. Il est donc souhaitable de faire de cette pièce un lieu d'éveil en lui-même, où le bébé se sentira entouré de choses intéressantes. Voici quelques idées de décorations. La plupart sont amovibles et peuvent donc être renouvelées pour soutenir la curiosité de l'enfant.

- Décorez le plafond, surtout au-dessus du lit du bébé, de grands posters colorés, ou d'un cerf-volant, ou de grandes photos.
- Suspendez dans la pièce des objets légers qui volent dans les courants d'air : ballons de baudruche, guirlandes de Noël, oiseaux en papier, mobile léger, etc.
- Le bébé adore les visages. Découpez-en dans les magazines et accrochez-les à côté de son lit. Mieux encore : affichez de grandes impressions des photos des gens de la famille que votre bébé connaît.
- Collez sur les vitres des décorations comme on en vend à la période des fêtes ou de Pâques, ou bien fabriquez-en que vous découperez dans des feuilles de plastique adhésif.

Le bébé aime tout ce qui bouge : si vous avez un aquarium avec de jolis poissons, c'est dans sa chambre qu'il faut l'installer. Il a été montré que l'aquarium a aussi un effet calmant sur les jeunes enfants.

Votre bébé doit bénéficier d'un environnement riche, où expériences et stimulations sont possibles. Dès qu'il se déplace, il a besoin de pouvoir explorer librement l'espace et avoir accès à certains de ses jouets lorsqu'il le désire. Le meilleur environnement, c'est celui où l'enfant peut faire ce qu'il est capable de faire, en toute sécurité, et avec une certaine tranquillité pour les adultes. Selon l'âge de l'enfant, cela prendra des formes différentes.

Dans cet espace de jeux, bien délimité, où l'enfant prendra l'habitude de se tenir, vous déposerez des objets, peu nombreux mais à renouveler de temps à autre, qui retiendront sa curiosité et son attention : hochets, tissus de couleurs, petits jouets en plastique, livre en tissu ou plastique, tableau de découverte, peluche, etc.

Cet espace « spécial bébé » doit bien sûr évoluer en fonction de la croissance et des nouvelles possibilités de l'enfant. Dès que l'enfant se déplace, il faut prévoir, en plus du parc où vous le mettrez quand vous ne pourrez pas le surveiller, un espace de jeux un peu plus « physiques » : petit matelas, gros coussin, bloc de mousse, « poire » remplie de petites billes, bref, de quoi s'entraîner, grimper et escalader, ce qui est la grande passion des enfants.

Gagner en autonomie

Un enfant autonome, c'est un enfant capable de s'occuper un moment tranquille, sans faire appel en permanence à la présence d'un adulte. Un enfant qui sait trouver en lui-même les ressources intérieures pour « se tenir compagnie » un moment, jouant de son imaginaire, en paix et heureux.
Quand le laisser seul dans sa chambre ? Aux heures où vous le mettez au lit, bien sûr, mais aussi quand vous êtes occupé à la douche, au téléphone ou à préparer à manger. Un bébé n'est pas malheureux lorsqu'il est laissé un peu tranquille, sur son espace de jeu ou dans sa chambre. Il apprend qu'il peut se débrouiller seul pour s'occuper et s'amuser, ce qu'il fait d'ailleurs très bien.
Le bébé est poussé à la découverte et à l'apprentissage par des élans intérieurs puissants. Pas de risque qu'il s'ennuie, même si vous n'êtes à sa disposition permanente, pour peu que l'environnement lui offre de quoi s'occuper les mains, le corps et l'esprit.
Lorsque vous êtes dans la même pièce que lui, vous pouvez aussi le laisser faire ses expériences et ses découvertes, en l'encourageant de la voix, mais en continuant vos propres activités. Il appréciera votre présence et la liberté respectueuse que vous lui laissez.
Cet enfant, qui apprend à compter sur ses propres ressources, est aussi un enfant qui fait confiance à ses proches, les contient dans son cœur et s'en sent aimé.

BON À SAVOIR

Une chambre intéressante et sans danger est un endroit où le bébé peut apprendre à gagner en autonomie.

LES DÉBUTS DE LA MOTRICITÉ

La position assise, la position debout et les débuts de la marche marquent un virage important dans le développement de l'enfant. Marcher signifie pouvoir partir debout à la découverte de l'environnement. L'horizon s'élargit : c'est le début de nouvelles expériences.

Pour encourager votre bébé à s'asseoir

Il est rare qu'un bébé puisse tenir assis sans support avant huit mois. C'est une position très importante pour le bébé, car c'est celle qui libère réellement les mains, et lui permet donc de faire de gros progrès en habileté manuelle. Aussi, quand vous le sentez prêt à s'asseoir, vous pouvez faire quelques petits jeux qui seront autant d'occasions pour lui de s'entraîner.

- Depuis la position couchée : quand votre bébé est sur le dos, attrapez ses mains et tirez-les doucement jusqu'à amener votre bébé en position assise. Il va s'habituer à ce petit exercice et vous y aider un peu plus au fil des mois. De lui-même, quand il s'en sentira prêt, il lèvera la tête, vous tendra les mains et essaiera de se lever.
- Assis dans les coussins : quand le dos de votre bébé est suffisamment solide, vers six mois environ, vous pouvez lui offrir l'expérience de la position assise. Pour cela, asseyez-le sur le sol et renforcez sa position en l'entourant de gros coussins, de poufs, ou de couvertures roulées. Il tiendra mieux si son dos est en appui contre un mur ou un dossier rigide. Mettez à sa portée de jouets et des objets qui ne roulent pas. Ne vous éloignez pas de votre enfant quand il est dans cette position. Il risque d'avoir souvent besoin de vous pour rétablir son équilibre. De plus, il peut avoir du mal à respirer s'il tombe la tête en avant dans un coussin ou un oreiller.
- Pour l'inciter à se tenir droit, asseyez-le face à vous, sur le rebord d'une table ou sur vos genoux. Puis parlez-lui et attirez son regard pour l'inciter à faire l'effort de relever la tête et son torse, et de les tenir droits face à vous.
- Asseyez-le dans des endroits amusants : s'asseoir est amusant s'il s'y passe des choses nouvelles, et si cela permet de nouvelles expériences. C'est pourquoi votre bébé aimera s'asseoir dans le siège du chariot de supermarché, le siège-auto de la voiture, un grand carton que vous posez sur le sol, sa chaise haute qui lui permet de venir à table avec vous.

ASTUCE

Votre enfant sera incité à se tenir assis si cela lui procure des avantages. Quand il sera dans cette position, confiez-lui des jouets qu'il ne pourrait pas manipuler aisément s'il était couché, comme un tableau de découverte par exemple.

Pour l'aider à ramper

Certains bébés ne ramperont jamais et passeront directement de la position assise à la position debout et à la marche. Certains rampent sur le ventre, d'autres sur les fesses. Certains marcheront à quatre pattes sur les genoux, les autres iront plus vite en s'appuyant sur les pieds et les mains. Chacun sa technique : toutes se valent.

Dès l'instant où votre bébé se déplace, un nouvel espace de liberté s'ouvre à lui et bien des nouveaux jeux lui sont possibles. Pour l'inciter à s'entraîner et gagner plus d'habileté, voici quelques petits jeux.

- Votre bébé allongé sur le ventre, placez-vous à quelque distance de lui. Manipulez un jouet, appelez votre bébé et tendez-lui le jouet en l'incitant à vous rejoindre. Vous pouvez aussi jouer de sa curiosité naturelle en ouvrant un tiroir, un sac ou une boîte, en jouant l'émerveillement. Là encore, attirez-le à vous : « Viens voir ce qu'il y a là, c'est incroyable ! »
- Donnez à votre bébé des objets qui roulent ou se déplacent sur le sol, comme des balles, des rouleaux, des automates, des petites voitures, etc. Il sera incité à les suivre ou à les rattraper.
- Le bébé aime chahuter et rire avec vous. Profitez-en pour faire ensemble des jeux qui l'incitent à ramper. Celui qui a le plus de succès, c'est de faire semblant de lui courir après et de vouloir le rattraper. Mettez-vous vous-même à quatre pattes ou en position de ramper. Vous pouvez ainsi jouer à la course avec votre bébé ou à cache-cache dans la pièce. Faites un parcours et incitez-le à vous suivre : sous la table, derrière le fauteuil, à travers un gros carton ouvert aux deux extrémités, etc.

Se déplacer seul

Votre bébé aimera aussi se déplacer seul dans la pièce. Vous pouvez l'aider à s'entraîner en lui confiant un tabouret ou une chaise légère : il marchera en les poussant devant lui et en les faisant glisser sur le sol. Autre manière toute simple de l'y aider, beaucoup plus efficace et sans risque que les jouets à roulettes vendus à cet effet : confiez-lui tout simplement un grand carton d'emballage qui lui arrive à la taille ou la poitrine environ. Placez votre enfant debout derrière et aidez-le à trouver son équilibre. Puis montrez-lui qu'il peut faire glisser le carton sur le sol (carrelage, sol plastique ou parquet) et marcher derrière en prenant appui dessus.

Il se tient debout

Dès cinq mois, le bébé tente de se redresser sur ses jambes. On sent qu'il aime être mis debout, alors qu'il est encore incapable de s'asseoir. Mais c'est vers six mois qu'il peut vraiment se tenir debout, jambes droites et bien fermes, s'il est soutenu sous les aisselles. Puis il prend de l'assurance. Lorsqu'il est assis ou allongé et que vous lui tendez les mains, il s'y agrippe et passe ainsi directement à la position debout. Il apprend peu à peu à se tenir droit, sans être soutenu autrement que par les mains. Il est manifeste que certains adorent cela : ils jubilent, sautent, plient et tendent les jambes, et hurlent parfois lorsque vous voulez les asseoir.
Mais tous ne sont pas ainsi : certains bébés plus calmes, moins « physiques », attendront encore trois ou quatre mois avant de vouloir tenir debout, sans que cela ait des conséquences sur la nature de leur développement. En effet, si tous les enfants ne marchent pas au même âge, les étapes pour y parvenir sont généralement les mêmes.

BON À SAVOIR

Ce n'est pas parce qu'il sait se mettre debout que votre enfant sait pour autant se rasseoir. Il reste souvent debout longtemps et finit par se fatiguer et pleurer. Il faudra donc lui apprendre à s'asseoir doucement en pliant les genoux. Sinon, il va avoir tendance à se lâcher brusquement et à additionner chocs et expériences désagréables.

Il se met debout

Vers neuf mois, un grand nombre de bébés, parmi les plus actifs physiquement, commencent assez bien à se mettre debout tout seuls. Entraînés à s'agripper à vos mains pour se hisser sur les jambes, ils vont continuer à s'agripper à tout ce qu'ils trouvent. Si se tenir debout est la position préférée de votre enfant, il va passer une partie importante de son temps à s'entraîner. À cette étape, le tout-petit essaie souvent de se hisser en s'aidant de tout ce qui peut lui servir d'appui (parfois il se trompe et renverse alors chaises et guéridons…). Il s'accroche encore à tout ce qu'il peut, mais il apprendra progressivement à choisir les meilleures prises, les plus efficaces. L'aide la plus sûre est constituée par la barrière en bois du parc, carré et classique, dans lequel l'enfant jouait jusque-là assis. Le bébé va se hisser aux barreaux pour se mettre debout, puis apprendre à se déplacer sur le côté, faisant ainsi le tour du parc. La marche n'est plus très loin
Une fois debout, il jubile et va tenter l'étape suivante : lâcher une main, lâcher l'autre. Puis lâcher les deux en prenant appui sur le ventre.

Le cabotage

« Cabotage » est un terme que l'on utilise pour décrire le stade où l'enfant, debout, se déplace latéralement en se tenant aux meubles et en passant d'un appui à l'autre. Il peut assez vite glisser le long d'un meuble, un canapé par exemple, sans autre appui que ventral. Les jeunes enfants qui en sont déjà à ce stade parviennent la plupart du temps, tenus par les deux mains, à ébaucher une marche

débutante. Mais il leur faudra encore plusieurs semaines avant d'oser lâcher une main, puis l'autre.
Les différences entre enfants peuvent être importantes. Peut-être le vôtre parvient-il, lorsqu'il se met debout, en appui contre un meuble, à lâcher une main ou les deux pour manipuler un objet. Certains sont même capables de se mettre debout au milieu d'une pièce sans avoir besoin d'appui pour se hisser. Ce qui est sûr, c'est que presque tous les bébés qui savent tenir debout trouvent que cette position est de loin la plus intéressante. C'est souvent debout qu'ils veulent être changés ou habillés, debout encore qu'ils veulent prendre leurs repas. Il leur arrive même de prendre de grands risques lorsqu'ils veulent à tout prix se tenir debout sur leur chaise haute ou dans leur poussette.

Les premiers pas

Votre enfant marchera seul, comme tous les enfants, entre dix et dix-huit mois. Cela dépend de sa maturité musculaire et neurologique, de son poids, de son tempérament et du temps qu'il passe à s'exercer.
Il n'y a pas à s'inquiéter au sujet de l'enfant qui tarde un peu à marcher. Peut-être est-il si habile à marcher à quatre pattes qu'il ne voit pas pourquoi changer. Peut-être attend-il simplement son heure. Si votre enfant passe, debout, d'un meuble à l'autre, s'il est capable de se mettre debout seul au milieu d'une pièce, alors son heure est proche. Vous pouvez l'aider à s'entraîner en lui confiant un tabouret ou une chaise légère : il marchera en les poussant devant lui et en les faisant glisser sur le sol. Mais le mieux est encore, dès qu'il le peut, de faire marcher l'enfant en lui tenant les deux mains, puis une seule.

Certaines appréhensions

Bien des bébés ont des appréhensions au moment de lâcher le dernier doigt qui assure leur équilibre. C'est pourquoi il ne faut nullement les bousculer ou les presser : ils se lâcheront à leur heure, lorsque leur marche aura acquis une certaine stabilité.
Une chose est sûre : pour qu'un bébé se lâche et fasse ses premiers pas seul, il faut qu'il ait envie d'aller vers quelque chose ou de satisfaire quelqu'un. Si vous sentez que votre bébé est prêt, tenez-vous à un pas ou deux de lui. Puis tendez les bras : il va s'y précipiter. Les premiers pas se font ainsi souvent presque par hasard : on quitte les bras de papa, pour faire un pas et se laisser tomber de tout son long dans les bras de maman, et réciproquement.
Faites avant tout preuve de patience et de calme. Il n'est pas bon pour votre enfant de sentir que vous attendez impatiemment qu'il franchisse une étape qu'il ne se sent pas mûr pour franchir. À l'inverse, s'il sent votre anxiété et voit que vous vous précipitez chaque fois qu'il risque de tomber sur les fesses, vous lui

donnez l'idée que marcher est une chose bien dangereuse.
La seule chose à faire est de jouer avec lui et de le laisser expérimenter seul le reste du temps. Il va hésiter, progresser, revenir en arrière après une mauvaise expérience. Puis un jour il se lancera…
Pour autant, tout ne sera pas gagné. Il va encore un bon moment se servir du quatre pattes pour se déplacer efficacement. Comme il commence à marcher sans toujours savoir s'arrêter, il choisira très vraisemblablement de se laisser tomber sur les fesses au premier coup de tangage. Mais enfin, semaine après semaine, il va gagner en stabilité et en assurance.

Découvertes et inquiétudes

Explorer la verticalité n'est pas une mince affaire. Cela demande du temps, de l'audace et beaucoup d'énergie. D'un autre côté, le bébé se sent encore bien petit face à un monde si vaste. Il s'excite, voudrait tout découvrir, mais il tombe ou se cogne. La conscience de ses propres limites le fait parfois hurler de frustration. Il veut décider seul et tente de garder le contrôle de la situation, mais s'aventurer ainsi fait très peur. Il trouve bon, souvent, de se réfugier contre maman, de s'enfouir dans ses jupes ou de se blottir dans ses bras, comme lorsqu'il était un bébé qui ne marchait pas…
Ce mélange de désirs et d'inquiétudes, de découvertes et de frustrations se traduit souvent la nuit par des troubles du sommeil. L'enfant se réveille au milieu de la nuit, pleure et semble avoir peur sans que vous puissiez comprendre de quoi. Rassurez votre enfant, exprimez-lui votre amour et votre soutien, confortez-le dans son désir d'autonomie. Ainsi, progressivement, il retrouvera confiance en lui.

ALLEZ CONSULTER

Faut-il s'inquiéter si un bébé a tendance à marcher les pieds en dedans, ou à avoir les pieds plats, ou encore à marcher sur la pointe des pieds ? Toutes ces tendances concernent la presque totalité des enfants. En quelques mois, les pieds vont se muscler et ces petits problèmes disparaître. Mais s'ils vous paraissent inquiétants, n'hésitez pas à consulter votre pédiatre.

À 10 mois : monter… puis descendre l'escalier

L'enfant qui a l'occasion de s'entraîner dans un escalier y fait de gros progrès. Pour monter, d'abord, ce qui est le plus facile. Tant qu'il ne sait pas descendre, vous avez intérêt à laisser la barrière de sécurité en haut de l'escalier. Pour lui apprendre à descendre, n'hésitez pas à vous mettre vous aussi à quatre pattes, la tête vers le haut, et lui montrer comment on descend, les pieds d'abord, les mains ensuite. Lorsqu'il aura compris le « truc », il acquerra très vite une grande souplesse et sera capable de descendre rien qu'en se laissant glisser sur le ventre comme sur un toboggan. Mais soyez d'ici là très prudente. Il est encore trop tôt pour que le bébé assimile une démarche aussi compliquée que se retourner en sens inverse pour partir les pieds en avant. Or, la tête la première, cela fait très mal.

COMMENT ACCOMPAGNER VOTRE BÉBÉ

- Même tant qu'il ne tient pas seul assis, le bébé est très heureux dans cette position qui lui libère les mains et lui permet de voir ce qui se passe autour de lui. Alors vivent les transats, les chaises hautes et les gros coussins qui lui tiennent le dos.
- Vous asseoir à deux pas de votre bébé, avec en main son jouet favori, l'encourage à se déplacer pour venir jusqu'à vous. Attention : certains bébés ne ramperont jamais, et c'est leur droit.
- Ne venez en aide à votre bébé que si vous le sentez en difficulté ou très frustré par ce qu'il ne peut faire. Sinon, encouragez-le plutôt de la voix. Faites-lui confiance pour développer ses propres ressources et félicitez-le chaleureusement de ses efforts.
- Les sols glissants sont une aide lorsqu'il rampe car il peut se déplacer très facilement. Mais ils deviennent dangereux quand il commence à marcher car il risque plus facilement de tomber et de se faire mal.
- Vers sept ou huit mois, lorsque votre bébé commence à bien bouger et à vouloir se mettre debout, choisissez des habits qui ne le gênent pas dans ses mouvements et ses explorations. Oubliez les robes jusqu'à ce que votre petite fille marche et remplacez, la nuit, la gigoteuse par un surpyjama ou une couette.
- Quand votre bébé se met debout, c'est pieds nus qu'il sera le plus à l'aise pour bien sentir le sol et ne pas glisser. Sinon, choisissez des chaussons à semelle souple.

←
Ça y est : votre enfant se lance tout seul, il sait marcher ! Quelle joie, pour lui et pour vous !

LE JEU ET LES JOUETS

Le jeu n'est pas seulement une distraction. C'est aussi un temps d'acquisition et d'apprentissage indispensable à son développement intellectuel, affectif et social. Un enfant en bonne santé et normalement heureux joue spontanément. Avec le corps de sa mère et avec son propre corps pour commencer : il joue longuement avec ses mains, puis avec ses pieds, agrippe les cheveux ou les lunettes de sa maman...
Vers quatre mois, capable d'attraper, il joue avec ce qui lui tombe sous la main, et s'empresse de le porter à la bouche. Capable de se déplacer, il considérera comme jouet tout ce qui l'attire, même – et surtout – s'il s'agit d'un objet interdit. Quel plaisir de manipuler la télécommande ou de froisser les journaux.

LES FONCTIONS DU JEU

Les premiers jeux stimulent la vision ou l'audition du bébé. Puis celui-ci traverse une phase où ses jeux préférés consistent à manipuler, vider, jeter, secouer, tout ce qui lui passe dans la main.

Jouer, à quoi ça sert ?

Le jeu est loin d'être un domaine accessoire dans le développement et dans la vie de l'enfant. Prenez n'importe quel enfant qui n'a ni mal, ni faim, ni sommeil. Que fait-il ? Il joue. C'est même là un signe important de bonne santé physique et psychologique.
Cela montre que jouer est pour lui une activité fondamentale par laquelle il va tout apprendre sur le monde et sur lui-même, et non une vague frivolité qui l'occupe en attendant de passer aux choses sérieuses. Car jouer est une chose sérieuse. L'enfant, en jouant, apprend à se maîtriser en évoluant à son rythme propre, mais il apprend aussi à maîtriser les choses qui l'entourent.

Jouer, c'est apprendre

Le mot « apprendre » ne doit pas vous surprendre : pour l'enfant, il n'y a pas de différence entre jouer et apprendre. Manipuler les objets, secouer, démonter, faire du bruit, remplir d'eau, escalader le canapé, tout cela c'est apprendre.
Le jeu est vraiment la manière pour l'enfant d'imiter et d'expérimenter son environnement. À travers l'imagination et l'exploration, il découvre son corps et ses capacités, ses émotions, développe son langage et sa façon de communiquer.
Par le jeu, l'enfant acquiert la maîtrise du monde extérieur. En construisant un mur de cubes, il apprend à manipuler les objets. Il gagne la maîtrise de son corps en courant et sautant. Il affronte des problèmes psychologiques en revivant par le jeu les difficultés qu'il a affrontées dans la journée (quand par exemple il inflige à son ours le traitement qu'il a subi), etc.
Dans le jeu, l'enfant exprime ses pensées et ses sentiments. Il resterait ignorant de ces sentiments, ou serait dominé par eux, s'il ne les mettait pas en acte dans ses jeux. Enfin il apprend les relations sociales en comprenant qu'il doit s'adapter aux autres s'il veut voir durer un jeu agréable. Tout cela en prenant du bon temps.
Le développement de l'enfant s'appuie sur les lois de la physique (quand on lâche un objet, il tombe ; besoin d'expérimenter) et la mise en relation des événements (quand je crie, maman arrive). Le jeu est à l'intersection de ces deux fondements :

les faits que l'enfant constate et les liens qu'il crée entre eux. Grâce au jeu, nous pouvons comprendre comment l'enfant voit et construit son monde, ce qu'il voudrait être, quelles sont ses préoccupations, ses problèmes. Au long des années, l'enfant exprime par le jeu ce qu'il serait bien incapable de dire autrement.
Mais cela ne signifie pas que l'adulte doive « récupérer » le jeu de l'enfant pour le pousser dans un entraînement intensif. Le jeu sert à jouer, un point c'est tout. L'enfant joue « pour le plaisir », même si, ce plaisir, il le trouve dans un effort qu'il s'impose à lui-même. Le jeune enfant se livre à de réels apprentissages, essaie, échoue, essaie encore, parce qu'il ne sait pas que davantage de compétences signifie davantage de jeux possibles, donc plus de plaisir. Il progresse également parce qu'il y est poussé par une force formidable. C'est le désir de vivre, de grandir et la curiosité de connaître.
Votre bébé est merveilleusement doué pour cela. Regardez-le lorsque vous lui confiez un nouveau jouet. Il va se servir de tous ses sens pour le découvrir : il va le regarder, le sentir, le goûter, le caresser, le secouer, le cogner, le démonter… tout cela d'une façon ingénieuse et merveilleusement efficace.

Jouer, c'est partager

Jouer est déjà très important pour votre bébé, malgré son jeune âge. Non seulement il joue avec son corps, mais il joue aussi avec l'autre. Tous les jours, vous avez pris l'habitude de passer un moment à ces jeux que vous partagez avec lui. Regards, sourires, gloussements et chatouilles sont autant de moyens qu'il a de vous dire son plaisir.

Jouer avec son enfant

Tous les parents souhaitent que leur enfant acquière un certain sens de l'autonomie, et notamment qu'il soit capable de jouer seul. Il le sera si vous passez du temps avec lui. Un bébé joue seul… mais d'autant mieux que l'on passe du temps à jouer avec lui. Si les parents jouent avec l'enfant, il s'attachera au jouet utilisé, parce qu'il est, quelque part, « investi » par ses parents.
Même si l'enfant est entouré de beaux jouets très bien étudiés, aucun n'atteindra la valeur d'éveil et de découverte d'un quart d'heure chaleureux passé à jouer avec un adulte. Un moment de disponibilité totale, même court, et d'attention portée à l'enfant, est un cadeau royal.

ASTUCE

Même si vous disposez de peu de temps, vous pouvez profiter par exemple du moment du bain ou du change pour jouer et rire avec votre enfant.

Faire vivre les jouets

Pour qu'un enfant s'intéresse à un jouet, pour qu'il y joue lorsqu'il se trouve seul dans sa chambre ou dans son parc, il faut donc que ce jouet ait été « investi » affectivement, par sa mère ou par son père. Il faut que les parents aient passé du temps à découvrir le jouet avec leur enfant, à le manipuler, à s'en amuser. Tant

que le jouet est posé dans le placard, dans sa boîte ou dans le coffre, il est comme mort pour l'enfant. C'est lorsque le parent le prend et l'anime qu'il lui donne vie et éveille ainsi le désir de son enfant. Plus tard, lorsque l'enfant se retrouvera seul avec le jouet, il se souviendra de sa mère ou son père en train de jouer avec lui et il lui sera plus facile alors de jouer seul. À travers l'objet, il retrouvera sa mère ou son père. De temps en temps, il faut ainsi « animer les jouets ».
Il ne s'agit nullement d'expliquer au bébé la meilleure manière de jouer avec tel ou tel objet – il se débrouille très bien tout seul – mais de lui montrer que l'on s'intéresse à lui et que l'on prend plaisir à être avec lui. C'est à l'enfant de choisir le jeu : laissez-vous guider par lui. Mettez-vous simplement à sa disposition et soyez réellement avec lui.

BON À SAVOIR

Tout est jeu. Sur le tapis, on peut jouer à cache-cache (d'abord avec son visage derrière ses mains, puis avec un objet) ou à la balle. On peut se chatouiller ou sauter sur les genoux. On peut monter une tour de cubes que le bébé fera s'écrouler... Peu importe le jeu. On ne peut faire plus de plaisir et plus de bien à son bébé que de lui consacrer chaque jour un temps d'échange, de jeu et de plaisir.

La main et le jeu

La plupart des bébés tendent clairement la main vers les objets qu'ils souhaitent attraper, lorsqu'ils sont capables de saisir un jouet suspendu au-dessus d'eux. Une fois en main, l'enfant est à même de tourner son poignet afin de regarder l'objet sous différentes faces. Étudier les objets sous plusieurs perspectives, à différentes distances ou à l'envers fait partie des intérêts de l'enfant. Il apprend ainsi qu'un objet peut se présenter sous de multiples apparences, tout en restant identique à lui-même. C'est le commencement de ce que l'on appelle la permanence de l'objet.

Lui apprendre à tenir

Dès que l'enfant tient ses mains ouvertes au lieu de les tenir fermées, vous pouvez lui placer des petits objets légers dans la main. Dès qu'ils toucheront sa paume, il s'y agrippera. Il peut déjà être capable de tenir les objets quelques secondes, avant de les lâcher sans l'avoir voulu. Au départ, le bébé ne regarde même pas ce qu'il tient dans la main. C'est pourquoi vous devez tout d'abord attirer son attention.
Choisissez un petit objet, comme par exemple une pince à linge ou un vieux tube de rouge à lèvres. Montrez-le bien à votre bébé. Touchez l'intérieur de sa main avec, afin qu'il referme ses doigts dessus. Puis retirez votre main afin qu'il tienne seul l'objet. S'il le fait tomber, ramassez-le et redonnez-lui une fois encore. Ensuite laissez sa main se reposer. Ne ménagez pas vos encouragements et votre enthousiasme. Embrassez sa petite main pour lui montrer combien vous aimez ce qu'il vient de faire !
Quand il est très jeune, le bébé agrippe les objets sans toujours réaliser ce qu'il fait. C'est pourquoi il est intéressant de lui faire tenir des hochets sonores. En agitant le bras qui tient l'objet, le bébé provoque un bruit, qui lui fait tourner la tête vers sa main. Il fait ainsi le lien entre le mouvement de sa main et le bruit produit par le hochet.

Savoir lâcher

Si l'enfant de sept mois sait bien attraper les objets, il a encore des difficultés pour les lâcher. Bien sûr, il lâche un objet qu'il tenait pour en attraper un autre, ou par maladresse. Mais lâcher délibérément, pour tendre à quelqu'un ou pour envoyer, nécessite une détente musculaire inverse de la tension exercée pour tenir. Il s'agit là d'un apprentissage pour lequel vous pouvez aider votre enfant.
Lorsqu'il a un objet en main, placez votre main à plat sous l'objet. Montrez-lui qu'il peut lâcher l'objet sans que celui-ci tombe: il reste posé, à plat sur votre main, et votre bébé peut le reprendre sans problème.

BON À SAVOIR

Si votre bébé est ambidextre, n'oubliez pas de faire fonctionner ses deux mains : glissez-lui le hochet tantôt dans la main droite, tantôt dans la gauche.

Quelques jeux avec les mains

Premier jouet du bébé, les mains deviennent vite son premier et son meilleur outil. Elles apportent à la bouche, elles explorent, elles manipulent.

- Confiez à votre enfant une boîte facile à ouvrir et à fermer dans laquelle vous mettrez quelques objets sans danger qu'il pourra manipuler tout à son aise. Comme la nouveauté provoque toujours un renouveau de l'intérêt, il est bon de changer ces objets souvent.
- Faites toucher à votre bébé des objets procurant des sensations variées: un glaçon, ou une vitre l'hiver, puis dites: « C'est froid ». Un radiateur, ou son biberon de lait: « C'est chaud ». Les promenades permettent d'élargir ces expériences.
- Laissez votre bébé, assis sur vos genoux, manipuler de petits objets, par exemple remplir une tasse avec un tas de petits raisins secs posés à côté.
- Une fois que l'enfant sait prendre et lâcher, vous pouvez jouer, chaque fois que l'occasion se présente, à « prendre et donner ». Par exemple, lorsque le bébé est assis face à vous, tendez-lui une petite balle. Lorsqu'il l'a prise, incitez-le à vous la confier. Demandez-la lui en tendant la main: « Tu me donnes ta balle ? » S'il vous la donne, faites une chose amusante avec la balle, par exemple la lancer en l'air, puis rendez-la lui. L'enfant est alors incité à lâcher les objets qu'il tient et à vous les donner, parce qu'il est amusé par ce que vous en faites.
- Lorsque l'enfant sait lâcher en ouvrant simplement les doigts et en posant l'objet sur votre main, vous pouvez passer à l'étape suivante. Assis tous deux face à face, à un mètre ou deux de distance, vous lui apprenez à lâcher en accompagnant le geste d'un mouvement du bras. Si vous prenez un petit ballon, l'enfant vous imitera et apprendra peu à peu à lancer.

Il jette tout par terre

Scène classique: votre bébé est assis dans sa chaise haute, plusieurs jouets posés devant lui. Il vous appelle: sa girafe est tombée. Vous la ramassez, la lui rendez et retournez à vos activités. Mais cela se reproduit, une fois, deux fois, dix fois, et vous constatez que votre enfant fait exprès de jeter sa girafe dès qu'il l'a récupérée. Croyant qu'il n'en veut pas, vous enlevez l'objet, mais il le réclame vigoureusement.

Deuxième variante : il est dans son parc et jette les jouets par-dessus la barrière. Puis hurle pour les récupérer.
Troisième variante, très vite lassante : au cours du repas, il s'amuse à jeter par terre timbale, nourriture ou cuillère pleine de purée. C'est généralement à ce stade que les parents craquent et se disent que leur bébé les prend pour ce qu'ils ne sont pas.
Il serait pourtant dommage de supprimer les objets qui se trouvent à sa portée dès qu'il commence à les jeter par terre. Jeter pour que vous ramassiez est le passe-temps favori du bébé quand il a découvert qu'il savait lancer. Dites-vous que, si tous les enfants traversent cette phase, c'est qu'elle est importante pour eux. Ils ne lancent pas les choses pour embêter leurs parents, mais pour s'exercer à une nouvelle compétence : ils sont tout simplement curieux de découvrir ce qui arrive aux choses que l'on jette.
Ils apprennent que les objets (et les gens) peuvent disparaître et revenir. Donc, lorsque maman s'en va, elle ne disparaît pas définitivement : elle aussi va revenir… Ils apprennent que l'on peut avoir un geste agressif envers les objets (ou les gens) sans qu'ils soient abîmés (ou qu'ils vous en veuillent). Enfin, l'aspect social du jeu – vous faire intervenir à intervalles réguliers pour lui rendre l'objet – le réjouit fortement.
Maintenant que vous avez compris pourquoi ce jeu est important pour votre enfant, acceptez par moments de jouer avec lui.

Pour faire évoluer le jeu

Fournissez à votre bébé des objets qu'il va pouvoir lancer sans risque et qui vont tomber de façons variées.

- Des objets qui roulent (bouteille en plastique, balle…) ou qui restent sur place (petit coussin, sable…).
- Des objets légers (plume, papier froissé, ballon gonflable…) qui tombent lentement et sans bruit, et des objets plus lourds (cube en bois, cuillère en métal…) qui tombent vite et bruyamment.
- Offrez-lui de s'entraîner à viser en plaçant devant sa chaise un grand récipient en plastique : plutôt que de ramasser dix fois le même objet ou dix objets épars, vous lui rendez d'un coup tout le contenu de la bassine.
- Déposez au fond de la bassine un objet en métal : le bruit produit l'amusera beaucoup.
- Attachez un objet « à lancer » à une extrémité d'un morceau de ficelle. Nouez l'autre extrémité à proximité de l'enfant, sur sa chaise ou la barrière de son parc. Il ne vous reste plus qu'à lui apprendre à récupérer l'objet en le hissant grâce à la ficelle.

→
Avec sa petite balle, votre enfant va de découverte en découverte.

QU'EST-CE QU'UN BON JOUET ?

ATTENTION

Misez sur la sécurité.

- N'achetez que des jouets conformes aux normes de sécurité (marquage CE ou label NF).
- Sélectionnez les jouets qui correspondent à l'âge de l'enfant tel qu'il est défini par le fabricant.
- Ne confiez jamais à votre bébé d'objet trop petit, pointu, tranchant, cassant.
- Vérifiez régulièrement l'état des jouets, la solidité des attaches, les yeux des peluches, etc.
- Ne laissez jamais votre bébé jouer avec des sacs en plastique ou des emballages en polystyrène expansé.
- À moins d'être certain de tous les objets qui s'y trouvent, ne laissez jamais un bébé jouer seul dans une pièce, sans surveillance. Si c'est nécessaire, choisissez de l'installer pour un moment dans un parc.

Voilà une question difficile, tant la réponse varie selon que l'on se met à la place de l'enfant, du parent ou du psychologue. Nous allons tenter ici de donner quelques éléments de réponse.

Les mille et une qualités des jouets

Pour les parents, un bon jouet est généralement celui qui fait beaucoup d'usage : l'enfant y joue souvent et longtemps. C'est aussi celui qui le fera progresser. Pour l'enfant, c'est sûrement, une fois le premier attrait passé, le jouet qui offre le plus de possibilités de jeux. À ce titre, le grand carton vide détient une sorte de record... Mais il y a aussi mille et une autres qualités dans un bon jouet.

- Un bon jouet correspond à son destinataire. Cela signifie que, s'il y a de mauvais jouets (parce qu'ils sont dangereux et inutiles), il y a peu de bons jouets dans l'absolu. Un jouet est bon pour tel enfant parce qu'il correspond bien à ses goûts et à son niveau de développement, mais sera moins bon pour tel autre. Donc, un bon jouet est avant tout un jouet choisi en fonction de celui à qui on le destine.
- Un bon jouet est un jouet étudié. Il a été conçu par des spécialistes (certains papas en sont d'excellents) en fonction des enfants auxquels il est destiné et il a été testé sur des enfants. Il est solide, résistant, et parfaitement fiable sur le plan de la sécurité.
- Un bon jouet est simple. Il ne fait pas tout à la place de l'enfant. Au contraire, il laisse à l'enfant toute la place pour agir, concevoir et imaginer à partir du jouet. C'est l'enfant qui est l'initiateur et l'acteur du jeu, le jouet offrant seulement un support à son imagination.
- Un bon jouet est multi-usages. Il doit pouvoir servir de différentes façons, à différents usages. Selon l'humeur du moment de l'enfant, selon l'évolution de son développement, le jouet doit pouvoir évoluer. Par exemple, un camion-porteur est mieux s'il peut aussi servir de coffre à jouets, s'il fait « vroum-vroum » et si l'enfant peut prendre appui dessus pour se mettre debout.
- Le bon jouet, pour l'enfant, c'est celui que son père ou sa mère aura pris le temps de découvrir avec lui, celui qu'il aura « investi » de son attention et de son amour.
- Un bon jouet est étudié pour l'enfant. Il est destiné à un enfant particulier en fonction de son développement et de ses goûts. Il n'est pas destiné à lui faire faire des progrès mais à l'amuser et à servir de support à son imagination. Un bon jouet, c'est simple. Parce que moins le jouet en fait, et plus l'enfant devra

être actif et inventif. C'est lui qui sera l'auteur du jeu. Alors que le jouet sophistiqué ne laisse plus assez de place à la créativité de l'enfant.

Un attachement fort

Même très jeune, l'enfant s'attache à ses jouets. Dès qu'il est en âge de tenir dans la main un hochet ou une petite poupée, il les serre contre lui et proteste quand on tente de les lui enlever. Quand il découvre un nouveau jouet, il se l'approprie et s'y attache. S'il s'amuse à lancer loin de lui la tétine ou le nounours auquel il tient, c'est pour réclamer aussitôt qu'on le ramasse pour le lui rendre.
Certains enfants prennent l'habitude de regrouper leurs jouets autour d'eux, dans leur petit lit ou dans le parc, comme pour signifier : « Ceci est à moi, prière de ne pas y toucher ». Ils aiment avoir leurs jouets autour d'eux, à portée de main, notamment la nuit. C'est une sorte de rite qui les rassure, en leur donnant un sentiment de pérennité et de confiance.
Cet attachement est exclusif : l'enfant n'est pas prêteur. Ou, s'il prête, dans un jeu d'échanges, il réclame aussitôt ce qu'il vient de confier. Il y a donc bien un sentiment de propriété et un attachement très précoces de l'enfant à ses jouets, qu'il est important de respecter.

Le jouet, mode d'emploi

Les jouets doivent répondre à certains critères. Si, pour le jeu lui-même, le mieux peut se révéler l'ennemi du bien (couvrir de jouets un enfant n'est pas toujours la meilleure solution), il convient aussi de respecter scrupuleusement les consignes quand il s'agit de sécurité.

- N'offrez pas à votre enfant des jouets trop en avance sur son âge. Vous le mettriez en situation d'échec et de désarroi.
- N'encombrez pas sa chambre ou son lit d'une multitude de jouets. Un seul jouet suffit, que vous remplacez lorsque l'enfant se lasse.
- Trop de stimulations, des jouets trop bruyants ou trop lumineux, peuvent fatiguer un petit enfant.
- Choisissez des objets d'une taille adaptée. Évitez les grosses peluches. Pour les jouets, assurez-vous qu'une petite main peut les agripper.

Le hochet

Premier jouet à n'être pas son propre corps, le hochet fascinera longtemps l'enfant. Il apporte des stimulations mentales importantes : le bébé acquiert des notions de couleur, de forme, de texture. Le hochet a deux rôles essentiels. D'abord il permet au bébé de s'entraîner à la manipulation : le hochet est attrapé, agité, secoué, passé d'une main dans l'autre. Ensuite il stimule l'intelligence du bébé et lui permet de découvrir le lien de cause à effet : il agite le hochet, celui-ci produit un son. Le bébé semble surpris, recommence le même geste et produit le même résultat. Quelle joie pour lui de se découvrir capable d'agir sur les objets !

BON À SAVOIR

Le hochet doit être de petite taille, facile à prendre en main, souple, léger, incassable, de matière non toxique et qui produit facilement un son.

La peluche

Il faut quelques mois avant que le bébé ne s'intéresse à ses peluches. Jusque-là, il est inutile d'encombrer son lit avec des animaux qui risqueraient de le déranger. Mais peu à peu, le bébé va découvrir le plaisir de caresser, agripper, plonger ses petits doigts dans la fourrure, regarder dans les yeux, mâchouiller, câliner. Très vite, le jeune enfant va s'attacher à ses peluches, et il se peut que l'une ou l'autre devienne un vrai substitut maternel, source de consolation et de réconfort en cas de fatigue ou d'absence de maman. Le bébé va vouloir se coucher avec sa peluche dans ses bras, ou bien lui dire bonsoir. Des histoires d'amour se nouent là qui dureront parfois toute une vie (nombre d'adolescents ont encore leur ours en peluche).

Il arrive que l'enfant joue avec la peluche comme avec une poupée, mais, le plus souvent, elle sera un compagnon que l'on transporte partout avec soi, que l'on assied à table, que l'on emmène en promenade. Douce, consolatrice, elle deviendra vite et restera longtemps un compagnon privilégié. Pour un tout-petit, choisissez des peluches en petit nombre, de petite taille, très souples (il s'endormira dessus) et lavables.

Le premier livre

Les bébés adorent les livres. Dès six mois, vous serez surpris de l'intérêt qu'ils peuvent leur porter et du plaisir qu'ils prendront à les feuilleter avec vous. Les tout premiers livres sont en carton épais, en tissu ou en plastique (ils seront mis à la bouche et soumis à rude épreuve). Ils seront de simples imagiers ou des livres illustrés très simples.

Le panier à bidules

Dès que ses mains sont assez habiles, il n'a de cesse d'attraper, de secouer, tripoter, d'ouvrir, de fermer, de tourner, de glisser… bref, d'explorer les objets en tous sens et sous tous les angles. Et puis vider, remplir, vider encore, quelle joie ! Profitez-en pour lui procurer le meilleur des jouets, celui qui lui fera le plus d'usages : un carton ou un grand panier plein de « bidules ». Ses explorations nécessitent une grande variété d'objets, aussi ne vous limitez pas aux cubes, animaux couineurs ou autres hochets. Prévoyez également des objets de toutes les couleurs, textures ou formes.

→
Dans son bain, votre enfant retrouvera avec plaisir des jouets.

Le parc

Investissement utile, le parc classique n'est cependant pas employé très longtemps. D'abord parce que le bébé va vite en faire le tour et ce n'est pas là qu'il va développer au mieux son intelligence avide de découvertes. Mais certains parcs sont désormais utilisables dès la naissance car leur plancher rembourré est réglable sur différentes hauteurs. Très utile quand vous ne pouvez pas surveiller votre bébé, car il le protège du danger. Vous êtes appelée au téléphone ? Vous devez aller dans une autre pièce ? Mettez votre bébé dans son parc, même s'il n'est pas d'accord. Un petit enfant n'a que très peu conscience des risques qu'il prend. Dans ce domaine, vous devez à la fois le protéger et tout lui enseigner. En vous souvenant qu'il n'apprendra que s'il peut faire ses propres expériences.

DES JOUETS SELON CHAQUE ÂGE

- **De 0 à 3 mois**, le bébé manipule peu, mais il explore longuement l'espace environnant avec ses yeux et ses oreilles. Un mouvement de rideau, un son qui se répète, un dessin sur le mur, tout fait jeu et mérite son attention. Pour ces tout premiers mois, un mobile avec des objets qui se balancent, un boulier suspendu à son lit, une boîte à musique capteront son attention.
- **De 3 à 6 mois**, le bébé attrape. Il va adorer tous les objets (hochets, anneaux de dentition, animaux en plastique) qu'il va pouvoir prendre dans la main, passer dans l'autre, mettre à la bouche, secouer, dont il pourra faire sortir un son, etc.
- **De 6 à 9 mois**, c'est l'âge où le bébé commence à jouer avec les balles, les cubes en tissu, les quilles, les boîtes en plastique, l'ours en peluche, tous les petits « bidules » amusants à manipuler et qui, si possible, produisent des bruits. Les jeux de bain se développent et prennent de l'importance. Les tableaux d'activités, accrochés aux barreaux du lit ou du parc, deviennent une bonne source d'entraînement manuel.
- **Les grands de 9 à 12 mois** apprécieront les porteurs, gros camions en plastique, chien ou cheval à roulettes, objets à tirer au bout d'une ficelle.

La télévision, ce n'est pas pour les bébés

Ces dernières années ont vu l'apparition des chaînes de télévision spécialement destinées aux bébés de la naissance à trois ans. Mettre un bébé devant ces programmes sert souvent d'alibi au fait de le laisser devant le téléviseur. Or, programme normal ou programme spécial, disons-le tout net : la place d'un bébé n'est pas devant la télévision.

Pourquoi ?

- Le cerveau de l'enfant est encore très immature. Les habitudes qu'il prend maintenant déterminent sa façon de fonctionner intellectuellement dans les années à venir. Plus l'enfant est mis jeune devant la télévision, plus le risque est grand de le voir développer une dépendance à l'écran. Celle-ci sera difficile à gérer par les parents lorsque l'enfant aura l'âge d'allumer seul le poste ou de réclamer ses dessins animés favoris.
- L'écran exerce une fascination sur le jeune enfant, qui a du mal à s'en détacher. L'effet est véritablement hypnotique. C'est aussi une stimulation excessive par l'image qui rend l'enfant moins réceptif à d'autres formes d'apprentissage.
- Le jeune enfant est dans une phase de son développement dite « sensori-motrice ». Cela signifie que son intelligence se développe en exerçant ses différents sens (et non juste le regard) et surtout en jouant de tout son corps et de ses mains. L'attitude totalement passive de l'enfant face à l'écran va à l'encontre de ses besoins réels.
- Devant l'écran, l'enfant ne se sert plus de son imaginaire : il subit l'imaginaire des autres.
- L'écran n'est pas une baby-sitter. Quand personne n'a le temps de s'en occuper, mieux vaut cent fois laisser l'enfant un moment seul dans sa chambre ou sans son parc avec des jouets autour de lui plutôt que de l'installer devant la télévision de peur qu'il ne s'ennuie. L'ennui, à l'inverse, stimule l'imaginaire et la réflexion.
- Il est évidemment encore pire de laisser l'enfant devant des programmes pour adultes au nom du fait « qu'il ne comprend pas ce qu'il voit ». L'enfant, même très jeune, est sensible au climat de violence ou d'anxiété qui se dégage de certaines émissions ou de certains films. Cela peut rejaillir, par la suite, sur son comportement ou sur la qualité de son sommeil.

BON À SAVOIR

Si vraiment vous voulez que votre bébé regarde la télévision, faites-le en sa compagnie, devant un programme adapté, en dehors du temps des repas, et jamais plus de quinze minutes.

LA NAISSANCE DU LANGAGE

C'est dès la naissance que se mettent en place la trame de la communication et les bases du langage.
Au cours de la première année, la plupart des découvertes et des apprentissages du bébé passent par les sens et par le corps : l'enfant a besoin de manipuler pour comprendre. Il explore et développe les schémas de comportement nécessaires à une intelligence pratique.
C'est en manipulant qu'il apprend à se repérer, à distinguer l'habituel du différent et à comprendre les séquences de ses actions.
Puis son adaptation intellectuelle l'entraînera du concret vers l'abstrait, du simple vers le complexe, de l'objet réel à son symbole.

VOS PREMIERS DIALOGUES

Le contact face à face, les yeux dans les yeux, est vraiment important pour le bébé et il y est sensible dès sa naissance. Mais les premiers mots qu'il entend comptent aussi beaucoup.

Le désir d'échanger

Pendant ses six premiers mois, le bébé émet des sons, il produit des mimiques et des gesticulations. Il est très important de l'introduire dans un tendre dialogue. La mère parle, pose une question à son bébé, puis elle se tait, quelques secondes, et le bébé « répond » à sa façon, avec les moyens dont il dispose.

Cette capacité à entrer en communication est sans doute la plus importante des « nouvelles » compétences des bébés que l'on a mises en évidence. Le bébé dispose d'une très grande sensibilité à percevoir et reconnaître ce qui vient de la mère (sa voix, son odeur, son contact, l'état d'esprit dans lequel elle se trouve). Cela lui ouvre une vaste gamme de comportements et d'émotions qui provoquent des comportements et des émotions en réponse chez la mère ou chez l'adulte qui s'occupe de l'enfant.

C'est une réaction en chaîne. L'équipement sensoriel très fin du bébé, sa sensibilité affective et sociale et les stimulations de l'entourage provoquent les conditions nécessaires pour que se mette en place un dialogue qui crée l'attachement. Cela conforte la mère dans son rôle et dans la certitude que son enfant l'aime, tandis que cela conforte l'enfant dans la certitude d'être bienvenu, accueilli et aimé.

Prendre l'habitude de dialoguer

Votre bébé comprend que vous lui parlez, que vous vous adressez à lui, et il s'en réjouit. Ces jeux de voix et ces échanges sont la base de son futur langage et de sa sécurité intérieure. Utilisez des mots simples, sans craindre de « parler bébé » si cela vous vient naturellement. Exagérez au besoin vos expressions et vos mimiques. Vous verrez votre bébé s'illuminer de plaisir et vous sourire. Vous le verrez aussi tenter d'imiter vos grimaces et vos expressions.

Pourquoi est-ce si important ? L'une des raisons est le plaisir que vous et votre enfant trouvez à ces tendres dialogues. Une autre est que c'est la seule façon de lui apprendre le langage.

Mettez-vous face à votre enfant pour qu'il voie bien votre visage et dialoguez avec lui, vous avec vos mots, lui avec ses gazouillis et ses sourires : c'est le meilleur moyen de l'habituer aux sons et aux mots de sa langue, mais aussi de lui enseigner les mimiques qui sont le langage non verbal de sa propre culture. Très vite, l'enfant saura déchiffrer sur votre visage le plaisir, l'amour, la tendresse, mais aussi l'agacement, la fatigue ou la colère.

L'importance de la parole

Il ne reste plus beaucoup de gens aujourd'hui pour penser qu'il est inutile, voire ridicule, de parler à un bébé. Bien sûr, le tout-petit ne comprend pas encore le sens des mots : à deux mois, tout discours dit sur un ton joyeux et aimant le réjouira à coup sûr ! Mais, d'une part, sa compréhension du vocabulaire courant viendra plus vite que vous ne pensez. D'autre part, s'il ne comprend pas précisément le sens des mots, il perçoit le contenu global à travers une interprétation très fine du « non-dit » que sont les intonations, les mimiques et le ton de la voix. Et même s'il ne comprend pas, il faut lui parler, justement pour qu'il apprenne. L'aptitude au langage est présente chez tout être humain de façon innée. Il apprendra à parler sans difficulté, pourvu qu'il ait trouvé autour de lui, à l'âge requis, la « parole » nécessaire, variée, tendre et porteuse de sens. Non seulement l'aptitude de base restera lettre morte si l'enfant n'est pas, dès son plus jeune âge, intégré dans un processus de communication verbale, mais en plus l'acquisition d'un bon langage est directement fonction de la quantité et de la qualité de celui qu'il aura entendu. Le langage, c'est ce qui fait de nous des êtres humains. Parler à l'enfant, c'est le respecter et l'intégrer dans la communauté humaine.

Parlez avec votre bébé

- Vous pouvez parler avec votre bébé dans toutes les occasions où vous êtes avec lui. Lorsque vous faites quelque chose avec lui, comme l'habiller, le changer ou lui préparer son repas, parlez-lui de ce que vous faites.
- Montrez-lui les objets qui vous entourent et nommez-les, expliquez-lui vos actes, posez-lui des questions et laissez-lui le temps de répondre. Il le fait avec une grande variété de sons et montre une attention soutenue qui vous pousse à continuer l'échange.
- Ne craignez pas de vous répéter : c'est un facteur important de l'apprentissage et les enfants semblent souvent l'apprécier. Enfin, un dialogue n'est pas un flot de paroles ininterrompu : dites des mots vrais, qui ont un sens pour l'enfant, et sachez laisser des silences afin qu'il puisse prendre part à la « conversation ».

Le babillage

Ne vous étonnez pas d'entendre votre bébé parler tout seul, lorsqu'il est calme et tranquille dans son lit. Les sons qu'il produit l'amusent et le surprennent tant qu'il se sert de sa voix comme d'un instrument de musique. Lorsque vous l'en-

BON À SAVOIR

Le ton de voix « bébé » que les adultes adoptent spontanément envers les petits enfants assure à ces derniers une meilleure mémorisation des mots. Ce ton chantant, beaucoup d'études l'ont maintenant montré, est plus efficace pour l'apprentissage de la langue que le « parler adulte » plus plat. Alors ne vous sentez pas gêné de babiller avec votre bébé, en modifiant la hauteur de ton et votre rythme d'élocution.

tendrez vocaliser, dites-vous qu'il fait ses gammes. Mais il n'est pas seul : il parle volontiers à ses jouets. Si vous avez mis un miroir contre son lit, il parle aussi probablement à son reflet, ce petit copain qui répond si bien aux mimiques qu'on lui adresse. Puis il vous parle à vous, dès que vous vous installez face à lui et que vous entamez la conversation.

L'imitation

Bébé s'exerce à imiter vos intonations ou vos accents. Vous les reconnaîtrez, aussi clairement que lorsque vous faites semblant de parler une langue étrangère : lui aussi, il connaît l'air avant d'avoir les paroles... Asseyez-vous en face de votre bébé. Regardez-le dans les yeux. En lui souriant, émettez un son très simple et bien articulé, un « ba », un « to », un « meuh », par exemple (toujours un seul à la fois). Recommencez l'opération d'un air encourageant, toujours avec le même son et en souriant, jusqu'à ce que votre bébé ait émis le même son que vous. Il arrivera qu'il vous imite très bien. D'autres fois, il fera celui qui ne comprend pas du tout ce que vous lui voulez. C'est que ce n'est pas le moment : vous reprendrez plus tard.

L'enregistrement

Un jour où votre bébé est lancé dans un long monologue, enregistrez-le avec un petit magnétophone. Puis repassez-lui l'enregistrement. Il sera tout content d'avoir enfin un interlocuteur digne de lui, sans se douter qu'il est en train de converser avec lui-même !
Poursuivez vos enregistrements réguliers et datés des productions verbales de votre bébé, vous serez sans doute très heureux, le jour où il parlera couramment, d'avoir gardé traces de ses progrès successifs.

→
Lorsque vous lui parlez, votre enfant s'illumine de plaisir et ne vous quitte plus des yeux.

LES DÉBUTS DU LANGAGE

Pour développer son langage, l'enfant a juste besoin d'un environnement riche qu'il peut explorer sans danger. Mais il ne faut pas oublier le rôle de la transmission culturelle et sociale.

Favoriser la communication

Éveiller l'intelligence de son bébé, cela ne veut pas dire lui « enseigner » quoi que ce soit, mais l'introduire dans notre monde et l'aider à lui trouver du sens. Faire ensemble, nommer les objets et les actions, encourager tous les progrès, soutenir les tentatives, féliciter à la moindre réussite, voilà qui aide un bébé à se développer.

Il ne faut jamais oublier, dans ce domaine comme dans les autres, que tous les enfants sont différents et que le rythme de leurs acquisitions est très variable. Des périodes d'acquisitions sont suivies de phases de consolidations plus discrètes. À accompagner, échanger et jouer, on stimule l'intelligence de l'enfant. À vouloir le forcer, on risque de le bloquer.

Faut-il lui parler bébé ?

Avant de déterminer la façon dont il convient de parler à un bébé, je dirai qu'il y a seulement une nécessité à lui parler, tout simplement. Alors faut-il lui parler un langage de bébé ? Cela dépend uniquement de vous, si cela vous semble plus naturel. Votre enfant, lui, n'a pas d'*a priori*. Il n'aura pas plus de mal à comprendre « chat » que « minet », « main » que « mimine ». Il utilisera ce que vous utiliserez. S'il commence à dire « le oua-oua » au lieu de dire « le chien », c'est que ses cordes vocales sont encore immatures et que ce « oua-oua » signifie bien plus que le seul mot chien. Mais très vite, il l'abandonnera de lui-même au profit du bon mot si, au lieu de reprendre ce mot de bébé à votre compte, vous lui répondez : « Ah, oui, tu as bien reconnu le chien là-bas, bravo ».

Lui apprendre un mot « bébé » a un inconvénient : l'enfant devra un jour « désapprendre » ce mot pour employer le mot correct. Sans pour autant employer un vocabulaire et des tournures sophistiqués, il me semble toujours préférable d'utiliser le mot précis. L'essentiel est toujours de parler avec (et pas seulement « à ») votre enfant de façon naturelle, intéressée et en accord avec la réalité. Ne doutez pas qu'il vous comprenne.

Dites-lui qu'il est huit heures et qu'il ira bientôt se coucher, que son biberon sera vite prêt, que vous entendez son bain couler. Dites-lui comment s'appellent les

parties de son corps ou les objets qui l'entourent. Confiez-lui que vous êtes fatiguée, que vous avez l'impression qu'il s'est enrhumé. Demandez-lui s'il aime ce légume ou s'il trouve que cette fleur sent bon. Dites-lui votre amour et que vous trouvez son nez ravissant, etc., au fil de la vie. Ce sont vos mots qui lui donnent le courage d'affronter une réalité bien mystérieuse et inquiétante. Ce sont vos propos rassurants qui l'aident à supporter l'attente et les frustrations de son existence.
En conclusion, rappelez-vous que le bébé a absolument besoin qu'on lui parle et qu'on l'écoute, en l'accompagnant, très jeune, dans ses gazouillis et dans ses productions vocales. Dans ces moments-là, il est important de savoir lui parler « bébé ». À côté de cela, il faut lui parler avec des mots et des phrases du langage courant. Comment l'apprendrait-il autrement ? Il ne s'agit nullement de le soûler de mots, de l'entourer d'un discours ininterrompu dans lequel il n'aurait pas sa place : on n'apprend pas à communiquer en écoutant la radio Il s'agit de s'adresser à lui pour lui parler de ce qui le concerne, des mots de sa vie.

Ses premiers mots

L'apparition du langage chez le bébé a quelque chose de fascinant. Pendant plusieurs mois, on communique avec des signes non verbaux, faits de cris, de babillages et de gestes. Puis on sent qu'il comprend de mieux en mieux ce qu'on lui dit, même s'il s'exprime encore peu. Et enfin les premiers mots, maladroits et difficilement reconnaissables, apparaissent, ouvrant la voie à la parole et au vrai dialogue.

Les premières syllabes

Les productions du bébé sont d'abord limitées à l'émission de voyelles (i, a, e, o, u). Puis interviennent les consonnes, qui enrichissent le vocabulaire (pi, pa, bi, bo, mo, ma…). Comme certaines syllabes ressemblent à des mots que vous aimeriez lui entendre prononcer (pa pour papa, ma pour maman), vous allez, parfois inconsciemment, renforcer la production de ces syllabes. Au point que votre bébé s'en servira bientôt pour vous appeler. Enfin, il s'exerce à imiter vos intonations ou vos accents. Vous les reconnaîtrez, aussi clairement que lorsque vous faites semblant de parler une langue étrangère : lui aussi, il connaît l'air avant d'avoir les paroles…

Comment viennent les premiers mots ?

Le bébé qui joue à prononcer « papapa… » ou « mamama… » perçoit vite le plaisir et les encouragements de son père et de sa mère, heureux d'être nommés. Ces réactions parentales viennent renforcer les syllabes qui vont ainsi devenir importantes, alors que l'absence de réaction à « tututu… », par exemple, finira par

BON À SAVOIR

Certains bébés, avant un an, disposent déjà de quelques mots intelligibles qui ont acquis une signification précise, même s'ils sont incorrects, ne correspondent pas à des mots réels ou sont imparfaitement prononcés. Un même mot, « sa » pour « chat » par exemple, peut signifier « voilà le chat », « où est le chat ? », « est-ce que cet animal est un chat ? », etc.

entraîner son extinction dans le langage de communication. L'enfant, encouragé par la réponse apportée à « mamama... », redira les mêmes sons pour produire les mêmes effets. Enfin, il s'en servira pour faire venir ses parents en leur absence. Nous sommes encore loin d'un véritable langage où l'enfant pourra exprimer avec des mots ce qu'il souhaite communiquer, mais c'est là le début tout à fait évident.

Il ne faut cependant pas confondre ce que les jeunes enfants sont capables de dire et ce qu'ils sont à même de comprendre. En effet, si le « langage actif », soit ce que l'enfant émet, est fonction de la maturité de son système phonatoire et nécessite un long entraînement, le « langage passif », soit ce que l'enfant est capable de comprendre, est beaucoup plus vaste qu'on ne l'imagine.

Vers la fin de la première année, l'enfant connaît le rôle symbolique des mots : il sait qu'ils permettent de nommer l'objet présent, mais également d'évoquer l'objet absent ou de nommer sa représentation imagée. Il a un grand vocabulaire, composé de noms communs simples, mais aussi d'actions, d'adverbes et d'idées. Il est capable d'obéir à des demandes comme « attrape le pull bleu qui est sur la chaise », ce qui suppose déjà une compréhension d'une grande complexité.

BON À SAVOIR

Assez vite commencent à apparaître d'importantes différences d'un enfant à l'autre dans l'utilisation du langage. Mais ces différences n'ont pas une grande valeur concernant l'avenir. L'essentiel est que l'enfant sache communiquer et qu'il puisse faire comprendre ce qu'il désire ou ce qu'il refuse.

APPRENDRE À NOMMER

L'utilisation plus poussée des livres, pour apprendre du vocabulaire ou raconter une histoire, suppose que votre enfant a déjà fait une acquisition fondamentale : savoir ce que désigner veut dire. Lorsqu'il saura que le mot « biberon » sert à évoquer l'objet en son absence, qu'il désigne à la fois l'objet concret dans lequel il boit son lait et la représentation imagée qu'il peut en trouver dans un livre, alors il aura fait un grand pas. L'usage de l'imagier deviendra possible et les livres prendront dès ce moment une tout autre signification. Il s'agira désormais de bien davantage que la simple satisfaction d'un goût pour des couleurs et des formes variées.

Lui parler deux langues

Pour l'enfant très jeune, la question du bilinguisme se réfère généralement à deux situations. Soit l'enfant est né de deux parents de langue maternelle différente et chacun souhaite parler la sienne au bébé, soit il est issu d'une famille où « la langue du dedans », celle parlée à la maison, est différente de « la langue du dehors », celle parlée à l'extérieur, dans la société, à la télévision, à la crèche, etc. Dans beaucoup de pays et à beaucoup d'époques, les enfants étaient ou sont culturellement bilingues. Dans tous les cas, et même si l'image du bilinguisme a longtemps été négative, c'est une chance pour l'enfant.

Beaucoup de parents se demandent s'il est bon de parler deux langues à leur bébé et si cela ne nuira pas à ses apprentissages ou à son équilibre. Les études récentes montrent que le bilinguisme n'est pas source de confusion ni de retard scolaire, à condition qu'aucune des deux langues – et la culture qu'elles traduisent – ne soit dévalorisée par la famille ou par l'environnement. Sinon, l'enfant pourrait ressentir le désir de renier sa langue d'origine pour adopter sa culture d'accueil – ce qui ne se fait jamais sans une réelle souffrance.
Les bébés ont une prédisposition innée pour les langues. La structure de leur pensée et celle de leurs cordes vocales vont se déterminer en fonction de la langue maternelle entendue et parlée. C'est ainsi que l'on explique qu'une langue apprise une fois l'enfance passée ne pourra jamais l'être parfaitement. On comprend dès lors la richesse que peut constituer pour l'enfant la possibilité de ne pas être rigidifié dans un seul système de pensée et de parole. À l'ère de la communication, on peut dire que les enfants à qui leurs parents ont très tôt parlé deux langues ont de la chance, car ils ont appris sans effort ce qui demandera des années de travail à d'autres.

Faire preuve de patience

Apprendre à maîtriser deux langues présente malgré tout une difficulté supplémentaire pour l'enfant. Aussi, faire preuve de patience et de compréhension est indispensable. Mais si les choses se font naturellement et qu'on n'attend de sa part aucun exploit, il n'y a pas d'âge minimum pour commencer. Pour que le bébé apprenne simultanément les deux langues, sans rejet à terme, deux règles semblent importantes. D'une part, il faut que chacun des parents parle à l'enfant dans la langue où il se sent à l'aise, pour ne pas nuire à la communication. D'autre part, il faudra laisser l'enfant, lorsqu'il parlera, employer la langue de son choix. Il semble néanmoins que les cas où les parents parlent la même langue, et où l'enfant en apprend une seconde au-dehors (nourrice, garderie, crèche, etc.), soient plus faciles à gérer pour lui. La distinction entre la langue familiale, maternelle, et la langue sociale, extérieure, est plus simple à faire. À condition de ne pas oublier, pour ceux qui accueillent les enfants migrants par exemple, que valoriser la langue et la culture d'origine est le premier pas, fondamental, si on veut que l'enfant s'épanouisse et soit fier de son histoire.
Quoi qu'il en soit, ici encore, l'essentiel est de privilégier avec son bébé la communication vraie. Ce qui veut dire lui parler la langue dans laquelle les mots doux viennent le plus spontanément. C'est cette langue-là qu'il comprendra et apprendra le mieux : la langue de la tendresse.

UN ÊTRE SOCIAL

C'est grâce à l'amour et au respect que l'enfant pourra s'épanouir, s'éveiller à la vie et partir à la découverte du monde.
Tout petit, le bébé a besoin de contacts physiques : se sentir bercé, caressé, enveloppé. Il bâtit ainsi tout son monde sensoriel et les bases de sa culture.
Puis, lorsqu'il grandit, il a besoin que sa mère sache mettre une certaine distance entre eux. Il apprendra progressivement à s'individualiser. Parce que sa mère n'est pas parfaite ni toujours disponible, il va devenir autonome et apprendre à se débrouiller par lui-même.
Au fil des mois et des années, il découvrira la place qui est la sienne au sein de sa famille et les règles qu'il doit suivre.

LES BESOINS AFFECTIFS

L'attachement à la mère (ou à la personne qui la remplace) est un besoin fondamental pour la structuration de la personnalité de l'enfant. On peut dire aussi que l'amour et la tendresse sont la réponse adaptée aux situations de détresse.

Les tendres câlins

Durant neuf mois, le bébé, dont les moyens physiologiques étaient comblés, vivait dans une relation avec sa mère d'une totale complicité, bercé par ses déplacements, charmé par sa voix, caressé par le liquide amniotique. La naissance, « en expulsant » le bébé, va interrompre cette proximité. La mère et le bébé vont alors, pour rester proches et prolonger le corps à corps, devoir inventer une nouvelle tendresse.

L'enfant va se construire en mettant à l'intérieur de lui les sensations, les expériences, ce qu'il aura vécu par l'intermédiaire du corps de sa mère. Le confort que sa mère lui apporte, tous les moments de tendresse et de jeu, de complicité autour du repas, au biberon comme au sein, toutes ces merveilleuses expériences donnent à l'enfant l'image d'un monde où il fait bon vivre. Parce qu'il peut aimer et être aimé sans risque, il va peu à peu partir avec confiance à la découverte du monde qui l'entoure et accepter, pour cela, de s'éloigner de sa mère.

Un besoin d'affection

L'enfant apprend le bonheur parce qu'il voit, dans le regard de ses parents, qu'il a le pouvoir de les rendre heureux. Dans les mois et les années qui viennent, l'enfant n'aura de cesse d'attirer l'attention de ses parents, par ses exploits, ses clowneries, ses réalisations, ses appels : il veut chaque fois retrouver dans leur regard le même amour inconditionnel. Parce qu'il les charme, il devient charmant. Ce « pouvoir amoureux » qu'il exerce sur ses parents fait de lui une personne confiante en elle-même, prête à affronter le monde et ses défis.

Par ce contact corporel tendre et paisible, le bébé va s'adapter au monde qui l'entoure. Se savoir digne d'amour lui donne la force de supporter les inévitables désagréments. Progressivement, parce que la présence de ses parents ne peut plus être aussi totale que lors des premiers jours, le bébé va apprendre qu'il existe par lui-même. Parce que sa mère vit aussi en dehors de lui, il va apprendre à assurer sa survie et devenir plus autonome. Parce qu'elle lui parle, l'appelle par son nom, le rassure sur son retour et le comble de mots d'amour, il va devenir pleinement

BON À SAVOIR

Souvent, les jeunes mammifères s'agrippent à la fourrure de leur mère et se tiennent ainsi en étroit contact avec elle. Les mains des bébés, elles aussi, s'agrippent au moindre contact, témoignant du même désir. Mamans ou papas, ne vous privez pas de tout ce qui permet de tenir votre bébé au plus proche, au plus chaud, tout contre vous (porte-bébé, châle...). Par ce contact corporel rassurant, le bébé se sent protégé. Le corps de sa mère/de son père l'aide à trouver les limites de son propre corps. La confiance en sa mère/son père vient lui donner confiance en lui.

humain, être de langage. C'est par la grâce de la tendresse et la parole qui vient remplir l'absence, que l'enfant va grandir, solide et confiant.
D'autant que les frustrations ne manquent pas... Dès la naissance, le bébé a expérimenté que son père et sa mère n'étaient pas tout le temps à sa disposition. Malgré toute leur bonne volonté, il y a un moment où ils se douchent, où ils mangent, où ils travaillent... Bref, où ils s'occupent d'autre chose que du bébé. Même si c'est le moment où lui aurait voulu de la compagnie. D'ailleurs ne voudrait-il pas toujours de la compagnie et être tenu dans les bras ? C'est impossible – et tant mieux. L'enfant apprend ainsi progressivement que les autres ne sont pas à sa disposition exclusive, qu'il n'est pas le centre du monde, qu'il peut apprendre à mieux communiquer pour exprimer ses envies et, surtout, qu'il peut devenir autonome pour satisfaire ses propres besoins – ou du moins les différer. Les mots tout simples que les parents prononcent, par exemple : « Je suis occupé, j'arrive dans une minute » aident l'enfant à se constituer comme une personne à part entière.

Le début des angoisses

Vers 8-10 mois, voilà que votre bébé, jusqu'ici sociable et aventureux, se met à avoir peur de tout et de chacun. Dès qu'un étranger approche, il se colle à vous. On lui parle ? Il se détourne. Pour peu que l'inconnu le regarde un peu trop directement, il se met à crier, ou même à pleurer si éclate soudainement un brusque éclat de rire ou un gros éternuement. Il ne disait rien lorsque vous le laissiez le matin ? Voilà maintenant qu'il fond en larmes et semble désespéré.
Tous les enfants ne marquent pas avec la même intensité cette attitude de peur des étrangers et de repli angoissé sur leur mère. Chez certains, cette crise sera brève (cinq ou six mois) ou à peine marquée. Chez d'autres, elle pourra commencer plus tard mais durer un an. Ces variations quant à la date du début des angoisses, à leur durée ou à leur intensité sont absolument normales. Elles dépendent de l'enfant, de son caractère. Mais elles dépendent également du mode de vie et du mode de garde du bébé.
On observe que les enfants régulièrement gardés en crèche ou chez une assistante maternelle vivent cette crise de façon plus discrète : ils ont l'habitude des têtes nouvelles, ils sont très sociables et ils ont appris progressivement que, même si maman ou papa s'en va, on les retrouve un peu plus tard.

L'origine de ces angoisses

La crise d'angoisse du huitième mois est normale et qu'elle annonce une nouvelle étape dans le développement de votre enfant. Elle passera doucement si vous êtes à ses côtés pour le rassurer et lui donner confiance.

Quelles raisons expliquent les changements intervenant chez les petits enfants de cet âge ? Il y en a plusieurs.

- L'enfant est en phase d'exploration intense. Cela comble son besoin de découvrir et d'aborder l'inconnu. Il a besoin pour cela de se sentir en confiance et en pays connu. Tout changement dans cet environnement, matériel ou humain, rend les choses bien difficiles.
- Le bébé reconnaît de mieux en mieux les visages. Il sait différencier les personnes et faire la part entre les connus et les inconnus. D'où de nouvelles inquiétudes qui n'existaient pas jusque-là.
- Le bébé se rend maintenant parfaitement compte des départs de sa mère, mais il n'est pas encore convaincu qu'elle reviendra. Il hurle lorsqu'elle s'éloigne parce qu'il craint de la perdre. Au cours des semaines qui viennent, il apprendra la permanence des objets : si le jouet que je ne vois plus continue d'exister, alors maman ou papa aussi continue d'exister et elle/il reviendra. Ses angoisses se calmeront donc progressivement.

Que peut-on faire pour aider l'enfant ?

Jouez à cache-cache

Dès cinq mois, bébé adore ce jeu qui consiste à cacher brièvement son visage derrière ses mains, puis à les écarter en lançant « Coucou ! ». Ensuite, on se cache derrière un rideau, ou une porte. Quand l'enfant se déplace seul, on joue au vrai cache-cache, en se glissant derrière un fauteuil, facile à découvrir.
Ces jeux apprennent à l'enfant que l'on peut se séparer en s'amusant, dans la certitude de se retrouver.

Habituez votre bébé à voir du monde

Si votre foyer bruisse souvent de rires, de rencontres, d'amis, de petits cousins, votre bébé aura moins peur des étrangers. Il aura pris l'habitude de passer de mains en mains et de jouer avec chacun. Ce n'est pas pour autant qu'il cessera de crier à l'approche du facteur ou de l'agent de police…

Préparez-le au changement

Si vous devez le laisser dans un lieu ou avec quelqu'un qu'il ne connaît pas encore, expliquez-lui la situation et donnez-lui un temps d'adaptation suffisant avant de le laisser.
Ne permettez pas non plus à une personne inconnue de l'enfant de s'approcher de lui ou de le prendre dans ses bras sans s'être auparavant fait accepter de lui.

Prenez garde à vos propres émotions

Le petit enfant est très habile pour percevoir ce que ressent sa maman ou son papa et y réagir. Vous êtes triste de le laisser ? Il le sent. Si ses pleurs vous culpabilisent, cela ne fait que renforcer son inconfort. Il sent que vous hésitez à le laisser ? Il crie de plus belle. L'enfant ne doit pas sentir qu'il peut vous influencer. Alors gardez un ton calme, rassurant, pour lui dire que vous l'aimez, qu'il va bien s'amuser et que vous reviendrez bien vite.

En présence d'un inconnu

- Gardez-le près de vous lorsqu'il s'y colle, ne vous moquez pas de lui, donnez-lui l'impression que vous le protégez et ne l'obligez pas à embrasser les étrangers.
- En présence d'un inconnu, laissez à l'enfant tout son temps pour faire lui-même la démarche vers l'autre et s'approcher lorsqu'il se sentira suffisamment « apprivoisé ». Ne le brusquez jamais.

En conclusion, sachez que la crise d'angoisse du huitième mois est normale et qu'elle signifie l'arrivée d'une nouvelle étape du développement. Elle passera doucement si vous êtes aux côtés de votre enfant pour le rassurer et lui donner confiance.

ATTENTION

Lorsque c'est possible, il est préférable d'éviter de commencer à faire garder votre bébé à plein-temps entre huit et dix mois. C'est la période la plus difficile : il se sent abandonné et ne sait pas encore que vous reviendrez. Si vous ne pouvez faire autrement, prévoyez une période d'adaptation aussi longue que nécessaire et prenez tout le temps qu'il faut pour faire comprendre la situation à votre bébé.

Grandir affectivement

Les bébés ne naissent pas avec des qualités et des défauts. Ils naissent avec un équipement parfait pour entrer en contact, avec un besoin d'aide pour survivre et avec des comportements qui varient beaucoup d'un bébé à un autre. Selon la façon dont on répondra à ces comportements, ils évolueront d'une manière ou d'une autre. Certains, dès les premiers jours, semblent pleurer davantage, ou sourient rapidement, ou tètent difficilement…

La mère, face à son bébé, va répondre. Si elle a l'impression de le comprendre, de lui faire du bien, d'être compétente, la relation entre eux va se développer harmonieusement. Si elle ne le comprend pas, ne parvient pas à apaiser ses pleurs, devient anxieuse, le bébé va réagir par de nouveaux pleurs et sera trop vite rangé dans la catégorie des bébés « difficiles ».

Le pouvoir des étiquettes

Les parents doivent se méfier du pouvoir des étiquettes. Les paroles du médecin lors des auscultations prénatales ont déjà tout un poids. Les parents sont si attentifs, si impatients que des phrases comme « Celui-là, il bouge bien, ce sera un nerveux » ou « Avec celle-là, vous n'avez pas fini d'en voir », quand ce n'est pas « La tête est un peu grosse par rapport à la moyenne », peuvent avoir un effet certain. De même à la naissance, où sage-femme et médecin-accoucheur tiennent la place des fées d'autrefois et où leurs paroles sont de vrais oracles. Malheureusement, on entend parfois des réflexions comme « Beau bébé, mais un peu petit », « Quelle voix, on sent qu'il aime crier », etc.

Il n'existe pas de bébés capricieux, gâtés, têtus... Mais si les parents ont collé cette étiquette sur le comportement de leur enfant, il y a effectivement des risques pour qu'à terme il le devienne.

Quand on dit...

... c'est un bébé difficile

On nomme généralement ainsi un bébé qui pleure beaucoup sans cause apparente, et qui ne se laisse pas calmer par les moyens habituels. Sa mère se sent vite épuisée nerveusement, incompétente, voire coupable d'elle ne sait quoi. C'est le cercle vicieux.
La solution consiste à retrouver sa confiance en soi et son calme, en confiant par exemple le bébé quelques heures à son père, à une grand-mère ou à une garderie. Montrez au bébé votre compassion et votre amour, tout en gardant votre sourire et en attendant des jours meilleurs qui ne tarderont pas à arriver...

... il ne réclame jamais

Celui-ci peut sembler plus facile, mais il ne satisfait pas les parents qui voudraient profiter davantage de sa présence. Il n'est pas question d'empêcher ce bébé de dormir, mais il est nécessaire de profiter de tous ses moments d'éveil.
À l'inverse, le bébé qui dort très peu est très gratifiant sur le plan social, mais vite épuisant par l'attention qu'il demande. Il aura vite besoin que l'on remplisse son lit de joujoux et d'objets qui pourront l'occuper quelque temps.

... il n'est jamais content

Irritable, facilement en colère, même manger ou prendre son bain ne semble pas être un plaisir pour ce bébé-là. Souvent tendu, il s'endort difficilement. Il craint les bruits et les mouvements brusques.
Ce bébé a besoin de calme et de régularité. Son attitude n'est pas un rejet de vous, mais une difficulté à s'adapter à ce monde. La solution consiste à rendre son environnement aussi tendre, douillet, rassurant, gai et calme que possible. Nourri à la demande, câliné beaucoup, il finira par trouver sa joie de vivre.

DES BÉBÉS FACILES OU DIFFICILES ?

On ne peut nier que certains bébés soient plus « faciles » que d'autres, et cela très rapidement après la naissance. Une étude déjà ancienne (mais les bébés ne changent pas si vite que cela) évaluait qu'environ la moitié des bébés étaient des enfants « faciles » (à comprendre, à satisfaire, etc.). Un quart était facile dans la routine mais vivait mal tout changement dans leur emploi du temps. Le dernier quart était difficile : pleurs fréquents, appétit capricieux, sommeil court et irrégulier, hypersensibilité à l'environnement. Parfois, on finit par détecter une raison à ces comportements : allergie au lait de vache, maladie non repérée ou reflux douloureux. Mais, la plupart du temps, il s'agit simplement de bébés qui ont besoin de plus d'attention que d'autres. S'adapter à notre monde leur pose problème et ils ont besoin d'y être aidés avec patience et délicatesse, dans une grande régularité de vie et beaucoup de calme. Avec le temps, ces bébés aussi deviennent de charmants bambins.

←

Quel que soit le caractère de votre bébé dans ses premiers mois, sachez que rien n'est joué. Il va s'adapter, évoluer, trouver ses marques et vite devenir un joyeux compagnon.

À CHACUN SON RYTHME ET SON STYLE

Les différences de développement entre enfants sont si nombreuses que c'est l'uniformité de tous qui serait étonnante...

Certains marchent plus tôt, d'autres plus tard

Vers un an, certains enfants précoces dans leur développement moteur sont prêts à aborder l'étape décisive de la marche. D'autres en sont encore loin et parviennent à peine à se mettre debout ou à se tenir assis de manière stable. Ces écarts sont normaux. Une grande moitié des enfants commence à marcher entre douze et quatorze mois. Ceux qui démarrent moins vite que les autres sont souvent ceux qui seront les plus assurés, tombant moins parce qu'ils se seront davantage entraînés à chacune des étapes précédentes. L'essentiel, à cet âge, est de laisser l'enfant expérimenter physiquement, autant qu'il le peut, sans prendre trop de risques.

Que penser des différences que l'on constate ?

- Nous avons tous des gènes différents. Même au sein de la famille, tous les enfants ne sont pas identiques. On trouve normal que l'un soit plus petit ou plus brun, pourquoi pas qu'il marche plus tard ? De plus, toute famille a sa culture et favorise plus ou moins certaines acquisitions : les enfants « d'intellectuels » auront tendance à parler plus tôt, parce que les mots sont très valorisés dans leur environnement. Si papa est peintre ou si maman est informaticienne, c'est probablement dans ces domaines-là que l'enfant distancera ses camarades.
- Toute nouvelle acquisition demande à l'enfant un investissement important. S'il est occupé à apprendre à se tenir debout, il ne l'est pas à manger proprement. S'il apprend le tricycle, il ne soucie peut-être pas d'être propre. Tous apprendront tout, mais pas certainement dans le même ordre.
- D'un apprentissage, on ne voit que le résultat final. Or celui-ci a souvent demandé des mois de « préparation » : il couvait à bas bruits. Soyons respectueux de ce travail souterrain et faisons confiance à nos enfants. Certains manifestent très tôt qu'ils commencent à savoir, quand d'autres attendent d'être fin prêts avant de partager leurs exploits.

- Les petits apprennent dans tous les domaines en même temps : relationnel, intellectuel, moteur, psychologique, etc. Ils ne peuvent être aussi « performants » partout et à toute vitesse ! Tous progressent à leur façon : laissons-leur du temps. Chaque acquisition a besoin d'être solidement installée avant que la suivante n'arrive. Comme dans toute construction, les fondations ont une importance déterminante pour la suite des événements!

Votre bébé est… normal !

Vous trouvez votre enfant « en retard » par rapport à son petit voisin du même âge ? Non, votre enfant n'est pas un bébé moyen – ce qui ne veut rien dire – mais un bébé différent de tous les autres, avec ses caractéristiques propres.

Votre bébé est unique

Peut-être rêviez-vous, il y a un an, d'un bébé de magazine, image adorable et tendre. Un enfant idéal que vous ne voyiez jamais enrhumé, jamais râleur. Dans votre rêve, votre enfant était à la fois indépendant mais sociable, dynamique mais calme, précoce mais équilibré, aimant jouer avec vous mais d'accord pour aller se coucher, savourant avec plaisir vos petits plats, capable de s'occuper seul et que l'on pouvait emmener partout.
Le vôtre ? Il refuse de se coucher, il ne s'endort que dans son lit à lui, il refuse les carottes, il s'agrippe à vos jupes, il se met en colère si vous le contrariez et il enchaîne otite sur otite. Un bébé normal, quoi… Un bébé globalement en bonne santé, poussant bien, actif et curieux, aimant rire et donnant l'impression d'être plutôt heureux. Un bébé avec des problèmes normaux, mais sans grandes inquiétudes.
Au cours de votre grossesse, et peut-être pendant les années qui l'ont précédée, vous avez rêvé votre enfant. Un enfant idéal. Celui qui est là aujourd'hui est un autre, bien réel. Chaque parent doit un jour renoncer à son rêve pour aimer pleinement celui qui est né et qui grandit, comme un enfant normal, mais unique.

DES FRÈRES ET DES SŒURS

Une fratrie, cela commence à deux... Si votre bébé est d'emblée accueilli par un aîné, frère ou sœur, qu'il soit votre enfant ou issu d'une famille recomposée, vous voilà confronté à la création d'une fratrie, haut lieu d'amour et de conflits...

Le point de vue de l'aîné

Le nouveau frère ou la nouvelle sœur s'annonce comme un trouble-fête dans le foyer familial : il vient troubler le tête à tête avec le couple parental. Le nouveau venu est un concurrent qui vient disputer les objets, l'espace et l'amour au premier occupant, lequel n'a rien demandé. Il est soudain promu au rang de grand frère ou grande sœur, promotion dont il se serait bien passé, surtout s'il se sent encore l'envie d'être « le bébé de maman ». On l'oblige à reconnaître comme frère/sœur un étranger sous prétexte de consanguinité, et les ennuis commencent...

Cette jalousie ne résume pas tout le ressenti d'un aîné envers un puîné, mais elle n'est jamais totalement absente, quel que soit le masque qu'elle prend, quels que soient les efforts des parents pour en atténuer la cause. De plus, elle n'est pas que stérile. Bien sûr, la jalousie est un sentiment viscéralement négatif fondé sur la conviction d'être privé « à cause » de l'autre. Mais elle joue aussi un rôle fondamental dans la construction de la sociabilité : à force de s'être affrontés et séduits, on devient inséparables !

BON À SAVOIR

« Devenir un frère ou une sœur », c'est connaître l'amour, la rivalité, l'excitation, l'admiration, la peur, la solidarité, toutes formes de sentiments qui forgent l'être social et le font grandir.

Le point de vue du plus jeune

L'affection pour le frère ou la sœur aîné naît dès le milieu de la première année. Le bébé est très vite attiré tout particulièrement par cet enfant, qu'il sent à la fois comme « un grand » mais encore proche de lui, soumis à la même autorité, donc à la fois complice et rival. Longtemps, il va en faire son modèle et vouloir l'imiter en tout.

L'intimité entre eux mobilise une activité psychique importante, faite de jeux, d'entraide et de rivalité. Le plus âgé se dit qu'il va devoir défendre son territoire ; le plus jeune sent qu'il va devoir faire sa place à son tour.

Le point de vue des parents

Les parents ont souvent une vision romantique de la famille qu'ils construisent. Ils voudraient que leurs enfants soient les meilleurs amis du monde, qu'ils se soutiennent, se confient l'un à l'autre et jouent gentiment ensemble. Ceci est évidemment possible, mais pas en permanence. Ont-ils tout oublié de leur propre enfance ? La vérité est que les frères et sœurs, surtout tant qu'ils sont jeunes, passent beaucoup de temps à se déranger, à se mesurer, à se disputer. Ils se recherchent mais se sentent en compétition. Ceci peut susciter des mouvements agressifs, tempérés par la peur de perdre l'amour des parents, qui peuvent se transformer en attitudes loyales. Chaque enfant modèle ainsi son organisation défensive.

L'aîné, lorsqu'il le devient, a surtout besoin d'être rassuré sur le fait que le nouvel arrivé ne va pas lui prendre sa place. Ni dans sa chambre, ni dans le cœur de ses parents. Difficile, lorsque l'écart avec le puîné est inférieur à trois ou quatre ans, de lui faire admettre que le bébé dorme dans la chambre des parents et mobilise tant d'attention, alors qu'il fait justement ce qu'on lui demande d'éviter (pleurer, faire pipi dans la couche, etc.) !

Cela va demander de l'habileté aux parents pour convaincre leur aîné qu'il a toujours toute sa place dans leur cœur, mais que le suivant en a tout autant… Cela va passer par du temps partagé, des jeux « de grands », une complicité nouvelle. Si l'enfant a des comportements ou des paroles agressives envers le bébé, le discours des parents doit être très net : « Je comprends que la situation soit parfois difficile pour toi. Tu aimes le bébé, mais il te dérange aussi. On peut parler de cela quand tu veux. Tu n'as pas à te forcer, tu n'as pas à t'en occuper, mais tu as l'interdiction absolue de le frapper ou de lui faire du mal. Nous sommes garants de le protéger, comme nous te protégeons toi aussi. »

L'âge des copains

Question étrange…

Et pourtant. Bien des études, enregistrements filmés à l'appui, ont montré que, dès l'âge de quatre mois, les bébés manifestaient une évidente curiosité et un intérêt certain pour les autres enfants de leur âge. Il semblerait que ces regroupements de bébés d'âge semblable jouent un rôle dans le développement à venir, sur le plan social, le plan affectif, et même en ce qui concerne les apprentissages. Bien sûr, pas véritablement de jeux communs possibles avant encore plusieurs mois, mais on constate que les bébés s'observent, se tendent les bras et communiquent par mimiques et vocalises. Mieux : placé face à lui, un partenaire enfant retient plus longtemps l'attention du bébé qu'un partenaire adulte.

Que font ensemble des bébés ?

Déjà, de quatre à sept mois, ils échangent. Au début, les deux « copains » qui ne se sont jamais vus sont en décalage, ils agissent chacun indépendamment. Puis, rapidement, ils ajustent leurs activités. Leurs comportements s'accordent et ils s'imitent mutuellement : ils battent des pieds ou des mains au même rythme et babillent de concert. Les deux font preuve de compétences innées dans l'art de contrôler son comportement pour s'adapter à autrui, mais également dans l'art d'influencer directement celui d'autrui… Or ce sont là les fondements des processus de socialisation ultérieurs.

Entre huit et onze mois, les compétences relationnelles des petits envers leurs pairs se sont encore accrues. Le bébé recherche le regard du partenaire. Dans un groupe plus grand, de cinq à six enfants, chacun se comporte en fonction de l'ensemble du groupe, dans une logique de communication complexe. Les agressions sont rares, beaucoup plus rares que les comportements de jeux : se chercher, se cacher, solliciter, proposer, imiter.

Qu'en conclure ?

Si vous avez l'occasion de mêler votre enfant à un ou plusieurs copains de son âge, n'hésitez pas. Les enfants des amis, le square et les haltes-garderies sont pratiques pour cela… En effet, il semble bien que ce soit là l'occasion de développer des capacités précoces qui forment « le socle fondateur » d'une conduite sociale faite d'attention, d'adaptation et de compréhension de l'autre, de bien précieuses qualités relationnelles pour la suite.

→ **À deux,** c'est encore plus rigolo de monter une tour !

LES BASES DE LA DISCIPLINE

On ne peut pas laisser son enfant tout faire. L'éduquer, c'est lui montrer quels sont les comportements souhaitables et ceux qui ne le sont pas.

Comprendre le oui et le non

À l'âge de six mois, si vous avez prononcé le mot « non » en y mettant le ton, votre bébé sait déjà que « non » est un mot avec lequel on ne plaisante pas. C'est un mot qui empêche et qui coupe dans certains élans très prometteurs ! Cette compréhension est précieuse pour les mois à venir, lorsque votre bébé sera plus autonome dans ses mouvements et prendra donc plus de risques. Il doit avoir compris que lorsque l'adulte dit « Non ! » sur un certain ton, on s'arrête.

Quoi que vous en pensiez, les prémices des premières limites sont à mettre en place maintenant. Il n'est plus loin le temps où votre enfant se déplacera seul. Il commencera alors à se mettre en danger ou bien à maltraiter animaux et objets. Il faut que votre voix puisse l'arrêter lorsque son comportement est inadapté et l'encourager lorsque c'est pertinent. « Oui » et « non » sont alors les messages les plus simples à comprendre.

Mais oui et non n'ont pas seulement à voir avec la discipline. Ils servent aussi à donner un point de vue, un accord ou un désaccord. Ils sont indispensables au dialogue.

Pour cela, commencez par joindre le mouvement de tête correspondant, de haut en bas ou de droite à gauche, chaque fois que vous dites « oui » ou « non » à votre bébé : il saura ainsi le dire aussi bien que vous avant de savoir parler.

Ensuite, proposez-lui des petits jeux ou des dialogues, où le oui dit le vrai ou l'accord, le non le faux ou le désaccord. Par exemple :

« Le biberon est prêt ? Oui, il est prêt, on peut manger ! »

« Il est là le ballon ? Non, il n'est pas là. (Sortez-le) Il est là, le ballon ? Oui ! »

« C'est la poupée ? Non, c'est la peluche. »

BON À SAVOIR

Un jeune enfant n'agit jamais par méchanceté ou pour vous embêter. S'il râle, c'est qu'il est fatigué ou qu'il couve un rhume. S'il touche à tout, c'est qu'il est curieux et intelligent. S'il recommence après que vous le lui avez interdit, c'est que le désir est trop fort ou qu'il veut vous tester. Savoir cela, c'est déjà réagir autrement.

Savoir dire non

Il est sécurisant pour l'enfant de sentir que l'adulte sait ce qui est bien et ce qui est mal. C'est un garde-fou qui lui apprend à se maîtriser et l'aide à exercer sa liberté de façon responsable. Rappelez-vous toutefois que les interdits, pour être compris et acceptés, doivent être logiques, cohérents et suivis d'effet. Ce qui est interdit un jour doit l'être aussi le lendemain. Mieux vaut peu d'interdits que vous faites respecter, que beaucoup sur lesquels l'enfant vous aura « à l'usure ».

Comment dire non ?

Un enfant acceptera mieux le non si :

- vous joignez le geste à la parole et entraînez doucement votre bébé loin de ses tentations ;
- vous l'exprimez fermement, en le regardant dans les yeux ;
- vous lui offrez une solution de remplacement qui, elle, est permise. Par exemple, vous lui retirez le magazine qu'il est en train de déchirer, mais vous lui confiez un vieux catalogue qu'il peut arracher à loisir. Ou vous dites non à la main qui agrippe et tire les poils du chien, mais oui à la caresse, paume ouverte.

Si l'enfant recommence, dites non à nouveau. Dans un rapport de confiance et d'affection, n'ayez pas peur d'affirmer vos choix avec calme, fermeté et constance…

Les interdits

Quel que soit le soin avec lequel vous avez aménagé votre intérieur en fonction de votre bébé, il reste des comportements qu'il va falloir interdire. Précisons tout de suite que plus son environnement sera varié et stimulant, plus le bébé se sentira heureux.

Qu'allez-vous interdire ?

Cela dépend de vous et de votre capacité de tolérance. Au minimum, vous interdirez tout ce qui présente un danger direct pour l'enfant : fils électriques, prises de courant, porte du four, plaques électriques, objets cassables (en verre) ou pointus, petits objets (risque d'étouffements), etc.

Il est aussi tout à fait légitime d'interdire à votre enfant de toucher à certains objets que vous ne pouvez mettre sous clé, mais qu'il pourrait abîmer : chaîne Hi-Fi, téléviseur, livres, canapé en cuir clair, etc. On entre là dans les « interdits de confort », auxquels certains ajoutent l'interdiction d'entrer dans telle ou telle pièce (le plus souvent le salon ou la cuisine). Au moment de décider ce que vous allez tolérer et interdire, vous devez réfléchir aux points suivants :

- plus vous aurez d'interdits, plus ils seront difficiles à faire respecter. Mieux vaut en avoir peu, mais être ferme ;
- ce qui est interdit le lundi doit l'être aussi le mardi, ou une heure plus tard. De même pour ce qui est permis. Ce n'est qu'ainsi que votre enfant apprendra vite à s'y retrouver et à respecter vos règles. Il est donc fortement déconseillé de se

BON À SAVOIR

Il est absolument normal que l'enfant retourne, tout de suite ou plus tard, vers ce que vous avez interdit. Il le fera parfois en vous regardant droit dans les yeux et un sourire aux lèvres. Au-delà de l'attirance pour cet objet, il veut vérifier le sens et la valeur de votre parole. D'où l'importance de répéter le « non », fermement, à chaque tentative. Il ne doit pas douter de votre détermination. C'est vous l'adulte et vous ne devez pas laisser croire à votre enfant qu'il pourrait être « seul maître à bord ».

faire avoir « à l'usure »;
- un enfant à qui trop de choses ou d'expériences sont interdites, qui doit sans cesse réprimer son énergie et son désir d'activité finit par devenir soit très agressif, soit inactif et éteint;
- ce que vous interdisez doit être raisonnable et cohérent.

Comment allez-vous vous y prendre ?

En joignant le geste à la parole :
- Dites « non » très fermement, mais sans agressivité, avec la voix et avec la tête. Votre « non » est suivi d'effet, c'est-à-dire que s'il n'est pas obéi, vous intervenez à nouveau.
- Allez vers votre enfant, prenez-le par la main pour l'éloigner de son but et tentez de l'intéresser à autre chose, en lui confiant un jouet par exemple. Vous compensez vos « non » par des « oui » encourageants et des propositions de remplacement.

Éduquer, non pas dresser

Vous ne devez pas oublier que le but de votre éducation n'est pas de faire de votre bébé un enfant d'une obéissance aveugle et sage comme une peluche, mais un enfant heureux et ouvert. Il acceptera vos interdits s'il les sent justifiés et adaptés à son âge. Il vous obéira pour vous faire plaisir si vous savez créer avec lui des rapports de confiance et si vous lui parlez calmement, sans désir de lui imposer à tout prix votre volonté. Sachez enfin qu'il est sécurisant pour un enfant de savoir que quelqu'un veille, quelqu'un qui sait où il va et peut lui servir de garde-fou. Dans discipline, il y a disciple : lui apprendre à se maîtriser et à refréner certains élans, c'est aussi lui apprendre à exercer sa liberté de façon responsable.

ATTENTION

Si vous vous trouvez dans une situation de nervosité et d'épuisement tels que vous sentez que vous pourriez frapper votre bébé, il est indispensable de vous faire aider et de prendre du repos. Sur le moment, vous pouvez essayer les « trucs » suivants : vous isoler dans une autre pièce ou aller marcher, attraper un oreiller et passer vos nerfs dessus, vous mettre à la fenêtre et respirer profondément...

Savoir dire stop

En même temps que votre bébé découvre la possibilité de vous dire « non » (et il ne va pas s'en priver...), il va tenter de comprendre le sens exact du vôtre. Est-ce juste un refus en passant ? Est-ce un vrai « non » définitif ? Est-ce un « non » qu'il peut, à force d'obstination, transformer en « oui » ? Ce « non », quelles sont ses limites (et donc les vôtres) ?

Les comportements typiques

Afin de répondre à ces questions, votre bébé va mettre rudement votre patience à l'épreuve.
- Il va dix fois revenir fermer le magazine que vous lisez ;
- Il va progressivement s'approcher de la cuisinière pour vous obliger à intervenir ;
- Il va vous faire revenir dix fois dans sa chambre, le soir, pour un ultime baiser ;
- Il va se rouler par terre et vous faire une grande scène parce que vous lui aurez

refusé un bonbon ou un jouet ; etc.
J'ai observé deux attitudes différentes chez les parents.
La première consiste à commencer par dire « non » à l'enfant. Puis, parce qu'il insiste pour la dixième fois ou parce qu'il hurle, finir par dire « oui », lassé et culpabilisé de lui refuser ce à quoi il semble tant tenir.
Que comprend l'enfant ? Qu'à force d'insister et de crier, il obtiendra tout ce qu'il voudra. Qu'il est plus fort que vous. Si c'est la méthode que vous appliquez, sachez que vous n'êtes pas au bout de vos peines !
La seconde consiste en une attitude inverse. Commencez par faire preuve de patience et de compréhension et offrez au bébé la possibilité de changer d'attitude, par exemple en lui trouvant une activité ou un dérivatif. Puis, dans un second temps, s'il insiste vraiment et semble vouloir entamer l'épreuve de force, dites « non » avec fermeté. Ce qui peut impliquer, s'il n'obéit pas, de faire la grosse voix, les gros yeux ou de l'isoler quelques minutes en lui retirant votre attention.
Que comprend l'enfant ? Que vous êtes attentif à ses comportements. Que vous ne le couvez pas d'ordres et d'interdictions, mais que ceux qui sont donnés doivent être obéis. Que vous savez ce que vous faites et êtes prêt à le faire appliquer. Qu'il peut avoir confiance en vous, et cela lui permettra de se sentir en sécurité.

Les fessées

Il arrive que votre bébé mette vos nerfs à rude épreuve. Les parents d'un bébé qui pleure la nuit et qui vivent dans un immeuble sonore me comprendront. Les parents du bébé « qui ne veut rien manger » aussi. Une fessée parce que « comme ça tu sauras pourquoi tu pleures » vous démange parfois le bout des doigts. Pourtant, disons-le tout net : cela est aussi dangereux qu'inutile. Votre bébé ne comprendra pas la raison de votre geste et, au-delà de la douleur, en sera très malheureux. Vous, sous le coup de l'énervement, vous aurez parfois du mal à contrôler votre force. C'est toujours un échec.
Si votre enfant pleure de façon excessive, il a une raison pour cela qu'il est important de comprendre. Une fessée ou une gifle ne servira à rien qu'à soulager ponctuellement la tension de celui qui la donne. Pour faire place ensuite à la culpabilité. Même une tape sur les fesses pour sanctionner une bêtise a moins de valeur éducative qu'une explication simple donnée en faisant la « grosse voix ».
Si vous vous êtes fâché très fort contre votre bébé et que vous l'avez frappé, réconciliez-vous dès que possible, faites la paix, prenez votre enfant dans vos bras et expliquez-lui, avec des mots, la vérité de la situation : la fatigue, l'énervement, la peur. Mais aussi votre amour que rien n'entamera.

ATTENTION

Aujourd'hui en France, des centaines d'enfants de moins de deux ans sont victimes de secousses violentes infligées par des adultes : des dizaines d'entre eux décèdent et une grande partie gardera des séquelles très graves. Ces bébés ont été secoués par des adultes épuisés, à bout de nerfs, ne sachant plus que faire pour arrêter les pleurs. Ne voulant pas frapper, ils secouent le bébé. Mais ce simple geste peut avoir des répercussions très graves sur son cerveau encore immature. Une telle information doit être connue de tous ceux qui se trouvent en situation de garder un bébé : il ne faut JAMAIS secouer sa tête. Ce geste peut être mortel.

Des parents en accord

Vivre avec un jeune enfant, tout en menant de front des vies professionnelles, est une tâche parfois difficile. La fatigue a des répercussions sur la vie familiale. Des conflits éducatifs surviennent, sur la manière de gérer telle situation quotidienne. Les interactions s'enchaînent et finissent par former un cercle vicieux, où chacun se sent malheureux, coupable et irrité.
Pour autant, faut-il être toujours d'accord pour bien éduquer son enfant ?

ASTUCE

Face à chaque nouveau problème, prenez un temps de réflexion commun afin de mettre au point les solutions possibles. Puis passez-les en revue afin de sélectionner celles que vous appliquerez conjointement. L'enfant se sentira plus rassuré de sentir ses deux parents, ensemble, à ses côtés. Rappelons que cohérence et consistance dans les attitudes éducatives sont très importantes pour les enfants anxieux.

Un monde en stéréo

Si la nature nous impose deux parents, forcément différents, au moins biologiquement, ce n'est pas pour que l'un soit le décalque de l'autre. L'image de la musique est assez évocatrice : un monde en mono, lorsque les deux haut-parleurs diffusent exactement le même son, est assez pauvre en information. La même musique diffusée en stéréo, où les haut-parleurs jouent la même symphonie, mais en ne se situant pas du même point de l'espace, là où chaque instrument joue sa propre partition, est infiniment plus riche.
Deux parents, ce sont deux histoires et deux façons de faire différentes. Tant mieux, car les excès et les défauts de l'un et de l'autre sont alors compensés. Mais il est important qu'ils jouent bien la même musique, sinon la cacophonie règne et l'enfant ne sait plus quelle direction suivre.
En résumé : se mettre d'accord sur l'essentiel, et discuter pour les détails, sans jamais se discréditer l'un l'autre devant l'enfant.

Quelques conseils

Voici comment améliorer votre façon de faire avec votre enfant.

- Prenez un moment pour réfléchir : quelle est votre attitude ? Est-ce que vous minimisez ou surestimez la grosse crise de colère de votre enfant ? Où se situe votre conjoint ? Vos divergences sont-elles une cause de conflit ? Quels sont les avantages et les inconvénients de chaque style ? Pouvez-vous apprendre quelque chose l'un de l'autre dans vos façons de faire respectives?
- Si les différences sont importantes, vous avez tout à gagner à vous rapprocher pour utiliser chacun une attitude plus mesurée. D'abord parce que votre enfant n'a rien à gagner à vos divergences éducatives. Ensuite parce que, évitant les excès, c'est l'attitude la plus efficace.
- Prenez un temps pour échanger avec votre conjoint au sujet de l'enfant, hors de la présence de ce dernier. Chacun, avec sa sensibilité, évalue les problèmes différemment. Il est tout à fait enrichissant d'ouvrir son champ de réflexion à celui de l'autre. N'hésitez pas à faire savoir à l'autre comment vous aimeriez qu'il se comporte face à l'enfant, et réciproquement : cela ne peut que rapprocher vos points de vue, plutôt qu'accentuer les reproches.

Face au danger

Le très jeune enfant n'a pas une conscience du danger semblable à la nôtre. Ses instincts, contrairement à ceux de certains animaux, ne l'avertissent pas qu'il est en train de prendre un grand risque et que, s'il tombait de la table, il se ferait très mal. Tout cela, ses parents vont devoir le lui apprendre. Ils vont lui dire ce qui est permis et ce qui ne l'est pas, ce qui est risqué et ce qui ne l'est pas, ce qui peut être tenté en faisant attention et ce qui est dangereux.

Laissez-le expérimenter

Un enfant à qui on aurait sans cesse tout interdit sous prétexte que c'est dangereux risque de ne plus s'aventurer nulle part et de rester confiné dans son coin. Or ce n'est pas comme cela que l'on apprend à marcher, à courir, à sauter ou à faire du vélo. D'ailleurs, il se peut que l'enfant ne tombe pas. Ou bien qu'il tombe sans se faire de mal mais que cela lui apprenne pour une prochaine fois. Vous ne pourrez pas lui éviter toutes les plaies et bosses. Une fois que vous avez aménagé l'espace de la façon la plus sûre possible, il faut bien laisser l'enfant expérimenter, sans relâcher votre attention : il gagnera en habileté physique et en sens du danger.

Attention à votre anxiété

Un parent anxieux fait une montagne de tout événement, de tout risque. Il s'inquiète de tout. Il oblige l'enfant à se couvrir pour qu'il ne prenne pas froid et l'empêche de grimper pour qu'il ne tombe pas. Il l'accompagne partout « au cas où il lui arriverait du mal » et ne le confie pas volontiers. C'est un parent hyperprotecteur, qui finit par en faire beaucoup trop et inhiber l'enfant, transmettant l'image d'un monde dangereux, plein de pièges, où l'on ne peut évoluer librement, au gré de ses besoins et de ses plaisirs. L'enfant, ainsi inhibé dans son développement physique et psychique, est empêché d'aller de l'avant.
Comment l'enfant pour qui l'on s'inquiète sans cesse pourrait-il se sentir rassuré? Il réagit à l'inquiétude parentale par une inquiétude bien plus grande encore, parce qu'il n'a ni les mots pour la dire, ni la compréhension des faits. Il n'est pas à même de juger de la réalité des dangers. Trop jeune pour prendre du recul par rapport à ce qu'il entend, il a très peu de moyens pour se défendre de l'inquiétude parentale. Il risque alors de développer un manque de confiance en lui-même, en ses compétences, qu'il aura du mal à dépasser.

BON À SAVOIR

Il importe de regarder en face cette anxiété et ses conséquences, afin d'éviter qu'elle n'envahisse trop le champ éducatif.

Un conseil consiste à laisser l'autre parent, moins anxieux, s'en occuper à sa façon, sûrement différente, et à lui faire confiance dans sa manière à lui d'être parent. Ce sont des comportements qui auront des effets positifs sur chacun.

Face à un enfant anxieux, le comportement le plus rassurant est une attitude calme et sûre d'elle.

LA SÉCURITÉ DU BÉBÉ

Même si les risques augmentent lorsque l'enfant se déplace seul, les tout jeunes bébés sont eux aussi touchés par les accidents domestiques. Certains pourraient facilement être évités, à condition de bien évaluer les dangers et de prendre les précautions indispensables pour assurer la sécurité des enfants.
Mais il faut aussi rappeler que les petits accidents font partie de la vie. Il n'y a pas de découverte de l'espace et de l'équilibre sans prise de risques et conscience progressive du danger. Il est donc vain, et il serait dommageable pour le développement psycho-corporel du jeune enfant, de vouloir lui épargner tous les bleus et les bosses.

LES DANGERS DE LA MAISON

Une majorité des accidents graves peuvent être évités. De la naissance à un an, il s'agit essentiellement de contrôler l'environnement de l'enfant en le rendant le plus sécurisé possible. Il convient aussi de surveiller le bébé, qui doit être accompagné dans ses tentatives et ses explorations.

Les petits objets

À partir de quatre mois, votre bébé fait de gros progrès en matière de préhension. Tout ce qu'il attrape, il le porte à sa bouche. Vous devez redoubler de vigilance en ce qui concerne sa sécurité.

Ne lui laissez aucun objet qu'il pourrait avaler, mettre dans son nez ou dans ses oreilles. Assurez-vous, avant de confier un jouet à votre enfant, qu'il ne présente aucun danger.

Les jouets du commerce sont soumis à des contrôles et à des règlements très stricts qui les rendent pour la plupart inoffensifs, mais méfiez-vous cependant des yeux des peluches qui pourraient s'arracher ainsi que des grelots ou des sifflets présents dans les hochets et les peluches. Faites encore plus attention aux jouets que vous avez fabriqués vous-même, aux jouets des aînés qui peuvent comporter des petites pièces et aux objets que vous avez détournés de leur utilisation première pour en faire des jouets.

ATTENTION

Il existe d'autres risques que celui d'avaler un petit objet :

- certaines peintures qui recouvrent les objets contiennent parfois du plomb et les avaler est très dangereux ;
- attention à ce qui pourrait se casser (objets en verre), le faire suffoquer (sacs en plastique, coussins...), l'étrangler (ficelles, grands élastiques...), le blesser (angles vifs) ou l'empoisonner (restes de nourriture contenant des germes...).

Des dangers qui varient selon l'âge

Tant que le bébé reste à l'endroit où on le pose, les risques concernant sa sécurité sont limités. Cependant, dès sa naissance il faut prendre un certain nombre de précautions.

De la naissance à 3 mois

- Le lit est le lieu où le nouveau-né passe le plus de temps. Il doit donc être absolument sûr. Pour cela, bannissez les couvertures, les draps et les oreillers. Préférez la gigoteuse à la couette et privilégiez un matelas ferme.
- Ne laissez aucune chaîne ou collier autour du cou du bébé.
- Posez toujours son couffin ou son transat par terre, jamais sur une table. Vérifiez régulièrement la sécurité de ses poignées.

- Pour éviter l'hyperthermie, n'habillez pas votre bébé trop chaudement et ne le couvrez pas trop lorsqu'il dort, ou en voiture.
- Le lait d'un biberon chauffé au micro-ondes peut être brûlant sans que vous vous en rendiez compte : faites absolument couler quelques gouttes sur le dos de votre main pour tester la température du liquide avant de le donner à votre bébé.

De 3 à 6 mois

- Quand votre bébé commence seulement à tenir assis, mais sans stabilité, veillez à l'entourer toujours de gros coussins qui éviteront qu'il se heurte la tête en basculant.
- Le bain commence à devenir un moment de plaisir pour le bébé. Contrôlez toujours avec un thermomètre de bain (plus fiable que la main ou le coude) que l'eau est n'est ni trop chaude, ni trop froide. Une température de 37 à 38 °C est correcte pour le bain de bébé.
- Les chutes de la table à langer sont le risque essentiel à cette période. Seule prévention : gardez toujours une main sur votre bébé lorsqu'il est sur la table à langer. Si vous devez vous éloigner, posez le bébé par terre, dans une serviette. Il ne peut être laissé seul quelques minutes que sur le sol, nettoyé de tous les objets dangereux, et dans son lit à barreaux ou dans son parc, c'est-à-dire dans des lieux parfaitement sûrs.
- Les trajets en voiture peuvent être source de danger. Ne tenez jamais votre bébé sur vos genoux pendant les trajets : il n'est protégé que dans un siège ou dans un lit-auto homologués. Ne laissez jamais un bébé seul dans une voiture : il peut attraper un coup de chaleur très dangereux. En trajet, ayez toujours un biberon d'eau à portée de la main.
- Le bébé commence à porter à la bouche. Ne mettez près de lui que des hochets ou des jouets qu'il peut sans risque porter à la bouche. Attention aux yeux des vieilles peluches et aux billes des aînés.

De 6 à 9 mois

- Les risques d'étouffement restent prédominants. Tant que l'enfant porte tout à la bouche, faites très attention à tous les petits objets qui sont à sa portée.
- Le bain peut être à l'origine d'une noyade, même avec très peu d'eau. Quelques secondes suffisent. Aussi ne laissez jamais le bébé seul dans la baignoire. Avant de donner le bain, branchez le répondeur téléphonique et « vous n'y êtes » pour personne. Il n'est pas non plus prudent de confier la surveillance du bébé à un frère ou une sœur plus âgé : avant l'adolescence, un enfant n'a pas la vigilance ni la présence d'esprit nécessaires.
- L'enfant bouge, se déplace, se met debout. C'est le moment d'équiper la maison : protections pour angles de meubles, fixation des étagères, barrières pour escalier, cache-prise, etc.

BON À SAVOIR

Quelques conseils pour un bain en toute détente !

- Couvrez le robinet d'eau chaude avec un gant de toilette afin que le bébé ne risque pas de se brûler.
- Pour la même raison, soyez très prudent si vous ajoutez de l'eau chaude dans la baignoire lorsque l'enfant y est.
- Évitez le bain moussant qui décape la peau et risque de lui piquer les yeux.
- Ne lui confiez aucun flacon en verre pour jouer.
- Placez systématiquement un tapis antidérapant au fond de la baignoire.
- Ne laissez pas votre bébé se mettre debout, sauter, grimper ou s'entraîner à la gymnastique lorsqu'il est dans la baignoire.

De 9 mois à 1 an

- Le bébé peut désormais se déplacer très rapidement. Vous ne savez pas toujours dans quelle pièce il est. Aussi toute la maison doit-elle être passée en revue en fonction de la sécurité de l'enfant. Pas de produits d'entretien ou de médicaments dans un placard non fermé à clé sauf s'ils sont rangés en hauteur.
- L'enfant est très intéressé par l'électricité, les fils, les petits trous des prises. Utilisez des prises spéciales et ne laissez jamais traîner de rallonge électrique.
- Vérifiez de façon régulière l'état des jouets de l'enfant. Ne le laissez pas jouer avec les jouets d'un enfant plus grand sans surveillance.

Assurez la sécurité

- Ne vous laissez pas surprendre par les progrès de votre bébé. Ils surviennent souvent d'un coup et sans qu'on s'y attende, entraînant des risques dans un environnement qui n'est pas adapté. Le mieux est d'anticiper sur les compétences de son bébé et de prévoir ce qu'il sera prochainement capable de faire.
- Si vous n'avez pas de lit à barreaux et que votre bébé peut sortir de son lit, veillez à aménager la chambre de façon à ce qu'elle soit absolument sans danger (prises de courant de sécurité, meubles stables, pas d'angles vifs ni d'objets pointus, etc.). Il pourra ainsi s'y promener librement.
- Dès que votre bébé commence à se déplacer seul, pensez à protéger de sa curiosité les objets auxquels vous tenez, et à protéger votre bébé des objets dangereux de la maison. Faites disparaître les plantes vertes, rangez les produits toxiques en hauteur, revoyez l'installation électrique, ne laissez aucun fil électrique traîner au sol, supprimez les objets cassables et les cendriers des tables basses, tournez les queues des casseroles vers le mur, prenez garde aux fours mal isolés, mettez un pare-feu devant la cheminée, etc.
- Le mobilier de votre enfant (chaise haute, poussette...) doit être assez solide et lourd pour qu'il ne puisse pas basculer lorsqu'il se penche ou s'y agrippe.
- Regardez votre intérieur avec un œil vigilant: s'il y a une bêtise à faire, elle sera certainement faite. Partez du principe que rien n'échappera à la curiosité de votre bébé et que vous ne pouvez plus rien laisser traîner.
- Évitez de crier « Attention, tu vas tomber » à chaque fois que votre bébé tente de se mettre debout ou de marcher, et ce malgré son instabilité. Faites-lui confiance, ou bien il va perdre la sienne.

ASTUCE

Vous trouverez dans les magasins spécialisés des objets qui vous aideront à assurer la sécurité de votre enfant: protections d'angles, cache-prises, bloqueurs de portes et de fenêtres, loquets pour placards, barrières d'escaliers...

Prévenir et éduquer

Le petit bébé devient vite capable d'escalades ou de divers retournements que l'on ne soupçonnait pas. Il faut aussi s'assurer de la totale sécurité du matériel de puériculture que l'on utilise (chaise haute stable, siège-auto sûr, etc.). Très vite, le bébé est capable de se tortiller, de se soulever, de se balancer. Vous le couchez à un bout du lit, vous le retrouvez à l'autre. Cela demande une grande vigilance de votre part.

L'éducation au danger que l'on donne à l'enfant est importante. Lui interdire de faire certaines choses est indispensable, mais lui apprendre à faire par lui-même, et en toute sécurité, ce qui peut l'être, sera tout aussi nécessaire et formateur. Plutôt que lui transmettre nos angoisses, mieux vaut l'avertir des dangers et lui apprendre à y faire face.

Tous les conseils relatifs à la sécurité n'empêcheront certes pas un accident d'arriver. Mais si vous les appliquez, ils diminueront nettement les risques. Ils visent aussi à vous alerter et à accroître votre vigilance. Malgré toutes les campagnes d'information, il existe encore trop d'accidents imputables à la négligence. N'oubliez pas qu'une grande part des accidents ne survient pas lorsque l'enfant est seul, mais lorsque ses parents sont occupés à autre chose, au téléphone par exemple.

←
Équipez vos prises électriques de caches si elles ne sont pas sécurisées.

ÉTOUFFEMENTS ET INTOXICATIONS

À partir de six mois, le bébé est curieux de tout et sa découverte du monde passe souvent par la mise en bouche : il est prêt à ingurgiter tout ce qu'il trouve, sans conscience du danger…

Étouffements

Le scénario est toujours le même. Le bébé attrape un objet et le met dans sa bouche. Au lieu de le recracher ou de déglutir, il le fait passer par mégarde dans les voies respiratoires. Dans le cas d'un étranglement bénin (il a « avalé de travers »), l'enfant est pris d'une quinte de toux et devient rouge. Vous pouvez l'aider en le plaçant la tête plus bas que le corps et en tapotant son dos, de façon qu'il recrache ce qui l'étouffe.

Comment réagir ?

Le cas où l'enfant a absorbé un corps étranger qui s'est bloqué dans le larynx est beaucoup plus grave. L'enfant porte ses mains à son cou. Il respire à peine ou pas du tout, il ne peut ni parler ni tousser, il devient pâle, puis violet. Il se peut même qu'il perde connaissance. Cette situation est tout à fait effrayante, mais vu l'urgence, elle nécessite que vous gardiez cependant votre calme et le contrôle de la situation.

Si l'enfant respire

Encouragez-le à tousser et emmenez-le en vitesse au service des urgences d'un hôpital.

Si l'enfant ne peut ni respirer ni tousser

- Appelez les pompiers de toute urgence.
- Ouvrez la bouche de l'enfant et regardez, avec une lampe, si l'on voit l'objet et si l'on peut l'enlever avec ses doigts ou avec une pince. Mais attention : s'il y a un risque d'enfoncer davantage l'objet plutôt que de l'ôter, mieux vaut ne pas y toucher et tenter la manœuvre suivante. Pour lui faire recracher l'objet, placez-vous derrière l'enfant et tenez-le enserré contre vous, son dos contre votre

ventre. Attrapez l'un de vos poignets dans l'autre main et placez votre poing dans le creux situé juste sous les côtes de l'enfant. Appuyez de façon brusque et brève, en enfonçant vos poings et en remontant vers le haut. Si l'enfant ne recrache pas l'objet, recommencez cinq ou six fois en attendant les secours. Le but de cette manœuvre est de faire sortir brusquement l'air des poumons de l'enfant afin qu'il expulse l'objet bloqué sur son trajet.

- Même si l'enfant a recraché l'objet, emmenez-le sans tarder voir un médecin, afin qu'il détermine s'il en résulte des lésions ou des séquelles.

Intoxications

Les intoxications représentent 2 % des consultations en pédiatrie. La plupart des cas sont sans gravité mais certains nécessitent une intervention rapide et une hospitalisation. La situation se déroule toujours de la même façon. L'enfant, laissé seul un moment, est attiré par une substance qui ressemble à quelque chose qu'il aime, bonbon ou jus de fruit, ou simplement qu'il porte à sa bouche par curiosité. Or, il s'agissait de boules de naphtaline, de mégots de cigarettes, d'eau de Javel, de comprimés d'aspirine ou de somnifère.

Les principaux dangers

- Dans 90 % des cas, le produit toxique avalé par l'enfant est soit un médicament, soit un produit d'entretien.
- Dans 75 % des cas, le produit n'était pas rangé, mais abandonné à portée de la main de l'enfant.
- Dans 20 % des cas, le produit dangereux était transvasé dans un emballage inoffensif (par exemple de l'essence dans une ancienne bouteille de jus de fruit).
- Les pièces les plus dangereuses sont la cuisine, la salle de bains, puis la cave, la buanderie, le garage, etc.

Comment réagir ?

Deux impératifs : garder son sang-froid et téléphoner immédiatement au centre antipoison de votre région. À défaut, appelez votre médecin traitant, le médecin de garde ou les pompiers. Chaque minute compte. Au téléphone, pensez à informer le médecin de l'âge de l'enfant, de son poids, de la nature du produit absorbé, de la quantité absorbée (environ), de l'heure de l'absorption et des symptômes observés.

Ne prenez aucune initiative pour traiter votre enfant par vous-même car la conduite à tenir varie beaucoup selon les produits. Pour certains, il faut faire boire l'enfant, ou le faire vomir ; pour d'autres, cela risquerait d'aggraver la situation. Par exemple : il ne faut jamais faire vomir un enfant qui a avalé des produits corrosifs ou des produits moussants, ou bien un enfant qui s'est évanoui.

BON À SAVOIR

Pourquoi ne pas vous former aux premiers secours ?

La Croix Rouge (entre autres) dispense partout en France des cours de « Prévention et secours civiques, niveau 1 ». En deux jours ou quelques soirées, on y apprend à faire face aux situations d'urgence qui peuvent se présenter avec un nourrisson ou avec un enfant : étouffement avec un petit objet, blessure avec ou sans saignement, traumatisme, perte de connaissance, etc.

Cette formation, simple et concrète, qui apprend à maîtriser les réflexes de premier secours, peut permettre de sauver une vie…

DES VACANCES BIEN PRÉPARÉES

Voyager avec un bébé demande des précautions, de la vigilance et de la disponibilité. Et surtout une très bonne organisation : on n'improvise plus

Le voyage en voiture

Les voyages sont bons pour les enfants : ils mettent de la nouveauté dans la routine de leur existence et augmentent leurs expériences. Mais avec un bébé, ils demandent une solide organisation.
Ce n'est qu'à ce prix qu'ils seront effectivement positifs. L'improvisation est vivement déconseillée. D'une part parce que, si elle vous donne moins de travail avant le départ, elle risque de vous en donner davantage après. D'autre part parce que, pour un bébé, tout changement dans les habitudes est générateur d'une anxiété qui ne se transformera en plaisir que s'il vous sent rassuré, tranquille et parfaitement organisé.

ATTENTION

Sachant que 65 % des accidents se produisent à 15 km du domicile, aucun déplacement en voiture ne doit se faire sans que le bébé soit dûment installé dans un siège-auto adapté à son âge et à son poids, et bien sûr homologué. En outre, depuis 2006, les nouveaux modèles de voitures doivent être équipés du système Isofix, qui permet de fixer le siège à la banquette par trois points d'ancrage métalliques.

Bien penser son voyage

- Chaque fois que c'est possible, privilégiez les déplacements en train ou en avion, qui sont plus confortables que les longs trajets sur la route. En voiture, tant que l'enfant est petit, le trajet sera toujours plus facile si vous l'effectuez de nuit.
- La sécurité est le premier impératif : voiture révisée, prudence et sûreté du conducteur, lit-auto ou siège-auto homologués et solidement arrimés, sont des précautions minimales. Jamais, même sur un petit trajet, de couffin ou de bébé tenu sur les genoux.
- Prévoyez dans l'habitacle tout le matériel dont vous aurez besoin : couches, biberons, petits pots, eau minérale.
- Sachez à l'avance quelles seront vos étapes et où vous passerez la nuit.
- Pensez à tout ce qui simplifie la vie : les préparations stérilisées en biberons jetables, lait en briquettes tout prêt, chauffe-biberon à brancher sur l'allume-cigare, lingettes humides, etc.
- Attention à la température dans la voiture : à l'arrêt, il peut faire une chaleur terrible le midi sur la route, ou très froid sur une route de montagne. Gare aussi à l'air sec de la climatisation qui déshydrate votre bébé. Pensez à lui donner à boire régulièrement et utilisez un brumisateur.
- N'oubliez aucun des doudous. Si vous êtes seul au volant, attachez tous ses petits jouets avec des chaînettes ou des ficelles qu'il apprendra vite à tirer pour

les récupérer.
- Emportez de quoi écouter de la musique et passez-lui ses chansons et comptines ou ses petites histoires préférées.

Partir dans le froid

- La neige réverbère le soleil : couvrez le visage du bébé de crème « écran total » et faites-lui porter des lunettes à verres filtrant les UV, spéciales pour les petits.
- L'air sec des appartements et de l'altitude peut entraîner une déshydratation. Pensez à proposer régulièrement à boire à votre bébé.
- Pour sortir, choisissez les heures plus chaudes du milieu de journée. N'oubliez ni la crème hydratante pour la peau, ni le tube de pommade anti-gerçures pour les lèvres.
- Un bébé de moins de un an qui ne fait pas d'exercice physique se refroidit très vite. Soyez vigilant.

Partir dans la chaleur

- Prévoyez les indispensables : parasol, moustiquaire, porte-bébé avec pare-soleil, stores sur les vitres de la voiture, etc.
- Attention aux coups de chaleur, qui peuvent être très dangereux : ne laissez jamais votre enfant au soleil s'il fait plus de 25 °C et habillez-le de coton léger. Pensez aussi à lui donner à boire régulièrement.
- Enduisez tout le corps de votre bébé de crème solaire. Attention aux effets du soleil en montagne, car, du fait de l'altitude, on ne sent pas toujours la chaleur des rayons sur la peau.
- Méfiez-vous des piqûres d'insectes, du sable dans les yeux, des poussées d'allergie (urticaire, conjonctivite, etc.). Si votre bébé fait la sieste dehors, pensez à la moustiquaire qui le protégera des guêpes et des abeilles.
- Si vous le promenez en soirée ou par temps frais, ne négligez pas de bien lui couvrir les extrémités : les pieds, la tête, les mains.
- S'il sait se déplacer seul et que vous êtes à proximité d'un point d'eau (piscine, mer, rivière...), gardez-le sous haute surveillance. Le risque de noyade existe toujours, ne l'oubliez pas.

LA SANTÉ DE VOTRE BÉBÉ

Du choix du médecin au rôle du carnet de santé en passant par les indispensables de la pharmacie familiale, vous trouverez dans les pages qui suivent des conseils utiles pour répondre à vos questions.
Vous y trouverez aussi un mémento des principales maladies infantiles et des problèmes les plus courants, assorti de conseils pour prévenir, alerter ou soulager.
Mais en cas de doute, prenez toujours et sans tarder l'avis de votre pédiatre ou de votre médecin.

LE SUIVI MÉDICAL

Le choix du médecin qui suivra votre bébé est important car vous serez appelé, les premières années, à le voir souvent et parce que l'instauration d'une relation de confiance est indispensable.

Le médecin

En France, le choix du médecin est libre et peut se porter soit sur un médecin généraliste, qui pourra également être le médecin de toute la famille; soit sur un médecin spécialisé en pédiatrie. Une fois votre choix arrêté, il est préférable de ne pas en changer, sauf difficulté réelle, car un médecin traite toujours mieux un enfant qu'il connaît et dont il a suivi l'évolution.

Même si vous avez opté pour le médecin de la consultation du Centre de Protection maternelle et infantile, il est important que vous connaissiez un médecin qui puisse vous recevoir lorsque votre bébé est malade. Votre choix peut se fonder sur les titres du praticien, sur le bouche-à-oreille ou sur la qualité et la chaleur du contact.

Les points concrets importants dans le choix d'un médecin sont, à mon avis :

- que ce médecin n'habite pas trop loin de votre domicile;
- qu'il donne des rendez-vous (et ne se contente pas de plages horaires de consultations où vous devez attendre deux heures dans une salle avec un bébé fiévreux sur les genoux) ;
- qu'il soit disponible pour vous répondre et vous conseiller par téléphone;
- qu'il se déplace à domicile en cas de nécessité;
- qu'il prenne le temps de vous écouter et tienne compte de votre point de vue.

Les visites médicales

Certaines visites médicales sont obligatoires et donnent lieu à l'établissement d'un certificat de santé : avant le 8e jour, au 9e mois et à 2 ans. En fait, il est recommandé de faire examiner son nouveau-né tous les mois pendant les six premiers mois de sa vie, puis tous les trimestres jusqu'à l'âge de 2 ans. Ce rythme, qui fait partie d'un processus efficace de prévention, est souvent dépassé dans la réalité du fait des multiples petites infections de l'enfant.

L'attitude du bébé envers son médecin (et réciproquement) est un élément important du choix. Mais, même s'ils semblent bien s'entendre, il y a une période dans la vie de l'enfant, entre 8 et 20 mois en gros, où l'enfant hurlera à l'approche du médecin, voire dès la salle d'attente. Cela est normal et prouve que l'enfant, qui se souvient du désagrément des visites précédentes et craint les adultes qui ne lui sont pas familiers, réagit sainement.

Le carnet de santé

Le carnet qui vous est remis à la maternité est un document important qu'il ne faut pas négliger de présenter et de remplir à chaque consultation. Outre les informations sur l'accouchement et sur les jours qui suivent la naissance, il consigne les dates des vaccinations (et fait figure de document officiel sur cette question), les courbes de croissance de taille, de poids et de périmètre crânien, ainsi que tous les événements médicaux, menus ou graves, qui ont jalonné la vie de l'enfant.

Ce document est très utile, notamment chaque fois que votre enfant est amené à consulter un nouveau praticien, ou comme élément de suivi. Mais sachez que vous n'êtes jamais tenu de le présenter si vous estimez qu'il contient des informations que vous ne souhaitez pas communiquer.

ASTUCE

Le carnet de santé de votre enfant a une longue durée de vie. Pensez à mettre votre adresse (et à la modifier si vous déménagez), pratique en cas de perte ; recouvrez-le d'une protection plastifiée ou matelassée (imaginez son état dans dix ans...) et rangez-le dans un endroit où vous êtes sûr de le retrouver rapidement.

La pharmacie familiale

Vous aurez vite l'impression d'être devenu très compétent en maladie infantile et malaises en tous genres. Avoir une pharmacie familiale équipée des produits indispensables ne vous dispense pas de consulter mais vous permet, dans des cas bénins ou urgents, d'intervenir rapidement et de manière appropriée.

Trois points de sécurité

Il est indispensable de les rappeler car les négligences dans ce domaine peuvent avoir des conséquences très graves.

- L'armoire à pharmacie doit impérativement se situer en hauteur et fermer à clé. Le jeune enfant ne doit en aucune façon pouvoir se servir tout seul dans ce tiroir contenant des « bonbons » de toutes les couleurs et des sirops aux couleurs si engageantes... Ce conseil ne vaut que si vous ne laissez pas, par ailleurs, traîner sur la table de la cuisine les médicaments dont vous-même faites usage.
- Vérifiez scrupuleusement les dates de péremption des médicaments. Il est nécessaire de les respecter. Il sera toujours, au moins inutile, au pire dangereux, d'administrer à un enfant un médicament dont la date de conservation est dépassée ou qui est ouvert depuis longtemps, ou qui a servi à sa sœur dans un cas semblable... Les médicaments qui restent après un traitement sont à jeter ou à rapporter à la pharmacie. Attention aussi aux collyres, qui doivent être utilisés dans les 15 jours qui suivent l'ouverture. Certains sirops antibiotiques sont vendus sous la forme de poudre à diluer dans de l'eau ; ils ne se conservent pas longtemps et doivent généralement être mis au réfrigérateur pendant toute la durée du traitement.

- Le troisième point concerne l'automédication. D'une part les médicaments ne soignent pas tout, d'autre part ils ne sont pas toujours indispensables, et enfin seul un médecin peut faire une prescription efficace. N'employez aucun médicament fréquemment sans en parler à votre médecin. Ne prescrivez jamais un antibiotique de votre propre chef (vous pourriez ainsi masquer une affection plus grave). Lisez attentivement les notices. Demandez conseil au pharmacien. Et, surtout, faites confiance à l'organisme et à la bonne santé naturelle de votre enfant. Il n'est pas un malade en puissance et vous n'avez pas à intervenir à chaque alerte. Soyez attentive, servez-vous de votre jugement, et sachez que l'automédication est toujours porteuse de risques.

ASTUCE

Les remèdes de grand-mère font très souvent la preuve de leur efficacité. Pourquoi ne pas faire à votre enfant une tisane de fleurs d'oranger ou de tilleul sucrée s'il a du mal à s'endormir ? Une poche de glace sur une bosse vaut souvent une pommade. Un bain tiède aide à faire baisser la fièvre. Une inhalation avec un sirop à base d'eucalyptus et d'essence de pin soulage bien un petit rhume, etc.

L'armoire à pharmacie

Voici une liste, non exhaustive mais minimale, de ce que doit contenir votre armoire à pharmacie.

- un thermomètre ;
- un paquet de coton hydrophile ;
- des compresses stériles ;
- des pansements adhésifs ;
- un rouleau de sparadrap ;
- des bandes de gaze ;
- du tulle gras ou une crème calmante pour les brûlures ;
- une pommade à l'arnica pour les bosses et autres hématomes ;
- des petits ciseaux ;
- une pince à épiler ;
- un antiseptique cutané ;
- un tube de vaseline ;
- des sachets d'aspirine ;
- du Paracétamol sous forme de sirop ou de suppositoires ;
- un sirop antivomitif ;
- un flacon d'éosine, pour cicatriser les érythèmes fessiers ou les plaies ;
- un flacon de Valium gouttes à 1 % ;

L'enfant malade

Les courbes de taille et de poids, si elles sont des sources de renseignements importantes, ne sont qu'une des façons d'appréhender l'évolution de l'enfant et ne doivent pas faire l'objet d'une trop grande polarisation. Il existe bien d'autres indices permettant de voir si le bébé est en bonne santé physique, voire psychologique.

L'enfant en forme est naturellement gai, énergique, intéressé par son environnement et désireux de communiquer. Il aime jouer et il sourit beaucoup. Les indices

physiologiques sont au vert : l'enfant mange bien, dort bien et présente des selles normales. Enfin, il a le regard éveillé et le teint frais.
Tout signe contraire à l'un de ceux-ci doit entraîner la vigilance et, à terme, une consultation médicale. Un enfant qui manque d'appétit ou qui perd du poids, qui dort mal, qui semble morne et triste, ou qui pleure beaucoup, qui a mauvaise mine, est un enfant pour lequel, même en l'absence de tout symptôme précis, il est bon de prendre un avis médical.

Il a de la fièvre

La fièvre est un symptôme très important qui angoisse beaucoup les parents. Signe que quelque chose d'anormal se passe dans l'organisme de l'enfant, la fièvre est en réalité un moyen naturel de défense du corps contre une infection. Souvent à l'origine d'une infection bénigne qui se manifestera dans les heures ou les jours suivants, une forte fièvre peut être, en elle-même, dangereuse pour un nourrisson. Aussi est-il important pour les parents de savoir comment faire baisser une forte fièvre (supérieure à 38,5 °C ou 39 °C) avant même de montrer l'enfant à un médecin et que celui-ci puisse établir un diagnostic.
Encore une fois, la fièvre est un symptôme extrêmement banal, mais du fait de l'immaturité du système de régulation thermique du bébé, elle peut avoir des conséquences très graves. Pour connaître précisément la température de l'enfant, utilisez un thermomètre médical (dont vous aurez enduit l'extrémité de vaseline pour l'introduire plus facilement) que vous laisserez environ une minute dans le rectum de l'enfant au repos. La technique de la main sur le front n'est pas efficace avec les bébés.

Que faire face à une forte fièvre ?

Découvrir l'enfant et le déshabiller : pas de gilet de laine ni de grosse couverture. Un petit haut de coton suffit, voire la nudité totale. Si vous avez un ventilateur, faites-le tourner. Votre bébé ne risque pas de tomber malade : il l'est déjà. En revanche, tout ce qui permettra à la chaleur du corps de se diffuser contribuera à faire baisser la fièvre.

- Donnez-lui à boire à volonté afin de lutter contre le risque de déshydratation. Des boissons fraîches de préférence : eau, jus de fruits, tisanes, etc.
- Faites-lui prendre un bain dont la température de l'eau est à un degré de moins que sa température corporelle et laissez-le dedans quinze à vingt minutes. Sinon, passez-lui sur le corps un gant trempé dans l'eau tiède, cela le rafraîchira également.
- Enveloppez-le dans des linges légers imbibés d'eau tiède puis essorés.

Ces moyens sont généralement tout à fait efficaces. Si vous souhaitez de plus utiliser un médicament antithermique comme l'aspirine ou le Paracétamol, soyez attentif à ne jamais dépasser les doses prescrites qui sont fonction du poids de l'enfant et figurent sur la notice.

Quand faut-il rapidement appeler le médecin ?

S'il est très difficile d'apprécier la gravité d'un symptôme chez le bébé, il est néanmoins des cas où une consultation rapide s'impose. Avec un petit, il vaut parfois mieux s'être inquiété à tort que l'inverse, et aucun médecin ne vous le reprochera. Ces cas sont les suivants :

- une perte de l'appétit soudaine et importante ;
- un refus de boisson ;
- des vomissements violents et répétés ;
- une diarrhée brusque et importante ;
- des troubles de la conscience (coma, convulsions...) ;
- des difficultés respiratoires ;
- le bombement de la fontanelle ;
- une température supérieure à 39 °C.

ALLEZ CONSULTER

En cas de doute, si votre médecin habituel est indisponible, quels que soient le jour et l'heure, vous pouvez toujours téléphoner aux numéros de médecine d'urgence. On vous passera un médecin de garde à qui vous exposerez votre problème et qui pourra soit vous rassurer soit décider d'une visite à domicile.

Les vaccinations

Les vaccinations sont une forme tout à fait extraordinaire de médecine préventive. Elles consistent à stimuler l'organisme afin que celui-ci fabrique des anticorps qui lui permettront de s'immuniser ou de se défendre contre les germes de telle ou telle maladie. Des rappels sont dans certains cas indispensables pour maintenir actif le mécanisme.

- **Certaines vaccinations sont obligatoires :** diphtérie-tétanos-polio (DT polio) et BCG (les preuves des vaccinations vous seront demandées pour toute inscription en collectivité : crèche, école...).
- **D'autres vaccinations sont facultatives, mais recommandées :** la coqueluche, la rougeole, la rubéole, les oreillons. Rassurez-vous : ces vaccins sont regroupés afin de diminuer le nombre des injections nécessaires. Il se peut que l'on vous propose également un vaccin contre l'Haemophilus Influenzae B, responsable de méningites rares mais potentiellement graves.

ASTUCE

Dès qu'un vaccin est fait, demandez au médecin d'inscrire au crayon sur le carnet de santé la date du prochain afin d'être sûre de ne pas la laisser passer.

Calendrier des vaccinations

- **Diphtérie-tétanos-polio-coqueluche**

  Première injection dès trois mois. Deuxième injection un mois plus tard (quatre mois). Troisième injection encore un mois plus tard (cinq mois). Le premier rappel se fait un an plus tard (vers quinze à dix-huit mois), puis un rappel tous les cinq ans est nécessaire.

- **BCG**

  Obligatoire à partir de l'âge de six ans, ce vaccin est en fait exigé pour toute entrée de l'enfant en crèche, garderie, école maternelle, etc. Il est donc recommandé de le faire le plus tôt possible après la naissance. Ce vaccin ne nécessite pas de rappel, mais son efficacité est contrôlée tous les ans.

- **Rougeole-rubéole-oreillons**
Vaccin recommandé dès douze ou quinze mois. Il est parfois nécessaire de refaire un vaccin antirubéolique aux filles au moment de la puberté.

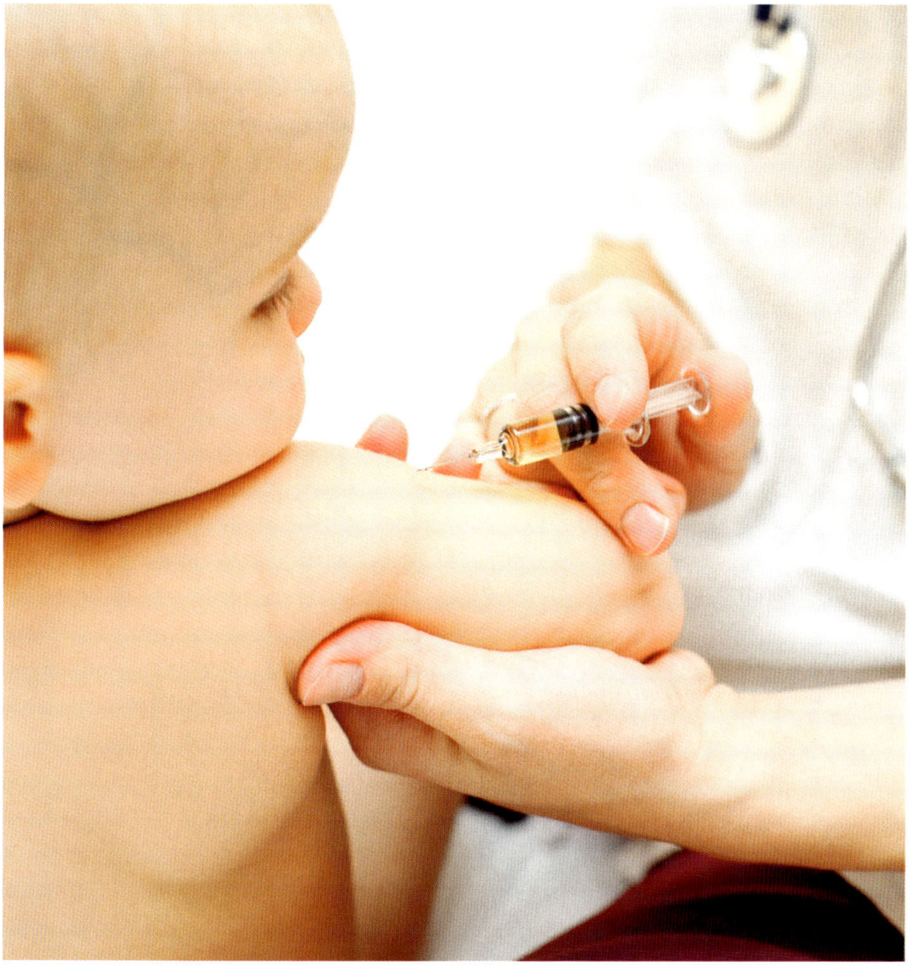

← **Vous pouvez faire vacciner** votre enfant par le pédiatre, le médecin ou à la PMI.

LES MALADIES INFECTIEUSES

On appelle ainsi un certain nombre de maladies contagieuses de l'enfance, virales ou bactériennes. La première atteinte immunise l'enfant, ce qui signifie qu'il ne peut, en général, attraper deux fois la même maladie.

Rougeole

BON À SAVOIR

Les maladies infectieuses se répandent le plus souvent par épidémies dont il est bien difficile (et pas forcément utile) de protéger l'enfant qui est en collectivité. On appelle « période d'incubation » la durée pendant laquelle l'enfant a contracté la maladie mais n'a pas encore de symptômes (bien qu'il soit déjà contagieux).

Il s'agit d'une maladie très contagieuse d'origine virale. Traditionnellement fréquente chez les enfants de tous âges, elle a tendance à se raréfier avec la généralisation de la vaccination. L'attraper une fois entraîne une immunité définitive (on ne peut l'attraper plusieurs fois). C'est une maladie le plus souvent bénigne mais très éprouvante, et qui peut entraîner parfois des effets secondaires.

- **Temps d'incubation:** 10 à 15 jours.
- **Temps de contagion:** 5 à 6 jours avant l'éruption, 4 jours après l'éruption.
- **Symptômes principaux:** fièvre élevée pendant plusieurs jours, nez qui coule, yeux qui pleurent, toux constante. La présence du signe de Kiplick permet d'affirmer le diagnostic: il s'agit de petites taches rouges à centre blanchâtre qui se trouvent sur la face interne des joues. Enfin, après trois à cinq jours, survient l'éruption de taches rouges qui, partant du visage, descend le long du corps en un jour ou deux. À ce stade, la température et la toux régressent peu à peu.

Les traitements sont symptomatiques: on soigne la toux, la rhino-pharyngite et la conjonctivite. Les complications possibles sont l'otite, la bronchite, la laryngite et, beaucoup plus rarement heureusement, l'encéphalite. Si les symptômes ne disparaissent pas comme prévu, n'hésitez pas à rappeler rapidement votre médecin.

Cette maladie est très éprouvante pour l'enfant. Aussi est-il vivement recommandé de vacciner l'enfant entre 12 et 16 mois (vaccin Rouvax ou associé à d'autres vaccins), ou plus tôt si l'on a connaissance d'une épidémie débutante.

Rubéole

Maladie totalement bénigne chez l'enfant et difficile à diagnostiquer avec précision (elle peut prendre des formes variées), la rubéole n'est dangereuse que si elle est contractée par les femmes enceintes au cours des quatre premiers mois de la grossesse. Il est donc, là aussi, vivement conseillé de vacciner dès la seconde année les enfants : les filles en tant que futures mères, les garçons afin qu'ils ne transmettent pas la maladie. Un rappel peut parfois être nécessaire au début de l'adolescence.

- **Temps d'incubation :** 15 jours.
- **Symptômes principaux :** légère fièvre, petite rhino-pharyngite, éruption sur tout le corps, mais moins intense que dans le cas de la rougeole, augmentation du volume des ganglions lymphatiques.

L'évolution de la maladie est simple et il n'existe pas de traitement curatif. Les complications secondaires sont très rares. Un enfant atteint doit être tenu à distance des femmes enceintes non immunisées : il est donc important de prévenir le personnel de la crèche ou de l'école maternelle de la maladie de l'enfant.

Varicelle

Il s'agit d'une maladie bénigne mais extrêmement contagieuse. Une épidémie de varicelle peut décimer un service de crèche. Quand un enfant de la famille est atteint, les autres le seront également.

- **Temps d'incubation :** 15 jours.
- **Temps de contagion :** 1 ou 2 jours avant l'apparition des boutons, jusqu'à ce qu'ils soient tous couverts de croûtes (ce qui prend environ 6 jours).
- **Symptômes principaux :** malaise général, petite fièvre, petite rhino-pharyngite, éruption sur la peau et les muqueuses de petites vésicules qui se dessécheront pour former de petites croûtes.

Aucun traitement n'est nécessaire pour soigner la varicelle qui passe toute seule en quelques jours. Mais les boutons démangent beaucoup et, si l'enfant se gratte, ils risquent de laisser de petites cicatrices. Des mesures simples consistent à réduire les démangeaisons avec des médicaments antihistaminiques que votre médecin vous conseillera.

Oreillons

Maladie sans gravité mais très douloureuse, qui atteint rarement l'enfant de moins de trois ans, elle confère une immunité définitive : on ne peut l'attraper qu'une fois. Elle consiste en une infection virale des glandes salivaires.

- **Temps d'incubation :** 3 semaines.
- **Temps de contagion :** de quelques jours avant l'apparition des symptômes jusqu'à 1 semaine après.
- **Symptômes principaux :** léger malaise, douleur dans les oreilles, fièvre inconstante mais parfois élevée, maux de tête, mais surtout difficulté à mâcher et à avaler, gonflement des ganglions situés sous la langue et au-dessous des oreilles.

Les complications sont rares chez le très jeune enfant, mais nécessitent cependant qu'il soit suivi de près par le médecin traitant. Le seul traitement des oreillons consiste à limiter la douleur ressentie, notamment par de l'aspirine. Une compresse chaude sur la gorge tuméfiée peut aussi apporter un soulagement. On ne saurait trop recommander la vaccination des enfants dès l'âge de 1 an, ainsi que celle des garçons non immunisés lorsqu'ils arrivent à la puberté. Lorsqu'un vaccin bien toléré existe sur le marché, pourquoi prendre le risque de faire souffrir l'enfant en le soumettant à la maladie ?

Coqueluche

Il s'agit d'une maladie très contagieuse qui, toujours pénible, est franchement dangereuse pour le bébé de moins de 1 an. Aussi est-il vivement recommandé :

- de faire vacciner votre bébé dès que possible, même si l'efficacité du vaccin n'est pas parfaite (il atténue toujours la maladie) ;
- de tenir votre bébé éloigné de toute personne atteinte de cette maladie.

En effet, les quintes de toux entraînées par la coqueluche peuvent être asphyxiantes, le petit enfant ne pouvant reprendre son souffle. Les voies respiratoires sont encombrées et cela peut entraîner des arrêts respiratoires. Il convient donc d'être extrêmement vigilant.

- **Temps d'incubation :** 1 à 2 semaines.
- **Temps de contagion :** environ 1 semaine avant l'apparition des symptômes et 4 semaines après.
- **Symptômes principaux :** la coqueluche démarre comme une banale rhino-pharyngite sans fièvre, avec écoulement nasal et toux. Progressivement la toux s'aggrave, devient sèche et tenace, et s'exprime en quintes caractéristiques : longues inspirations, secousses expiratoires, reprises en « chant du coq », se terminant parfois par des vomissements.

Les traitements de la coqueluche déclarée ne sont pas très efficaces : on se contente généralement de sédatifs de la toux, et il n'est pas rare que l'on observe quelques rechutes dans les mois qui suivent. L'enfant est très éprouvé par une coqueluche (son entourage également), il souffre et a du mal à s'alimenter. Quant aux complications, elles peuvent être sérieuses à tout âge. Aussi est-il important de contribuer à l'éradication de cette maladie par la vaccination, même si celle-ci n'est pas obligatoire en France.

→

Ne laissez pas votre enfant se gratter, cela serait dommage qu'il garde de vilaines cicatrices.

LES PROBLÈMES FRÉQUENTS, DE A À Z

Voici un tour d'horizon des problèmes les plus fréquents auxquels vous pouvez être confronté avec un bébé jusqu'à un an, des brûlures aux chutes en passant par la diarrhée ou l'otite.

Angiomes

Ce sont des taches de naissance dues à la dilatation de minuscules vaisseaux sanguins superficiels. Les angiomes plans sont très fréquents à la naissance : petites taches rouges au milieu du front, à la nuque ou à la racine des cheveux ; plus foncées lorsque l'enfant crie, elles disparaissent spontanément en quelques mois. Les angiomes plans situés sur le reste du corps sont parfois beaucoup plus difficiles à faire disparaître et peuvent nécessiter un traitement chez un dermatologue, mais uniquement quand l'enfant est devenu grand.
Il existe également ce que l'on appelle des angiomes tubéreux, saillants et violacés. Après une période d'expansion, ils régressent généralement en quelques années, mais il est indispensable d'en faire surveiller l'évolution par un médecin dermatologue.

Brûlures

Elles font partie des accidents très fréquents des enfants. Les occasions de se brûler sont fréquentes : on pose sa main sur la porte du four, on attrape la queue de la casserole et on renverse sur soi le contenu, on joue avec un appareil électrique, on s'approche de la cheminée, etc. Les jeunes enfants n'ont pas conscience de ces dangers et ignorent ce que brûler veut dire. Aussi est-ce le rôle des adultes d'être vigilant. Certaines brûlures sont peu graves : au premier ou au second degré superficiel (formation d'une cloque), elles sont peu étendues. Bien que douloureuses, elles passent en quelques jours. D'autres, en revanche, peuvent nécessiter de très longs soins. Soit parce que la brûlure est profonde, soit parce qu'elle est étendue, soit parce qu'elle touche une partie particulièrement sensible du corps.
Si la brûlure est superficielle (simple rougeur ou petite cloque) et peu étendue, vous pouvez la recouvrir de tulle gras (ou d'une compresse enduite de vaseline et recouverte d'un pansement). Cela calmera la douleur. Dès que possible, laissez la brûlure à l'air.

Tout enfant victime d'une brûlure plus grave doit être montré à un médecin (ou conduit le plus vite possible à l'hôpital) : lui seul peut juger de la gravité et définir le traitement approprié. Ne mettez rien sur les plaies et n'essayez pas de déshabiller l'enfant : contentez-vous de l'envelopper dans un drap de coton très propre et de le transporter rapidement.

Chutes

Autre accident très fréquent chez le jeune enfant, les chutes peuvent être anodines ou graves, selon les cas. Chez le nourrisson, le risque le plus grand est la chute du haut de la table à langer ou de la chaise haute : assurez-vous de la stabilité de cette dernière et ne laissez jamais un bébé seul sur la première. Chez l'enfant qui commence à marcher et à grimper partout, les chutes sont très fréquentes mais souvent moins graves.

Déterminer la gravité d'une chute

Certains signes imposent une consultation médicale immédiate (médecin ou hôpital) : perte de connaissance, même brève, vomissement, saignement de la bouche, du nez ou des oreilles, impossibilité de bouger un membre ou gonflement de ce membre. Les chutes sur la tête sont les plus inquiétantes et nécessitent une surveillance attentive de l'enfant pendant 48 heures. En revanche, les bosses les plus courantes ne nécessitent aucun traitement particulier. Une compresse froide (un glaçon enveloppé dans un tissu par exemple) stoppe le développement de l'hématome.

BON À SAVOIR

Comme pour tous les incidents ou accidents, la réaction de l'enfant dépendra de celle de son entourage. Aussi est-il très important de garder son sang-froid et de faire preuve d'une relative sérénité. Inutile d'ajouter l'inquiétude à sa douleur.

Conjonctivite

Il s'agit d'une inflammation de l'œil très fréquente chez l'enfant. Elle accompagne notamment fréquemment une rhino-pharyngite. Très contagieuse, elle touche souvent l'enfant en collectivité. Les symptômes sont faciles à repérer : l'œil coule, il arrive qu'il suppure et soit collé lors du réveil de l'enfant. La conjonctivite peut être due à un virus ou à un microbe. Dans les premières semaines de la vie, une conjonctivite récidivante peut faire penser que le canal lacrymal est bouché, favorisant l'infection et l'accumulation des larmes. Pour nettoyer l'œil, il suffit de passer doucement un coton imbibé d'eau bouillie tiède (un morceau de coton différent pour chaque œil, glissé du coin interne au coin externe de l'œil). Le médecin, qui doit être consulté, prescrira le plus souvent un collyre à administrer plusieurs fois par jour à l'enfant.

BON À SAVOIR

En cas de forte chaleur, la prévention consiste à éviter de laisser l'enfant exposé longtemps à cette chaleur étouffante et à lui donner toujours beaucoup à boire afin d'éviter la déshydratation.

Coup de chaleur

Il survient chez un jeune enfant que l'on a laissé longtemps exposé à une température élevée. L'exemple type est le bébé qui passe un long temps dans une voiture arrêtée au soleil. Les symptômes sont les suivants : température élevée brusquement, mal de tête, parfois vomissements. La conduite à tenir est la même que face à toute forte fièvre : déshabiller l'enfant, le rafraîchir et lui donner à boire.

Coups de soleil

Les coups de soleil peuvent occasionner des brûlures graves, ainsi que d'autres effets secondaires : température, vomissements, etc. Il est impossible de savoir à partir de quel moment la peau de l'enfant commence à brûler. En effet, elle ne deviendra rouge que quelques heures plus tard. Aussi est-il très important de prévenir efficacement les coups de soleil de l'enfant.

- Si le soleil est fort, l'enfant ne doit être exposé que très progressivement, quelques minutes seulement les premiers jours. Il doit impérativement garder un chapeau et une chemise.
- Toutes les parties non couvertes de son corps doivent être enduites d'une crème solaire de type « écran total » (ne vous fiez pas aux indices : ils changent d'une marque à l'autre). Enfin, ne le sortez pas aux heures les plus chaudes de la journée.
- Si, malgré toutes ces précautions, votre enfant attrape un coup de soleil important, notamment sur la figure, n'hésitez pas à consulter un médecin.

Diarrhée

Caractérisée par des selles plus nombreuses et liquides, la diarrhée des petits enfants est fréquemment causée par une infection d'origine virale (type gastro-entérite) ou une intolérance alimentaire. Si la diarrhée est importante et l'enfant très jeune, ou encore si la diarrhée s'accompagne de vomissements ou de sang dans les selles, il est important de consulter rapidement un médecin. La diarrhée peut être dangereuse pour le jeune enfant, surtout du fait du risque de déshydratation : veillez à donner beaucoup à boire au bébé.

Pour réduire les diarrhées

En attendant la consultation médicale, il est recommandé de mettre toujours en place le régime suivant :

- supprimer le lait et les laitages ;
- faire des repas à base de carottes, farine ou bouillies de farine de riz, bouillons à

base d'eau de riz, tapioca ou poudre de caroube, pommes et poires cuites, gelée de coing, banane bien mûre. (Pour en savoir plus, reportez-vous en page 117.)

Infection urinaire

Fréquente chez les enfants même très jeunes, et plus particulièrement chez les petites filles, l'infection urinaire se traduit parfois par peu de symptômes visibles. L'enfant n'informe pas forcément d'une brûlure ou d'une difficulté à uriner ! Chez l'enfant propre, on constate fréquemment un refus à uriner ou au contraire des demandes très fréquentes. L'autre symptôme fréquent est une fièvre isolée, sans signe de rhino-pharyngite, parfois accompagnée d'une stagnation de la courbe de poids et de troubles digestifs. Seule l'analyse d'urine permettra un diagnostic sûr. La cause peut être une autre infection (érythème fessier, infection vaginale, infection intestinale, etc.), mais elle peut également être une lésion anatomique. C'est ce que l'on recherchera par une radio si les infections urinaires se reproduisent. Le traitement se fait par antibiotiques. Des analyses d'urine de contrôle sont nécessaires.

Jaunisse

Lorsqu'elle est appelée « ictère physiologique du nouveau-né », la jaunisse touche le bébé dans les deux ou trois jours qui suivent la naissance. Il s'agit d'un événement tout à fait bénin et qui se résout rapidement. Si la jaunisse est intense (la peau du bébé est plus ou moins jaune), le bébé est l'objet d'une surveillance pendant quelques jours. Sa cause en est l'immaturité du foie du bébé et elle disparaît spontanément en quelques jours, sans que le bébé en soit perturbé.
Chez l'enfant plus grand, la jaunisse est une maladie contagieuse, le plus souvent due au virus de l'hépatite. Elle est fréquente dans l'enfance et bénigne. Les symptômes principaux sont un malaise, une petite fièvre, des vomissements, une douleur au ventre, une perte de l'appétit et une grande fatigue, puis la coloration en jaune du blanc des yeux et de la peau (plus ou moins selon l'intensité de la jaunisse). La maladie dure deux semaines minimum pendant lesquelles l'enfant doit se reposer. Le médecin vous indiquera quel régime alimentaire lui faire suivre et combien de temps le maintenir.

Laryngite

Fréquente chez le jeune enfant, la laryngite peut prendre des formes impressionnantes. Le larynx est un tube où transite l'air pour se rendre dans les poumons et joue un rôle essentiel dans la parole (il contient les cordes vocales). Son inflam-

mation, due à un virus ou à une bactérie, entraîne un rétrécissement qui rend difficile la respiration. L'enfant, sans signe prémonitoire inquiétant (juste une rhino-pharyngite banale), se retrouve avec une toux sèche, une voix rauque et une respiration sifflante, comme si l'air ne pouvait plus passer et que cela risquait d'entraîner un étouffement. L'évolution de la laryngite est rapide et le plus souvent bonne, mais elle nécessite une intervention médicale, d'autant plus urgente que l'enfant est jeune et qu'il respire difficilement.
En attendant le médecin, il est avant tout important de faire taire son angoisse et de rassurer l'enfant, car l'inquiétude partagée ne fait qu'empirer les choses. Pour faciliter sa respiration, la solution consiste à humidifier l'air qu'il respire. On peut faire une inhalation, mais il semble plus efficace de s'enfermer avec l'enfant dans la salle de bains et de laisser couler l'eau chaude pour former de la vapeur. Il arrive que l'état de l'enfant ne s'améliore pas et que le médecin décide d'une hospitalisation, mais le plus souvent la crise cède en deux ou trois heures. Si les récidives sont fréquentes, un traitement préventif pourra être envisagé.

Morsure de vipère

BON À SAVOIR

Si vous vous promenez souvent en forêt ou à la campagne, équipez-vous d'une seringue de sérum antivenimeux auto-injectable.

Il faut agir très rapidement. L'enfant va vite se sentir mal et le membre mordu va enfler beaucoup et de manière très douloureuse. Le seul traitement est le sérum antivenimeux de l'Institut Pasteur. Vous devez absolument vous munir d'une seringue de sérum auto-injectable si vous partez en campagne, mais cette injection sous-cutanée ne vous dispense nullement de vous rendre rapidement chez un médecin ou dans un hôpital. Si vous ne possédez pas de sérum avec vous, allongez l'enfant en lui demandant de ne pas bouger et faites un garrot moyennement serré entre la morsure et le cœur. Faites-lui boire de l'eau et, si possible, du café ou du thé fort. Emmenez-le de toute urgence chez le médecin ou à l'hôpital le plus proche.

Muguet

Il s'agit d'une affection qu'il est bon de connaître, car beaucoup de mères se trompent sur les symptômes et tardent à consulter, alors que le bébé est gêné. La cause du muguet est une levure des muqueuses qui provoque de petites lésions blanchâtres à l'intérieur de la bouche. Le bébé a du mal à téter et à déglutir, au point qu'il refuse parfois de s'alimenter. Dans un deuxième temps, le muguet non traité peut gagner tout le tube digestif, entraînant des vomissements, une diarrhée et un érythème fessier important. Une consultation médicale s'impose rapidement. Les traitements dont on dispose aujourd'hui sont tout à fait efficaces, mais ils nécessitent d'être appliqués avec beaucoup de soin et pendant un temps suffisamment long, afin de prévenir les récidives.

Otite

Il s'agit d'un terme peu précis qui qualifie des inflammations de l'oreille qui peuvent être très diverses. La plus fréquente, l'otite moyenne aiguë ou chronique, survient fréquemment au cours d'une rhino-pharyngite. Il arrive que certains enfants ne s'en plaignent pas, mais il faut savoir qu'une otite peut être extrêmement douloureuse. Si l'enfant déjà grand peut manifester qu'il a mal à l'oreille, le plus jeune traduira cette inflammation par de la fièvre, des cris, des troubles du sommeil, de l'alimentation ou de la digestion, un écoulement de pus dans une oreille. Si ces signes surviennent lors d'une rhino-pharyngite, il est important de consulter afin que le médecin puisse examiner les conduits auditifs de l'enfant.

En attendant de voir le médecin, la douleur peut être soulagée par un antalgique à base d'aspirine ou de Paracétamol, ou par un suppositoire d'anti-inflammatoire (type Nifluril Enfant) si votre médecin lui a déjà prescrit ce médicament. L'otite et ses différents symptômes cèdent rapidement aux antibiotiques.

BON À SAVOIR

En cas d'otite, il arrive que le médecin propose une paracentèse, qui soulage également rapidement l'enfant.

Si un enfant fait des otites à répétition, ce qui est fréquent en collectivité, on pourra rechercher la présence d'un terrain allergique. On suggérera parfois l'ablation des végétations ou la pose de petits drains (yoyos).

Orgelet

Fréquent chez les enfants, l'orgelet est un bouton de type furoncle qui se situe au bord de la paupière et se présente comme une infection de la racine d'un cil. La paupière est rouge, gonflée et douloureuse. La plupart guérissent tout seuls si l'on prend garde de ne pas y toucher (attention à ce que l'enfant ne porte pas la main à sa paupière). Arracher le cil infecté, lorsque le furoncle est mûr, avec une pince à épiler, peut aider à une résolution plus rapide. N'appliquez ni crème, ni compresse, ni pommade. Seul un médecin pourra vous recommander un traitement approprié si la guérison ne survient pas rapidement ou que l'enfant a des orgelets en série.

Piqûres d'insectes

Les piqûres de moustiques, d'aoûtats, d'araignées sont sans risque pour la santé de l'enfant. Les démangeaisons peuvent être importantes et justifient l'emploi de produits répulsifs. En revanche, les piqûres de guêpe et d'abeille peuvent être dangereuses. Les conséquences biologiques sont très variables selon les individus, de la réaction locale de douleur violente avec formation d'un bouton aux réactions générales sévères (œdèmes, vomissements, chute de tension, etc.). L'abeille laisse son dard planté dans la peau. Il faut le retirer rapidement en grattant ou en l'attrapant avec une pince à épiler, mais jamais en pressant autour de la piqûre, ce qui aurait pour effet d'aider à la diffusion du venin.

L'attitude générale consiste ensuite à désinfecter l'endroit de la piqûre, puis à appliquer du vinaigre ou une solution de bicarbonate de soude sur un mouchoir humide. Un glaçon enveloppé dans un morceau de tissu et pressé sur la piqûre a un effet calmant sur la douleur. Si vous possédez un sirop antiallergique de type Polaramine ou Primalan, vous pouvez en donner une cuillerée à café à votre enfant. Mais l'essentiel est de surveiller la piqûre afin de pouvoir intervenir rapidement et consulter un médecin si des réactions allergiques importantes survenaient.

ALLEZ CONSULTER

Si une piqûre d'insecte a eu lieu dans la bouche de l'enfant ou s'il a été piqué plusieurs fois, appelez immédiatement un médecin ou rendez-vous à l'hôpital le plus proche.

Plaies et coupures

Les petites plaies ou coupures que se font les enfants doivent être lavées soigneusement avec du savon (le savon liquide antiseptique ne pique pas) et de l'eau tiède, en prenant soin de retirer toute trace de terre, de sable ou d'impuretés. Appliquez ensuite du mercurochrome, puis protégez la plaie avec un pansement. Dès que possible, laissez la plaie à l'air : elle cicatrisera plus facilement.
Si la plaie de l'enfant est importante, saigne beaucoup, se trouve sur le visage, suppure ou forme une cicatrice douloureuse, consultez rapidement un médecin. N'oubliez pas qu'une plaie qui doit être suturée doit l'être dans les trois heures qui suivent. Les morsures de chien, si elles sont assez profondes pour faire saigner, doivent être soigneusement désinfectées, mais jamais suturées.

Rhino-pharyngite

Il s'agit de ce qu'on appelle plus communément un rhume, le plus souvent d'origine virale. Très contagieuse, l'infection se répand rapidement dans les collectivités. Les symptômes sont un écoulement nasal (puis éventuellement un nez bouché, tant que l'enfant ne sait pas se moucher), une rougeur de la gorge et du pharynx et une fièvre parfois élevée pendant deux ou trois jours. Rien de cela n'est grave et passe généralement tout seul en quelques jours, avec l'utilisation d'un antithermique habituel pour faire baisser la fièvre et en aspirant et lavant régulièrement les narines du bébé. La médecine, en effet, ne dispose actuellement d'aucun moyen pour lutter contre ces virus.
Le problème des rhino-pharyngites est qu'elles dégénèrent souvent, du fait d'une prolifération microbienne. On assiste alors à des surinfections nécessitant une consultation médicale et que l'on devra le plus souvent traiter par des antibiotiques. Les signes qui font penser à une surinfection sont les suivants :

- l'écoulement nasal devient épais et vert ;
- la fièvre persiste après trois jours ;
- une toux quinteuse et grasse apparaît ;
- une douleur d'oreille laisse supposer une otite.

Toux

La toux n'est pas une maladie mais un symptôme. Elle témoigne qu'il existe une infection des voies respiratoires supérieures, mais celles-ci sont de nombreux types. La toux peut apparaître en association avec d'autres symptômes, comme dans la rhino-pharyngite, ou bien être le symptôme principal. Certaines toux sont utiles et productives : en toussant, l'organisme de l'enfant se défend contre les microbes ou élimine le mucus qui occupe l'arrière-gorge, permettant une meilleure circulation de l'air. Il n'est pas recommandé de les supprimer. D'autres toux sont sèches, irritantes, et si fortes la nuit qu'elles empêchent l'enfant (et sa famille...) de dormir. Dans ce cas-là, le médecin peut prescrire un antitussif.

Vomissements

Les vomissements sont un symptôme et non une maladie. Un vomissement isolé peut être le signe bénin d'un malaise passager, tandis que des vomissements nombreux et importants peuvent, dans certains cas, mettre la vie d'un nourrisson en danger. Rejet violent du contenu de l'estomac, le vomissement ne doit pas être confondu avec les simples régurgitations de lait du bébé après la tétée.

Des vomissements violents, fréquents et précoces peuvent, chez le nouveau-né, faire penser à une sténose du pylore, laquelle nécessite une intervention chirurgicale bénigne. Il peut s'agir plus simplement de la béance du cardia, clapet qui joint l'œsophage et l'estomac, chargé d'empêcher les reflux. Le traitement consiste à protéger l'œsophage de l'enfant de l'acidité des reflux, à prescrire un médicament pour calmer la motilité de l'estomac, à épaissir son alimentation et à le faire dormir sur un plan légèrement incliné. Les choses rentrent dans l'ordre spontanément en 10 ou 12 mois.

Chez l'enfant plus grand, les vomissements occasionnels accompagnent volontiers différentes sortes d'affections : otite, rhino-pharyngite ou autre, et n'ont parfois rien à avoir avec des problèmes abdominaux. La consultation peut attendre tant que les vomissements sont les seuls symptômes. Elle s'impose s'ils sont associés à de la fièvre, une diarrhée, des maux de tête ou des douleurs abdominales, ainsi que s'ils suivent un traumatisme. Elle est d'autant plus urgente que l'enfant est petit. Les causes des vomissements peuvent être très nombreuses. Seul le médecin pourra démêler les causes infectieuses, gastriques, alimentaires ou autres.

En attendant de le voir :

- stoppez toute alimentation ;
- donnez à boire à l'enfant à volonté afin d'éviter la déshydratation ;
- si vous en avez, donnez à votre enfant quelques gouttes de Primpéran ou de Vogalène (2 gouttes par kilo de poids, trois ou quatre fois par jour).

IL Y A UN AN DÉJÀ

Ce tout-petit dont la fragilité vous émouvait et vous inquiétait si fort a désormais un an !
Douze mois d'apprentissage, d'éveil, d'éducation, de soins et de tendresse. Cinquante-deux semaines de vie commune pendant lesquelles vous avez appris à vous connaître. Vous repensez sans doute avec émotion à ces premières heures où l'on vous a mis votre bébé dans les bras. C'était hier, et pourtant vous avez parcouru tant de chemin tous les deux, tous les trois... Le nouveau-né vagissant est devenu un petit enfant à la personnalité affirmée. Cette année est sans doute la plus importante et la plus formatrice de toute sa vie. Quant à vous, vous êtes devenus parents.
En douze mois, il a eu le temps de nouer des liens avec ses proches. Sa mère, si elle reste une personne privilégiée, n'est pas le seul objet d'amour et son père a pris une très grande importance. L'enfant connaît l'heure du retour de ses parents et les attend avec impatience pour entamer des jeux qui n'appartiennent qu'à eux.
Au fil des mois, sa personnalité s'est affirmée. Certains traits lui viennent de vous, ses parents, sans que l'on sache bien s'il en a hérité ou s'il les a copiés. D'autres ne tiennent qu'à lui. Vous avez appris à en tenir compte pour ne pas le brusquer, tout en ne vous laissant pas manipuler par ses oppositions systématiques. Vous savez qu'elles font partie de son développement. Avec son tempérament, ses accès de rage, avec ses goûts et ses refus, mais aussi avec sa merveilleuse adaptation à votre existence, il tient désormais une place à part entière dans la famille.
La seule chose qu'il craigne vraiment, c'est de perdre votre amour. Aussi est-il très angoissé dès qu'il sent qu'il est allé trop loin. C'est dans ces moments-là qu'il a le plus besoin que vous le preniez dans vos bras en lui murmurant dans le creux de l'oreille. Avec douceur et fermeté, vous le faites progressivement passer d'un monde du plaisir, où tous ses besoins peuvent être satisfaits, à un monde de la réalité où il faut faire la part entre les désirs réalisables et les autres.
C'est le rôle de la première discipline (dont le sens vient du mot disciple, ne l'oubliez pas). Il ne serait pas souhaitable de lui laisser croire qu'il a tous les droits et que tout est possible. À un an, il peut commencer à tenir compte des limites que lui imposent la réalité ou la présence des autres.

II

LA DEUXIÈME ANNÉE DE VOTRE ENFANT

L'ENFANT DE 12 À 14 MOIS

Avoir un an est une étape importante dans le développement de l'enfant. Mais c'est avant tout une étape forte, pour les parents, sur le plan symbolique. L'enfant ne se rend pas compte qu'il est l'enjeu d'une année qui vient de s'écouler : ce qu'il perçoit, en revanche, c'est toute cette fête autour de lui, dont il est le héros, où il est l'objet de toutes les attentions. Il saisit parfaitement cela, ces gratifications, le caractère exceptionnel de la fête, cette ambiance différente. Il s'imprègne de cette fierté de devenir un grand garçon ou une grande fille, ce qui constituera un moteur important pour aller de l'avant, malgré les peurs.

QUI EST-IL ?

Doté d'une personnalité déjà affirmée, se déplaçant seul, communiquant beaucoup, aimant son public acquis d'avance, raffolant des jeux qui empilent, emboîtent, remplissent et vident, l'enfant âgé de un an est souvent très affairé.

Il est curieux de tout

Ce qui le caractérise avant tout, c'est une curiosité immense pour tout ce qui l'entoure ; qu'il se déplace à quatre pattes ou sur ses deux pieds, c'est avec un but précis. Il se passionne longuement pour les petits objets, les insectes ou les grains de poussière ; les portes des placards exercent sur lui un attrait irrésistible : il meurt d'envie de faire l'inventaire de leur contenu.

Quels que soient les inconvénients apparents de cette curiosité, les parents doivent avant tout préserver cette qualité et accompagner leur enfant dans ses explorations. En effet, ce désir de connaître est celui-là même qui le conduira, plus tard, à la découverte de la lecture, de l'écriture et de l'ensemble des apprentissages. Être curieux de tout est une chose essentielle, qui témoigne d'un élan vital fondamental. Encourager cette curiosité suppose, bien entendu, qu'on rende l'environnement de l'enfant tout à fait sûr. Le laisser toucher et explorer, oui, à la condition que cela se fasse sans aucun risque pour lui, pour les autres et pour tous vos objets.

À cet âge, l'enfant déteste être entravé dans sa liberté de mouvement : non seulement c'en est fini du parc, mais le seul fait de rester assis sur une chaise haute constitue une épreuve qui ne doit pas durer longtemps. Allonger un enfant de un an sur la table à langer prend également parfois l'allure d'un tour de force. Heureusement pour les parents, il reste facile de distraire son attention le temps nécessaire.

Un an, c'est également le tout début des peurs enfantines, qui se développeront davantage au cours des deux années qui viennent : tandis que certains enfants sont sensibles aux bruits forts, d'autres craignent l'eau du bain, l'obscurité ou les personnes inconnues.

Tout cela témoigne que l'enfant grandit. Nous verrons comment, en le rassurant et sans le brusquer, les parents peuvent aider leur enfant à affronter ses craintes.

BON À SAVOIR

À son âge...

- Il marche ou ne marche pas.
- Il n'écoute pas ce que vous dites, surtout si vous lui parlez de loin ou de dos – au point que vous vous demandez s'il entend correctement.
- Il recherche en permanence votre attention, surtout si vous êtes occupé, et tout particulièrement si vous discutez au téléphone.
- Il veut être au centre du monde et au centre des câlins.
- Il crie très fort, avec ou sans raison – apparente, en tout cas.
- Il mange avec ses doigts.
- Il pleure la nuit pour qu'on lui rende sa tétine.

Il se déplace seul

Désormais, que ce soit à quatre pattes ou debout, avec ou sans l'aide d'une main adulte, l'enfant se déplace seul. Qu'il ne marche pas tout seul n'est pas important à cet âge et ne l'empêche nullement de se mouvoir à grande vitesse. Les progrès seront importants dans les mois à venir : il apprendra l'équilibre, se mettra debout, puis se lâchera.

Les mains deviennent plus habiles : certains enfants sont déjà capables de boire à la timbale sans trop de dégâts ; d'autres construisent une tour en superposant deux cubes, l'un étant tenu dans chaque main, ce qui témoigne d'une bonne maîtrise du geste. Le pouce et l'index s'opposent en une pince qui rend le geste plus précis, par exemple pour attraper un petit morceau de nourriture ou un grain de poussière. Mais la bouche reste encore un élément fondamental dans la connaissance des objets. C'est par la bouche que l'enfant explore et découvre le monde, les objets, d'autant plus que les poussées dentaires rendent les gencives particulièrement sensibles.

Il se fait très bien comprendre

L'âge de un an marque les véritables débuts du langage : si l'enfant ne parle pas encore, il accumule du matériel verbal à grande vitesse. Aussi est-il particulièrement important de lui parler souvent, de commenter ses actions et sa vie quotidienne, et de le faire dans un langage clair, précis et simple. On peut également commencer à lui apprendre le nom des parties du corps, tout d'abord sur une poupée, puis sur son propre corps.

Tout cela doit se faire sous la forme d'un jeu et non pas d'une leçon, et se terminer le plus souvent par une partie de chatouilles ! Si l'enfant ne parle pas, il communique : il comprend parfaitement ce qu'on lui dit et peut obéir à des ordres simples et il se fait très bien comprendre.

Il adore avoir un public

Les rapports avec d'autres enfants ne sont pas empreints d'une grande considération : l'enfant peut se montrer aimable à un moment, puis taper l'instant d'après ; et les jouets que les autres ont en main sont toujours plus beaux et plus attrayants que les siens – même si, aux yeux des adultes, ils sont identiques, ou même si un autre jouet, similaire, traîne sur le sol. Aussi va-t-il tenter de se l'approprier. Ce jouet-là est vivant, il est amusant puisqu'il amuse l'autre : l'enfant dote l'objet de qualités propres et ne sait pas encore que seule la personne donne vie à l'objet.

Les rapports avec les adultes sont plus harmonieux : l'enfant est demandeur de

BON À SAVOIR

Ce qui aide un enfant à grandir :

- se sentir désiré et aimé ;
- se sentir soutenu dans ses efforts ;
- vivre dans une ambiance chaleureuse, rassurante, gaie et détendue ;
- avoir une vie régulière et prévisible, avec une place accordée à la surprise et à l'inattendu ;
- recevoir des instructions claires et cohérentes sur ce qu'on attend de lui : que ce qui est demandé le lundi ressemble à ce qui l'est le mardi ;
- être élevé par deux parents qui ont confiance dans leurs capacités à être parents et qui ne craignent pas d'être ce qu'ils sont.

leur présence et de leur attention. Il sait tirer par la manche celui qui cuisine, fermer le livre de celui qui y est plongé ou encore faire une bêtise pour arrêter une conversation téléphonique. Plus que tout, en effet, il aime avoir un public, qu'il sait acquis d'avance, et faire applaudir ses clowneries.
C'est justement à cette période que les parents vont devoir mettre en place les débuts de la fermeté. Si, au cours de la première année, l'autorité n'avait aucun sens, désormais il faut commencer à apprendre à l'enfant ce que « non » signifie. Il faut donc établir, en douceur et peu à peu, les règles qui rendront à tous la vie plus facile dans les années à venir.

Il empile, emboîte, vide…

Ses jeux favoris consistent à pousser et à tirer, à remplir et à vider. Aussi est-il judicieux de mettre à sa disposition un grand nombre de petits bazars, auxquels il aura librement accès : un tiroir qui sera le sien, le bas d'un placard dans la cuisine ou le séjour, une étagère, de grands bacs ou des cartons pleins de mille trésors sans danger et régulièrement renouvelés, seront de grandes joies. Il aimera tout autant remettre les choses en place et remplir les bacs.
Parmi les jeux favoris figurent également les activités du bain, les balles, les ronds à enfiler sur des tiges, et tout ce qui s'empile et s'emboîte.
Enfin, l'enfant montre une attirance particulière pour les jouets bruyants : plus il fait de bruit, plus il se sent puissant – ce qui n'est pas du goût de tous les parents…
Pourtant, les adultes, et les parents d'une façon privilégiée, restent les interlocuteurs privilégiés pour tous les jeux. Se courir après, se rattraper, se cacher, se chatouiller, sauter dans les bras ou répéter des comptines représentent de très grands plaisirs pour l'enfant et sans aucun doute ses jeux préférés. Des adultes, il tire encouragements, rires et émotions ; il apprend des mots et il apprend la vie.

→
La tour à empiler : un jouet incontournable qui développe la motricité, la précision des gestes et la concentration.

L'APPRENTISSAGE DE LA MARCHE

Pour le jeune enfant, savoir marcher constitue une étape décisive dans l'évolution de son comportement. Cette acquisition survient entre dix et dix-huit mois, la moyenne des enfants marchant vers quatorze mois.

Quand il est prêt

Le développement de la capacité à marcher s'appuie à la fois sur une maturité suffisante, tant physique que psychique, et sur le tempérament de l'enfant : tandis que les actifs, qui aiment aller à la découverte, marcheront le plus souvent de bonne heure, les paisibles, qui préfèrent observer, prendront davantage leur temps.

Si un enfant de dix-huit mois ne marche pas encore, il faut essayer, avec le pédiatre, de comprendre pourquoi. Mais, jusqu'à cet âge, il n'y a aucune inquiétude à avoir : le moment de la marche n'est lié à aucun autre indice de développement. Être précoce en ce domaine n'indique aucunement qu'on le sera dans un autre, physique ou intellectuel.

Lorsqu'ils sont prêts à marcher, tous les enfants le font comprendre clairement : leur besoin de s'entraîner prime alors sur tout le reste. Ils y passent l'essentiel de leur temps, et les chutes, nombreuses mais bénignes, ne les rebutent pas.

À ce moment, l'attitude du parent est déterminante. Quand un enfant tombe, il le regarde pour savoir qu'en penser : si il sourit et l'encourage de la voix, l'enfant comprend que ce n'est pas grave, se relève et reprend sa route ; au contraire, si le parent se précipite, vigilant et anxieux, l'enfant traduit qu'il l'a échappé belle, qu'il y a là occasion de se faire plaindre... et se met à pleurer. Il y a aussi des parents un peu fées, aux poudres de perlimpinpin et aux formules magiques : « Abracadabra, souffle trois fois, le mal s'en va ! » Avoir confiance dans ses capacités physiques, c'est ne pas s'arrêter au premier obstacle.

BON À SAVOIR

À chacun son rythme, l'essentiel étant qu'un enfant explore, qu'il soit actif.

Une affaire de tempérament

À l'âge de un an, les enfants peuvent connaître des stades très différents à l'égard de la marche. Certains avancent à quatre pattes, sur les genoux ou sur la plante des pieds, et s'en trouvent très bien ainsi ; en général, ils ont développé une agilité et une vitesse qui, pour l'instant, leur conviennent. Ceux qui marchent sur les

pieds et les mains se lèveront souvent plus vite. D'autres encore passent leur temps debout, à longer les meubles, essayant de marcher en passant d'un appui à un autre. D'autres enfin se sont déjà lâchés et franchissent les quelques pas qui les séparent de l'adulte les incitant à se lancer de celui qui tend les bras, prêt à les accueillir.
Les marcheurs précoces, qui apprennent entre neuf et onze mois, sont souvent des enfants toniques et curieux. Marcher tôt peut être également une caractéristique familiale : on marche au même âge que son père ou sa mère. Être un marcheur tardif, cela peut être aussi une question d'hérédité et de tempérament : l'enfant est plus spectateur, plus calme. Il fait le choix – provisoire – de se servir de ses mains plutôt que de ses pieds.

ASTUCE

Vous pouvez aider votre enfant à se lâcher.

- Fournissez-lui un appui mobile – un dossier de chaise, un tabouret ou une poussette. Il le tient à deux mains et ainsi marche tout en se retenant.
- Encouragez-le chaque fois que vous le voyez s'entraîner à marcher. Il tombe sur ses fesses ? Inutile de vous précipiter, les couches ont amorti le choc. Mieux vaut dédramatiser et l'encourager à se relever.

À la conquête du monde

La marche constitue une étape importante sur le plan symbolique. L'enfant debout rejoint le monde des humains et sort de la toute petite enfance. Désormais, il peut partir à la conquête de son autonomie.
Alors, les parents sentent bien que leur petit leur échappe, au sens propre comme au sens figuré. L'enfant y met beaucoup d'énergie, et cette lutte pour l'indépendance, pour la reconnaissance d'une existence autonome et entière, sera la grande affaire de sa deuxième année.
En libérant les mains, la marche permet également des progrès considérables dans de nombreux autres domaines. Et parce qu'il peut maintenant, à son tour, partir et revenir, l'enfant sort véritablement de l'angoisse des mois précédents, où il subissait les départs et les retours de ses parents.
Le monde de l'enfant s'élargit, et il voudrait tout découvrir. Mais, très vite, il se heurte à des limites, celles que placent ses parents et celles qu'il ressent de lui-même. Les frustrations qui en résultent constitueront les grandes difficultés des mois à venir.

IL COMMENCE À MANGER TOUT SEUL

Trop d'enfants âgés de plus de deux ans ne savent pas se tenir à table, tout simplement parce que l'âge où ils souhaitaient apprendre est passé sans qu'on leur en ait laissé la possibilité. Manger seul est, comme marcher seul, la grande prise d'autonomie de cette période. Il est bon de la respecter.

Laissez-le faire

À ce moment de son existence, tout enfant revendique haut et fort de faire tout seul ce qu'on faisait en général pour lui. Se nourrir n'échappe pas à cette règle. Alors qu'il vous laissait jusqu'à présent tenir gentiment sa cuillère, le voici bien décidé à la prendre.

Comme il ne sait pas encore la manier, il la met, bien entendu, à l'envers, renverse son repas, s'en colle partout, et c'est une véritable catastrophe dans la cuisine. Parfois, pour aller plus vite, il plonge directement ses mains dans la soupe de légumes et s'en barbouille copieusement le visage…

Le résultat est désastreux, et plus d'une mère serait tentée de se réapproprier la cuillère. Ce serait une erreur. Si votre enfant ne s'entraîne pas, comment apprendra-t-il à manger tout seul ?

Laisser un enfant manger et choisir seul la quantité de nourriture qu'il souhaite avaler est une excellente façon d'éviter les conflits alimentaires, si fréquents et souvent si difficiles à résoudre lorsqu'ils sont installés. Une bonne nouvelle : l'enfant qui s'est le plus exercé est également celui qui deviendra le plus habile à manger seul. Le temps perdu maintenant sera rattrapé plus tard.

BON À SAVOIR

Tout au long de cette année, votre enfant aura envie de jouer avec la nourriture, de même qu'il aura grand plaisir à jouer avec du sable, de la boue ou de la pâte à modeler. C'est ainsi. Si vous en prenez votre parti et si vous gardez votre sérénité, vous verrez que ses progrès seront rapides et que, avant sa deuxième année, il mangera d'une manière très correcte.

Soyez pratique

Le laisser manger seul demande uniquement quelques aménagements.

- Votre enfant veut-il tenir sa cuillère ? D'accord. Mais au lieu d'en avoir une seule, il est pratique d'en avoir deux : une pour l'enfant, avec laquelle il fait ses propres tentatives mais qui n'apporte pas grand-chose dans sa bouche, et une autre que tient l'adulte, et qui nourrit. Ainsi, l'enfant s'exerce, s'occupe et… ne plonge plus ses mains dans la purée. Laissez-le commencer seul son repas, quand il a bien faim, puis prenez la relève quand il commence à se fatiguer.

- Protégez la table et le sol, puis laissez l'enfant se nourrir. Étalez une toile cirée lavable d'un coup d'éponge, ou bien du papier journal qu'il vous suffira de jeter.
- Pour protéger l'enfant, il existe des bavoirs ou des serviettes « pélicans », avec une poche en plastique rigide qui récupère la nourriture. Mais vous pouvez également fabriquer un petit tablier à manches, qui s'enfile par le devant, comme un tablier de peinture, à couper dans une toile cirée ou dans une vieille chemise.
- S'il ressemble à un petit cochon après le repas, confiez-lui un gant de toilette humide et apprenez-lui à s'essuyer seul la bouche et les mains.

ASTUCE

Procurez-vous une serviette « pélican » en plastique rigide, avec une poche qui récupère la nourriture. Si cela n'est pas très esthétique, cela est vraiment pratique pour les premiers repas qu'il prend tout seul.

Pour limiter les dégâts

- Composez vos menus en conséquence. Pour la soupe, il existe peu de solutions, si ce n'est de la soupe épaisse, à la limite de la purée de légumes.
- Proposez à votre enfant une nourriture sous forme de petits morceaux, doux à mâcher et à avaler, qu'il pourra attraper seul et porter à sa bouche. Dans ce cas, les doigts peuvent prendre le relais de la cuillère.
- La nourriture à donner en petits morceaux est variée : des légumes crus (tomates, concombre...) ou cuits (petits pois, haricots, cubes de pommes de terre, macédoine...), des céréales (pâtes, riz, grains de maïs, céréales du petit déjeuner...), du foie ou du jambon, des miettes de poisson, des fruits pelés et coupés...
- Privilégiez la nourriture qui colle à la cuillère : la purée de pommes de terre, la compote épaisse, les flocons d'avoine, le fromage blanc, le riz au lait...
- Le yaourt ne se renversera plus si vous achetez du yaourt liquide et que vous proposez à votre enfant de le boire avec une paille – ou, s'il ne sait pas encore, au biberon.

Un goût certain pour la patouille

Après quelques précautions, il ne reste plus qu'à laisser faire votre enfant, en tentant de maintenir la situation à un niveau raisonnable. Qu'importe si un peu de nourriture s'est renversé et si votre enfant finit son repas très sale : le but n'est pas encore de lui apprendre les bonnes manières – cela viendra un peu plus tard –, mais de lui donner le plaisir de venir à table ainsi que la capacité de se débrouiller tout seul avec son repas.
Cela étant dit, vous n'êtes pas pour autant obligé d'accepter que votre enfant renverse volontairement le contenu de son assiette par terre ou qu'il se serve de sa purée pour badigeonner les murs. Vous avez tout à fait le droit de dire « stop » et de retirer simplement l'assiette si l'enfant continue malgré tout.

LES GOÛTS ET L'APPÉTIT

Si vous êtes de ces parents qui développent une anxiété à l'égard de ce que mange, ou non, leur enfant, rassurez-vous : un enfant se nourrit bien, non pas s'il a avalé de mauvaise grâce ses cinquante grammes de viande hachée et ses deux cuillerées d'épinards, mais s'il est actif et en bonne santé.

En purée, en morceaux

BON À SAVOIR

Vous ne trouverez ici aucune référence concernant la quantité de tel ou tel aliment que votre enfant doit manger à tel ou tel âge. Car, répétons-le, tout dépend de ses goûts et de son appétit, qui varient grandement d'un enfant à un autre. Fournir des normes ne pourrait qu'accroître l'inquiétude de parents déjà convaincus, pour la moitié d'entre eux, que leur enfant ne se nourrit pas assez...

Dans les prochains mois, les repas de votre enfant vont beaucoup évoluer; cela est lié, entre autres, à l'apparition de sa dentition. Vers l'âge de un an, les dents sont en général sorties, et l'enfant est capable de mordre et de mâcher, ce qui lui permet de manger de tout; il découvre alors le plaisir de partager les menus de la famille. Au même moment, l'enfant qui adorait manger et ne posait aucun problème pour se nourrir y rechigne: l'un refuse d'avaler le moindre morceau; l'autre devient affreusement difficile; et le troisième transforme tout repas en un jeu de patouille. Une chose est sûre: le forcer ne fera qu'aggraver la situation. De même qu'il ne faut pas continuer à nourrir exclusivement au sein votre enfant au-delà de dix-huit mois environ, mais lui confier une cuillère, de même je vous conseille de ne plus vous servir systématiquement du mixeur, mais d'habituer votre enfant à manger des petits morceaux. Sinon, il risque d'avoir de plus en plus de mal à les accepter et, à l'approche de ses deux ans, à ne pas vouloir se servir de ses dents. Pour la viande, mieux vaut attendre le trimestre suivant; mais tous les autres aliments peuvent être donnés en petits morceaux ou, au début, écrasés à la fourchette.

Un régime diversifié

Quand le stade de la nourriture en morceaux est atteint, le régime se diversifie très rapidement: à deux ans, votre enfant mangera de tout. Il est curieux de goûter, et ses préférences alimentaires risquent parfois de vous étonner: certains se prennent de passion pour les cornichons, le poisson fumé ou le roquefort.
Vous trouverez ci-dessous des exemples de repas tels qu'ils peuvent être composés pour un enfant âgé de un an à deux ans; au-delà, il mangera de tout et partagera le repas familial. Mais un exemple n'est pas une consigne. Vous seul connaissez votre enfant et pouvez tenir compte de deux facteurs essentiels: ses

goûts et ses dégoûts, qui, s'ils varient d'un mois à l'autre, n'en sont pas moins respectables ; son appétit, qui, seul, déterminera la quantité à lui donner.

Pas d'inquiétude !

Un régime équilibré, qui comprend quatre repas par jour et alterne dans la plus grande harmonie tous les types d'aliments, donnés à un enfant à l'appétit égal, constitue un mythe qu'il vaut mieux dénoncer d'emblée plutôt que de vous laisser vous consumer d'angoisse dans les mois à venir… Les menus qui suivent indiquent des aliments qui sont bons pour un enfant de cet âge ; cela ne signifie pas pour autant qu'il doit les apprécier tous et dans les mêmes quantités.

Le petit déjeuner

Constituant un repas important, le petit déjeuner ne doit pas être négligé. Souvent, les enfants ont peu d'appétit à ce moment-là, surtout s'ils sont bousculés pour partir à la crèche ou chez l'assistante maternelle.
À un an, l'enfant est encore souvent au biberon. Dans ce cas, il prend en général 210 g de lait, auquel sont ajoutées des farines instantanées aux parfums variés.
Quand il ne boira plus au biberon, il devra néanmoins continuer à prendre une quantité raisonnable de lait, qui peut être remplacée par un yaourt ou du fromage. Mais s'il tient à son biberon du matin et le boit avec appétit, il n'y a aucune raison pour le supprimer et pour le remplacer arbitrairement par un bol.
En cherchant ce qu'il aime et en lui proposant un choix, il est rare qu'on ne trouve pas ce qui plaît à l'enfant. Voici quelques suggestions :

- du lait aromatisé, une bouillie ;
- un yaourt, du fromage blanc, un petit-suisse ;
- des céréales dans du lait, du muesli, des flocons d'avoine ;
- un jus de fruits, un jus de légumes, des fruits frais (par exemple une banane, une pomme ou un kiwi) ;
- une tartine de miel, de confiture ou de fromage fondu.

Le déjeuner

Pour la quasi-totalité des enfants dont les parents travaillent, le déjeuner est donné hors de la maison. En général, il est prévu d'une manière équilibrée et adéquate. Voici ce qu'il comporte :

- des crudités ;
- en alternance, une viande, un poisson ou un œuf, accompagné de légumes à varier le plus possible ;

- un fromage ou un yaourt et/ou un fruit, une compote ou un entremets.

Nombreux sont les enfants qui n'aiment pas certains légumes : soit il convient de les oublier pendant quelque temps, soit il est possible de les insérer dans une soupe ou une purée de pommes de terre ; pendant longtemps encore, les aliments hachés ou en purée seront préférés aux aliments en morceaux. De la même façon, les viandes et les poissons peuvent être acceptés ou refusés selon la manière dont ils sont cuisinés.

La gamme des aliments est assez vaste pour ne pas avoir à se bagarrer contre un refus spécifique de l'enfant : mieux vaut alors trouver un aliment possédant des qualités équivalentes.

Le goûter

La collation du milieu d'après-midi restera importante pendant des années ; à l'âge scolaire, c'est à ce moment de la journée que l'enfant a le plus d'appétit. Voilà une raison supplémentaire pour ne pas le nourrir exclusivement de pains au chocolat et de gâteaux secs.

Tout goûter devrait comporter :

- un laitage – un lait ou un dessert lacté ;
- ou bien un jus de fruits si un laitage a déjà été donné en dessert au déjeuner ;
- selon l'appétit de l'enfant, il peut également prendre des céréales, du pain d'épices, une tartine... ;
- variez les tartines : au miel, à la confiture, au fromage fondu, au chocolat râpé...

Le dîner

Idéalement, le menu tient compte de ce que l'enfant a mangé au déjeuner ; il n'a pas besoin de comporter de viande ni de poisson si l'enfant en a mangé dans la journée.

- Le plus souvent, la soupe forme la base du dîner ; rien ne vous oblige à vous limiter au potage de légumes – moitié légumes verts, moitié féculents : variez les plaisirs avec les bouillons aux petites pâtes ou au vermicelle, les crèmes de tomate, les potages au cresson...
- Si l'enfant a mangé des légumes à midi, le plat principal peut également être composé d'une assiette de riz ou de pâtes.
- Selon les jours, proposez un œuf – à la coque ou dur –, ou une tranche de jambon.
- Au dessert, les enfants adorent le riz au lait ou le gâteau de semoule, qui complètent bien une soupe légère ; une compote ou un entremets font également l'affaire.

LES DÉBUTS DE L'OBÉSITÉ

Un bébé trop gros présente plus de risques de devenir un enfant gros, puis un adulte qui souffrira de surpoids. En effet, c'est dans les premiers mois de sa « vie alimentaire » que l'enfant constitue son stock de cellules graisseuses.

Pourquoi y a-t-il aujourd'hui davantage de problèmes d'obésité ? Si l'hérédité a son importance dans la constitution physique de chacun d'entre nous, elle n'est pas seule en cause : les habitudes de vie et la façon de se nourrir jouent un rôle déterminant. En fin de compte, un enfant trop gros est simplement un enfant qui, d'une manière régulière, consomme plus de calories qu'il n'en dépense.

La prévention est simple : avant d'entamer tout régime, elle consiste à ne jamais forcer votre enfant à manger s'il n'a pas faim et à ne pas compenser toute frustration ou tout chagrin par un bonbon ou un biscuit.

Faites confiance aux surgelés

Les rayons de surgelés offrent un large choix de légumes présentés en palets et des mélanges de légumes en petits dés, qui sont très pratiques et permettent de disposer de légumes « frais », même hors saison. La seule exigence est de surveiller que la chaîne du froid n'a pas été rompue et que les aliments n'ont pas été dégelés, puis à nouveau gelés.

ASTUCE

Votre congélateur vous permet de congeler de petites quantités de soupe maison pour plusieurs jours que vous aurez sous la main, prêtes à l'emploi. Vérifiez que la température de votre congélateur corresponde bien à la notice d'origine.

Et les petits pots ?

Certains parents hésitent à donner à leur enfant un repas constitué de petits pots pour bébés. Si on respecte bien les dates limites de consommation, ces produits sont tout à fait bons pour votre enfant ; ils permettent de varier les repas et de gagner un temps fou : qui a encore le temps, le soir, d'éplucher et de mixer amoureusement une carotte, un fond d'artichaut et dix haricots verts ?

Je ne recommande pas une nourriture composée exclusivement de petits pots, car leur goût et leur consistance sont assez éloignés de la « vraie » nourriture ; en revanche, ils dépannent et se réchauffent facilement au cours d'une balade ou d'un déplacement.

DES CHANGEMENTS À LA CRÈCHE

Bientôt – si ce n'est pas déjà fait –, la responsable de l'établissement vous avertira que votre enfant va désormais intégrer le groupe des moyens, où se trouvent les enfants âgés de un à deux ans environ.

Un moment important

Dans une crèche, le passage à une autre section s'avère important pour vous à la fois sur le plan symbolique – votre enfant n'est décidément plus un bébé – et sur le plan pratique – saura-t-il s'adapter, lui qui est encore si petit ?
Ce changement est également déterminant pour votre enfant : malgré la légère anxiété tout à fait normale qu'il peut ressentir, il sait qu'il va côtoyer d'autres enfants et peut-être d'autres adultes, et découvrir des activités nouvelles, un rythme plus soutenu et des possibilités d'action plus grandes. Et, souvent, ce passage d'une section à une autre est vécu comme une promotion, au même titre que l'entrée dans la classe supérieure pour les enfants scolarisés !
En général, l'adaptation à ces nouvelles conditions de vie se passe d'autant mieux que l'enfant change de section en même temps qu'un petit groupe d'enfants de son âge et que son auxiliaire de référence – on nomme ainsi la personne qui s'occupe plus particulièrement de lui. Et si l'enfant sent que ses parents lui font confiance et sont fiers de le voir grandir, il surmontera vite les petits désagréments du changement. Sauf s'il vous sent inquiet, il est heureux d'aller de l'avant.
Du côté de la crèche, enfin, tout est fait pour faciliter son intégration : en quelques jours, votre enfant aura trouvé sa place dans sa nouvelle section.

Une cause de fatigue

Le plus souvent, après un temps d'adaptation plus ou moins long, le passage dans le groupe des moyens se déroule sans histoires. Mais, immanquablement, un problème surgit dans les semaines et les mois qui suivent : l'enfant est très fatigué.
À cela, trois raisons principales.

- Le niveau d'activité est beaucoup plus soutenu, le niveau sonore et d'agitation permanente beaucoup plus élevé. Les enfants marchent bien, courent, escaladent, interagissent, se querellent… En fin de journée, votre bambin en a « plein la tête », c'est compréhensible.

- L'enfant n'a plus de lit accessible en permanence, mais un matelas, rangé en pile le reste du temps, qui est posé sur le sol à l'heure de la sieste. Le matin, il ne peut donc plus faire un petit somme. Bien souvent, un coin repos est aménagé dans la pièce, mais il n'est pas facile de s'y endormir quand les copains s'agitent et crient autour de vous.
- Les enfants passent de très longues journées dans cette ambiance – plus longues que celles de leurs parents, puisqu'il faut y ajouter les temps de transport. Vous avez ainsi une idée juste de la fatigue que votre enfant va ressentir pendant les premiers mois – en réalité, jusqu'à ce que son organisme s'habitue et qu'il puisse compenser l'absence de petits sommes par une longue sieste en début d'après-midi.

Il peut être las et irritable

Au cours de cette phase d'adaptation, les « exigences sociales » subies par l'enfant sont trop peu respectueuses des processus biologiques, qui, quant à eux, sont soumis à des rythmes naturels.

Certains troubles du comportement risquent alors d'apparaître, tous dus à une même cause : la fatigue. Dans la journée, celle-ci se traduit par des pertes de tonus, des problèmes d'attention, des troubles légers du comportement – une irritabilité par exemple – ou encore une difficulté à bien manger le midi – l'enfant s'endort sur sa chaise ou pique du nez dans son assiette.

Le soir, quand vous retrouvez votre enfant, sa fatigue se traduit le plus souvent par des pleurs et par une irritabilité difficile à gérer. Son auxiliaire vous dira qu'il a bien joué et bien couru toute la journée – ce qui est vrai –, mais vous, vous récupérez ses larmes. N'en soyez pas trop chagriné : il s'agit d'une preuve de confiance. Avec vous, enfin, il peut montrer sa lassitude et se laisser aller. De retour à la maison, vous n'aurez seulement le temps de le baigner et de le faire dîner avant de le mettre au lit ; parfois, il s'écroulera avant.

Si cette situation est frustrante, en général elle ne dure pas très longtemps. Si vous le pouvez, la seule solution consiste à alléger le temps passé à la crèche ; il est bon que l'enfant se réveille spontanément le matin – une preuve qu'il a assez dormi – et, le soir, avoir le temps de retrouver ses parents, sa maison, ses jouets, ses frères et sœurs…

ASTUCE

S'il vous est possible de faire appel à un grand-parent, à une nourrice, à une autre maman ou à une jeune fille, bref à quelqu'un qui pourrait vous aider à déposer votre enfant plus tard ou à le reprendre plus tôt le soir, faites-le sans hésiter. Sinon, veillez à ce qu'il ait une vie régulière et qu'il puisse compenser son manque de sommeil pendant la nuit et le week-end.

DES CONFLITS AVEC L'ASSISTANTE MATERNELLE ?

Que la « nounou » en question soit une assistante maternelle ou une auxiliaire de puériculture, il n'est pas rare qu'au bout de quelques mois de garde, des conflits, plus ou moins exprimés, surviennent entre les parents et celle qui prend soin quotidiennement de leur bébé.

Une projection idéalisée

Prenons l'exemple de l'assistante maternelle : c'est souvent une femme qui a arrêté de travailler au dehors pour garder les enfants de mères qui travaillent au-dehors... Cela suscite souvent un double mouvement d'envie réciproque, même si ce n'est pas toujours exprimé. L'assistante maternelle, parfois, aimerait bien se débarrasser des enfants, avoir un statut professionnel plus gratifiant, avoir des collègues, des heures de liberté hors du foyer, etc. Quant à la mère, elle pense bien souvent le matin : quelle chance a l'assistante maternelle de rester chez elle, d'avoir le temps de préparer des petits plats, d'aller se promener au square et de voir grandir ses enfants !

Le métier de s'occuper de petits enfants mélange les relations affectives et les relations contractuelles. Du point de vie de l'assistante maternelle, on fait ce métier parce qu'on aime les enfants, mais d'abord pour gagner sa vie. Du point de vue des parents, l'amour est primordial : ils rêvent de nounous toutes dévouées, et se trouvent désemparés et vaguement déçus lorsque l'assistante maternelle annonce qu'elle augmente son tarif journalier ou bien qu'elle prend ses congés en juillet quand eux les prennent en août. Ils projettent sur elle l'image parfaite d'une mère tout à s'occuper de leur bébé.

Les reproches réciproques

Les assistantes maternelles reprochent aux parents, souvent : de ne pas respecter le contrat, d'arriver en retard le soir, de ne pas bien s'occuper de leur enfant (la mère prend du temps pour elle au lieu de le donner à son enfant, elle le nourrit de petits pots, elle ne le change pas assez souvent, etc.).

Du côté de la mère, on trouve un reproche symétrique. Si l'assistante maternelle est souriante, accueille gentiment l'enfant, le rend en racontant les petits plaisirs de la journée : tout va bien. Mais il suffit qu'elle fasse des remarques sur l'heure d'arrivée des parents, soit surprise le téléviseur allumé, réclame son mois ou exprime une chose qui s'est mal passée dans la journée, et elle devient vite, pour un instant ou pour plus longtemps, celle qui inquiète...

Les causes des tensions

La rivalité entre la mère et l'assistante maternelle est fréquente : il est très dur de partager celui que l'on aime tant, son petit bébé, avec une autre femme. Très dur d'admettre qu'une autre est là en son absence pour le bercer, le consoler, jouer avec lui, recueillir ses premiers mots ou ses premiers pas... Difficile de ne pas l'envier, de ne pas craindre un jour ou l'autre que son bébé s'attache à elle davantage. Surtout lorsque le bébé, adorable toute la journée, fond en larmes à l'arrivée de sa maman...

À toutes les étapes du développement de l'enfant, il faut que les parents confrontent leurs pratiques éducatives avec celles de l'assistante maternelle autour de l'alimentation, du sommeil, de la tétine, de la propreté... Ce n'est pas facile. L'assistante maternelle est une professionnelle, elle a de l'expérience : elle « sait » ce qui est bien pour les bébés. Mais pour la mère, c'est son bébé : elle sait ce qu'elle souhaite pour lui. On voit que l'équilibre des forces en présence est fragile et qu'il repose sur un volcan de sentiments passionnels.

L'enfant aime sa maman, il s'attache à son assistante maternelle, mais jamais il ne confond les deux...

BON À SAVOIR

Lorsqu'un désaccord survient, par exemple, entre la mère et la nounou, il est important d'en parler le plus rapidement et le plus simplement possible. Cela peut se faire en présence d'un tiers, s'il existe un Relais Assistantes Maternelles, par exemple. C'est l'intérêt de chacun que le problème se résolve, à commencer par le bébé lui-même, qui a besoin que ces deux femmes se parlent et se respectent pour se sentir en confiance.

LES LIMITES ET LES INTERDITS

Jusqu'alors, la question de la discipline ne se posait pour ainsi dire pas : il s'agissait avant tout de respecter les besoins de l'enfant et de lui donner confiance en lui et en ses parents. Les « bêtises » ne pouvaient être réellement sanctionnées, car l'enfant n'était pas encore responsable de son comportement. Il était impossible d'exiger de lui de contrôler ses actes : il en était incapable. Simplement, la sagesse voulait qu'on ne favorise pas l'arrivée de caprices en offrant à l'enfant plus qu'il n'avait demandé.

Les perspectives ont changé

Le champ d'investigation d'un enfant de un an s'agrandit à la mesure de sa curiosité ; la marche lui offre de nouveaux horizons, et il part en exploration avec un grand enthousiasme. Pendant cette période, il aura besoin de beaucoup d'espace et de liberté, car il a tant à apprendre. Trop de restrictions ou d'empêchements risquent de miner sa confiance en lui et de détruire cette curiosité.

Pourtant, c'est aussi le moment où vont se mettre en place les premiers interdits. Les parents vont s'apercevoir qu'ils disent « non » de plus en plus souvent : il veut toucher à tout, mais il abîme ou il casse ; parfois, il frappe ou il mord ; il supporte mal qu'on s'oppose à ses désirs…

D'ailleurs, il ne comprend pas tout de suite la valeur de ces premiers interdits. Est-ce juste un mot que ses parents prononcent comme cela, ou bien a-t-il plus de valeur ? Est-il valable pour aujourd'hui seulement, ou le sera-t-il encore demain ? Toutes les questions qu'il se pose sont déterminantes pour l'avenir de son éducation. Aussi ne vous étonnez pas s'il cherche les réponses à travers ce que vous appelez de la provocation et qui, le plus souvent, sont en réalité des tests. Même s'il vous regarde droit dans les yeux en refaisant ce que vous venez juste d'interdire, ne croyez pas qu'il soit sourd ou qu'il veuille vous agacer. C'est plus simple que cela : il apprend.

Trouver le juste milieu

Il existe de multiples façons de discipliner un enfant, qui toutes sont valables. À chaque couple de parents de se déterminer et de trouver son style. Cependant, il convient d'être averti de deux écueils.

- La sévérité excessive demande beaucoup d'énergie de la part des parents, pour un résultat souvent médiocre et une ambiance pénible. Répressive, elle suscite chez un enfant soit de la révolte, soit de la passivité. C'est un mauvais chemin vers l'indépendance.
- Sous une apparence plus sympathique, le laxisme excessif ne permet pas à l'enfant de se structurer. Un enfant libre de tout finit même par se demander si ses parents s'intéressent vraiment à lui ; il finit par douter de l'amour qu'on lui porte.

Comment l'aider à comprendre les limites ?

En ce domaine, la marge de manœuvre est assez étroite. Pour mettre votre enfant en « liberté surveillée », voici comment vous pouvez vous y prendre.

- Aménagez l'espace où évolue votre enfant afin qu'il le fasse en toute sécurité, à la fois pour lui-même et pour vos objets.
- Limitez vos interdictions à un petit nombre, sinon vous passerez votre temps à tenter de les faire respecter ou à crier : vous avez mieux à faire avec votre enfant.
- En revanche, arrangez-vous pour qu'il comprenne que vos « non » sont de vrais « non » et pas seulement des mots qu'on peut ne pas entendre. Montrez-lui, dès maintenant, que votre patience et votre volonté sont supérieures à la sienne.
- Si votre enfant se livre à une activité interdite, dirigez son attention sur autre chose plutôt que d'entamer un rapport de force. Une phrase telle que : « Regarde ce qu'on voit par la fenêtre ! » marche à tous les coups et vous laisse un peu de temps pour trouver ce que vous allez effectivement lui montrer.
- Les interdits sont mieux acceptés quand ils sont expliqués brièvement mais clairement, et à plusieurs reprises ; de même s'ils sont compensés par des comportements qui, eux, sont autorisés. Par exemple : « Je t'interdis d'écrire sur les murs de la maison. Ce n'est pas bien. Mais si tu veux écrire librement, tu peux le faire sur le grand tableau qui se trouve sur le mur de ta chambre. »

Avant tout, le désir d'un enfant de cet âge n'est pas d'ennuyer ses parents mais de leur faire plaisir : quand cela est compatible avec son besoin d'exploration, il est ravi d'obéir. Aussi faut-il le récompenser et manifester largement son contentement quand il se livre à un comportement autorisé. Les autres ne méritent ni punitions ni disputes.

BON À SAVOIR

Le mot « discipline » revient à l'ordre du jour, en compagnie de l'« autorité », sans qu'on sache très bien quel sens lui donner. Il n'est plus question d'instaurer à la maison une « discipline militaire », à laquelle chacun serait tenu d'obéir, quel que soit son « grade », sous peine de sanctions... Si elle a existé chez certains, ce temps-là est révolu.

Mais si la discipline, c'est aussi :

- discipliner, c'est-à-dire humaniser, socialiser, donner de la force ;
- faire des disciples, c'est-à-dire transmettre des valeurs ;
- mener un enfant vers l'autodiscipline, c'est-à-dire lui apprendre à devenir autonome... alors, en ce cas, la discipline est indispensable à toute éducation.

LES DÉBUTS DE LA JALOUSIE

Il commence à être jaloux, supportant mal que sa mère s'occupe d'une autre personne ; il estime que c'est à lui d'être au centre de son monde.

Une possessivité vigilante

Dès dix ou douze mois, l'enfant montrait les premiers signes de sa jalousie par des marmonnements caractéristiques ; mais il se préoccupait peu des relations établies entre deux personnes de son entourage : seule sa propre relation à elles l'intéressait. À présent, ce qui l'irrite particulièrement, c'est lorsque sa mère, ou la personne qui s'occupe régulièrement de lui, entre en relation intense avec quelqu'un d'autre.

Ses parents s'embrassent-ils ? L'enfant s'arrange pour détourner leur attention et réclame d'être pris dans les bras. Sa mère prend-elle un frère ou une sœur contre elle ? L'enfant tente de se glisser entre les deux, voire les agresse d'une manière physique. S'ils n'interviennent pas directement, d'autres enfants grognent, geignent, pleurent ou tendent les bras.

À un an, l'enfant est devenu capable de pressentir les liens qui existent entre sa mère et une autre personne de son entourage, et souffre de ne pas se voir comme l'objet exclusif de son amour et de son désir. D'une part, il voudrait « combler » sa mère ; d'autre part, il vit ces moments comme des frustrations réelles. Il réagit donc comme lorsqu'il est frustré d'un objet qu'il désire : il s'agite, se plaint ou repousse le tiers, obstacle à sa relation première et privilégiée. Cette situation triangulaire est le modèle de la construction œdipienne qui se mettra en place dans les années suivantes et qui est considérée par la psychanalyse comme constitutive de l'individu. Il s'agit d'une avancée psychologique importante : l'enfant se repère davantage dans son environnement, même s'il semble réagir avec un grand égocentrisme.

Comment réagir ?

À cet âge, l'enfant est très dépendant de sa mère sur le plan affectif. Par ailleurs, ses désirs sont plus clairs, et il commence à mettre en œuvre des stratégies d'opposition pour parvenir à ses fins.

Il faut donc à rassurer l'enfant sur l'amour et l'intérêt qui lui sont portés, tout en affirmant, d'une manière tout aussi claire, les sentiments qui lient la mère à son compagnon et à ses autres enfants.
Doucement, dans la tendresse et le respect, l'enfant doit apprendre que, s'il est aimé pleinement, il n'est pas l'unique objet d'amour de sa mère. À ce moment, le père a un rôle important à jouer en faisant passer ce message : « Moi aussi, j'aime ta mère et elle m'aime. Elle était ma femme avant d'être ta mère. Alors, permets que nous nous embrassions et nous te ferons un câlin aussi. »

←
Difficile de partager sa maman !
La frustration est une étape nécessaire pour que l'enfant soit autonome.

LE SILENCE DE LA NUIT

Un trop grand silence imposé autour de la chambre de l'enfant renforce son sentiment de solitude et d'inquiétude face aux bruits.

Des bruits ambiants

Croyant que les jeunes enfants ont besoin de silence pour bien dormir, le soir, de nombreux parents maintiennent la maison sans un bruit, fermant les portes de communication entre la chambre et le séjour. Or, il se passe souvent l'inverse : n'entendant plus rien, les petits s'imaginent qu'ils ont été abandonnés, seuls à la maison. De peur, ils se relèvent et se présentent régulièrement au salon afin de vérifier que leurs parents sont bien là et bien vivants.

Il existe un autre effet pervers de ce silence entretenu autour du sommeil de l'enfant, depuis sa naissance : une plus grande sensibilité au bruit. Si son entourage s'oblige à marcher sur la pointe des pieds et à parler tout bas dès que le petit est couché, ce dernier risque de prendre le travers de se réveiller au moindre craquement. Aux bruits de la maison tout d'abord, puisqu'il n'y a pas été habitué ; aux bruits extérieurs également, parce qu'ils tranchent sur le silence ambiant et sont d'autant plus inquiétants que rien de familier ne vient les soutenir. Un crissement de pneus, un klaxon, un démarrage de moto ou les voix fortes des voisins risquent alors d'être la source d'inquiétudes importantes.

ASTUCE

Les jeunes enfants témoignent d'une sensibilité très variable : tandis que certains ne semblent absolument pas gênés par le bruit et s'endormiraient en plein concert rock, d'autres présentent plus de mal à s'isoler mentalement et ont le réveil plus facile.

Laissez la porte de la chambre entrouverte afin que votre enfant puisse rester, de loin, en contact avec les bruits domestiques, les activités de ses aînés et les voix de ceux qu'il aime.

Pour qu'il s'endorme…

Quant à la manière de faire dormir son enfant le soir, il n'existe pas de solution miracle. Je dirais que, de même qu'on ne fait pas boire un cheval qui n'a pas soif, il est impossible de faire dormir un enfant qui ne le veut pas. Voilà le type même de situation à éviter à tout prix si on ne veut pas être mis en échec par un bambin haut comme trois pommes et si on ne veut pas non plus que cette situation dégénère dangereusement. Car votre garnement possède une aptitude inouïe à rester éveillé, juste pour vous montrer qu'il peut avoir le dernier mot.

Tout ce que vous pouvez faire, c'est le mettre au lit, ou simplement dans sa chambre, et obtenir qu'il y reste, ce qui est déjà fort bien. Vous pouvez ensuite espérer que, la fatigue et le manque de perspective aidant, il s'endormira. Mais cette phase-là ne dépend plus de vous.

LES DANGERS DU SOLEIL

Aux beaux jours, on a envie de campagne et d'air pur. Il n'y a que des avantages à se balader ensemble et à vivre dehors, à condition de prendre certaines précautions : plus l'enfant est jeune, plus elles sont impératives.

La chaleur et la déshydratation

- Dans une voiture exposée au soleil, la température monte très vite: veillez toujours à ce que le siège-auto soit à l'ombre; au besoin, couvrez la vitre arrière avec une serviette-éponge.
- Si possible, évitez de voyager aux heures les plus chaudes et/ou dans les encombrements.
- N'hésitez pas à vous arrêter s'il fait trop chaud à l'arrière.
- Enfin et surtout, ne laissez jamais votre enfant seul dans la voiture, même pendant quelques minutes.
- Si la déshydratation survient moins rapidement que chez un bébé, elle risque toutefois de se révéler pénible. Pour l'éviter, donnez beaucoup d'eau à boire à votre enfant, à volonté. Un enfant de un an est sensible aux variations climatiques.
- Si vous constatez qu'il a de la fièvre, éventuellement des vomissements ou une diarrhée, craignez un coup de chaleur et rafraîchissez-le vite.

Les brûlures du soleil

- Les brûlures peuvent apparaître rapidement sur une peau jeune, donc fragile et peu habituée au soleil. L'exposition doit être progressive, en commençant par les jambes.
- Évitez le milieu de la journée, où le soleil brûle le plus.
- Enduisez systématiquement son corps avec une crème solaire écran total; les indices variant d'une marque à l'autre, seule la mention « écran total » peut vous servir de référence.
- Ne couvrez pas l'enfant: c'est torse nu, ou mieux, avec un simple tee-shirt, qu'il se sentira le mieux.
- Si vous êtes dehors et qu'il fait assez chaud, ôtez-lui sa couche et laissez-lui les fesses à l'air: contre les irritations, le soleil est souverain.

L'ENFANT DE 15 À 17 MOIS

Dès que l'enfant a acquis la marche, s'effectue un basculement à la fois d'ordre physique et psychologique : c'est toute la vision du monde qui change quand on ne le voit plus du ras du sol, et c'est aussi – vous le constaterez bientôt – le rapport au monde et à ceux qui l'occupent qui se modifie en profondeur.

QUI EST-IL ?

L'âge de quinze mois constitue une étape importante pour la plupart des enfants, car c'est alors que la marche est réellement acquise et solide. Ceux qui ne marchent pas encore se décideront très vite.

BON À SAVOIR

À cet âge, l'enfant s'intéresse tout particulièrement aux notions de dur et de mou : qu'il s'agisse d'un caillou, de boue, de terre ou d'eau, son étude le pousse à taper, à cogner, à manipuler ou bien à porter à la bouche.

Il se sent plus fort

Debout, on se sent plus fort et on revendique ses droits. Marcher, c'est aussi pouvoir s'échapper. L'enfant est parvenu à cet âge terrible où, à tout propos, il vous glisse entre les mains. Pour lui, il s'agit le plus souvent d'un jeu, et il aime par-dessus tout que vous lui couriez après en faisant semblant d'être le loup ; pour vous qui marchez sur le trottoir près des voitures ou qui vous faufilez dans les allées d'un magasin, c'est parfois beaucoup moins drôle...
Son sens de l'humour allant croissant, l'enfant adore faire des blagues et des pitreries. Ne boudez pas son plaisir et le vôtre : passer du temps à rire ensemble vous sera précieux par la suite, car de nombreux petits conflits sont plus faciles à gérer s'ils sont traités par l'humour.
Savoir rire de soi constitue un acquis décisif – d'autant que tout n'amuse pas l'enfant. Le décalage entre ce qu'il souhaiterait faire – enfiler ses chaussons, habiller sa poupée, fermer la porte restée bloquée par un jouet... – et le peu qu'il parvient à réaliser provoque en lui un sentiment de frustration, qui ira en augmentant au cours des mois à venir.

Il change vite d'humeur

Le comportement d'un jeune enfant peut, d'une manière radicale, se transformer d'un lieu à un autre, d'un jour à un autre – quand ce n'est pas d'une minute à une autre. Dans ses bons moments, il est charmant et charmeur, rayonne d'humour et la vie avec lui est un émerveillement. Dans ses mauvais moments, c'est l'inverse : il dit « non » à tout, râle, proteste, geint et ne supporte pas la moindre frustration. Ces jours-là, on se demande ce qu'on a bien pu faire...
Les parents ont parfois beaucoup de mal à suivre les évolutions du comportement de leur enfant. Alors ils se disent qu'il fait ses dents, qu'il n'a pas assez dormi à la sieste ou qu'il couve quelque chose. Mais ils oublient qu'eux aussi, il leur arrive d'être de mauvaise humeur, tout simplement.

Il ne veut pas se séparer

Apparue vers l'âge de huit mois, l'angoisse de séparation va évoluer doucement et se résoudre aux alentours de trois ans. C'est la raison pour laquelle, pendant quelque temps encore, votre enfant aura du mal à se séparer de vous et des personnes qu'il aime : il pleure et s'agrippe quand vous le laissez à la crèche, il apporte ses jouets à vos pieds plutôt que d'investir sa chambre, il vous appelle la nuit afin de s'assurer que vous êtes toujours là... Autant de manifestations de cette difficulté à se séparer.
Cette angoisse est commune. Si elle s'exprime fortement, peut-être est-ce parce qu'elle trouve un écho particulier chez l'un ou l'autre des parents. L'enfant qui ne veut pas vous lâcher désire juste vous signifier à quel point vous êtes important pour lui ; c'est en le rassurant sur votre amour et en l'assurant de votre retour, d'une manière calme et sereine, que vous l'aiderez à accepter la situation, à surmonter son angoisse et à devenir autonome.

Il expérimente toutes sortes de marche

Sur le plan physique, ce trimestre est avant tout consacré à la consolidation des acquis. Maintenant qu'il commence à savoir marcher, l'enfant occupe une grande partie de son temps à trouver de l'assurance dans ce nouveau mode de locomotion. Cela lui prendra plusieurs mois, pendant lesquels la marche sera encore branlante et les chutes nombreuses, ce qui ne l'empêchera pas d'expérimenter peu à peu d'autres manières de marcher – en trottinant, en flânant, en courant, puis à reculons... Malgré son grand plaisir à marcher, la fatigue vient vite, et la poussette reste souvent la bienvenue.
L'escalade est encore, et pour un long moment, très tentante : monter aux barreaux de son lit ou de sa chaise haute, grimper sur le canapé ou encore prendre les étagères de la bibliothèque pour les barreaux d'une échelle sont des exploits courants. Et si l'ascension de l'escalier s'avère tout aussi intéressante, en revanche la descente se montre beaucoup plus délicate.

Il devient plus habile

Parce que la marche a libéré les mains qui étaient jusqu'alors occupées par le déplacement à quatre pattes, l'enfant devient brusquement un véritable touche-à-tout. Plus rien de ce qui lui est accessible ne doit lui échapper. Alors, la tâche est rude pour les parents qui ne peuvent passer leur temps à imaginer toutes les bêtises possibles – le cendrier vidé, l'étagère renversée, le rouleau de papier de toilette déroulé ou la poubelle visitée.

BON À SAVOIR

Ses jeux favoris sont :

- les boîtes et les cubes gigognes
- les pots à empiler
- les grosses briques faciles à manipuler, ébauche du premier jeu de construction
- les animaux à bascule
- les poupées souples.

Ses mains sont désormais plus habiles et il commence également à savoir lancer un objet, un ballon par exemple, et à le lâcher au bon moment. Ces actions nous paraissent simples, mais c'est une erreur: bien plus que le fait d'attraper, celui de lâcher au bon moment témoigne, en effet, d'une maturation déjà importante du système nerveux et musculaire et, pour l'enfant de cet âge, représente un véritable exploit.
Enfin, il commence à griffonner spontanément avec un crayon, sans encore vraiment réaliser le rapport qui existe entre l'acte et son résultat.

BON À SAVOIR

L'enfant a besoin de partager ses exploits et de se sentir encouragé dans ses expériences. Le jouet est une occasion très riche d'entrer en communication avec lui: pour cela, il suffit de s'asseoir à côté de lui et de s'intéresser à ce qu'il fait. Jouer avec son enfant, c'est se mettre à son écoute et à sa disposition. L'enfant reste le maître du jeu et décide des règles. Le mieux est de ne jouer avec lui que lorsqu'on se sent détendu. Mieux vaut peu de temps, avec une bonne qualité d'attention et de présence, que davantage de temps, où l'enfant sent que l'adulte n'est là qu'en apparence.

Il mange pour lui, pas pour vous

L'enfant de quinze mois arrive à un âge où sa courbe de croissance se ralentit. Si on ajoute à cela sa curiosité vive et son envie d'échapper aux contraintes, on comprend qu'un enfant, qui jusque-là avait parfaitement fini ses purées et ses soupes, se mette à poser des problèmes à ses parents en devenant un mangeur plus difficile.
Ce virage est très important à négocier pour l'avenir de la relation et pour l'ambiance des repas dans les années qui viennent; il est important que les parents se gardent de montrer à leur enfant à quel point ils sont contrariés et inquiets de son manque d'appétit. Manger n'est pas un exploit quand on a faim et ne mérite aucune félicitation; s'abstenir de manger quand on n'a pas faim ne justifie ni opprobre ni clowneries ni chantage.
Dès que l'enfant joue avec la nourriture ou dès qu'il la refuse, la meilleure attitude consiste à retirer l'assiette en disant: « Il semble que tu n'aies plus faim. Dans ce cas, tu as raison de ne pas te forcer. Mais j'aime mieux que tu joues avec autre chose qu'avec tes coquillettes. » S'il ne reçoit rien d'autre jusqu'au repas suivant, il se rattrapera en mangeant de meilleur appétit. En procédant ainsi, les parents évitent de faire croire à leur enfant qu'il mange pour leur faire plaisir, ce qui lui fournirait une arme rêvée pour les contrarier. Ce qui est faux, car il mange à la fois pour se nourrir et pour le plaisir, et ne se laissera jamais mourir de faim.

Il aime dire non

Au cours de ce trimestre, le vocabulaire actif utilisé par un enfant est composé de très peu de mots – dix à vingt environ –, chargés d'un grand nombre de sens différents, qu'il est en général assez facile de comprendre en fonction du contexte. Pour apprendre des mots nouveaux et en posséder la prononciation, l'enfant s'entraîne à répéter ceux qu'il entend.
Il commence aussi à enrichir son vocabulaire d'un petit mot que vous n'avez pas fini d'entendre: « non ». À cette période, ce « non » revêt une grande importance et se trouve doté d'une efficacité extraordinaire. Dans le dialogue, l'enfant qui

refuse devient un partenaire actif : non seulement il ne se contente plus de subir les désirs de l'autre, mais il affirme aussi son point de vue avec force. Que ce point de vue soit systématiquement l'opposé de celui de ses parents témoigne assez de sa volonté d'indépendance et de son souhait d'être pris au sérieux, comme un membre à part entière de la famille.

L'enfant enrichit aussi très vite son vocabulaire « passif », c'est-à-dire celui qu'il est capable de comprendre mais pas d'employer ; il est heureux de saisir ce que vous lui dites et de vous le prouver. Pour cela, son grand plaisir est d'obéir aux sollicitations verbales des adultes. Et il a l'impression d'aider et de se rendre utile si vous lui demandez gentiment de bien vouloir allumer la radio, aller chercher son pyjama dans sa chambre, jeter une enveloppe dans la corbeille ou vous passer la cuillère qui est sur la table.

Aujourd'hui, aucun parent n'admettrait qu'il emploie un langage de bébé avec son enfant. Chacun sait que, pour qu'il apprenne à s'exprimer, il faut que le jeune enfant entende une langue correcte. Pour autant, nous ne nous adressons pas aux petits comme aux adultes. Bien entendu, plus personne ne dirait à son enfant de quinze mois : « Prends la baballe dans ta mimine. » Mais tous les observateurs attentifs – et les enregistrements – montrent que les adultes adaptent spontanément leur manière de parler afin d'en simplifier la compréhension et l'apprentissage : l'intonation est plus marquée, le vocabulaire choisi est simplifié et concret, les tournures grammaticales simples et les phrases courtes, la voix haute et articulée.

Il adore les jeux d'eau

Vider, transvaser et remplir restent les activités favorites de l'enfant de quinze mois. C'est la raison pour laquelle il prend beaucoup de plaisir à la patouille, à ces jeux d'eau merveilleux auxquels il peut consacrer tant de temps. Une baignoire ou une grande bassine posée sur le sol, un filet d'eau, un entonnoir, une éponge, des récipients incassables et voici votre enfant passionné et concentré.

En libérant les mains, la marche permet tous les jouets qu'on tire sur le sol à l'aide d'une ficelle. Un chariot bas et stable permet de nombreux jeux ; les jouets qui font du bruit lorsqu'on les tire ont aussi beaucoup de succès.

D'une manière générale, l'enfant préfère les objets de la vie quotidienne aux jouets manufacturés : à vous de trouver dans la maison ce que vous pouvez lui confier sans crainte. Enfin, l'enfant de cet âge aime l'ordre : il prend plaisir à aider à ranger ; il repère tout de suite ce qui n'est pas à sa place habituelle et n'a de cesse de le remettre.

L'enfant aime les habitudes et la répétition : toujours le même menu, le même horaire, le même trajet, toujours la même histoire ou la même comptine, cela lui conviendrait parfaitement.

LA PROPRETÉ : C'EST TROP TÔT

De nombreux parents s'inquiètent et se compliquent la vie pour ce qui n'est, somme toute, qu'une évolution naturelle de la maturité de leur enfant.

La continence

La seule chose relevant d'un apprentissage est la « technique » de la propreté – où faire, quand et comment –, qui est particulière à notre civilisation. Quant à la continence, définie comme le contrôle et la maîtrise des fonctions d'excrétion, elle est naturelle.
Tous les mammifères sont continents. Dans des pays ou des sociétés où les parents ne s'occupent pas de l'apprentissage de la propreté, les enfants sont tout aussi « propres », vers l'âge de deux ou trois ans, sans histoires, par l'évolution du corps et par l'imitation.
Sauf s'il existe un problème physique spécifique, tout enfant devient propre entre dix-huit mois et trois ans, même si on ne le dresse pas ; l'éducation permet de gagner quelques mois seulement. Le reste est une question de maturation et de satisfaction : tout ce que les parents ont à faire est d'expliquer clairement ce qu'ils attendent de leur enfant.
Malheureusement, si les choses ont beaucoup évolué, elles ne sont pas encore si simples dans l'esprit de tous les parents.

Pourquoi sommes-nous si pressés ?

Je pense qu'un enfant, avant l'âge de dix-huit mois, est trop jeune pour qu'on exige de lui qu'il soit continent. J'ai volontairement voulu en parler ici afin de tenter de convaincre les parents qui voudraient déjà entamer cet apprentissage.
Pourquoi être aussi pressé ? Même si leur prix est assez élevé, les couches culottes offrent un très haut niveau de confort, pour l'enfant comme pour les parents. Les conditions d'hygiène de nos pays industrialisés sont bonnes, à tel point, peut-être, qu'on ne supporte plus les odeurs ni les émissions corporelles. Les parents se sentent également pressés parce que, dans une société de compétition comme la nôtre, il faut être le meilleur, le plus compétent et le plus rapide.

Il faut donc partir tôt, mais pour arriver... où ? Un enfant qu'on maintient sur le pot est un enfant qui n'occupe pas ce temps pour grimper, sauter, expérimenter, dessiner, développer son intelligence... Il y a tellement d'autres choses plus intéressantes à faire avec lui que de s'occuper de ses selles !

Un processus naturel

Il convient également de s'intéresser à ce mot « propreté » qui, dans notre langue, est couramment utilisé pour parler de la continence. Cela signifie-t-il que, auparavant, l'enfant est « sale » ? S'il touche de la terre, dans le jardin, on lui dit : « Ne touche pas, c'est caca, c'est sale. » Est-ce une bonne façon de se faire comprendre de l'enfant, à qui on demandera ensuite d'offrir ses selles comme un cadeau ?
J'insiste beaucoup sur l'aspect naturel du processus afin de souligner qu'une intervention trop stricte des adultes risque d'être dommageable. À un âge déterminé par nous, on demande à l'enfant de faire dans un pot à une heure décidée par nous ; il ne s'agit plus de satisfaire un besoin physiologique, mais de répondre au plaisir de l'adulte, ce qui, dans son rapport à son propre corps, est très différent et lourd de conséquences.

Ne jamais forcer

On ne peut rendre propre un enfant qui n'y consent pas et qui n'est pas prêt ; en insistant, on prend un risque majeur pour son devenir. C'est une violence faite à son corps, et elle laissera des traces : chez certains, il s'agira seulement d'une constipation rebelle ; chez d'autres, une inhibition dans l'habileté manuelle, corporelle puis verbale – le caractère de l'enfant peut devenir durablement entêté, coléreux, opposant ; certains enfants conditionnés trop tôt à la propreté par un dressage sévère souffriront d'une énurésie secondaire – le retour du pipi au lit, après avoir été propres –, dont ils auront du mal à se débarrasser.
Voilà un pas supplémentaire pour respecter véritablement l'enfant dans son développement. Le respecter, c'est non seulement lui laisser le temps d'exprimer sa faculté à être propre – une couche sèche, la capacité à se retenir, son accord pour faire dans le pot... –, mais c'est également accepter qu'il possède son rythme à lui, qui peut être différent de celui du fils de la voisine.

BON À SAVOIR

Aucun parent ne souhaite que son enfant soit énurétique. Alors détendons-nous et considérons la propreté comme un acquis naturel, qui viendra en son temps, sans difficultés.

QUAND LE CHANGE DEVIENT COMPLIQUÉ

Vers l'âge de un an, de nombreux enfants refusent d'être allongés sur la table à langer. Voici quelques idées pour ne pas transformer chaque séance en un mini-drame.

- Gardez à côté de la table à langer quelques objets ou jouets destinés à cet usage – une brosse à cheveux, un flacon de shampooing vide...
- Faites-le participer. Demandez-lui son aide, pour tenir la couche par exemple.
- Confiez-lui un jouet ou un objet qu'il ne connaît pas encore ou qu'il a oublié afin de solliciter sa curiosité.
- Collez-lui des petits morceaux de ruban adhésif sur les doigts : le temps qu'il s'occupe à les décoller, le change sera fini.
- Établissez une routine de jeux par questions et réponses, à laquelle il a plaisir à participer – « Comment fait le chien ? Comment fait l'oiseau ? », ou encore : « Où est ta main ? Bonjour la main ! Où est ton pied ? ».
- C'est aussi un moment privilégié pour le masser, le chatouiller et lui apprendre les noms des parties du corps. Il connaît déjà la tête et le pied. Mais connaît-il le nombril, le genou ou la nuque ?
- Enfin, si le problème de votre enfant est d'être allongé, changez-le debout.

Un niveau de maturité suffisant

Il est, certes, possible de donner l'apparence de la propreté à un enfant plus jeune : il fait dans son pot au moment où on l'y pose. Mais il s'agit soit d'une coïncidence – on a observé à quel moment le besoin survenait –, soit d'un conditionnement, mais en aucun cas d'un apprentissage. On n'enseigne pas la propreté comme on dresse un animal. Aussi est-il nécessaire que l'enfant soit en âge de comprendre ce qu'on attend de lui et qu'on lui demande un effort qu'il soit en mesure de fournir sans trop de difficultés. Être propre, c'est-à-dire se retenir jusqu'à ce qu'on se trouve dans un endroit approprié, est une étape du développement qui ne peut être forcée, car elle demande un niveau de maturité suffisant dans trois domaines :

- la maturité neuromusculaire : les muscles sphinctériens doivent être assez forts et sous contrôle volontaire, le système nerveux assez développé et coordonné ;
- la maturité intellectuelle : c'est la condition pour que l'enfant comprenne l'attente de ses parents et que son niveau de langage lui permette de demander quand l'envie s'en fait sentir ;
- la maturité affective : l'enfant doit être sorti de sa période d'opposition maximale, se sentir en bon équilibre et avoir envie de faire plaisir à ceux qu'il aime.

Selon les motivations

Qu'est-ce qui décide un enfant de faire un effort pour quitter ses couches et faire où on le lui demande ?

- Il a envie de grandir, donc il est tenté de faire comme les grands : c'est un argument très puissant et l'observation des aînés est souvent déterminante.
- Il a envie d'être propre parce que – et il l'expérimente vite – c'est plus confortable de crapahuter en petite culotte ou en slip qu'en couches.
- Il a besoin de l'amour et de l'admiration de ses parents : sa mère a l'air tellement contente quand il offre ses excréments dans le pot qu'il faudrait être très contrariant ou très fort pour les lui refuser !

Un enfant qui se développe bien trouve rapidement en lui cette motivation, pour peu qu'on ait attendu le moment où il y était prêt. Alors la propreté vient en quelques jours.

←

Soyez tranquille : l'âge de la propreté n'a absolument rien à voir avec tout autre indice de développement.

LE MOMENT DU REPAS

L'habileté de l'enfant ne cesse de s'affiner : à l'approche de ses dix-huit mois, il sait mieux se débrouiller avec sa cuillère et se montre capable de porter, seul, sa nourriture à la bouche. Et désormais il a moins faim.

Des progrès rapides

Le plus souvent, les repas se passent encore d'une manière assez barbouillée, et il n'est pas rare que l'enfant se fatigue et finisse par demander de l'aide. Il n'est pas question, bien entendu, de la lui refuser ; on peut même lui proposer de l'assister pour terminer son repas.
En revanche, il serait dommage, à cet âge, de continuer à tenir systématiquement la cuillère pour lui. Car il est parfaitement capable de commencer à se débrouiller : alors qu'il le fasse, au moins au début du repas, quand il a très faim. Continuer à le nourrir entièrement reviendrait à prolonger une habitude dont vous risqueriez d'avoir du mal à vous débarrasser.
Votre enfant est responsable de son corps : de ce qui y entre et, dans les mois qui viennent, de ce qui en sortira. Du jour où il est assez grand pour accomplir ces tâches, il n'est pas bon de se substituer à lui. C'est également à cette période que votre enfant peut tenir seul sa timbale, puis son verre, et boire, peu à peu, sans le renverser.

Un enjeu de pouvoir

Passé l'âge de un an, l'enfant a moins faim. Manger n'est plus une priorité. Il pinaille, il traîne. Ses parents, qui jusqu'alors étaient rassurés par son ardeur à finir son assiette ou son biberon, demandent : « Que se passe-t-il ? Tu n'as pas faim ? Tu n'aimes plus la soupe ? Allez, encore une cuillère pour me faire plaisir… » L'enfant découvre alors que manger ne satisfait pas seulement son besoin – et son plaisir – de se nourrir, mais que cela satisfait également ses parents, et qu'arrêter de manger leur déplaît, les mobilise et les inquiète. On est gentil quand on finit son assiette.
Auparavant, manger était un acte simple : on mangeait quand on avait faim. Désormais, cela devient un enjeu de pouvoir. Pour les parents, cela constitue également une culture familiale – « On ne gaspille pas la nourriture » – et un rôle.

L'enfant le comprend vite, et sait très vite jouer de l'anxiété ou de l'irritation qu'il suscite. Il a le pouvoir d'ouvrir ou non la bouche, et, si on le force, de tout recracher; ses parents n'ont que celui de l'implorer pour une cuillère de plus. Ce tout nouveau et si séduisant pouvoir, l'enfant n'est pas prêt à y renoncer.

BON À SAVOIR

S'inquiéter des fluctuations naturelles de l'appétit d'un enfant de quinze mois ne sert à rien. En revanche, à mieux les comprendre, les parents s'éviteront de nombreux conflits aux heures des repas.

Le manque d'appétit

Ça diminue et ça varie

Qu'un enfant ait moins d'appétit parce qu'il est malade, tout parent est prêt à le comprendre et à l'accepter... pour peu que cela ne dure pas trop longtemps. Mais qu'il n'ait pas faim et qu'il soit en parfaite santé, voilà qui est inadmissible et inquiète bien davantage ses parents. Alors que tout va bien pour l'enfant, qui réagit simplement comme tout enfant normalement constitué et dont la courbe de croissance ne marque aucun fléchissement. Jusqu'ici, pas de problème, rien qu'un appétit variable, comme tous les appétits; mais que ses parents ne l'admettent pas et s'angoissent, et les véritables difficultés vont commencer. À partir de l'âge de un an, l'appétit de l'enfant diminue, et ses besoins également. Sur un plan physiologique, ce mécanisme est tout à fait normal. Par ailleurs, l'enfant a des goûts et des dégoûts alimentaires plus prononcés, et il est de plus en plus à même de les manifester. Pour être nets, ces dégoûts n'en sont pas moins changeants, et tel plat aimé la semaine dernière peut être refusé aujourd'hui.

L'appétit peut varier d'un repas à un autre, d'un jour à un autre, et cela sans raison apparente. Inutile donc de s'en inquiéter: l'enfant se rattrapera au repas suivant ou au jour suivant. Mieux vaut respecter ces fluctuations et laisser manger l'enfant en fonction de sa faim. Lui seul connaît véritablement ses besoins et ses désirs.

Les fantaisies de son appétit peuvent amener votre enfant à vouloir commencer par le fromage et à finir par les carottes râpées. Pourquoi pas ? Si vous n'en faites pas une histoire, tout rentrera vite dans l'ordre.

Il ne veut que du lait

Certains jeunes enfants, si on les écoutait, ne se nourriraient que de biberons de lait – nature, au chocolat, au miel, aux céréales, le matin, le midi, au goûter et le soir... Il n'y a plus de place pour la nourriture solide.

Le lait est parfait... pour les veaux. Pour l'enfant de un an, il ne suffit plus à apporter les éléments nutritifs nécessaires à un développement harmonieux.

Un biberon de lait ajouté à une alimentation normale ne pose aucun problème. Si l'enfant ne se nourrit que de cela, il est temps de diviser la quantité par deux et de lui proposer autre chose. Il commencera par râler, puis trouvera merveilleux les nouveaux goûts.

Il ne veut plus de lait

À l'inverse, certains enfants décident que le lait, c'est pour les bébés : au biberon ou au gobelet, vous ne leur en ferez plus avaler une goutte. Or, le lait est la principale source de calcium des jeunes enfants, qui en ont grand besoin.
Heureusement, la plupart de ceux qui rejettent le lait continuent à apprécier les laitages. En général, ils adorent le fromage, fondu ou affiné, au goût plus ou moins fort. Pour ceux qui n'aiment pas ça, il reste les yaourts, le fromage blanc, les crèmes dessert…

Des menus souples

À l'âge de votre enfant, vous pouvez mettre de côté vos projets de menus idéaux, donnés en quatre repas équilibrés sur le plan diététique. Ce sera pour plus tard, si tout va bien. Car votre enfant n'a aucune envie de tenir compte des protéines, des vitamines et des sels minéraux, pas plus que du temps que vous passez à mijoter son foie de veau à la crème de céleri. Il aime certains plats et certaines saveurs, et il mangerait bien tous les jours les mêmes.
Si ce qu'il consomme par tranche de vingt-quatre heures est suffisant, à la fois en quantité et en qualité – votre médecin pourra vous renseigner à ce sujet –, pour qu'il soit en bonne santé et témoigne d'une bonne croissance, oubliez vos menus élaborés ainsi que votre anxiété. S'il adore les sardines à l'huile sur un toast beurré, inutile de vous battre pour lui faire avaler sa ration de lieu au beurre. Et s'il ne mange bien que quand il picore dans les plats du menu familial, arrêtez de lui faire de la cuisine de bébé rien que pour lui.

Ne pas manger, c'est résister

Votre enfant traverse une phase d'opposition et d'affirmation de soi : il serait bien étonnant que les repas y échappent. Certains refus alimentaires manifestés à cet âge, qui ressemblent à un manque d'appétit, sont en réalité motivés par le désir de marquer son opposition. Sur ce plan, l'enfant le comprend vite, il est toujours gagnant. Aussi va-t-il prendre sa revanche contre tous les interdits et toutes les obligations qui lui sont par ailleurs imposés.
Ne pas entrer dans ce jeu est la seule parade. « Tu ne veux pas manger ? Ce n'est pas grave, tu mangeras mieux ce soir. » Et on enlève son assiette. C'est difficile à faire ? Oui, bien sûr, car c'est tellement éloigné d'une pulsion profonde et irrépressible, selon laquelle nourrir son enfant constitue la tâche première et essentielle, celle qui, dans les faits, traduit le mieux l'amour et le souci qu'on a de celui qu'on aime…

PRÉVENIR LES TROUBLES ALIMENTAIRES

À l'adolescence, voire à l'âge adulte, les troubles du comportement alimentaire sont liés à l'attitude que les parents ont adoptée dans leur manière de nourrir leur enfant. C'est la raison pour laquelle il est tellement important de ne pas commettre d'erreurs.

Un bébé crie quand il a faim, mange jusqu'à ce qu'il se sente comblé, puis arrête de boire. Rien de plus normal. Lorsque les parents forcent un jeune enfant à manger et à finir son assiette alors qu'il n'a plus faim, ils perturbent ce merveilleux système de la satiété. L'enfant apprend à continuer à manger alors qu'il est rassasié, risquant dès lors un déséquilibre pondéral. Cela ne signifie pas qu'il faut lui proposer des pâtes quand il refuse ses pommes de terre. Respecter son appétit, ce n'est pas en faire un enfant difficile et capricieux, au contraire.

←

Votre enfant peut désormais manger presque la même chose que vous : plus besoin de faire un menu spécial bébé !

LES JEUX DU FAIRE SEMBLANT

Avec les débuts du langage commencent les jeux du faire semblant. Garçons et filles se mettent à imiter leurs parents : tandis que celui-ci donne à manger à son ours, celle-là raconte des histoires en déplaçant des personnages. Cette étape est décisive. Imiter ses parents, c'est déjà se mettre à la place des autres, et c'est aussi exprimer ses idées et construire sa confiance en soi.

Du carton à la cabane

Au cours de la première année de l'enfant, les objets semblaient soumis à l'usage qu'on en faisait; et quand l'objet disparaissait de la vue, il cessait d'exister. Peu à peu, un glissement s'est opéré dans l'esprit de l'enfant: d'une part, l'objet est doué d'une existence propre – on peut désormais jouer à cache-cache –, d'autre part, il peut devenir ce qu'on décide qu'il sera. C'est ainsi qu'une casserole sera tour à tour chapeau ou contenant. Le jeu symbolique est né.

De ce jour, grâce à son imagination, l'enfant devient le roi et peut faire semblant autant qu'il le désire: d'un bâton il fait un fusil, d'un carton une cabane. Au jouet sophistiqué, à l'usage unique et défini, il préfère celui, plus simple, avec lequel il peut jouer à l'infini.

Savoir faire semblant ouvre également la porte à tous les jeux d'imitation: on fait semblant de nourrir son ours, de gronder sa poupée, de conduire son camion, de parler avec un copain invisible…

Laisser libre cours à son imagination

Parfois, le faire semblant étonne les parents, qui craignent que leur enfant ne fasse pas bien la part entre l'imaginaire et le réel. Mais ce jeu témoigne en réalité d'un progrès très important pour l'enfant, pour trois raisons essentielles.

- Au lieu d'être limité par l'usage premier des objets, l'enfant est capable de lui en attribuer un autre. Il peut ainsi prendre ses distances à l'égard du monde concret et, grâce au jeu, accéder à l'ordre symbolique. Dès lors, il pourra donner libre cours à son imagination.

- L'enfant sait que les objets, donc les êtres humains aussi, possèdent une existence propre; ils ne sont donc pas une extension de lui-même et continuent d'exister hors de lui. Cette découverte lui ouvre la compréhension du monde en lui faisant perdre peu à peu la position narcissique qui était la sienne. Mais il se sent également beaucoup plus petit face au monde.
- Dorénavant, l'imitation jouera un grand rôle dans le psychisme de l'enfant. Avec ses poupées et ses peluches, ou d'une façon entièrement imaginaire, il pourra reproduire les expériences passées.

Rejouer les scènes

Dans les jeux d'imitation, toutes les situations, agréables mais surtout désagréables, que l'enfant a vécues mais qu'il n'a pas totalement assimilées, vont être rejouées, autant de fois que nécessaire, jusqu'à ce qu'elles aient été véritablement apprivoisées. C'est ainsi qu'on entend souvent un enfant gronder son ours parce qu'il ne mange pas ou le contraindre à s'habiller sous peine d'une punition. L'enfant prend la place du parent, ce qui, pour lui, est une façon de reprendre le pouvoir et la maîtrise de la situation; il rejoue l'évènement, au besoin en le modifiant, jusqu'à ce qu'il en ait fait le tour. Cette façon d'appréhender la réalité est très utile: elle aide l'enfant à se mettre à la place de l'autre, atténue la culpabilité et évacue les impressions pénibles.

La première poupée

Poupon, poupée de chiffon ou baigneur sexué, comment bien choisir cette première poupée? À cet âge, une règle prime: plus un jouet est simple, plus il permet de développer l'imagination. Fuyez donc la poupée qui chante, qui pleure et qui dit: « maman! » Une bonne poupée n'a nul besoin de marcher, de boire ni de faire pipi. En général, ce type de poupée multifonctions est fragile, lourde et encombrante – avec la place pour les piles et le mécanisme –, si bien qu'un jeune enfant a du mal à la prendre dans ses bras.
Au contraire, on peut même avancer que plus la poupée en fera par elle-même, moins l'enfant sera libre de lui faire exécuter quelque chose: d'une poupée qui dit « maman » on peut faire son propre enfant, mais pas une image de soi ni la maman d'une autre poupée. Et une petite fille ne s'identifiera pas avec un baigneur doté d'un sexe masculin – et inversement.
Choisissez une poupée pas trop grande, qui tient bien dans les bras de l'enfant. Un corps souple, en tissu, sera plus facile à habiller et plus doux pour l'enfant qui s'endort dessus. Mais vous pouvez également préférer une poupée qu'on peut amener avec soi dans la baignoire.

BON À SAVOIR

Sur sa poupée, l'enfant reproduit ce qu'il vit et ce qu'il découvre. En la câlinant, en la disputant et en la nourrissant, l'enfant projette une image de lui-même: sa poupée lui fait retrouver ses émotions, ses plaisirs et ses chagrins.

De nombreux enfants aiment que la poupée possède des cheveux. Mais l'essentiel reste qu'elle soit dotée d'un regard avenant. Et si vous en trouvez une qui partage quelque peu le type physique de votre enfant – la couleur de la peau, des yeux, des cheveux... –, c'est encore mieux.
Ce qui est important, en définitive, c'est que la première poupée suscite un échange affectif avec l'enfant, qui pourra l'animer et recréer ainsi un monde à la mesure de son imagination.

Votre fils réclame une poupée

Beaucoup de parents pensent, au fond d'eux-mêmes, qu'une telle demande n'est pas tout à fait « normale ». Ne signifierait-elle pas que le garçon développe des tendances féminines ?...
C'est plus simple que cela : peut-être votre fils a-t-il vu jouer une petite fille, et son plaisir apparent lui a-t-il donné l'envie d'en faire autant ? Peut-être a-t-il un petit frère ou une petite sœur, et cherche-t-il à imiter sa maman qui s'en occupe ? Peut-être est-il, au contraire, un enfant unique et cherche-t-il un support pour s'inventer un compagnon de jeu ? Prendre plaisir à s'occuper d'un enfant, c'est ce qu'on attend aujourd'hui des pères : ils n'y perdent pas pour autant leur virilité !
Vous pouvez donc accéder en toute tranquillité au désir de votre fils ; c'est, au contraire, lui interdire les jeux de filles qui pourrait être dommageable. En effet, cela risque de faire naître l'idée que son « être masculin » n'est pas une chose évidente et acquise, mais qu'il peut être remis en question selon les activités auxquelles il se livre. Ne créons pas de problème là où n'existe qu'un désir légitime.

DES HABITS SIMPLES ET PRATIQUES

Les habits de poupée qu'on achète sont souvent difficiles à enfiler et à enlever par le jeune enfant. Avec quelques chutes de tissu, du Velcro et de l'élastique, vous fabriquerez aisément quelques vêtements faciles à mettre, larges et sans boutons – des capes, des ponchos, des moufles, des gilets sans fermeture, des jupes à élastique, des foulards...

Une autre façon de confectionner des habits très simples à enfiler consiste à utiliser des chaussettes dépareillées ou trop petites. Quelques coups de ciseaux pour les emmanchures et le cou, et voici une robe chaussette très seyante !

→
Pas besoin que la poupée parle, fasse pipi ou chante : laissez votre enfant développer son imagination !

L'ENFANT ET L'ANIMAL

Le mythe de la complicité entre l'enfant et l'animal remonte, semble-t-il, très loin dans l'Antiquité ; aujourd'hui, dans nos sociétés techniques et urbaines, il reste plus que jamais présent.

Une histoire d'amour

La relation entre l'enfant et l'animal est une véritable histoire d'amour, qui se retrouve très tôt dans les peluches offertes aux nourrissons, du lapin à l'ourson ou de la girafe au poussin. Elle se poursuit dans les histoires du soir, de Petit Ours brun à Mireille l'Abeille, qui proposent à l'enfant de se projeter dans un petit héros issu du règne animal et de partager son existence et ses émotions. Le plus souvent, les animaux sont habillés et parlent, ce qui ne dérange nullement l'enfant.

Au stade suivant, les dessins animés et les ouvrages prennent la relève : la popularité des productions de Walt Disney®, de Tintin et Milou ou du Petit Prince en témoignent amplement. Puis, dans les films, les animaux occupent leur place réelle, et c'est la complicité entre l'enfant et l'animal qui est célébrée – l'animal consolateur et ami, confident et sauveteur.

Toutes ces créations soulignent à quel point les enfants se sentent spontanément proches des animaux, même si leur entourage en est dépourvu. Faut-il pour autant en adopter un ? À vous de décider : si vous les aimez, si votre logement et votre emploi du temps le permettent, et si vous êtes prêt à vous engager sur des années, pour votre enfant ce sera une source de joie et d'expériences.

Quel animal choisir ?

Par-dessus tout, les jeunes enfants aiment caresser un animal et se frotter contre lui ; ce contact doit donc être possible et doux. Pour ces raisons, la perruche, la tortue ou le poisson rouge, même s'ils attirent l'attention joyeuse de l'enfant, offrent peu d'échanges véritables et de compréhension réciproque.

Ce que l'enfant recherche aussi, c'est un compagnon de jeu, qui soit d'une taille compatible avec la sienne – pour cet âge, le poney ou la souris blanche paraissent inadaptés… –, un ami libre de ses mouvements et non enfermé dans une cage ou un aquarium.

Que reste-t-il ? Un chat docile et affectueux. Un chien de taille moyenne, pas trop jeune et gentil. Avec un chat dans la maison, veillez aux bonnes conditions d'hygiène, en particulier avec la litière. Quant au chien, il sera plus disponible, mais le premier contact risque d'être délicat : laissez l'animal flairer l'enfant, voire le lécher. Quand il s'en sera fait un ami, il ne manifestera plus de jalousie et ce sera entre eux à la vie, à la mort.

Des consignes de sécurité

Attention ! À un an, l'enfant a des gestes souvent brusques et pas toujours contrôlés. Vous devez donc être très sûr de votre animal de compagnie et savoir qu'il ne fera aucun mal à l'enfant. Malgré tout, il n'est pas souhaitable de les laisser ensemble dans une pièce sans surveillance.
Très vite, il faut apprendre à l'enfant à respecter l'animal, ses droits et ses besoins. À chaque fois que vous serez témoin d'une scène ou d'une menace, arrêtez l'enfant et, fermement et gentiment, redirigez sa main en une caresse et non plus en un coup.
Apprenez-lui également à comprendre les signaux d'alerte, par exemple lorsqu'un chien grogne ou quand un chat est brusquement toutes griffes dehors. On ne va pas rechercher un animal qui s'est réfugié dans une autre pièce pour y être tranquille, pas plus qu'on ne le dérange lors de son repas. Une fois ces quelques règles acquises, les rapports entre l'enfant et l'animal deviendront vite une source d'épanouissement affectif.

CONNAÎTRE LEUR COMPORTEMENT

Les animaux jouent un rôle important dans l'éducation des enfants. Pour qu'ils s'apprécient mutuellement, ils doivent apprendre à se connaître.

Dans la rue ou chez autrui, ne laissez jamais votre enfant caresser un animal sans avoir demandé l'autorisation à son maître. Apprenez à votre enfant à approcher les animaux calmement, les bras le long du corps, sans crier, sauter ni courir. Lorsqu'on tend la main vers un chien inconnu – ou un cheval, un âne… –, on le fait paumes ouvertes vers le haut. Il sent la main et comprend qu'on veut être son ami. Ensuite, seulement, on peut le caresser.

Apprenez-lui à reconnaître et à respecter les moments où l'animal veut être tranquille et la manière dont il le manifeste.

BON À SAVOIR

- N'acceptez jamais que votre enfant fasse du mal à un animal. Apprenez-lui ce que l'animal aime et encouragez-le à le faire.
- Si vous vous promenez dans la nature, allongez-vous ensemble dans l'herbe et observez le monde des insectes – une fourmilière, un papillon, une araignée tissant sa toile… C'est ainsi que votre enfant apprendra à les admirer plutôt qu'à les craindre.
- Apprenez-lui à respecter la vie sous toutes ses formes : on n'écrase pas sous son talon un insecte inoffensif, on n'arrache pas les fleurs pour les jeter ensuite par terre… Comme pour le reste, votre exemple sera déterminant.

SAVOIR LUI DIRE NON

Faire preuve de fermeté à l'égard de son enfant, lui dire « non », n'est pas, loin s'en faut, une façon d'écraser sa personnalité ni de le brimer. Au contraire, c'est lui fournir un cadre rassurant.

La discipline pour se construire

Très éloignée de l'autoritarisme aveugle, la discipline consiste à apprendre à l'enfant à se maîtriser et à contrôler sa propre existence; il ne pourra exercer pleinement sa liberté que s'il est responsable de lui-même, et c'est ce que ses parents ont à lui enseigner. Nous vivons dans une société de loi, où le « tout, tout de suite » ne possède aucune valeur.

Pour se construire, pour se forger une personnalité, un enfant a besoin de s'opposer, nous l'avons dit. Mais à quoi s'opposerait-il s'il n'existe aucune règle à transgresser? On ne peut être en désaccord avec « rien »: en ce cas, comment devenir soi-même?

L'enfant se sait petit face à un monde grand, dont il ignore le mode d'emploi. Qu'on lui laisse déterminer seul constitue pour lui une source d'angoisse. Il sait que ses parents sont des grands: alors pourquoi le laissent-ils décider plutôt que de lui indiquer ce qu'il doit faire? Et voilà l'enfant perdu, qui pousse la provocation toujours plus loin en espérant que, un jour, on voudra bien l'arrêter.

BON À SAVOIR

Contrairement aux apparences, l'enfant âgé de quinze mois environ ne veut pas être celui qui décide: au fond, il s'en sait incapable. Il veut juste pouvoir s'opposer et avoir son mot à dire dans ce qu'on décide pour lui.

La fermeté est sécurisante...

Un système cohérent d'exigences relatives à son comportement ainsi qu'une fermeté parentale rassurent l'enfant et l'aident à se bâtir une personnalité forte. Les parents sont affectueux et attentifs, mais ils ne laissent pas l'enfant sortir des limites définies. L'enfant n'est pas écrasé; au contraire, il se sent soutenu, réconforté, rassuré. Car si ses parents sont plus forts que lui et donc plus forts que le monde entier, se dit-il, ils peuvent le protéger. Ils savent où ils vont: on peut donc les suivre. L'enfant peut alors partir à la découverte du monde, puisqu'il existe des garde-fous.

À l'inverse, l'enfant dont les parents peinent à exiger ou à se faire obéir est souvent anxieux. Si les « non » auxquels il s'oppose finissent toujours par céder, il aura beaucoup du mal à affronter et à accepter les exigences scolaires ou autres;

il découvrira les conflits dans la douleur et verra que les autres, dans la vie, se moquent bien de ses désirs.

... et parfois épuisante

Pour de nombreux parents, faire preuve d'autorité et se faire obéir est ce qu'il y a de plus pénible et de plus ingrat dans les tâches éducatives. Cela est d'autant plus vrai que les enfants apprennent à se comporter correctement soit par l'exemple – mais cette méthode a ses limites –, soit par crainte des représailles. Ils cherchent en permanence les limites, ce qui est épuisant. Comment garder son calme après une journée de travail et une heure de transport quand on se sent déjà surmené et tendu avant même d'avoir retrouvé son enfant ? On rêve d'une soirée tranquille et tendre, et le voici qui refuse sa soupe, pleure pour un rien et achève de vous mettre les nerfs en vrille ! Cela n'est pas grave pour les parents convaincus qu'un « non », bien dit et bien accepté, ouvre la porte à d'innombrables « oui » encourageants et épanouissants.

Respectueux et adapté

Si un « non » dit avec fermeté rassure l'enfant, un excès de « non » l'inhibe et le rend agressif. Il ne s'agit nullement de dire « non » à tout et d'exiger de l'enfant une obéissance absolue et immédiate. Pour être acceptés, les « non » doivent être peu nombreux et bien choisis. Un bon « non » est un « non » raisonnable, cohérent, respectueux et adapté à l'âge de l'enfant. Il doit également être expliqué. Sinon, comment l'enfant s'y retrouvera-t-il ? Tantôt il prend la forme d'un interdit, tantôt d'une exigence, tantôt d'un « Maintenant, ça suffit ! » qui, en effet, met un terme à une situation qui a déjà trop duré. Car le « non » sait aussi se faire patient et compréhensif.

Un enfant n'attend pas de vous que vous soyez des parents parfaits. Mais il semble important d'exposer le point de vue de l'enfant, à un âge où il ne peut le formuler lui-même ; il faut comprendre que, le plus souvent, ses besoins profonds sont en contradiction avec ce qu'expriment ses désirs du moment.

Il dit : « Je veux la voiture », mais il est satisfait si vous lui répondez : « Je te comprends, elle est superbe. Est-ce qu'elle ne ressemble pas à la bleue dont le capot s'ouvre ? Elle a l'air de te plaire vraiment. Peut-être pourrais-tu attendre jusqu'à ton anniversaire ? » Son désir a été entendu et reconnu comme valable ; vous lui avez montré que vous l'aimez en vous intéressant à lui : au fond, il ne demande finalement rien de plus.

BON À SAVOIR

Nombreux sont les parents qui, sur le principe, sont d'accord pour appliquer une fermeté rassurante, mais qui, dans la réalité, ne le font pas. À cela trois raisons principales.

- Les enfants ont un charme fou et peuvent être véritablement désarmants. Comment se fâcher ? Comment être le méchant qui les fera pleurer ?
- Dans leur propre enfance, les parents ont souffert d'un système d'éducation trop autoritaire. Ils préfèrent alors pécher par excès de laxisme plutôt que de faire subir à leur enfant ce dont ils restent blessés aujourd'hui encore.
- Les parents n'ont pas assez de temps pour expliquer ou pour mettre en place des principes cohérents. Ils estiment que le peu de temps qu'ils passent ensemble n'est pas pour faire de l'autorité et se disputer, mais pour que tout le monde soit content.

SON SOMMEIL

Il est difficile de préciser combien d'heures « doit » dormir un enfant. On ne peut fournir que des indications moyennes : au cours de leur deuxième année, les enfants dorment de douze à seize heures par jour environ – quatorze en moyenne –, sieste comprise.

Une durée variable

Entre des enfants du même âge, les écarts individuels sont importants : tandis que certains petits dormeurs se contentent de nuits de dix heures et émergent à 6 h du matin, pleins d'énergie, d'autres sont infernaux s'ils n'ont pas eu leurs treize heures de sommeil nocturne ; certains sont plutôt du soir et ne peuvent s'endormir avant 21 h, d'autres sont du matin et exigent leur biberon à l'aube.
À cela, vous ne pourrez rien, car il est impossible de contraindre un enfant à dormir pendant une durée convenue. Tout au plus pouvez-vous le placer dans une situation de calme, qui favorise la venue du sommeil. En effet, certains enfants s'énervent quand ils sont fatigués et ne paraissent jamais plus actifs qu'à ce moment-là.

ASTUCES

Voici quelques moyens pour le faire patienter le matin.

- Obscurcissez sa chambre.
- Au moment de vous coucher, glissez dans son lit un paquet de cartes à jouer qu'il trouvera à son réveil : c'est un jeu qui devrait l'occuper un moment.
- Déposez également quelques biscuits. La faim réveille et grignoter est l'une des activités favorites de l'enfant.
- Ne récompensez pas son réveil en le prenant dans votre lit, sauf s'il ne vous gêne pas et se rendort aussitôt.

Dort-il assez ?

Pour savoir si votre enfant a son compte de sommeil, observez-le le matin et au cours de la journée. La durée qui lui convient est celle qui lui permet de ne pas être fatigué et de tenir pendant toute la journée un bon niveau d'activité.
Un enfant qui se réveille spontanément est un enfant qui a assez dormi. Si vous devez le réveiller chaque matin, profitez d'un moment de vacances pour le laisser dormir à son rythme et autant qu'il le désire : vous verrez alors combien d'heures lui sont nécessaires.

L'heure du coucher

Aucune règle ne fixe d'une manière stricte l'heure à laquelle un enfant doit se mettre au lit. Cela dépend beaucoup du mode de vie du reste de la famille. Ainsi, il ne semble pas très raisonnable – et très réaliste – de vouloir coucher un enfant sans qu'il ait eu le temps d'avoir de véritables contacts avec ses parents. Si elle est assortie d'une certaine souplesse, la régularité de l'heure du coucher donne d'excellents résultats. Et si l'enfant a besoin de voir ses parents le soir, eux aussi ont besoin de se retrouver ensemble, tous les deux, sans leur enfant. Aussi faut-il trouver un compromis qui tienne compte des désirs de chacun.

La sieste reste nécessaire

À cet âge, la plupart des enfants ne font plus de sieste le matin, ce qui est parfois dommage pour ceux qu'on éveille très tôt afin de les déposer à la crèche ou chez l'assistante maternelle.
Il reste la sieste de l'après-midi, qui sera indispensable pendant un bon moment encore; certains l'abandonneront dès deux ans, d'autres à cinq ans. Comme les adultes, les enfants ressentent en début d'après-midi une chute de niveau d'activité et un besoin physiologique de repos.
Au cours des mois qui viendront, la durée de la sieste s'allongera, sans qu'il soit pourtant possible de donner une durée « normale ». Cela dépend des besoins de l'enfant, mais également du temps de sommeil nocturne. L'essentiel est de ne pas réveiller l'enfant: il le fera de lui-même quand il aura assez dormi.

←
Créez un rituel du soir en lisant à votre enfant une histoire dans sa chambre. Et après, dodo !

L'ENFANT DE 18 À 20 MOIS

La lutte pour l'autonomie caractérise avant tout cette période de la vie de l'enfant. Même si elle dure des mois ou des années, elle atteint là l'un de ses sommets : l'enfant n'est pas assez grand, ou pas assez compétent, pour faire ce qu'il souhaite, mais il veut faire seul et se fâche si l'adulte veut l'aider.

QUI EST-IL ?

Vers l'âge de un an et demi, le tempérament de l'enfant est caractérisé par un certain nombre de points essentiels.

Il veut, mais ne peut pas

Parce qu'il désire toucher à tout, l'enfant traîne dans son sillage beaucoup de bruit et de désordre ; pas un tiroir qui n'échappe à sa curiosité, pas un bas d'armoire ni de placard, pas un sac à main ni un porte-documents, pas une corbeille... Si cela est parfois difficile à supporter pour son entourage, cela est le signe d'un développement sain et normal : c'est, au contraire, le silence et la sagesse d'un enfant de dix-huit mois qui doivent, bien davantage, inquiéter ses parents.
L'enfant ressent de nombreuses frustrations, car il veut et ne peut pas, car il voudrait faire tout seul mais s'en trouve incapable, et car il n'est pas encore capable, de toute façon, de demander clairement ce qu'il souhaite.
Souvent, la violence de ses colères désarçonne ses parents : l'enfant jette ses jouets, hurle, se débat, donne des coups de pied, parfois se cogne la tête par terre... ; puis il se calme et oublie pourquoi il s'est mis dans un tel état. Il est encore incapable de contrôler la violence de ses pulsions et de ses émotions : tout délai et tout refus lui étant très pénibles à supporter, il se met à frapper et à mordre. Peu à peu, le contrôle de soi pourra se développer, entraînant davantage de manifestations d'affection.

Il est déterminé, ou au contraire plus souple

Au-delà de leurs points communs, tous les enfants du même âge sont différents, bien entendu. Certains sont déterminés et volontaires, sachant ce qu'ils veulent et ne se laissant pas facilement influencer ; autonomes, ils protestent avec vigueur lorsqu'on prétend les habiller ou les nourrir ; même s'ils sont encore trop jeunes et maladroits pour y parvenir seuls, ils refusent toute aide – question de dignité.
D'autres sont plus passifs et ne s'embarrassent pas de ces considérations. Si l'un de ses parents veut tenir sa cuillère ou l'aider à s'habiller, il est le bienvenu. Ces jeunes enfants sont tendres, et ravis de se laisser manipuler. Attention : tout le monde trouve son compte à cette situation, qui risque donc de s'éterniser. Il viendra un moment où il faudra inciter l'enfant à se prendre en charge.

Il a besoin de se rassurer

L'enfant de dix-huit mois peut être assez perturbé et inquiet de sa propre intrépidité. Aussi, pour se rassurer, met-il en place des rituels variés, qui rythment sa journée et auxquels il s'attache avec force. Qu'ils concernent le déroulement du repas, du bain ou du coucher, ces rituels méritent l'attention et le respect des parents.

Les rituels établis par l'enfant le rassurent : malgré tout ce qui se passe dans une journée, son monde reste le même, immuable, fidèle. Son agressivité n'a rien détruit, ses repères n'ont pas été modifiés. Par ailleurs, ces rituels sont une bonne formation de compromis entre l'enfant et ses parents : tandis que le premier est actif, veille à la bonne exécution du rituel et en contrôle rigoureusement le déroulement, les seconds, grâce à ce moyen, mènent l'enfant où ils le souhaitent, à table, au bain ou dans son lit.

Il est inconstant

Si, d'une manière obstinée, l'enfant de cet âge peut s'accrocher à un désir ou à une idée, donnant alors l'impression que rien ni personne ne pourront le faire changer d'avis, à d'autres moments il se montre inconstant, agité et ne parvient pas à tenir en place, courant en tous sens, comme pour épuiser son trop-plein d'énergie.

Parfois, il semble très sûr de lui-même et revendique son indépendance ; mais peu de temps après, il est pris de frayeurs : il a peur du noir, des insectes ou de tomber, et ses parents ont fort à faire pour le rassurer et pour lui permettre de se sentir à nouveau en sécurité.

Cela ne signifie pas pour autant qu'il faut protéger l'enfant de toutes les expériences quelque peu risquées qu'il mène, ni surtout le surprotéger. Passer son temps à le poursuivre en lui annonçant, tel le mauvais augure : « Attention, tu vas tomber, tu vas te faire mal, tu vas te salir », etc., non seulement ne l'aide pas à se fabriquer un véritable sens du danger, mais contribue à lui donner l'image d'un monde périlleux, où il ne saura jamais ni tracer son chemin ni faire ses preuves.

BON À SAVOIR

Avec ses mains, l'enfant sait désormais faire au revoir et bravo, et construire une tour de trois cubes.

Il est explorateur

Entre dix-huit et vingt mois, l'enfant continue à explorer le monde, et entraîne toutes les possibilités que lui offre l'équilibre général de son corps : il marche à reculons, s'assied seul sur une chaise, s'accroupit puis se relève, escalade de plus belle…

Tout cela le conduit à prendre des risques et, parfois, à surévaluer ses compétences. Étant donné que sa coordination motrice et son sens de l'équilibre ne sont pas encore affirmés, il tombe beaucoup – d'où l'importance de rendre l'environnement de l'enfant assez sûr afin de ne pas avoir à trembler pour lui.

Il affirme son existence

Le langage d'un enfant âgé de un an et demi environ est fait d'un mélange d'attitudes, d'intonations, de gestes et de mots à sens multiples. Il s'en sert surtout pour communiquer, pour demander et refuser. D'ailleurs, le mot qu'il prononce le plus souvent est : « non ». Ce « non » ne témoigne pas toujours d'un refus réel, mais il a le sens de : « Je suis d'accord avec toi, mais à condition que je le choisisse moi-même. »

Dire « non » consiste avant tout à affirmer son existence. Imprégné de la conviction qu'il est une personne autonome, différente de toutes les autres, il dit « non » très souvent afin que nul ne l'ignore. Désormais, chacun doit savoir qu'il a une volonté propre et que, s'il vient à table, c'est parce qu'il le veut bien et non parce que ses parents le lui ont demandé.

Dans le même temps, il observe de plus en plus ce que font ses parents et se montre désireux de faire comme eux : il les imite chaque fois qu'il le peut, guettant ainsi leur approbation. Car ce qu'il souhaite par-dessus tout est de faire plaisir à sa mère ou à son père.

BON À SAVOIR

Si l'enfant use de mots « bébé » plutôt que de vrais mots pour désigner des objets ou des actions, c'est de son âge ; mais ce n'est pas de celui des adultes qui l'entourent de les reprendre et de les intégrer à leur vocabulaire. Un enfant qui n'entendrait que cela n'apprendrait jamais à parler correctement.

Parler à son enfant normalement est ce qu'il y a de mieux, tout simplement. Les parents qui accompagnent les expériences nouvelles de leur enfant avec des mots nouveaux et appropriés mettent à sa disposition un vocabulaire riche, dont il fera usage dans quelques mois.

Il répète longuement

D'un enfant à un autre, les différences de langage sont grandes. Tandis que certains ne parlent presque pas, d'autres ont déjà une douzaine de mots à leur disposition, et d'autres encore en sont à construire des phrases composées de deux mots – « Papa parti », « Veux gâteau », « Pas dodo »... Ces différences sont de peu d'importance pour l'avenir.

Désormais, presque tous les enfants savent reconnaître et pointer un grand nombre de dessins qu'on nomme lorsqu'ils feuillettent un imagier. Presque tous également aiment répéter longuement des mots ou des phrases qu'ils ont entendus, comme en écho. Pour eux, cela possède une valeur d'entraînement à la prononciation : si elle n'est pas, bien entendu, encore parfaite, elle est au mieux de ce que l'enfant peut faire pour l'instant. Inutile donc de le reprendre ; il suffit de lui renvoyer la forme correcte dans la réponse afin qu'il s'en imprègne peu à peu.

Il ne tient pas compte des autres

Les rapports de l'enfant avec ses pairs ne sont pas de tout repos. S'il est bon, dans le cas où cela n'est pas encore fait, de l'intégrer à un groupe d'enfants de son âge, il ne faut pas s'attendre, en revanche, à ce qu'il leur témoigne du respect et de l'attention. D'une manière générale, il ne joue pas encore avec un autre enfant, sauf s'il en a besoin, pour faire de la balançoire à bascule par exemple.
D'un comportement encore assez égocentrique, il préfère recevoir ou prendre plutôt que donner. Il trouverait normal d'avoir tout pour lui et ne tient aucun compte des désirs des autres. Tantôt il recherche les camarades de jeux, tantôt il les bouscule, les ignore ou les agresse.

Il aime jouer avec les adultes

À la présence de ses pairs, l'enfant de dix-huit mois préfère celle des adultes et aime tout particulièrement imiter leurs comportements dans ses jeux. C'est avant tout le père qui, à cette période, prend une place de plus en plus importante : l'enfant recherche sa compagnie et refuse souvent de s'endormir sans l'avoir vu pendant un moment, le soir.
Les garçons comme les filles aiment chahuter avec leur père et apprécient sa force ou sa brusquerie. En revanche, ils se sauvent généralement si on les prend dans les bras ou si on les embrasse sans qu'ils soient volontaires. Quand on est aussi actif, les câlins durent peu de temps.

Il assemble, enfile, construit…

À cet âge, parmi les jeux et les jouets favoris figurent les gros puzzles très simples, les grosses perles en bois de couleur que l'enfant commence à savoir enfiler ainsi que les jeux d'emboîtement et d'encastrement. Pendant plusieurs mois, la palme reviendra au téléphone en plastique, que l'enfant peut utiliser afin de s'entraîner à la conversation.
L'enfant aime se servir d'outils semblables à ceux qu'emploient les adultes et se livrer à des jeux d'imitation – il cloue, il balaie… Commençant à être capable de souffler et d'aspirer, il s'y adonne avec plaisir dans une paille, un ballon ou un sifflet. Les tours qu'il construit avec des cubes sont de plus en plus hautes, et sa joie est autant de les édifier que de les faire s'effondrer.

BON À SAVOIR

Tandis que certains enfants ont déjà une main de prédilection, la plupart sont encore ambidextres et se servent alternativement de leur main droite et de leur main gauche.

ASTUCE

L'enfant tire beaucoup de plaisir à gribouiller avec ses feutres ou ses crayons. Ayant désormais compris le lien qui existe entre le geste et l'effet, il dessinerait bien partout – sur les murs, sur la table… Si cela demande une certaine surveillance, on peut aussi mettre à sa disposition un grand pan de mur, dans sa chambre ou dans la cuisine, recouvert d'une grande feuille, par exemple une nappe en papier, à remplacer régulièrement.

LA PROPRETÉ

Est-ce la bonne période pour enlever les couches de votre enfant et lui demander de faire dans le pot quand il en aura envie ? À lui de juger. Ensuite, une fois que votre enfant semble prêt, le reste est très simple.

Est-ce vraiment le bon moment ?

Le bon moment de se passer de couches, c'est quand un enfant a atteint un niveau de maturité neuromusculaire, intellectuel et affectif suffisant. Pour savoir si c'est le cas de votre enfant, voici quelques éléments qui peuvent vous aider. Votre enfant est prêt si :

- il est conscient de ce qui se passe dans son corps, au moment même, et pas seulement après coup ;
- il court aisément, sait monter à une échelle et grimper les escaliers debout ;
- il manifeste son envie d'enlever ses couches et d'aller sur le pot ou aux toilettes ;
- il se livre souvent à des jeux d'imitation et aime tout faire comme les grands ;
- il comprend ce qu'on lui demande et y accède plutôt volontiers – il est sorti de sa phase d'opposition systématique ;
- il a intériorisé les notions d'ordre et de désordre ; il aime faire des petits cadeaux et il est dans une période affective stable ;
- il va sur ses deux ans ;
- il connaît des mots – pipi, pot, etc. – et sait bien à quoi sert le pot.
- On a déjà préparé cet apprentissage en lui en parlant et en lui expliquant ce qu'on attendrait bientôt de lui.

BON À SAVOIR

Il y a plusieurs décennies, la mode était d'initier la propreté très tôt, dès l'âge de trois mois. Il n'était pas rare de voir des bébés « propres » à un an. Mais il ne s'agissait que de conditionnement à faire ses besoins à heures fixes, témoin d'une époque qui privilégiait le « dressage » – et sans lave-linge ni couches jetables. Raisonnablement, une véritable éducation à la propreté, menant à l'autonomie, ne peut commencer avant l'âge de dix-huit mois, quand l'enfant devient conscient de ses mécanismes internes. Pour la plupart des enfants, c'est autour de deux ans que le contrôle volontaire deviendra possible.

Un apprentissage de plusieurs jours

La « bonne période » pour acquérir la propreté, c'est en définitive la période pendant laquelle l'apprentissage durera le moins longtemps possible. Car, à cet âge, l'enfant a beaucoup de choses à apprendre, qui sont tout aussi importantes, voire plus, que la propreté. Les problèmes de « pipi caca » ne doivent donc pas empiéter trop sur son temps. À titre d'exemple, une séance de pot ne doit jamais durer plus de cinq minutes, et l'enfant doit toujours être libre de se relever quand bon lui semble. Il est seul maître de son corps et de ses envies.

La bonne période, c'est aussi celle pendant laquelle l'enfant peut répondre assez facilement à l'attente de l'adulte. S'il y a trop d'accidents ou pendant trop longtemps, l'enfant est mis en situation d'échec. Ces échecs répétitifs et son incapacité à répondre à ce qu'on lui demande sont pour lui désespérants et néfastes sur le plan psychologique.

Le droit de se salir

Quand il entame le processus d'apprentissage de la propreté, un enfant fait un effort. Si on veut que cet effort soit efficace, il faut autoriser l'enfant, en parallèle, à se salir. À un an et demi, un jeune enfant se salit beaucoup : il se roule et grimpe partout, et touche à tout. Pour rester impeccable, il faudrait qu'il reste immobile ou sage, ce qui n'est pas normal à cet âge.
Laissez-le patouiller dans le sable ou dans l'eau, avec de la pâte à modeler ou de la pâte à sel. Achetez des vêtements et des chaussures pratiques, faciles à laver, puis laissez-le faire. La seule limite est l'hygiène de base : se laver les mains après une activité salissante et avant de manger, et prendre un bain ou une douche chaque jour.

Dire clairement

Vous devez expliquer calmement à votre enfant qu'il est assez grand maintenant pour ne plus faire dans ses couches, mais dans le pot.
Le contrôle du rectum est le plus facile à obtenir. L'envie d'aller à la selle est un mécanisme simple : il s'agit de la pression du contenu du côlon. L'enfant est vite conscient de cette envie ; aussi est-il inutile de lui imposer votre horaire : le moment de la défécation est celui de son horloge interne et non celui qui vous convient. Il apprendra vite à demander. Sinon, dites-lui simplement : « Ce n'est pas grave, tu ne t'es pas rendu compte à temps. La prochaine fois, tu iras sur le pot. »
Le contrôle de la vessie nécessite qu'on incite l'enfant à aller sur le pot assez régulièrement, surtout dans un premier temps. Lui demander s'il a envie paraît le plus souvent suffisant. Il n'y a guère qu'avant le coucher qu'une mise au pot systématique peut être faite.

Donner les règles

Nous l'avons vu, la continence est un processus naturel, commun à tous les mammifères, les hommes comme les autres, et chaque espèce apprend à ses enfants comment s'y prendre ; ainsi, la mère chatte incite ses petits à faire dans la litière. Être propre constitue une étape normale de la maturité de l'enfant : aux parents de lui enseigner les règles sociales.
J'ai déjà expliqué longuement pourquoi il ne fallait en aucun cas forcer l'enfant

et pourquoi rien ne pouvait hâter ce processus (voir pp. 266-269) ; néanmoins, autour de l'âge de deux ans, il convient de lui expliquer ce qu'on attend de lui et lui demander d'être propre ; puis on peut enlever les couches, avec son accord.
Cela semble évident, mais j'ai vu plusieurs fois des enfants de trois ou de quatre ans qui n'étaient prétendument pas propres, alors qu'on ne leur avait simplement rien demandé ; on avait laissé faire, sans humaniser le comportement de l'enfant.

Essayer

Quand l'enfant est prêt et décidé, il suffit d'enlever les couches, de lui fournir une jolie petite culotte ou un slip, de l'habiller de telle manière qu'il puisse se déshabiller tout seul, rapidement et simplement. C'est tout. Ensuite, il faut lui laisser un peu de temps pour que l'apprentissage s'installe, ne pas s'inquiéter des petits accidents et ne pas en culpabiliser l'enfant. Cet apprentissage se fait en quelques jours.
Si, au-delà de cette période, les oublis restent fréquents et atteignent une fréquence de plusieurs fois par jour, il faut se demander si l'enfant était véritablement prêt et s'il ne serait pas judicieux de lui proposer de remettre des couches pendant quelque temps. Dans ce cas, dites-lui bien qu'il ne s'agit pas d'un échec de sa part, mais d'une erreur de la vôtre. N'en faites surtout pas une histoire et réessayez dans deux ou trois mois.
Rien n'est pire que de le confronter, pendant des semaines, à l'épreuve de la culotte mouillée et à la gêne ressentie. D'une manière générale, on ne peut exiger d'un enfant que ce qu'il est en mesure de fournir afin de l'intégrer dans un processus de réussite et de lui donner confiance en lui.

Ni punitions ni récompenses

L'apprentissage de la propreté ne doit donner lieu ni à des cris ni à des punitions. Si vous avez l'impression que votre enfant fait exprès d'uriner ou de déféquer par terre à peine relevé du pot, refusez d'entrer dans ce genre de conflits. S'il sent que vous êtes impatient et que la propreté est pour vous une étape importante, il risque de vous refuser ce plaisir et de se retenir. Enlevez de la pression, remettez les couches et feignez l'indifférence : les choses rentreront dans l'ordre. Dites-vous bien que, dans ce domaine, vous n'aurez pas le dernier mot.
En revanche, il est inutile de valoriser sa production comme s'il vous offrait une merveille, ou de lui promettre des cadeaux en échange. Montrer son plaisir est suffisant. Ni menaces ni promesses non plus : ces fonctions sont naturelles et c'est ainsi qu'elles doivent être considérées.

N'affichez aucun dégoût : si c'est ce que vous ressentez, tâchez de ne pas le laisser paraître. Devenir propre signifie simplement qu'on grandit, rien de plus, rien de moins.

À éviter

N'imposez pas des séances de pot interminables à heures fixes. Répétons-le encore et encore : être propre, c'est faire quand on a besoin et non pas quand l'adulte en a envie ; on va aux toilettes, parce que c'est plus agréable et parce que c'est ainsi que font tous les humains dans notre société. Procéder autrement reviendrait à détruire la confiance de l'enfant dans son propre corps et ouvrirait la porte à des conflits et à des rivalités qui n'ont pas lieu d'être.

Le pot n'a pas à trôner au milieu du salon. Que, dans la période brève qui suit le jour où vous avez enlevé les couches, vous vous arrangiez pour que votre enfant ait toujours un pot à proximité et les fesses presque à l'air, c'est normal ; mais, très vite, le pot doit réintégrer les toilettes, qui sont le lieu prévu à cet usage.

Ne videz pas le pot immédiatement dans les toilettes en tirant la chasse d'eau juste après. Votre enfant ne comprendrait plus. Vous lui demandez l'offrande de ce qu'il considère comme une partie de son corps, vous le félicitez chaleureusement, et vous vous empressez de vous débarrasser de son cadeau. Il y a de quoi être perdu.

Il vous échappe un peu plus…

Une fois que la propreté est bien en route, avec l'accord de l'enfant elle s'installera en quelques jours, répétons-le. Il y aura, bien entendu, des accidents de temps en temps. Inutile d'en faire une histoire : un apprentissage comme celui de la propreté est fragile et reste sensible aux changements affectifs.

Les choses se remettront en place toutes seules, avec la confiance des parents. L'essentiel est qu'ils aient bien compris et admis que le corps de leur enfant est sa propriété, et non pas la leur. Ce n'est pas si facile car, quand son enfant devient propre, on perd la relation corporelle si douce qu'on avait jusqu'alors avec lui, quand on le changeait quatre à cinq fois par jour.

Il serait alors tentant de remplacer ce tendre corps à corps par un contrôle corporel à un autre niveau. C'est le contraire qui doit se produire : pour se nourrir, pour se laver et pour tout ce qui touche à son corps, l'enfant sera bientôt autonome, et c'est très bien ainsi.

ASTUCE

- Si votre fils veut faire pipi debout, comme son père, pourquoi pas ? Mais ne lui tenez pas son pénis comme s'il risquait de tomber ! Que son père lui montre, puis qu'il se débrouille seul. Il ira se laver les mains après.
- Si vous installez votre enfant sur le rebord des toilettes, placez un marchepied et, éventuellement, un réducteur de diamètre de la lunette : il se sentira plus en confiance et sera autonome. Mais ne le forcez pas : le passage du pot aux toilettes se fera tout seul, quand l'enfant aura compris et admis que c'est là que vous finissez par en vider le contenu.
- Une fois qu'il est propre, ne le harcelez pas toute la journée en lui demandant s'il n'aurait pas envie d'aller aux toilettes. Passez à autre chose.

LA PEUR DE L'EAU

Votre enfant crie dès qu'il s'approche des vagues. Peut-être rêviez-vous qu'il n'ait peur de rien, qu'il saute dans l'océan et vous éclabousse en riant… Mais il hurle de terreur si vous prétendez le jeter à l'eau. C'est pareil avec le bain qu'il ne semble plus du tout apprécier.

ATTENTION

Ne laissez jamais sans surveillance un jeune enfant dans l'eau, quelle que soit la profondeur. Les accidents par noyade, dans la salle de bains, à la piscine ou à la mer, sont encore trop nombreux.

Que faire ?

Rien. C'est-à-dire ne surtout pas le forcer : toute forme de contrainte ne ferait que renforcer ses peurs, en y ajoutant une rancune tenace contre vous. Votre marge de manœuvre est donc très limitée. Voici quelques pistes.

- Si votre enfant craint avant tout le froid de l'eau et le mouvement des vagues, emmenez-le plutôt dans une petite piscine. Une eau chaude et stable, avec très peu de fond, pourra le rassurer et le réconcilier peu à peu avec la mer.
- Recherchez s'il a vécu une expérience traumatisante dans l'eau, qui lui aurait laissé une frayeur incontrôlable. Peut-être a-t-il en tête des récits inquiétants ? Parlez-en ensemble et rassurez-le, sans vous moquer de ses peurs.
- Laissez-le jouer tranquillement à des jeux de sable et d'eau. Si vous lui donnez confiance en lui dans d'autres domaines, il apprivoisera la mer, seul, à son rythme.

Chez certains enfants, la peur de l'eau est plus générale : ils en viennent à redouter l'heure du bain, qui se transforme alors en une véritable épreuve pour tout le monde. Que ce soit un simple malaise ou qu'il y entre un élément de provocation, le mieux reste de ne pas forcer.

Le plus souvent, la cause de cette peur est à rechercher du côté d'une mauvaise expérience – du shampooing ou savon dans les yeux, de l'eau trop chaude ou trop froide… Peu à peu et avec beaucoup de douceur, l'enfant se réhabituera au bain, tout d'abord si vous mettez très peu d'eau au fond de la baignoire.

Les jeux constituent aussi une excellente thérapie contre la peur de l'eau.

- Installez votre enfant au-dessus du lavabo ou d'une bassine, remplis en partie. Il joue dans l'eau avec de multiples objets détournés à cet effet.
- Dans un second temps, installez-le au milieu de ses jouets, dans un grand baquet, dehors si la saison le permet, ou au fond de la baignoire.
- Garnissez le fond de la baignoire d'un tapis antidérapant.

BON À SAVOIR

L'enfant peut aussi refuser le bain si, par exemple, vous avez coutume de l'interrompre dans ses jeux pour lui donner un bain, ou si le « bain-devoir » ne laisse jamais place au « bain-plaisir ».

→

Si votre enfant a peur de l'eau, installez-le dans une petite piscine avec un fond d'eau chaude et quelques jouets et laissez-le s'amuser.

L'ENFANT QUI NE MANGE RIEN

La plupart des enfants dont les parents craignent qu'ils mangent trop peu ont en réalité un régime approprié à leurs besoins. Il est normal que leur appétit baisse ou fluctue. Un enfant qui grandit et témoigne d'une bonne santé, est sans doute un enfant qui mange correctement, en quantité comme en qualité. Mais savoir cela ne suffit pas toujours à rassurer ses parents.

Une grande inquiétude

BON À SAVOIR

Ce n'est pas parce qu'un enfant mange peu que la croissance est ralentie.

« L'enfant qui ne mange rien » appartient à une catégorie bien connue des médecins, des pédiatres et, en dernier ressort, des psychologues. En général, il se présente sous l'aspect d'un enfant gai, bien vivant et actif, d'une taille parfaitement normale pour son âge, sans trace de maigreur apparente et liant facilement des contacts avec les autres. Dans la grande majorité des cas, l'examen médical ne révèle aucune anomalie ni aucune carence.

Mais cet enfant qui ne mange rien cache son jeu : il est très certainement malade, ou bien il va tomber d'inanition, ou alors cesser de grandir, puisque sa mère l'affirme : il ne mange rien !

Une fois les renseignements pris, l'enfant en question aurait, en réalité, tendance à manger tout à fait normalement pour lui – le normal, en ce domaine, étant très élastique. Ce qu'il avale lui profite et suffit amplement à ses besoins. Mais ses parents, et en particulier sa mère qui est en première ligne dans ces conflits spécifiques, estiment que l'enfant se nourrit mal : il devrait manger davantage, autrement, d'une manière plus régulière, des choses meilleures pour lui...

Des goûts différents

Les jeunes enfants mangent... mais pas nécessairement les aliments que leurs parents voudraient leur voir consommer – ni la quantité de nourriture que leurs parents ont décidé qu'ils doivent avaler, ni de la façon dont il convient de se nourrir quand on est bien élevé...

Tous les enfants sont différents. Les uns aiment goûter à tout et engloutissent ce qu'on leur sert ; les autres aiment très peu de choses et mangeraient tous les jours le même menu. Pour certains, la nourriture est une chose sérieuse : ils viennent vite à table, attendent d'être servis avec impatience et finissent l'assiette sans en laisser une miette. Pour d'autres, manger est un jeu : ils font cela en dilettantes, jouent avec la nourriture et piochent dans leur assiette. Cela ne pose aucun problème, sauf aux parents qui tiennent à ce que leur enfant suive un régime strictement équilibré et mange de tout.

Le même scénario

À la suite d'une baisse normale d'appétit, l'enfant a moins mangé. Sa mère s'est alors énervée. L'enfant, très fin quand il s'agit de savoir où il peut imposer sa force, refuse absolument de se prêter à ces règles théoriques d'alimentation et, au repas suivant, rejoue le même scénario. Les tensions s'installent, les conflits se répètent, identiques, repas après repas.
L'enfant tourne la tête quand approche la cuillère. La mère insiste, le père se fâche. On essaie de faire le clown, de raconter des histoires, on installe l'enfant devant la télévision et, de surprise, on engouffre une cuillère de soupe. On se livre à du chantage : une cuillère pour maman, une pour tante Sophie, une pour faire plaisir... Chaque protagoniste accumule la rancune et l'angoisse. Les repas durent une heure, pour faire avaler quelques bouchées qui ne satisferont personne. L'enfant perd de vue son corps, ses besoins et ses goûts ; il répond ou s'oppose au désir de sa mère.

Des risques réels

Dans les cas graves, le rapport de forces qui s'installe à propos de l'alimentation est tel que l'enfant finit par ne plus rien manger avec sa mère et vomir si on le force. Il développe à la fois un dégoût de la nourriture et la certitude d'être le vainqueur. Car, enfin, on ne contraint pas un enfant à manger.
Dans ces conflits autour de la nourriture, les parents sont toujours perdants : à court terme, parce que l'enfant s'enlise dans ses refus ; mais également à long terme, car l'enfant qui prend l'habitude des conflits risque de les déplacer sur d'autres terrains – par exemple celui du sommeil ou des caprices en tout genre. Tout cela n'en vaut pas la peine.

Pour se rassurer

Voici quelques informations et quelques conseils de bon sens qui permettront aux repas de rester – ou de redevenir – un plaisir partagé, et qui aideront votre enfant, responsable de ses besoins, de grandir en bonne santé.

- Dans nos sociétés d'abondance, les adultes ont pris l'habitude de trop manger par rapport à leurs besoins et à leur santé ; nous l'avons oublié. Mais les enfants, eux, le savent. Les quatre repas réguliers et équilibrés sont une habitude sociale et non un besoin physiologique. Les besoins de chacun sont différents. Moins manger à un repas n'a strictement aucune importance.
- Manger quand on a faim ne mérite pas de louange ; s'abstenir lorsqu'on n'a pas faim ne mérite aucun reproche. Au contraire, cela prouve qu'on est en contact avec ses besoins propres : on mange pour satisfaire ce besoin, et non pas pour faire plaisir à sa mère.
- Venir à table, partager le repas ne doivent être ni une cause d'angoisse ni une source de contrainte.
- Mettre de la souplesse dans ses exigences permet de laisser passer une période un peu délicate. Les habitudes familiales aidant, votre enfant finira, un jour ou l'autre, par se plier au régime des trois repas quotidiens, et son appétit se régularisera. D'ici là, il est inutile et néfaste de le forcer à manger, comme se mettre en colère s'il ne finit pas son assiette : il ne veut plus d'un plat ? On passe au suivant. Il ne veut plus rien ? On arrête le repas. Il a très peu mangé ? Il se rattrapera au repas suivant.

LE SECRET DES « ENFANTS QUI NE MANGENT RIEN »

Parce qu'aucun être humain ne survit longtemps sans manger, ces enfants-là doivent bien avoir un secret... Une observation attentive permet de le percer : ces enfants qui ne mangent rien mangent en général en quantité suffisante, mais d'une manière invisible, ou non prise en compte par les parents, parce que cela se produit hors des repas. Souvent, c'est venir à table et y manger qui leur pose un problème, plus que se nourrir. Certains sont restés accrochés à leur biberon de lait : ils se remplissent l'estomac ainsi et n'ont plus grand faim pour autre chose. D'autres grignotent un morceau de fromage par-ci, une banane par-là. L'heure du repas venue, ils n'ont plus faim, sauf pour picorer dans l'assiette de leur père.

Comment s'y prendre ?

- Quand un enfant témoigne d'un petit appétit, il convient de lui servir de petites voire de toutes petites quantités. Dans le cas contraire, vous le découragerez même de commencer. Proposez ensuite de le servir à nouveau. S'il a encore faim, il acceptera.
- Ne vous préoccupez pas du contenu de l'assiette de votre enfant ni de ce qu'il y laisse. S'il mange en famille, enlevez son assiette en même temps que les autres ; s'il mange seul, faites-le après un délai raisonnable. Et passez au plat suivant, sans commentaires.
- Même si vous pensez que votre enfant a peu mangé lors d'un repas, ne lui cuisinez pas un plat de plus spécialement pour lui.
- Ne compensez pas non plus entre les repas en lui offrant des gâteaux secs – « C'est au moins ça qu'il aura dans le ventre ! »
- Le dessert n'est pas une récompense : ne l'en privez pas sous prétexte qu'il n'a pas fini son poisson.
- Ne forcez jamais votre enfant à manger, même d'une façon sournoise, en faisant le pitre pour détourner son attention ou en lui racontant des histoires de petites voitures qui rentrent au garage…
- Au besoin, servez-le et sortez de la pièce. Faites comme si la question de son alimentation ne vous intéressait plus.
- Si c'est trop difficile pour la mère de procéder ainsi, peut-être le père – ou la cousine, ou la grand-mère – pourrait-il s'occuper du moment des repas. Quelqu'un de moins anxieux est souvent plus à même de dénouer le conflit, une fois qu'il est installé.

En un mot : quand vous aurez la certitude que votre enfant est en bonne santé et grandit normalement, vous cesserez de vous obséder sur la quantité de nourriture qu'il ingère et vous vous soucierez davantage de son plaisir à manger. Vous verrez que vos problèmes, si vous en avez, se régleront rapidement.

GÉRER SES COLÈRES

Fréquentes, les colères de l'enfant de cet âge sont impressionnantes. Certains peuvent crier pendant des heures, d'autres se frapper la tête contre le sol. Tous semblent en proie à une grande souffrance. Pour les parents, il est difficile de rester sereins.

Tout et tout de suite

Votre enfant veut s'affirmer : il revendique haut et fort d'être un grand et ne comprend pas qu'il ne puisse pas être traité comme tel. La patience n'est pas son fort : il veut tout et tout de suite. « Demain », « Plus tard »… : ces mots n'ont encore aucun sens.

Toute frustration est mal vécue, car l'enfant voudrait que ses désirs soient des ordres : le camion rouge de la vitrine, le ballon que le copain a dans les mains, il les lui faut tout de suite. S'il est plongé dans une activité, il ne supporte pas qu'on l'interrompe pour des choses aussi triviales que manger ou se coucher. Ajoutez à cela un contrôle de soi très immature et vous comprendrez pourquoi l'enfant de cet âge se laisse si souvent submerger par des émotions destructrices et violentes. Et ces colères sont nombreuses ; elles tendent à se reproduire si elles fonctionnent, c'est-à-dire si l'enfant en tire un bénéfice, quel qu'il soit.

Il connaît si bien sa mère

Avec ses colères fréquentes et ses refus d'obéissance, un jeune enfant est très fort pour démoraliser sa mère et la faire se sentir parfaitement nulle et incompétente. Il sait la déborder et l'épuiser, la menant là où elle ne veut pas aller. C'est un ange chez l'assistante maternelle, il est agréable à la crèche et file doux dès que son père rentre, mais c'est un vrai monstre avec sa mère. Pourquoi ? Parce qu'il la connaît bien : il sait où sont ses points faibles, quelles sont la force de son amour et l'immensité de sa patience ; il sait jouer de sa culpabilité et de son désir d'être une bonne mère. Avec elle, il peut jouer « à aller trop loin » : il ne risque pas grand-chose.

Patience...

Pour les parents, c'est le moment ou jamais d'aller chercher au fond d'eux des trésors de patience, de calme, de compréhension et d'humour. Car cette période va se révéler à la fois épuisante sur le plan physique et éprouvante sur le plan nerveux. Pourtant, ce n'est que si ses parents contrôlent leur propre énervement, leur propre colère et leur propre violence que leur enfant apprendra, à son tour, à se contrôler.
Il convient également d'être tolérant à l'égard des progrès de l'enfant et de ne pas le mettre en échec en attendant de lui plus qu'il ne peut donner. Face à un être qui bâtit sa personnalité et son identité, il est important d'œuvrer pour y intégrer la confiance en soi.
Le réprimander sans cesse ou le juger en le traitant de vilain ou de méchant n'aurait d'autre effet que d'abîmer gravement l'image qu'il se construit de lui-même. Même s'il vous semble infernal, votre enfant n'a d'autre désir que de vous plaire et d'être aimé de vous. Prenez votre mal en patience.

Comment réagir ?

- Évitez de vous mettre en colère en retour et de crier encore plus fort.
- Inutile d'essayer de communiquer : submergé par l'émotion, l'enfant en est provisoirement incapable. Une fois la crise passée, il sera temps de s'expliquer.
- Attendez calmement, l'air indifférent, que cela passe. Si vous êtes chez vous, sortez de la pièce, ou au contraire emmenez l'enfant dans sa chambre : « Tu reviendras quand tu auras fini. »
- Ne récompensez pas ses colères si vous ne voulez pas qu'elles se reproduisent. La manière la plus efficace de faire disparaître un comportement indésirable comme celui-ci est de feindre de ne pas le voir. Car discuter, raisonner, essayer de calmer et se fâcher, c'est encore donner de l'attention, c'est encore une façon de récompenser.
- La pire attitude consiste à céder, c'est-à-dire à donner raison à l'enfant de s'être mis en colère : « Bon, ne pleure pas comme ça, je te le donne, ton gâteau », ou : « Calme-toi, tu peux rester dans notre lit, mais pour cette nuit seulement. ». Si les colères « paient », elles continueront.
- Face à une agression physique de l'enfant, arrêtez fermement et calmement son geste tout en lui expliquant avec des mots simples qu'un tel comportement est inadmissible ; ou dérivez son geste en une caresse, ou bien faites semblant de prendre cela comme un jeu et jouez alors « à la bagarre pour rire », c'est-à-dire en contrôlant ses mouvements pour ne pas faire mal.

BON À SAVOIR

- **Ne restez jamais sur un conflit. C'est à vous de faire le premier pas vers la réconciliation. L'enfant a absolument besoin de savoir que sa colère n'a pas endommagé l'amour que vous lui portez.**
- **S'il a eu des gestes violents qui ont fait mal ou cassé quelque chose, aidez-le à réparer. Il peut demander pardon à son frère, ou ramasser les morceaux du puzzle qu'il a lancés en l'air. Expliquez-lui qu'il a, comme tout le monde, le droit de ressentir et d'exprimer de la colère, mais pas celui de détruire ou de faire mal.**

Comment tenter de dévier une colère ?

- Essayez vite de détourner son attention vers quelque chose qui l'intéresse.
- Montrez que vous comprenez son désir avant de refuser de le satisfaire : « Tu as raison, ces bonbons ont l'air délicieux ; la prochaine fois, c'est ceux-là que nous achèterons. » Un « non » passe toujours mieux quand il suit un message de compréhension et d'empathie.
- Parfois, un « oui » limité, qui est l'aboutissement d'une négociation, peut désamorcer un conflit. C'est la méthode sans perdant : « D'accord pour le bonbon, mais un seul », ou : « D'accord pour ton jeu, mais 5 min seulement. » S'y entraîner est très utile pour la suite, lorsque l'enfant, habile dans le langage, s'en servira pour tenter de tout négocier.

Dans les lieux publics

Si la colère de votre enfant se passe en public, il est plus difficile de réagir en attendant avec calme. Dans la mesure du possible, ne vous laissez pas atteindre par les remarques des passants.

Si vous êtes obligé de céder – par exemple d'acheter les bonbons parce que c'est le seul moyen de finir les courses au supermarché –, expliquez-vous ensuite avec votre enfant : « Tout à l'heure, tu m'as obligé à t'acheter des bonbons, alors que je n'étais pas d'accord, parce que tu faisais une colère et que je n'avais pas les moyens de t'enfermer dans ta chambre. Je suis fâché. Aussi vas-tu maintenant rester dans ta chambre pendant un moment : tu as été très désagréable et je n'ai pas envie de t'avoir près de moi. Et la prochaine fois que j'irai faire les courses, tu ne viendras pas. » Le mieux est encore d'éviter pendant quelques mois les situations où on prend le risque d'une colère et où on sera incapable de réagir correctement.

De son point de vue

Si on se place du point de vue de l'enfant, la colère est légitime : il a toujours une raison de se fâcher ainsi. À l'instar de toutes les autres émotions, elle a le droit de s'exprimer, même si cela ne convient pas aux adultes. Mais elle peut tout aussi bien s'exprimer dans la solitude : « Je comprends que tu sois en colère. À ton âge et à ta place, je le serais sûrement aussi. Mais je suis ton père et je n'ai pas l'intention de changer d'avis. Alors, comme les cris me gênent, je préfère que tu ailles pleurer dans ta chambre. Tu reviendras ensuite. »

Ce temps « hors jeu », présenté non pas comme une punition, mais comme un moment nécessaire d'isolement, peut tout à fait être compris par l'enfant.

UN BESOIN DE CADRE

Vers dix-huit mois, deux ans, l'enfant sort de sa petite enfance. Il veut faire seul et décider de tout. Son image de lui-même change. Cela ne se fait pas sans quelques conflits. Les frictions et les comportements d'opposition sont nombreux. Pourtant, cette négativité est plutôt bon signe. Elle témoigne que l'enfant se développe positivement, qu'il cherche à s'affirmer face à l'autre.

Si l'enfant est difficile à cet âge, c'est qu'il vit un moment de transition délicate. Il cherche à comprendre quelles sont les règles qui régissent le monde, donc la maison. Pour obtenir une réponse claire, il est capable de vous pousser à bout. Répondez-lui : cela le sécurisera. Seule une discipline claire, constante, bien pensée, adaptée à son âge, ferme et tendre, peut lui donner le cadre solide dont il a besoin pour grandir. L'enfant dont on passe tous les caprices n'est pas un enfant gâté, mais un enfant malheureux et inquiet. Ce qui rassure l'enfant, ce qui l'aide à se construire à l'abri des dangers, c'est de sentir les adultes protecteurs, plus forts que lui, et qui savent où ils vont.

←

La colère est finie ?
Même si vous êtes pantelant, prenez votre enfant dans les bras et bercez-le pour l'aider à se reconstruire.

L'AGRESSIVITÉ ET LES MORSURES

BON À SAVOIR

En crèche, on est souvent confronté au problème des enfants qui mordent. Parfois, il suffit d'un qui lance la mode pour que toute la section s'y mette... Malgré la vigilance du personnel, cela est inévitable : il n'existe aucun moyen pour faire cesser immédiatement ce comportement. Heureusement, le personnel est là pour apaiser le désarroi de chacun ; l'avidité orale de l'enfant n'a qu'un temps, bientôt elle laissera place à la parole.

Chez l'enfant âgé de un à trois ans, l'agressivité est un comportement universel. Ce serait plutôt son absence totale – qui ferait de l'enfant une victime de ses camarades – ou bien l'absence d'expression de ses sentiments qui serait inquiétante.

Une pulsion normale

L'agressivité de l'enfant de cet âge peut être directe : il tire la queue du chat, griffe, bouscule ou mord ses copains, jette des cubes en bois dans le berceau de son petit frère, casse ses jouets, tire les cheveux ou lève la main sur sa mère. Elle peut également prendre la forme d'exigences permanentes, qui finissent par étouffer l'adulte. Ces deux formes sont normales. On ne s'alarme que si l'enfant exerce une réelle cruauté ou une brutalité envers un enfant plus fragile ou un petit animal, et cela sans trace de pitié ni de culpabilité.

Les effets conjugués de l'éducation et de la socialisation visent au contrôle par l'enfant de ses actes et à la dérivation de la pulsion agressive vers d'autres objets : on a le droit d'être violent en frappant dans un ballon de football, mais pas dans les jambes des petites filles.

Lui dire la loi

Un jeune enfant qui se montre particulièrement agressif est un enfant qui traverse une phase difficile ; il a besoin qu'on tente de le comprendre. Parfois, il ignore simplement où mettre la limite ; il a donc besoin qu'on lui dise la loi. Seules une contrainte amicale et une attitude faite de compréhension mais de grande fermeté pourront améliorer la situation. Un enfant agressif n'est pas un enfant méchant ; il a seulement l'âge qu'il a. Aussi faut-il toujours le réconforter sur le fait qu'il est aimable et qu'il est aimé.

Interdire de faire mal

L'attitude éducative efficace consiste à ne pas s'en prendre directement à la pulsion agressive, car cela est sans effet. Il s'agit d'interdire strictement le passage à l'acte en faisant respecter la loi morale : « Je ne te demande pas de l'aimer ni de jouer avec lui, mais je t'interdis de lui faire mal », ou : « Si tu es fâché avec moi, tu peux aller un moment seul dans ta chambre, mais je ne tolère pas que tu lèves la main sur moi. » L'enfant à qui on parle ainsi sent bien que ses sentiments – la colère, la haine... – sont respectés et qu'ils ne font pas peur. Être entendu et compris désamorce déjà le processus agressif.

Autoriser l'expression de l'agressivité

En parallèle, il faut offrir à l'enfant des occasions d'exprimer ses pulsions agressives d'une façon que la morale approuve et sans danger pour autrui. S'en prendre à ses peluches, jouer avec l'eau et l'argile, taper avec un marteau ou dans un ballon, courir ou sauter constituent des activités qui aident à affronter les accès de violence. On peut aussi inventer des « jeux agressifs » où, sans être destructrice pour soi ou pour l'autre, l'agressivité peut être libérée.
Si les parents encouragent leur enfant à se contrôler et ne considèrent pas l'existence comme un combat à mener, l'enfant, en grandissant, aura tendance à exprimer son agressivité d'une façon plus acceptable : il la manifestera par les mots ou bien jouera à la violence – au cow-boy, à la bagarre... – au lieu de passer à l'acte sur le corps de l'autre.

BON À SAVOIR

Le contrôle de soi s'apprend par l'exemple. Comment des parents qui se mettent facilement en colère, crient et se livrent à des actes de violence physique sur leur enfant pourraient-ils reprocher à celui-ci d'en faire autant ? Il faut donc éviter de mordre l'enfant qui a mordu ou de taper celui qui a tapé, car cela revient à justifier son acte. Crier encore plus fort que son enfant, le menacer de ne plus l'aimer, lui coller une étiquette de « méchant garçon » ou contredire devant lui l'autorité de l'autre parent sont autant d'attitudes qui ne peuvent qu'avoir des effets négatifs à court ou à long terme

Et les morsures ?

Une morsure, ça fait mal à tout le monde : au mordu, bien entendu, qui a besoin de réconfort et de soins ; à ses parents, pour qui retrouver leur enfant avec une trace de dents sur le bras ou sur la joue est une véritable épreuve ; aux parents du mordeur, qui se sentent coupables et craignent qu'on leur reproche leur attitude éducative ; et, d'une manière paradoxale, au mordeur lui-même.
Pourquoi l'enfant mord-il ? C'est une recherche de connaissance de l'autre par la bouche, un moyen de défendre ses possessions, le débordement d'un mal-être, un acte que nous qualifions de gratuit parce que nous ne le comprenons pas...
Jusqu'à l'âge de deux ans, les morsures sont normales et banales : l'enfant n'est pas encore sorti de l'oralité, et sa bouche sert aussi bien de moyen de faire connaissance que de lieu pour exprimer l'amour et l'agressivité. L'attitude à adopter est la même que celle qui vient d'être décrite à propos des marques d'agressivité, et exclut à tout prix qu'on morde en retour. Est-il vraiment utile de lui montrer que ça fait mal ? Il le sait très bien.

UN AUTRE ENFANT ?

Contrairement à ce que certains soutiennent, je suis convaincue qu'il n'existe pas d'écart idéal entre deux enfants. Ou, plutôt, l'écart idéal est celui qui existera entre vos enfants, que vous l'ayez choisi – ce qui aujourd'hui est devenu plus facile – ou que vous l'ayez simplement accepté – les aléas de la vie l'ayant décidé ainsi.

Prêts pour une nouvelle naissance

Après un premier enfant, un couple éprouve, le plus souvent, le besoin de prendre un peu de temps pour s'adapter à cette nouvelle constellation familiale. On a coutume de dire que le premier bébé est le plus facile, et c'est vrai. Puis, peu à peu, après six mois... ou six ans, le désir d'un autre enfant se manifeste. Les parents peuvent alors se demander si l'écart entre leurs enfants sera le bon. En réalité, le bon moment, c'est quand les deux parents se sentent à nouveau désireux, disponibles, accueillants pour une nouvelle naissance, ou bien quand un enfant s'annonce sans que la décision ait été vraiment prise et que les parents l'acceptent avec bonheur, ou encore lorsque la famille s'est recomposée et qu'il est question de faire un demi-frère ou une demi-sœur à l'aîné.

BON À SAVOIR

Aujourd'hui, du fait des séparations des couples et des recompositions familiales, nombreux sont les enfants qui se retrouvent, un jour, avec des demi-frères ou des demi-sœurs, voire avec des enfants sans autre lien de parenté qu'un lien affectif. Les âges de ces nouveaux compagnons peuvent être très divers. L'expérience prouve qu'après quelques flottements et quelques ajustements, ce sont des familles aussi unies que les autres.

Des choix variés

L'écart d'âge favorable entre les enfants varie et dépend de chaque famille.
Certains parents préfèrent espacer les naissances afin de pouvoir se consacrer plus entièrement à chacun de leurs enfants : ils attendront que l'aîné ait grandi, c'est-à-dire, en général, qu'il soit scolarisé et déjà autonome.
À l'inverse, d'autres parents ressentent très vite le désir d'un autre enfant, par exemple pour éviter le syndrome de l'enfant unique, ou parce qu'ils préfèrent les voir grandir ensemble, ou encore parce qu'ils ont déjà atteint un certain âge.
Si on se place du point de vue des enfants, ils préfèrent souvent un frère ou une sœur d'âge proche. Si, au début, ce choix est lourd à assumer pour les parents, à terme il se révèle satisfaisant : très tôt, les enfants peuvent jouer ensemble, partager les mêmes activités et devenir plus rapidement autonomes ; ils sont vite complices, et l'apprentissage des lois de la vie en société se fait naturellement.

→

Souvent inquiet à l'annonce de l'arrivée prochaine d'un petit frère ou d'une petite sœur, l'aîné devient ensuite vite complice.

L'HEURE DU COUCHER

Les difficultés liées au sommeil sont très fréquentes à cette période. L'enfant doit apprendre à régulariser son rythme et ses habitudes, à s'endormir et à se rendormir seul, sans alerter toute la famille. Les rituels de la mise au lit et l'attitude ferme et tendre des parents sont les meilleurs atouts.

Se préparer

BON À SAVOIR

Il est tout à fait normal de consacrer entre quinze et trente minutes au coucher de son enfant. Ainsi, il n'aura pas l'impression que vous voulez vous débarrasser de lui en vitesse avant le début du film à la télévision ; ainsi, il risquera moins de se relever.

Pour tous les enfants, l'heure d'aller se coucher est une heure difficile : elle met fin aux activités et aux jeux partagés ; elle signifie la séparation d'avec ceux qu'on aime. L'enfant se retrouve dans sa chambre, en proie à l'obscurité, au silence et à l'anxiété qu'ils engendrent. Il est rare qu'il parte spontanément se coucher à l'heure dite ; bizarrement, « l'heure du lit » est plus tardive que celle de ses parents. Et la fatigue n'y change rien. Même épuisés, certains sautent partout ; d'autres acceptent de se coucher, mais se relèvent pour réclamer quelque chose, mettant la patience de leurs parents à rude épreuve. C'est la mise en place des rites du coucher qui permet à un enfant de se rassurer. Suivi scrupuleusement, le rituel amorce une transition et fait peu à peu passer l'enfant de la veille au sommeil : il faut le temps du câlin, de l'histoire, de la chanson, du coucher des peluches, de la veilleuse, des paroles conjuratrices, de toutes ces habitudes qui permettent de ramener le calme. Elles préparent à dormir, car le sommeil en constitue l'aboutissement.

Pour un coucher sans problème

Le coucher qui n'en finit pas est souvent le fruit de mauvaises habitudes, heureusement rattrapables. Les bonnes habitudes tiennent en quatre points.

Établir le rituel

Les jeunes enfants aiment les habitudes. Après avoir établi un ordre pour le coucher, fixé le déroulement et l'heure, il n'est plus nécessaire d'y revenir. C'est l'enfant lui-même qui enchaînera les étapes : le lavage des dents, le passage aux toilettes, la lecture de l'histoire, le gros câlin, l'extinction des feux...
À vous de trouver ce qui convient en fonction du rythme de la maison. Puis n'en déviez plus, sauf motif exceptionnel – la visite de sa grand-mère ou une soirée

spéciale. Rappelez-vous que ce qui est énoncé comme une loi – « Les enfants se couchent à 20 h » – prête moins à opposition que ce qui semble le fait du roi – « Il est tard, vas au lit. »

Ramener le calme

Il est inutile d'essayer d'endormir un enfant excité. Le temps qui précède le coucher doit être réservé à une activité de détente – après le dîner, un petit dessin animé, un échange en famille ou une lecture d'histoire, par exemple.

Sortir de la chambre d'un pas décidé

Le rituel s'achève : l'histoire est lue, les poupées sont couchées, le câlin est fait... Il est temps d'éteindre la lumière, de se souhaiter une bonne nuit et de sortir de la chambre de l'enfant. Faire traîner au-delà du nécessaire traduirait une hésitation dont l'enfant s'emparerait aussitôt pour demander une rallonge.
Votre petit a besoin de sommeil, il est en sécurité dans son lit : sortez sans culpabilité. C'est votre certitude qui le convaincra.

Gérer les rappels avec fermeté

Très souvent, vous aurez droit aux rappels : « Encore un bisou ! », « J'ai soif ! », « J'ai peur ! », « Je veux faire pipi »... Si votre enfant sait que vous allez céder, cela n'en finira pas. Avant de quitter la chambre, faites le point : le verre d'eau, le pipi, le bisou, tout est bon. Alors, sortez pour ne plus revenir, ou bien une seule fois si tel est le jeu mis en place. Au-delà, votre enfant sait qu'il peut vous manipuler et il ne s'arrêtera pas. Si vous revenez, vous montrez votre propre angoisse de séparation. C'est la gentillesse ferme et tranquille qui rassure l'enfant et lui permet de s'endormir calmement.

Des aménagements

Devant la difficulté de la tâche, certains parents trouvent quelques aménagements : tantôt ils acceptent que leur enfant dorme dans leur lit, ou du moins dans la même pièce ; tantôt ils restent à ses côtés dans sa chambre jusqu'à ce qu'il s'endorme – quitte à s'endormir avant lui !
Tout dépend, bien entendu, de la capacité de tolérance de chacun et de ses choix éducatifs. Si une telle attitude facilite, en apparence, le problème de séparation que vit l'enfant, en réalité il ne le résout pas. Le risque de ces aménagements est de rendre l'enfant encore plus dépendant de la présence parentale et de rendre encore plus difficile le moment où vous déciderez qu'il dormira seul dans son lit. Sans compter que, si votre enfant se réveille la nuit, il demandera les mêmes conditions pour se rendormir...

BON À SAVOIR

La joie de vivre d'un jeune enfant dépend en partie du caractère prédictible de son existence : c'est une manière pour lui de se rassurer, alors qu'il se sent si petit dans un monde si vaste. Pour qu'il se sente en sécurité, il faut qu'il s'y retrouve ; pour cela, il a besoin d'habitudes. D'où son attirance pour les rituels et son malaise lors des périodes de changements. Il aime retrouver l'odeur de son doudou et se coucher selon le même rite. Le fait que les jours se déroulent selon le même schéma l'aide à se repérer et à se bâtir une image du monde où on peut compter sur les autres et sur les événements.

L'ENFANT DE 21 À 23 MOIS

Si l'enfant de cet âge reste très actif, il se montre plus affectueux. Le conflit intérieur entre son désir d'indépendance et le besoin qu'il ressent à l'égard de ses parents n'est pas encore résolu ; il se traduit moins par des colères ouvertes que par une lutte quasi permanente pour gagner le pouvoir.

QUI EST-IL ?

La lutte pour marquer son autonomie arrive à son terme. L'enfant y a gagné en confiance en lui : il peut maintenant faire plaisir à son entourage sans avoir l'impression de se renier, donc peu à peu renoncer à ses refus systématiques.

Il veut commander

La question sous-jacente qui se joue toujours est la suivante : « Qui dirige ici ? Qui décide de l'ambiance, de l'heure du coucher, etc. ? » Et la réponse n'est pas toujours : « L'adulte », car l'enfant passe son temps à donner des ordres à tout le monde. Si on ne mettait pas de limites, il commanderait bien à l'ensemble de son entourage. Or, sans écraser cette nouvelle tendance de son caractère, il est tout à fait possible de l'initier progressivement à la négociation et au compromis, ce qui rendra la vie plus facile à son entourage…

Il est frondeur, parfois agressif

Si leur caractère à tendance tyrannique tend à s'arranger au cours de ce trimestre, certains enfants restent volontiers frondeurs et désobéissants. Plutôt que de les prendre de front, il semble souhaitable de renforcer leurs comportements positifs en les félicitant et en les récompensant à chaque fois qu'ils se conduisent conformément à ce qu'on attend d'eux, et de leur donner, pendant quelque temps, un surcroît d'attention et d'affection.

L'agressivité physique de certains enfants de cet âge à l'encontre des adultes reste importante. Les parents ou les personnels éducatifs ne doivent, en aucun cas, accepter de se laisser frapper ou mordre. Un comportement agressif doit être stoppé dès qu'il est perçu, et on doit clairement faire comprendre à l'enfant qu'une telle attitude est totalement réprouvée. Ce qui exclut, bien entendu, tout renvoi agressif de la part de l'adulte car, alors, où serait l'exemple ? La fermeté confiante, qui ne punit pas, mais explique et éloigne si nécessaire, est beaucoup plus efficace à long terme.

Il a des intérêts variés

En général, l'enfant de plus de vingt mois s'intéresse à la propreté : pour ceux qu'on sent prêts, il est temps de leur proposer le pot. En parallèle, il s'intéresse à l'ordre – on peut lui expliquer où se rangent les choses ; il s'en souviendra et saura les remettre à leur place – ainsi qu'à la notion de propriété – ce qui est à moi, ce qui est à toi.
Avec l'autorité, ces trois éléments – propreté, ordre et propriété – constituent les points fondamentaux qui définissent l'évolution de l'enfant de cet âge.

C'est à lui

Alors que, jusque-là, le jeune enfant ne voyait aucun problème à prêter ses seaux ou ses voitures, il se met désormais à ne plus rien vouloir prêter et prendrait bien tout pour lui.
Faut-il s'en inquiéter ? Certainement pas, car cela témoigne d'un progrès dans sa compréhension. En effet, le bébé n'a pas de sens véritable de la propriété : longtemps, un objet qui disparaît de sa vue cesse pour lui d'exister. Alors pourquoi le défendrait-il ? Maintenant que l'enfant sait dire : « À moi ! », il est entré dans un autre stade. Il sait que certaines choses lui appartiennent, et il veut à tout prix les protéger des autres enfants, comme vous-même vous protégez ce à quoi vous tenez lorsqu'il s'en approche…
Il est important de reconnaître à son enfant le droit de posséder des objets et la liberté d'en faire ce que bon lui semble. C'est une étape décisive, qui le conforte dans son sentiment d'identité. Prêter, cela viendra par la suite.

Il monte et il saute

Le plus souvent, l'enfant de cet âge est désormais capable de monter un escalier debout, sans aide, en se tenant à la rampe. Il prend également beaucoup de plaisir à danser sur de la musique et à sauter à pieds joints sur un trampoline muni d'une barre d'appui, ou bien sur un lit si on lui tient les mains.
Ses mains sont plus habiles : elles savent désormais tourner, pivoter, enfoncer, relâcher… Du coup, l'enfant devient plus sûr et plus rapide pour effectuer des puzzles simples et pour encastrer des formes dans les trous correspondants. Il différencie bien les formes les unes des autres. Il mange aussi plus proprement. Mais, surtout, il devient très fort pour allumer la chaîne Hi-Fi ou jouer avec la télécommande du téléviseur…

ASTUCE

L'enfant de cet âge étant le plus souvent passionné par les animaux, on peut en profiter pour les lui présenter – au zoo, à la ferme ou sur des reproductions – et lui apprendre à en imiter les cris. Ce petit jeu, que les enfants adorent, accroît leur vocabulaire et stimule la souplesse de leurs cordes vocales en les faisant jouer avec des sons nouveaux.

Il combine les mots

Si, au cours de ce trimestre, les colères tendent à diminuer en fréquence comme en intensité, c'est avant tout parce que l'enfant s'exprime de mieux en mieux : il a désormais à sa disposition des mots et des phrases qui se révèlent beaucoup plus efficaces que les colères et les cris pour parvenir à son but ; les injures remplacent les coups, les mots expriment les attentes, les désirs et les déceptions.
Bien que les écarts restent importants d'un enfant à un autre, la plupart des enfants de cet âge combinent les termes simples et commencent à en faire des phrases. Leur vocabulaire s'accroît rapidement, car ils sont ravis de savoir que chaque chose a un nom et, dès lors, n'ont de cesse de vouloir les connaître.

BON À SAVOIR

Chanter avec ses mains aide beaucoup l'enfant à se repérer dans son schéma corporel – l'image qu'il a de son propre corps – et à améliorer sa coordination motrice et son sens du rythme.

Tandis que certaines comptines insistent davantage sur la connaissance du corps, d'autres évoquent la détente ou la décharge des tensions ; certaines sont des berceuses qui mènent au sommeil, d'autres développent l'acuité visuelle ou auditive. Sans doute connaissez-vous déjà Pomme de reinette et pomme d'api et Ainsi font, font, font les petites marionnettes ; il en existe beaucoup d'autres, disponibles en CD ou en livres ; le personnel des crèches et les responsables des médiathèques sauront vous conseiller.

Il enrichit son vocabulaire

À cette période de son évolution, l'enfant joue volontiers avec les parties de son corps, qu'il connaît bien désormais, et on peut lui demander par exemple : « Mets ta main sur ta tête », « Lève un pied » ou « Tourne la tête ».
Ses parents peuvent également lui fabriquer son propre imagier à l'aide d'un classeur rempli de chemises plastifiées : dans ces chemises, ils glisseront des photographies ou des dessins d'objets qu'ils auront découpés et qui commencent tous par le même son. Ainsi, l'enfant découvrira dans une chemise ananas, assiette ou avion, et dans une autre singe, seau ou cerise – à ce stade, seuls comptent les sons et non la façon dont ils s'écrivent.

Il se déguise, se balance, observe...

L'autonomie de jeu s'accroît : dorénavant, l'enfant peut jouer seul pendant un long moment, à condition qu'un adulte se trouve à proximité.
Il aime se déguiser avec toutes sortes d'habits et d'accessoires empruntés aux adultes. Alors, il joue à les imiter, à mettre en scène des situations dans lesquelles il prend plaisir à les faire participer réellement en attribuant un rôle à chacun.
S'il adore toujours jouer avec l'eau, la boue et le sable, il est désormais prêt à se rendre sur un terrain de jeux aménagé pour les jeunes enfants ; les structures complexes où il peut escalader, monter, descendre, glisser et se balancer lui conviennent parfaitement, mais il faut encore l'encourager ou le surveiller de près afin de prévenir les chutes éventuelles.
Ses jouets favoris sont ceux qui possèdent un manche – le râteau, le balai, le marteau, la pelle, le pinceau...
Il peut commencer à jouer avec un jeu de loto très simple, qui consiste à poser une carte-image sur le dessin correspondant. Il feuillette ses imagiers ou

ses livres d'histoires favoris, qu'il fait semblant de lire tout seul tellement il les connaît bien. Mais il aime également l'observation des insectes et le ramassage des coquillages, le jeu de cache-cache ou l'invention à partir de matériaux mis à sa disposition.

LE ROI D'UN NOUVEAU MONDE

Au cours de sa deuxième année, l'enfant attribue une existence propre aux objets, ce qui lui confère une puissance nouvelle sur eux. D'une casserole, il fait tour à tour un tambour ou un chapeau. De ce jour, il devient le roi d'un nouveau monde, dont seule son imagination définit les limites. D'un bâton il fait une épée ; d'un vieux chemisier, elle fait une robe de princesse ; et d'un ours en peluche un bébé qu'il faut nourrir ou corriger.

Savoir faire semblant ouvre la porte aux comportements d'imitation, qui se développeront surtout à partir de la troisième année, à l'âge où l'enfant commencera à confectionner des gâteaux en sable que ses parents feront semblant de manger et où il conduira sa voiture en tenant un couvercle à bout de bras.

←

La plage est un terrain de jeu formidable pour votre enfant : il peut ramasser des coquillages, faire des châteaux de sable, cacher ses pieds...

L'EXPLORATION DU CORPS

Au cours de cette période, tous les enfants explorent leur propre corps ainsi que ses possibilités. Chemin faisant et parce qu'ils passent désormais plus de temps sans couches, ils découvrent leurs organes génitaux. Un lieu intéressant, sensible aux attouchements, un lieu d'observation.

ALLEZ CONSULTER

Si la masturbation devient une activité qui envahit la vie de l'enfant, c'est parce qu'il se heurte à des problèmes qui n'ont été ni entendus ni compris par l'adulte. Dès lors, il convient non pas de le gronder mais de l'aider, au besoin avec le concours d'un professionnel de la psychologie de l'enfant.

Une attitude normale

Les caresses qu'un enfant de vingt et un mois environ se prodigue sont tout à fait saines et normales : plus fréquentes au moment du coucher ou bien lorsque l'enfant est triste, fatigué ou qu'il s'ennuie, elles ne méritent pas d'attention de la part des adultes et encore moins des réprimandes.
Ces attouchements ne possèdent pas, pour l'enfant, le même sens et ne déclenchent pas les mêmes sensations que des activités identiques dans le cadre d'une sexualité adulte. Ils ne sont, pour lui, qu'une conséquence agréable de l'exploration systématique de son corps.

De l'intimité

Dans le cas où l'enfant se livre à la masturbation en public et dans la mesure où cela gêne les parents, on peut très bien lui expliquer gentiment que ces caresses se font dans l'intimité, quand on est tout seul dans la baignoire, dans sa chambre ou dans son lit. C'est son corps à lui ; ce qu'il en fait lui appartient. Certaines choses, comme celle-ci ou comme les fonctions d'excrétion, ne se font pas devant les autres, mais appartiennent au domaine de l'intime. Sinon, le mieux est d'ignorer. L'enfant cessera de lui-même lorsqu'il passera à une étape suivante de son développement. En revanche, le gronder, se moquer de lui, ironiser ou le menacer risquent de fixer son comportement, lui accordant une importance qu'il n'a pas. L'enfant va se culpabiliser, se sentir fautif, et cela peut avoir des répercussions néfastes à la fois sur son développement et sur sa joie de vivre. Et dire à un petit garçon que son zizi va tomber ou qu'on le lui coupera est aussi ridicule que dangereux.

L'ACQUISITION DU LANGAGE

Entre un an et demi et deux ans, un enfant passe peu à peu des « mots-phrases » à des phrases structurées, où apparaissent l'ordre, la négation, l'interrogation… Si le « parler bébé » peut parfois persister, il laisse bientôt la place à des constructions plus proches du discours adulte.

Le rôle de la famille

Il est inutile de rappeler l'importance du langage et de sa maîtrise. Comment se débrouiller à l'école, comment se faire comprendre des autres, comment, plus tard, aborder l'écriture, si on ne parvient pas à se débrouiller correctement à l'oral ? Or, c'est à cette période, entre l'âge de un an et de trois ans, que l'essentiel se joue : l'enfant est alors très intéressé par le langage, que son cerveau acquiert avec une grande facilité.
De nombreuses études ont démontré que le rôle de la famille dans l'acquisition d'un bon langage était considérable. Il ne faut pas, bien entendu, que la pression soit trop forte, car elle découragerait l'enfant plutôt que de l'entraîner ; mais, à l'opposé, une absence de stimulation risque de provoquer un retard dans les acquisitions, qu'il ne sera pas toujours facile de rattraper ensuite.

Comment l'accompagner?

Un enfant apprend à parler pour se faire comprendre et pour communiquer. Il faut donc qu'il en ressente le besoin. Il n'apprendra pas à parler en écoutant la télévision ou la radio, mais en échangeant avec ceux qu'il aime sur des sujets qui le touchent.

Converser

L'entraîner dans des conversations, lui parler, le faire parler, lui laisser le temps de s'exprimer, lui montrer que parler ensemble est un plaisir, mais aussi que la parole est un pouvoir… : c'est l'ensemble de ces attitudes qui aide un enfant à développer son langage.

Chaque fois que cela est possible, posez-lui des questions « ouvertes » – auxquelles il est impossible de répondre par les seuls « oui » ou « non ». Au début, il se fera comprendre par un geste ou par un mot isolé ; mais il ne sera pas long à participer pleinement, à donner son avis et à vouloir tout négocier.

Feuilleter des livres

S'asseoir sur les genoux de l'un de ses parents pour feuilleter un livre d'images ou lire un conte constitue toujours une très grande joie pour l'enfant et une excellente façon de développer son vocabulaire.

BON À SAVOIR

L'enfant aime particulièrement qu'on lui raconte des histoires où on joue de sa voix pour faire vivre tous les personnages : les accents, les alternances de sons aigus ou graves le ravissent.

Inventer des histoires

Pourquoi se limiter aux histoires écrites ? On peut également en inventer et les faire jouer par des poupées, des peluches ou des marionnettes. Il devient alors plus facile d'entraîner l'enfant dans le jeu et de le faire parler à son tour. Si l'ours le questionne, il lui répondra volontiers.

Utiliser un vocabulaire précis

Quand on est avec un enfant, quand on joue, quand on fait la cuisine ou quand on se promène, on peut décrire, avec un vocabulaire détaillé, ce qu'on fait ou ce qu'on voit – « Je t'envoie le camion bleu. Tu vois, il est gros. Cette voiture-là, la rouge, est plus petite. Mais elle roule vite. Tu la prends ? » L'essentiel est de parler avec des phrases courtes et des mots simples afin d'être bien compris par l'enfant ; l'essentiel est de lui parler de ses jeux, de sa journée, des courses, du menu, d'un livre ou d'un film...

Parler de soi à la première personne

L'enfant aura beaucoup de mal à dire « je » si ses parents ont toujours parlé d'eux à la troisième personne, usant des : « Donne à maman » ou des : « Papa va te donner ta soupe. ». Cette façon de s'exprimer n'est pas plus simple pour l'enfant, au contraire.

Lui parler correctement

On peut difficilement demander à un enfant de parler mieux que ses parents. Si ces derniers disent « i » pour « ils », oublient le « ne » des négations, ne construisent pas leurs questions sur le mode interrogatif – « Tu en veux encore ? » au lieu de : « En veux-tu encore ? », par exemple –, utilisent des mots bébé – bobo, zizi, mimi... –, doublent les sujets – « La fleur, elle est fanée » – et manient couramment les gros mots, leur enfant parlera comme eux. L'apprentissage de la langue se fait par imprégnation et non pas dans les livres de grammaire.

Ne pas le corriger

Il est inutile de reprendre un enfant de cet âge pour la prononciation ou pour le langage lui-même. S'il parle, c'est du mieux qu'il peut, en fonction de son développement physique et intellectuel, ainsi que de ses possibilités. Il a juste besoin d'encouragements, d'écoute, de dialogue et de temps pour faire des progrès extraordinaires au cours de l'année qui vient et pour devenir un bavard intarissable.

DES PROGRÈS FULGURANTS

- À un an, l'enfant produit trois à cinq mots environ, parfois aucun, mais il en comprend bien davantage, sans doute des dizaines : c'est la différence entre le vocabulaire actif et le vocabulaire passif. Cet écart se maintiendra encore longtemps.
- Entre un et deux ans, la plupart des enfants développent la capacité de s'exprimer et de se faire comprendre de leurs proches.
- À deux ans, les écarts entre les enfants sont grands ; les plus précoces ont une soixantaine de mots à leur disposition, qu'ils combinent, et forment déjà des phrases.
- Si les parents, inquiets d'un enfant qui parle peu, étaient très attentifs, ils constateraient que leur enfant communique à sa manière et qu'il comprend beaucoup plus de choses qu'il n'en exprime. Le reste va suivre.

LE RIRE,
UN ÉLAN DE VIE

BON À SAVOIR

Le rire est la meilleure des thérapies et la meilleure des habitudes familiales : la complicité qu'il crée entre les parents et les enfants se révèle très précieuse à tout âge – et plus encore aux abords de l'adolescence…

Quand ils sont heureux et en bonne santé, les jeunes enfants sont naturellement joyeux et plaisantins. La gaieté est l'état émotionnel normal de tout enfant qui se développe sans problème.

Bon pour la santé

Le rire, un signe de santé psychologique et le témoin d'un bon développement intellectuel ? Sans aucun doute. L'enfant qui rit prouve qu'il vit dans une bonne ambiance avec les personnes qui l'entourent. En compagnie de ses parents comme de ses frères et sœurs, il est capable de nouer des relations simples et saines. Il sait, sans se laisser envahir par l'anxiété, prendre du recul. Il est sensible à la drôlerie des situations et montre ainsi qu'il les connaît bien.

Le rire est également un signe de bonne santé physique ; en même temps que le jeu, il disparaît chez l'enfant atteint d'une maladie grave, puis il revient lorsque l'enfant va mieux. Savez-vous que, d'une façon parallèle, le rire peut aider à être en bonne santé ? Il est prouvé que le rire libère, dans le sang, des substances chimiques qui aident à lutter contre les pathologies. Sans compter la bonne santé mentale qui, bien entendu, est tout aussi importante.

Bon pour la famille

Chaque fois qu'un enfant rit, il accumule des trésors de bien-être. Il le sait bien, lui qui passe une grande partie de son temps à jouer à cache-cache derrière les rideaux, à blaguer, à rechercher les taquineries et les chatouilles.

On a constaté que la gaieté d'un enfant était directement liée à la bonne qualité des relations qu'il entretient avec son entourage : si ses proches sont le plus souvent souriants et l'atmosphère détendue, l'enfant sera naturellement rieur ; et si ses parents constituent son meilleur public, il saura s'amuser et de faire rire. Par la détente qu'il procure, le rire dénoue les crises : en évitant les bouderies et l'enfermement, il ne coupe pas la communication entre les partenaires.

Prenez donc l'habitude de rire ensemble ; il n'est rien de plus triste que de voir de grands enfants dénués de tout humour, ne comprenant pas les jeux de mots, incapables de répliquer quand on les taquine, susceptibles et ployant déjà sous le fardeau de leur existence. Pour éviter cela, videz vos tensions par de grands éclats de rire, nés du chahut, des chatouilles et du corps à corps familier.

Des parents bon public

Sans doute à cause de leur fatigue ou de leur manque de disponibilité, nombreux sont les parents à arrêter leur enfant dans son élan, lui faisant des réflexions telles que « Arrête de faire le clown, tu n'es pas drôle ! », « Arrête tes grimaces ! » ou encore « Cesse de chahuter, tu nous casses les oreilles ! » Au lieu de se laisser entraîner à rire avec lui, ils transmettent l'idée que le rire est du temps perdu et que l'existence est une chose grave, à prendre avec sérieux.

Si vous voulez que votre enfant trouve la vie belle, faites le contraire.

- Taquinez-le gentiment – il perdra peu à peu sa susceptibilité – et laissez-vous taquiner en retour.
- Sachez vous moquer de vous-même quand vous avez fait une bêtise : votre enfant en fera autant ; rire de soi est la base de l'humour.
- Repérez, pour vous en amuser ensemble, tous les côtés absurdes ou risibles de la vie quotidienne.
- Lors d'une chute sans gravité mais pas sans peur et quand votre enfant vous regarde, hésitant entre le rire et les larmes, souriez, sans gronder ni vous inquiéter : il prendra le parti d'en rire et apprendra à exorciser ses angoisses.
- Laissez-vous aller à « bêtifier » ensemble, à dire des âneries, à jouer au monstre, à être un peu fou.
- Soulignez le côté positif des situations – il y en a toujours un, même si ce n'est pas celui qui vient le premier à l'esprit.
- Ne vous lamentez pas sur le malheur du monde et sur vos problèmes quotidiens. Le sérieux et la gravité ne sont pas des valeurs en elles-mêmes, et vivre n'est pas un problème en soi.
- Efforcez-vous de ne jamais finir une journée avec votre enfant sans avoir partagé avec lui quelques éclats de rire. Si vous ne savez pas de quoi rire ni comment, suivez-le dans ses inventions : lui, il sait très bien le faire ; il est particulièrement doué pour la joie de vivre, à moins que les attitudes des adultes ne viennent le détromper.

BON À SAVOIR

Très vite, un enfant perçoit le charme exercé par son sourire et par son rire. Telle petite fille séduit son entourage – en particulier son père – par des sourires enjôleurs et de petits rires de gorge ; tel petit garçon coupe court à toute tentative de sévérité de la part de ses parents en les accueillant, après chaque nouvelle bêtise, par un rire désarmant qui semble leur dire : « Drôle, hein, mon initiative ! » Ses parents rient avec lui de bon cœur, au fond d'eux-mêmes très fiers de ce petit bonhomme si malin.

LA CRISE D'OPPOSITION

À force d'entendre dire « non », l'enfant a fini par apprendre ce mot, qui est devenu le plus fréquent de son vocabulaire. Bien souvent, ses « non » répondent à vos « non », et l'escalade atteint vite des sommets d'où il est difficile de redescendre.

Une déclaration d'indépendance

Une phrase résume la situation: « L'enfant se pose en s'opposant. » Maintenant qu'il se sait un être humain autonome, il tient à se poser comme tel; et afin que personne n'ignore qu'il a des désirs propres, il tient à les affirmer, d'une manière souvent systématique, en opposition directe aux volontés de l'adulte. Si ses « non » ne possèdent pas toujours une valeur de refus – et nombreux sont ceux qui peuvent être détournés –, ils sont en permanence affirmés avec beaucoup de conviction: « Je ne suis pas celui que vous voulez que je sois », veut dire l'enfant – un mécanisme qui se retrouvera à l'adolescence. Même si elle est éprouvante, cette naissance de sa personnalité est hautement respectable.

Les conflits sont nombreux: ses parents lui demandent de s'habiller? C'est non. De manger sa soupe? C'est encore non. D'aller se coucher ou de se laver? C'est non, définitivement. La patience de l'adulte est mise à rude épreuve. Aussi est-il utile d'expliquer le sens de cette tornade que traverse l'enfant et qu'on nomme à juste titre la crise d'opposition.

BON À SAVOIR

Quand il couve une maladie ou quand il est très fatigué, le jeune enfant se révèle irritable, grognon et difficile à vivre. Chez certains, c'est même un signe qui ne trompe pas. Il en est de même pour les malaises psychologiques et non médicaux; en période de déménagement, d'entrée à l'école, d'arrivée d'un petit frère, de tensions familiales ou de soucis, l'enfant réagit à sa façon: il devient contrariant et vite contrarié. La solution passe par un peu de patience plutôt que de l'affrontement. Mieux vaut lâcher du lest. Lorsque la cause du problème aura disparu, il sera temps de reprendre les choses en main.

Comment y répondre?

Il est souhaitable, en retour, que l'enfant trouve face à lui une volonté supérieure à la sienne, qui sache témoigner de la fermeté nécessaire. Il doit comprendre que, à propos des choses importantes, ce n'est pas lui qui décide. L'évolution des rapports parents-enfant se joue là: soit l'enfant apprendra peu à peu à se dominer et deviendra un enfant agréable et raisonnable, soit il deviendra une terreur, dont on aura bien du mal à venir à bout.

À long terme, l'excès d'autorité ou, au contraire, le laisser-faire total ne donnent pas de bons résultats – allant de l'enfant écrasé à l'enfant gâté et de l'enfant malheureux à l'enfant mal dans sa peau. Il convient donc de naviguer entre ces deux écueils, ce qui signifie tout d'abord faire preuve de patience et de souplesse. L'enfant ne contrôle pas encore ses actes, ses impulsions ni ses émotions, et reste incapable de prévoir les conséquences de ses actions : aussi est-il perdu d'avance d'attendre de lui plus qu'il ne peut donner, par exemple qu'il ait un comportement raisonnable ; cela reviendrait à le mettre en échec face aux exigences de l'adulte et minerait sa confiance en lui. Il est également inutile et néfaste de crier fréquemment sur lui ; il aura peur, sera malheureux et ne comprendra pas.

Imposer sa volonté…

Naviguer entre les écueils de l'autoritarisme et du laxisme signifie être capable de se faire obéir. Certains parents passent beaucoup de temps à s'expliquer avec leur enfant et à négocier, comme s'ils se justifiaient d'avoir à lui imposer quelque chose, comme s'ils espéraient également que l'enfant obéirait à la suite d'une démarche intellectuelle. À cet âge, cela ne se peut pas.
S'il faut, bien entendu, expliquer brièvement à l'enfant le pourquoi des interdits ou des demandes, afin qu'il ne se sente pas victime de l'arbitraire, il n'est pas en âge de tout comprendre ; au bout d'un moment, l'adulte doit pouvoir mettre fin à la discussion en imposant sa volonté.

BON À SAVOIR

S'il est « dur », c'est parce qu'il est un enfant de deux ans normal et non parce qu'il est méchant ; s'il provoque, c'est parce qu'il cherche à comprendre comment les adultes fonctionnent et ce qui les fait réagir d'une façon ou d'une autre : c'est toute son intelligence de l'autre qui se construit là.

… mais le laisser parfois avoir raison

Dans la plupart des cas, c'est à vous que revient le dernier mot, même si l'opposition de votre enfant est vigoureuse : pour attacher sa ceinture de sécurité, prendre un médicament, s'habiller avant de sortir, passer à table, refuser l'achat d'un jouet…
Il arrive cependant que vous puissiez changer d'avis afin de prendre en compte celui de votre enfant : si, un soir, il refuse le bain, ce n'est pas si grave ; s'il veut monter encore une fois sur le toboggan plutôt que rentrer tout de suite… Pour son estime de soi, il est bon que parfois vous lâchiez prise ; mais faites-le avant que le « non » se soit transformé en colère.

BON À SAVOIR

Il vaut cent fois mieux commencer par faire preuve de patience, puis mettre fermement un terme à la situation, plutôt que de commencer par dire « non », puis se faire avoir à l'usure.

Un respect réciproque

Voici deux façons au moins de se faire respecter par son enfant.
- Tout d'abord, ne pas crier, mais, autant que possible, garder une voix calme et décidée, même si l'enfant crie très fort. Sinon, vous faire mettre en colère deviendra son jeu favori.
- Ensuite, ne pas prononcer trop de paroles en l'air. Votre autorité sera difficilement prise au sérieux si vous promettez sans tenir et menacez de fessées ou de punitions qui ne viennent jamais. « Maintenant, ça suffit ! » doit vraiment être votre dernier mot, et non pas le premier d'une longue discussion.

LE REFUS D'ALLER AU LIT

Autour de l'âge de deux ans, c'est très banal : 70 % environ des enfants rencontrent un jour ou l'autre des difficultés d'endormissement. D'une manière périodique, l'opposition au coucher revient au cours de l'évolution de l'enfant.

Comprendre et convaincre

Parfois, dès qu'on parle d'aller au lit, la crise commence. Le plus souvent, elle débute véritablement à la fin du rituel, quand le parent sort de la chambre après un dernier baiser et quand la séparation devient effective.
Consacrer un certain temps à ce rituel est normal ; un « rappel » peut même en faire partie. Mais il y a un problème lorsque l'enfant pleure, se relève plusieurs fois, ou lorsque tous les prétextes sont bons pour faire revenir l'adulte : la soif, l'ultime baiser, l'ours qui est tombé, la peur du noir, etc. Ajoutons à cela que la traversée de la crise d'opposition ne rend pas, à cet âge, les choses faciles.
Soyons clair : vouloir passer une soirée tranquille, entre adultes, est parfaitement légitime. L'enfant teste la résistance de ses parents, leur indécision et leur mauvaise conscience : s'ils craignent de ne pas en avoir fait assez, ils auront plus de mal à mettre un terme à la situation. Pourtant, c'est cela qui rassure l'enfant : après un temps d'écoute raisonnable, pouvoir le convaincre qu'il ne craint rien à rester seul et à dormir. Comprendre et sécuriser vaut toujours mieux que subir passivement, puis finir par s'énerver et faire alors preuve de trop d'autorité.

BON À SAVOIR

L'enfant « couche tôt-lève tard » est un rêve pour la plupart des parents – mais c'est seulement un rêve. Peut-être votre enfant a-t-il moins besoin de sommeil que vous ne l'imaginez ?

C'est l'heure

Votre enfant n'a pas l'air décidé à dormir ? Il peut être laissé dans sa chambre ou dans son lit, avec une lampe douce et ses jouets favoris, mais au calme et sans vous. Il dormira quand il sentira le sommeil venir. Un enfant actif a parfois du mal à se calmer le soir, et sa résistance au sommeil peut être stupéfiante. Aussi a-t-il besoin qu'on l'aide à trouver ses limites ; ce n'est pas à lui, à son âge, de décider de l'heure où il doit gagner sa chambre et son lit pour la nuit. Car cela ne ferait qu'aggraver une tension difficilement contrôlable. C'est au parent, sans hésiter, de fixer l'heure et de la faire respecter. Si on ne peut exiger d'un enfant qu'il dorme, on peut lui apprendre qu'à certaines heures chacun regagne ses quartiers et y jouit de la tranquillité.

Le bon moment…

- Pour avoir toutes les chances que l'enfant s'endorme facilement le soir, il est important de le mettre au lit au moment où il est fatigué, prêt au sommeil. Cette heure-là n'est pas toujours facile à trouver. Mais, une fois déterminée, il est bon de la maintenir, soir après soir.
- Une sieste tardive handicape les chances d'endormissement de bonne heure.
- La bonne heure, c'est quand l'enfant a eu suffisamment de temps pour se détendre, jouer et passer du temps avec ses parents.

… et les bonnes limites

Si ses besoins affectifs sont satisfaits et s'il n'a pas l'impression que vous voulez vous débarrasser de lui, votre enfant admettra la situation. Encore faut-il la lui expliquer clairement. Le discours est affectueux, mais décidé : « Maintenant, c'est l'heure où les enfants se couchent et où les parents se retrouvent ensemble. Tu as tout avec toi, nous t'avons fait beaucoup de baisers, alors tu vas rester dans ton lit, en silence et ne plus te relever. Ni ta mère ni moi ne reviendrons te voir ce soir. Je te souhaite une bonne nuit. » Si l'enfant se relève, raccompagnez-le dans son lit sans un mot ; les deux parents doivent bien montrer qu'ils sont d'accord sur cette façon de faire.
Si vous persévérez dans une attitude ferme, qui rassure l'enfant et fixe clairement des limites à ses exigences, les crises autour de l'heure du coucher s'atténueront d'elles-mêmes.

BON À SAVOIR

Un enfant fatigué et rassuré dort. S'il ne dort pas, il faut comprendre pourquoi et mettre en place les bonnes habitudes.

NON AUX SIROPS CALMANTS

Certains soirs, la tentation est grande de donner un sirop calmant. Pourtant, sauf dans les cas graves et exceptionnels, la plupart des experts déconseillent l'utilisation de sédatifs. En voici les raisons.

- Le médicament miracle qui fait dormir les enfants n'existe pas. Un sirop ne soigne pas le problème psychologique, éducatif ou relationnel, mais provoque seulement l'endormissement. Il masque le trouble et ne le résout pas, car il ne soigne pas la cause.
- Parce qu'un sirop est facile d'emploi et les troubles du sommeil très éprouvants, on peut être tenté d'en augmenter les doses quotidiennes : une habitude néfaste s'installe qu'il sera difficile de se défaire, avec des effets à long terme mal connus.
- Par son action, le sirop perturbe le déroulement naturel du sommeil.
- Un sirop s'avère souvent inefficace sur de nombreux enfants : sentant leur effet, ils luttent contre le sommeil qui leur est imposé.

LE SPASME DU SANGLOT

Sans gravité mais très impressionnant, le spasme du sanglot se règle tout seul quand les parents l'ont bien compris et l'abordent sans angoisse.

De formes diverses

Le spasme du sanglot (déjà abordé p. 57) est une perte de connaissance de quelques secondes, qui survient à la suite d'un facteur déclenchant bien particulier : une émotion, une contrariété, une colère, une frustration. On considère que 4 à 5 % environ des enfants en feront entre l'âge de cinq mois et de cinq ans, la plus forte fréquence d'apparition se situant entre dix-huit mois et deux ans.

Une forme « bleue » est observée : au cours d'un accès de larmes ou de colère, l'enfant perd son souffle ; une apnée advient ; l'enfant se cyanose et perd connaissance. Moins courante, la forme pâle arrive après une frustration : l'enfant ne crie pas, mais devient pâle et perd connaissance. Dans tous les cas, le réveil survient rapidement ; en quelques minutes, l'enfant reprend ses esprits.

Il n'en est pas de même sur les plans psychologique et éducatif. Si le premier spasme survient en général d'une façon accidentelle, la réaction de l'entourage sera déterminante pour la suite des événements : la peur et l'attention immédiate de la mère renforceront un comportement qui, dès lors, tendra à se reproduire. Craignant un nouveau spasme, les parents en viennent à surprotéger leur enfant et n'osent plus rien lui refuser : il devient tyrannique et joue avec l'anxiété de ses proches pour aboutir à ses fins. C'est un moyen très efficace !

BON À SAVOIR

Sur le plan médical, le spasme du sanglot ne présente aucun caractère de gravité ; il n'est que la conséquence bénigne et sans séquelles d'une émotion violente ressentie par l'enfant.

Comment réagir ?

- Lorsqu'on sent la crise s'annoncer, le mieux est encore de sortir de la pièce : sans témoin, le spasme tourne court. Si vous ne vous laissez nullement impressionner, les spasmes du sanglot disparaîtront.
- Lors de la crise, l'important est de garder son calme sans montrer à quel point elle déclenche en vous des frayeurs. Allongé sur le sol, l'enfant reprend vite des couleurs.
- Après la crise, il est inutile de faire la leçon à l'enfant en lui disant qu'on ne se laissera plus prendre. Il ne fait pas exprès de perdre connaissance ; en réalité, il est totalement inconscient des mécanismes de manipulation affective auxquels il recourt.

- À plus long terme, il est permis de s'interroger sur la nécessité qu'a l'enfant de recourir à de telles manifestations : n'est-il pas entouré d'un climat trop anxieux ? Ne doute pas de l'amour qu'on lui porte ? Une discipline ouverte mais ferme est-elle appliquée ? Ou bien les parents se sentent-ils vite débordés par leur enfant ?

←
Même si c'est impressionnant, gardez votre calme et attendez que la crise passe.

EST-IL HYPERACTIF ?

À cet âge, certains enfants sont plus difficiles que d'autres, semblant traverser une phase diabolique : ils ont une force et une énergie colossales, qu'ils mettent au service du refus et des bêtises ; sans cesse en action et passant de l'une à l'autre, ils ne s'arrêtent jamais et épuisent leur entourage.

Portrait d'un enfant hyperactif

Pour qualifier certains enfants de bientôt deux ans, l'hyperactivité semble une évidence. Et on a parfois l'impression que rien ni personne ne pourra en venir à bout ; les tensions familiales engendrées aboutissent à de véritables cercles vicieux, dont on ne sait plus trop comment sortir. Voici la description d'un enfant hyperactif. Reconnaissez-vous le vôtre ?

Une journée bien remplie

Quand Paul dort, la maison est calme. Mais cela ne dure pas, car Paul est matinal. Le dimanche comme en semaine, il est rare qu'il dépasse 7 h du matin. Alors la fête commence. Paul saute dans son lit, jette ses jouets et appelle de toutes ses forces. Il meurt de faim. Mais dès cette heure-là, c'est la bagarre et les problèmes commencent.

Au petit déjeuner, dès que sa mère a le dos tourné, il renverse son jus d'orange et patauge dedans. Puis il refuse son bain : il faut l'appeler dix fois avant qu'il daigne venir. Ses parents ont l'impression qu'il ne les écoute pas et qu'il faut toujours crier pour attirer son attention. Après le bain, il refuse de s'habiller. À l'écouter, il mettrait toujours les mêmes vêtements, aussi sales soient-ils.

Avec lui, tous les actes ordinaires de la vie posent un problème. Manger, s'habiller, se laver, aller faire des courses et se coucher sont autant d'épreuves qui mettent tout le monde à cran. Car le reste de la journée est à l'avenant.

Lorsque Paul joue avec des enfants de son âge, cela se termine fréquemment par des coups, des pleurs et des morsures. Dès qu'on lui refuse quelque chose ou qu'on l'interrompt dans une activité, il part dans une grosse colère très impressionnante, se roule par terre et se met dans des états incroyables ; on finit souvent par céder afin qu'il ne se fasse pas trop mal. Il n'écoute pas les mises en garde et semble ne pas comprendre ; les menaces et les punitions sont apparemment sans effet.

Quand enfin arrive le soir, ses parents sont épuisés. Après un dîner auquel Paul a refusé de toucher, le rituel du coucher n'en finit plus. Il rappelle ou se relève dix fois, et c'est bien souvent encore sur un conflit que se clôt la journée.
Il existe, bien entendu, des moments où Paul redevient un petit garçon agréable, plein d'entrain et d'humour, séduisant tout son monde. Des moments qui font oublier le reste. On espère, on se prend à rêver que cela durera… Mais en réalité cela ne dure pas.

Le reconnaissez-vous ?

Vous pensez que j'exagère ? Tant mieux : c'est que votre enfant ne ressemble pas à celui-ci.
Si le jeune Paul est vraiment terrible, de nombreux enfants de cet âge, filles ou garçons, partagent avec lui tel ou tel trait de caractère, qui rend la vie difficile. Si vous vous y retrouvez peu ou prou, sachez que rien n'est inéluctable : il existe des manières d'apprendre à exercer normalement une autorité sur son enfant afin de mener une existence plus calme. Vous avez besoin de prendre du recul, tranquillement, pour voir où vous en êtes.

ALLEZ CONSULTER

Élever un enfant de deux ans n'est pas simple ; il est difficile de tenir un cap, de ne pas s'énerver, de tout mener de front… et de ne pas se culpabiliser. Aussi ne faut-il jamais hésiter à en parler ou à se faire aider.

Un diagnostic à poser pour agir autrement

Le syndrome d'hyperactivité est un trouble de l'enfant qui est désormais bien défini. Parmi ses symptômes figurent des troubles de l'attention. Pourtant, tous les enfants de deux ans qui sont très actifs et en opposition, qui passent d'une activité à une autre et ne semblent se fixer sur rien, n'en sont pas atteints, loin s'en faut.
Si vous avez un doute à ce sujet et si vous avez besoin d'une aide, le mieux est de consulter un psychologue ou un pédopsychiatre, qui saura poser un diagnostic et vous conseiller sur l'attitude éducative à adopter.
Soyons clairs : si ces enfants présentent parfois des difficultés d'apprentissage, cela n'est pas en relation avec un déficit intellectuel. Ce n'est que la conséquence de problèmes d'attention et de concentration, qui peuvent être améliorés.

Trois traits marquants

- Tout d'abord, les enfants témoignent d'un niveau d'activité très élevé : toujours en mouvement, apparemment jamais fatigués, ils finissent par s'exciter et perdre tout contrôle sur eux-mêmes. Ils passent d'une activité à une autre et semblent incapables de se concentrer, d'écouter ou de rester tranquilles pendant quelques minutes. Soutenir son attention sur une tâche, le temps de regarder un livre par exemple, c'est encore trop pour eux.

- En revanche, ils détestent que vous les interrompiez dans leur occupation ou que vous leur preniez ce qu'ils ont en main : c'est à eux de décider de leur activité, et non à vous. Toute contrainte exercée sur eux est mal vécue, ce qui rend ardue l'application d'un horaire régulier : la mise au lit, ainsi que les repas, deviennent une véritable épreuve de force. Les difficultés de sommeil et d'alimentation sont courants.
- De plus, ils sont dotés d'un tempérament très sensible, qui les fait réagir avec brutalité et excès à tout changement d'ambiance : ils se braquent, se surexcitent ou, pour des riens, partent dans de longues colères. Certains, quand ils étaient bébés, avaient déjà du mal à dormir et pleuraient beaucoup. Selon des statistiques américaines, ces traits de caractère concernent environ quatre fois plus de garçons que de filles.

Tempête dans la famille

L'existence d'une famille qui comprend un enfant ressemblant à ce portrait peut être très perturbée : c'est une perturbation pour ses frères et sœurs, auxquels on prête moins d'attention et qui vivent dans un climat de tension permanente ; c'est une perturbation pour le père, qui aimerait bénéficier d'un peu de repos aux repas, le soir et la nuit, et qui ne comprend pas pourquoi son autorité est sans effet ; mais c'est avant tout une perturbation pour la mère, qui se trouve toujours, dans ces cas-là, au cœur des tempêtes. Au contact de son enfant, elle est vite épuisée sur le plan nerveux ; alors qu'elle rêvait de câlins et de complicité, elle a l'impression de passer son temps à interdire et à réprimander ; elle se sent incapable d'imposer une discipline suivie, et la force de volonté de son enfant la fatigue – tout en la séduisant parfois.
De là naît souvent une forme de culpabilité : « Je ne sais pas m'y prendre », se dit la mère, « Les autres enfants ne sont pas comme cela » ; puis vient la rancune : « Il le fait exprès pour me faire enrager. Chaque fois qu'il le peut, il me provoque. » Enfin, il n'est pas rare que des problèmes familiaux ou conjugaux viennent s'ajouter à ces conflits incessants, où la patience et la bonne volonté de chacun sont poussées à bout.

Essayer d'y voir clair

Vous avez besoin d'analyser la situation. Voici quelques questions à vous poser.
- Qui est responsable de l'ambiance à la maison ? Qui dirige ? Qui est actuellement le maître à bord ? Est-ce bien qu'il en soit ainsi ?
- Quels sont les comportements véritablement inacceptables de la part de votre enfant ? Et quels sont ceux sur lesquels vous pourriez lâcher du lest, car on ne

peut pas se battre sur tous les fronts à la fois ? Êtes-vous, les deux parents, d'accord sur ce point ?

- Quels sont les comportements qui vous font « partir au quart de tour » ? À ce moment-là, pourriez-vous respirer trois fois à fond avant de commencer à crier ? Peut-être pourriez-vous en profiter pour trouver une réaction plus adaptée ou plus efficace ?
- Quelles sont les situations qui, d'une manière systématique, tournent au drame et que vous auriez intérêt à supprimer provisoirement, par exemple les courses au supermarché ou les repas en famille ?
- Votre enfant est-il plus facile quand il est avec d'autres adultes que vous ? Si oui, comment s'y prennent-ils avec lui ?
- Quels moyens de pression avez-vous sur votre enfant, autres que ceux que vous utilisez et qui semblent sans efficacité ?
- Quel plan d'action, différent de ce que vous faites actuellement et mûrement réfléchi avec l'autre parent, pouvez-vous mettre en place afin que les choses changent vraiment ?

ASTUCE

À l'intérieur de limites bien définies, il est recommandé de confier à l'enfant certaines tâches, qu'il mènera seul à bien, afin de lui donner confiance en lui et de le faire se sentir utile et responsable. Car le problème serait aggravé s'il se trouvait souvent mis en situation d'échec, à la fois dans ses tentatives et par rapport aux enfants de son âge.

L'attitude à adopter

Sachez avant tout que les enfants particulièrement actifs et difficiles ont, plus que les autres, besoin de compréhension et de confiance. Leur vie doit être organisée avec le plus de stabilité possible. C'est la mise en place d'habitudes et de rituels rassurants qui permettra d'éviter une grande partie des conflits.

CROIRE EN SA SANTÉ

« Ne cours pas, tu vas tomber ! », « Écarte-toi, tu vas te brûler ! », « Si tu ne dors pas, demain tu seras fatigué et désagréable ! », « Ferme ton manteau, sinon tu vas t'enrhumer ! », « Si tu ne manges pas ta soupe, tu ne grandiras pas ! » Un enfant n'entend que ça toute la journée.

Des paroles qui rendent plus fragile

Il y a de ces phrases que l'enfant entend souvent… Les parents qui les prononcent ne se rendent pas compte qu'ils présentent à leur enfant une vision du monde dangereuse, négative… et fausse. Car qui dit que l'enfant tombera, se brûlera ou s'enrhumera ? Les parents seulement. Mais une fois que la phrase est dite, elle a plus de chances de se vérifier. L'enfant considéré comme fragile et douillet par ses parents le deviendra, c'est sûr. Alors pourquoi utiliser le futur, tel un mauvais oracle, et non le conditionnel : « Tu pourrais tomber », ou « Tu risques de tomber » ?

Il est vrai qu'il faudra beaucoup de temps à l'enfant avant d'acquérir le sens du danger. Puisqu'il ne ressent pas une peur instinctive quand il se place dans une situation à risque, c'est aux adultes de faire son éducation. Mais il ne faut pas se tromper de moyen et finir par fragiliser l'enfant ou miner sa confiance en lui, à seule fin de le protéger. L'inquiétude des parents doit décroître à mesure que les capacités de l'enfant croissent : surveiller et prévenir, oui, mais ne pas préserver à tout prix des dangers. Une phrase telle que : « C'est risqué de grimper là, mais si je suis à côté de toi, tu peux essayer » encourage l'enfant à maîtriser un nouveau geste. Elle est beaucoup plus formatrice qu'une simple interdiction.

De nombreuses recherches ont montré qu'un individu dispose d'un grand pouvoir sur son corps et sur sa santé : fondamentalement, cette dernière ne dépend ni de la chance ni de l'hérédité, mais de l'état d'esprit. Or, trop de parents considèrent leur enfant non pas comme une personne résistante, dont l'état naturel est la pleine forme, mais comme un éternel malade en puissance : ils lui interdisent le moindre risque ou le moindre manquement aux habitudes, lui prédisant mille désagréments s'il sort sans bonnet, mange du chocolat, reste en plein soleil ou passe trop de temps dans la piscine.

Dans le même temps, être malade représente presque une chance pour l'enfant : on s'occupe de lui, on lui fait un cadeau, on l'emmène chez le médecin, on le soigne, il reste au lit, on ne le force plus à manger autre chose que de la purée ou des coquillettes, l'un de ses parents reste auprès de lui… Une vraie joie. Mais qui le félicite, le remercie ou lui fait un présent lorsqu'il n'a pas été malade depuis trois mois ? Personne. Si bien qu'être fragile et tomber malade est, pour l'enfant, une position plus appréciable que de rester en bonne santé.

Encourager et féliciter

- Récompenser la bonne santé et non la maladie, dont on doit s'occuper juste ce qui est nécessaire, en prenant garde à ne pas en faire une situation de plaisir. Même chose pour les petits accidents, les coupures, les brûlures, les bleus et autres bobos : une attitude sereine et confiante vaut mieux que de se précipiter, angoissé, à la pharmacie du coin ou de téléphoner à SOS Médecins. Souvent, l'enfant a tout en lui pour guérir.
- Adopter à l'égard de sa propre santé l'attitude qu'on aimerait développer chez son enfant, car l'exemple vaut plus que tous les discours. Cela signifie ne pas se plaindre tous les soirs de la fatigue ou de la migraine, ne pas évoquer ses maladies, ne pas avoir systématiquement recours à l'armoire à pharmacie, ne pas prendre de médicaments quotidiens devant son enfant…
- À l'aide d'images et de comparaisons simples, préciser à l'enfant ce qui se passe dans son corps quand il est malade et le persuader qu'il peut agir sur sa santé. Certains livres peuvent vous aider à trouver les mots pour expliquer la fièvre, les microbes ou les vaccins. Mais on peut dire tout simplement à un enfant qui vient de se couper : « Tu vois, comme tu as coupé une petite veine, le sang s'écoule au-dehors. Comme cela, il nettoie la plaie. Mais, dans le sang, il y a des petits éléments qui s'appellent les plaquettes et qui agissent sur la coupure comme les pompiers qui viennent éteindre le feu : ils vont boucher le trou et fabriquer une croûte. Sous la croûte, la peau se reformera et, lorsqu'elle sera prête, la croûte tombera. Pour l'instant, on va mettre un pansement et, moins tu toucheras à ta coupure et moins tu y penseras, plus elle guérira vite. » Chaque soir, en changeant le pansement, on peut montrer à l'enfant la progression de la cicatrisation, donc de la guérison.
- Lui renvoyer l'image d'un enfant en bonne santé, résistant aux microbes et aux petites douleurs, capable d'avoir une influence sur son état physique.

ASTUCE

Donnez à votre enfant l'exemple d'une existence saine, expliquez-lui que la manière de vivre et de se nourrir influe directement sur la santé. Mais comment lui interdire les sucreries si, vous-même, vous mangez mal ou fumez un paquet de cigarettes par jour ?

LES PHRASES QUI RENDENT PLUS FORT

- « Tu es bien trop solide pour t'enrhumer, mais mets quand même ton gilet, tu seras mieux couvert. »
- « Tu es capable de ne plus faire la sieste, mais tu te sentiras quand même beaucoup mieux lorsque tu auras dormi. »
- « Ce toboggan est dangereux, mais je suis sûr que si tu fais bien attention, tu t'en sortiras. Et même si tu tombes, ce n'est pas grave, tu ne te feras pas bien mal. Courageux comme tu l'es ! »
- « Tu t'es enrhumé, mais déjà ton corps lutte pour tuer les microbes. Résistant comme tu es, avec du jus d'orange frais et une bonne boîte de mouchoirs, tu seras guéri à la fin de la semaine. »
- « Je suis fier de toi, tu t'es guéri très vite, tout seul et sans te plaindre. Pour te féliciter et te remercier, je vais te faire un cadeau. »

→

Emmenez le plus souvent possible votre enfant marcher et découvrir la nature : en plus de se forger une bonne santé, il pourra se défouler et rapporter des trésors.

III

LA TROISIÈME ANNÉE DE VOTRE ENFANT

L'ENFANT DE 24 À 26 MOIS

Debout sur ses jambes, votre enfant n'a de cesse de courir, sauter, escalader, grimper, vous échapper… Ses progrès sont énormes dans tous les domaines. Parce qu'il enrichit ses relations et sa compréhension d'autrui, l'enfant découvre aussi la frustration face à son impuissance et les conflits intérieurs. D'où des manifestations parfois fréquentes de rage, de colère, d'agressivité, de jalousie… avant de fondre dans un câlin ou de vous séduire en faisant le clown. Cela peut être épuisant pour les parents Mais qu'il est passionnant de voir la « personne » émerger derrière l'enfant !

QUI EST-IL ?

Plus sûr de lui, l'enfant est devenu plus calme. Un degré dans l'indépendance a été franchi, et il n'a plus à se battre pour la défendre. Grâce à ce nouvel équilibre, les démonstrations d'affection sont de plus en plus fréquentes.

Il devient propre

S'il a atteint la maturité physique, intellectuelle et affective suffisante, l'enfant apprend à devenir propre. Et parce qu'on attend de lui qu'il devienne continent, il aime se défouler en faisant des saletés. On lui demande de se séparer de ses matières ? Il en trouve de nouvelles à exploiter : la peinture, la mousse à raser, le shampooing, les produits de maquillage ou le liquide vaisselle peuvent parfois s'étaler sur le sol, sur les murs, sur les poupées ou sur son propre corps.

Tout nouveau matériau est intéressant, toute nouvelle expérience bonne à prendre. Une question se pose pour les parents : comment laisser s'exprimer son esprit scientifique tout en limitant les dégâts ? Réponse : il va falloir faire preuve de beaucoup d'imagination.

Il veut plaire

Si les « non » de l'enfant sont en baisse et son caractère plus calme, le contrôle de ses émotions reste fragile. L'enfant se donne du mal pour plaire et pour bien faire, et souffre quand il n'y parvient pas, surtout s'il est l'objet de critiques et de réprimandes.

Comment comprendrait-il que son père a droit à la mousse à raser et pas lui, que sa mère peut se mettre du vernis à ongles, et pas elle ? Est-ce sa faute si le flacon est tombé sur la moquette toute blanche ? En lavant la moquette, il voulait seulement vous rendre service…

Il a peur

Avec le repas, le coucher devient le moment le plus difficile à gérer de la journée. Se retrouver seul dans sa chambre lui est insupportable : il a peur du noir et des fantômes, et ne fait pas encore très bien la part entre le réel et l'imaginaire.

Afin d'éviter la séparation, il voudrait faire durer la présence de ses parents au

BON À SAVOIR

On entend souvent dire qu'il est possible de prévoir la taille adulte d'un enfant en doublant sa taille à l'âge de deux ans : cette règle est fausse. Les statistiques montrent que les garçons atteignent la moitié de leur taille adulte autour de vingt-cinq mois, les filles autour de seize mois. Mais là encore, rien n'est joué, car à cet âge la courbe de croissance n'est pas encore stabilisée.

Plus tard, il en sera autrement, quand la courbe suivie sera installée dans un couloir d'évolution, dont elle bougera rarement. Mais certains facteurs importants interviennent : l'âge osseux ou l'âge de la puberté. Si la composante héréditaire est souvent déterminante, il ne faut pas oublier que, d'une génération à une autre, les enfants sont en général plus grands que leurs parents.

maximum ; alors les rituels du soir n'en finissent plus.
Heureusement, il est très attaché à sa peluche ou à son tissu favori, qui lui tient compagnie lorsque ses parents ont enfin refermé la porte pour de bon.

Il est plus assuré dans tous ses mouvements

La marche de l'enfant est maintenant bien assurée, ce qui lui permet de moins tomber. Son développement physique concerne désormais l'acquisition de l'équilibre et des exploits auxquels il se livre sur le toboggan ou sur la balançoire.
Les mains font aussi des progrès et permettent à l'enfant d'accroître son autonomie : il peut se déshabiller et s'habiller de vêtements simples, et il sait se laver les dents tous les jours. Parce qu'il sait visser et dévisser, les robinets, les poignées de porte et les bouchons ne lui résistent plus. Il sait tourner une à une, sans les abîmer, les pages d'un livre et peut monter une tour en superposant six à huit cubes.

Il monologue souvent

Le langage fait des progrès considérables ; l'enfant demande le nom des choses qu'il ignore et les répète pour bien les retenir. Sa mémoire enregistre mieux : alliée à une curiosité très vive et à un meilleur niveau de compréhension, elle lui permet d'enrichir chaque jour son vocabulaire.
Souvent, la prononciation laisse à désirer, car les consonnes centrales des mots peuvent être avalées ; l'enfant s'énerve vite s'il doit répéter plusieurs fois la même chose sans parvenir à se faire comprendre. Au fil des mois, cette prononciation gagnera en clarté. Il n'est donc pas encore temps de s'en inquiéter ; d'autant que l'enfant s'entraîne beaucoup, en particulier quand il monologue avec ses poupées, ses peluches, ses figurines ou ses voitures.
On peut aider un enfant de cet âge à accroître son vocabulaire et à améliorer son langage en discutant souvent avec lui et, même si c'est difficile, en lui laissant beaucoup de temps pour s'exprimer. Il faut lui expliquer le monde qui l'entoure avec des phrases simples et non seulement lui indiquer le nom précis des choses, mais également leur usage et leur mode de fonctionnement.

Il est plus sociable

À deux ans, l'enfant est devenu un être social complexe et à part entière. Même si ses jeux se déroulent plus en parallèle avec les autres enfants que dans une véritable interaction, il tire plaisir à être avec des camarades de son âge ; il développe des amitiés, dont certaines se prolongeront pendant des années ; il

imite souvent les autres enfants, reproduit leurs jeux et communique avec eux d'une façon beaucoup plus fine.
Dans ses rapports avec les adultes, il a appris l'essentiel : comment leur faire plaisir, comment les mettre en colère, comment attirer leur attention… Il sait exprimer d'une manière adéquate et précise à la fois ses humeurs et ses émotions, ses désirs et ses refus.
Il aime toujours la compagnie des adultes et ne demande pas mieux que de s'intégrer à leurs activités – par exemple aider aux tâches ménagères ou au bricolage. Profitez-en, car cela ne dure en général pas longtemps.

Ils et elles

Le plus souvent, les garçons développent une véritable passion pour tout ce qui roule ; où qu'ils soient, certains ne se séparent jamais d'une petite voiture, qu'ils font glisser sur les murs, sur le sol, sur le lit ou le trottoir, en l'accompagnant du bruit caractéristique du moteur. Mais ils aiment tout autant les vrais tricycles, les vélos, les chariots, les poussettes et les brouettes.
Le plus souvent, les filles deviennent particulièrement coquettes : elles se regardent devant le miroir, veulent des robes à volants et des barrettes dans les cheveux, et recherchent les compliments de leur père pour s'assurer de leur pouvoir de séduction. Ce qui ne les empêche pas de se passionner pour les ballons ou les jeux de construction !

À SON ÂGE…

- Il commence à se déshabiller seul.
- Il monte une tour de six à huit cubes.
- Il imite ses camarades dans ses jeux.
- Il fait semblant de nourrir sa poupée ou son ours.
- Il lance une balle.
- Il hurle en arrivant chez le pédiatre.
- Il commence à bien s'exprimer.
- Il reconnaît en pointant sur l'imagier les objets qu'on lui énonce.
- Il mémorise rapidement.
- Il sait manifester joie et tendresse, jalousie et colère.
- Il comprend des mots abstraits tels que « plus », « moins », « tout à l'heure », « pareil », « différent ».

→
Proposez à votre enfant de vous aider à préparer un gâteau ou une pizza : il adore mettre les mains à la pâte !

LES DANGERS DOMESTIQUES

Traditionnellement, la maison apparaît comme un havre de sécurité, à l'abri des périls du monde extérieur. Mais le foyer peut aussi constituer pour l'enfant un lieu de grands dangers, où il risque de se blesser.

Les facteurs de risque

Nombreuses sont les études qui ont été menées afin de mieux comprendre cette réalité très complexe que constitue le grand nombre d'accidents domestiques et afin d'en analyser les raisons. D'une façon manifeste, il apparaît qu'un accident n'arrive pas à n'importe qui ni n'importe quand ; tandis que certains facteurs de risque sont liés à l'enfant, d'autres le sont à son environnement.

Les aventuriers

En matière d'accidents domestiques, le comportement de l'enfant est déterminant : entre l'âge de un an et cinq ans, mais plus particulièrement encore vers deux ou trois ans, l'enfant traverse une phase de développement moteur intense. Il furète partout, grimpe et escalade ; il aime l'aventure et la découverte, et sa curiosité le pousse à vouloir tout essayer et tout explorer. La fascination qu'exercent sur lui les objets et les lieux interdits est liée au désir de faire comme les grands. Et son caractère qui tend à l'opposition favorise la provocation : il ne respecte les interdits que d'une manière très approximative. Face à tout cela, l'enfant manque encore de beaucoup de maturité pour prendre conscience des risques qu'il encourt. Les chiffres indiquent que les accidents touchent plus souvent les garçons que les filles, et de préférence les enfants anxieux et hyperactifs.

L'environnement

Les facteurs liés à l'environnement sont décisifs. Tout d'abord l'environnement familial : le climat affectif est essentiel, de même que les réactions parentales face aux dangers et le niveau de surveillance de l'enfant. Désormais, on sait qu'un grand nombre d'accidents surviennent dans une situation de « présence-absence » des parents : ils sont là, mais inattentifs car occupés ailleurs – au télé-

phone, avec un autre enfant, etc. L'accident peut alors être interprété comme un mode d'appel – mais qui n'enlève rien au défaut de surveillance.
L'environnement matériel compte également beaucoup: la maison est-elle équipée pour accueillir sans danger un jeune enfant? Les parents ont-ils fait le tour de la maison en prenant soigneusement toutes les mesures nécessaires pour minimiser les facteurs de risque? Ont-ils bloqué l'accès à la terrasse, mis sous clé les produits dangereux et rendu inaccessibles les prises électriques?
En bref: les parents ont deux façons complémentaires d'agir pour protéger leur enfant : aménager l'espace et l'éduquer au danger.

L'aménagement de l'espace

Avec un jeune enfant, le souci de la sécurité doit être une préoccupation permanente. Il est impossible de fournir ici une liste exhaustive de tout ce qui peut être dangereux dans une maison; à chacun de parcourir les pièces de son logis en se posant toutes les questions nécessaires.
Néanmoins, il peut être utile de préciser que sept accidents sur dix ont lieu dans la cuisine – un tiers sont des intoxications – et deux sur dix dans la salle de bains – intoxications, brûlures et chutes.

Tout placer en hauteur

Les parties basses des différentes pièces sont, bien entendu, celles auxquelles l'enfant a le plus facilement accès. Aussi faut-il mettre en hauteur les produits d'entretien, les ustensiles tranchants, les objets fragiles…
Il faut être vigilant en ce qui concerne les fils et les prises électriques. Les brûlures peuvent venir de la porte du four ou des plaques électriques, mais également de la chute d'une poêle dont l'enfant aura tiré le manche.
Dans la salle de bains, le risque principal vient des médicaments qui doivent être rangés sous clé. Mais les chutes et les glissades dans la baignoire, ainsi que les brûlures et les hydrocutions sont également fréquentes.

Sécuriser au maximum

Hors de la cuisine et de la salle de bains, d'autres pièces et divers objets de la maison sont également dangereux. Pensez à la boîte à couture qui traîne par terre, avec ses ciseaux et ses aiguilles, aux produits du jardin, au lit placé sous la fenêtre, aux appareils de chauffage en mauvais état, aux plantes vertes qui sont de vrais poisons, sans oublier les sacs en plastique – qui peuvent étouffer s'ils sont mis sur la tête – et les cacahuètes – qui risquent d'obstruer la trachée-artère. Si vous avez un jardin et un garage, vous savez que les risques y adviennent également.
Si l'ensemble de la maison ne peut être parfaitement sûr, essayez au moins que la chambre de l'enfant le soit: pas de prise sans cache-prise (si elle n'est pas sécuri-

ATTENTION

- Les aliments suivants sont potentiellement dangereux : les noisettes, les raisins secs, les grains de raisin, les bonbons, les pop-corn, les cubes de carottes, les bouchées de viande…
- Prenez toutes les précautions avec les objets suivants : les billes, les pièces de monnaie, les capuchons de feutres ou de stylos, les boutons, les trombones et les punaises, les petits morceaux de jouets, les petites piles rondes, les ballons à gonfler…

sée), pas d'angle vif, pas d'escalade dangereuse... Ainsi, quand vous êtes occupé ailleurs, il y a toujours un endroit où votre enfant peut jouer sans risque en vous attendant. Pour le reste, vos précautions seront toujours insuffisantes. Aussi faut-il, en parallèle, éduquer l'enfant au danger et aux risques.

L'éducation au danger

Tous les enfants ne s'exposent pas aux mêmes risques, tous ne commettent pas les mêmes bêtises ; en ce domaine, l'attitude éducative de leurs parents reste déterminante. Voici quelques pistes qui vous aideront à réfléchir.

- Il faut être très clair quand on signale un danger à un enfant ; ce dernier doit bien comprendre qu'il ne s'agit pas de vous faire plaisir – à l'instar de tous les interdits de confort –, mais qu'un risque réel existe pour lui. Dire « non » ne suffit pas : il faut lui expliquer pourquoi cette chose est interdite, le lui dire avec des mots simples et ne pas hésiter à le répéter.
- À certains enfants, cela ne suffira pas encore : « Le feu brûle » est une assertion qui demande à être vérifiée. Si vous êtes présent et si vous avez averti précisément votre enfant du risque encouru – et mesuré –, laissez-le vérifier. Pour une peine minime, il aura appris que vous dites vrai : votre prochain avertissement portera davantage.
- Il n'est pas toujours possible de tenir son enfant éloigné des couteaux, des ciseaux et autres appareils électriques. Aussi, une attitude éducative préventive consiste-t-elle à apprendre à l'enfant à se servir des choses plutôt que de toujours les tenir cachées ; cela doit se faire en fonction de son âge et de sa maturité, et, bien entendu, en présence de l'adulte tant que la maîtrise n'est pas acquise.
- Quand un petit accident survient, si votre enfant se coupe ou se brûle légèrement, s'il tombe après avoir pris un risque mal calculé, plutôt que de se fâcher il est préférable de lui expliquer ce qui s'est passé et en quoi le risque encouru était trop grand. On conclut en lui montrant comment il aurait pu aboutir au même résultat d'une façon plus sûre, ce qui est une autre manière de responsabiliser l'enfant et de lui témoigner sa confiance.
- Enfin, l'enfant doit vite comprendre que les règles de sécurité sont les mêmes pour tous et que ce n'est pas pour le brimer que vous lui interdisez de jouer avec le fer à repasser ou le couteau de cuisine : un adulte qui manie avec maladresse un couteau se coupe et saigne également ; s'il tombe, il a également mal.
- Attirez l'attention de votre enfant sur les précautions que vous prenez dans votre vie quotidienne afin de vous prémunir contre les dangers : cette éducation-là aussi se fait par l'exemple.

BON À SAVOIR

- Pour éviter les étouffements, ne donnez rien à manger à votre enfant qui ait une forme ronde et une consistance dure – un bonbon par exemple – sans le couper en morceaux.
- Insistez pour qu'il s'asseye calmement quand il mange. Refusez qu'il mange en marchant, en sautant ou en jouant.
- Demandez-lui de prendre l'habitude de mâcher avant d'avaler.

→

Gare aux dangers domestiques !
Vérifiez toujours que vos queues de casserole ne dépassent pas.

L'AMBIANCE DES REPAS

À partir de deux ans, selon son comportement et les habitudes familiales, l'enfant partage les repas de ses parents.

Comme tout le monde ou presque

Le régime alimentaire d'un enfant de deux ans n'exige plus qu'on lui prépare un menu spécial. Même si certains plats ne lui conviennent pas très bien, il peut goûter à tout sans problème. À cette occasion, un enfant qui semblait jusque-là avoir peu d'appétit peut alors se mettre à manger d'une façon beaucoup plus satisfaisante pour ses parents. Pour un enfant de cet âge, bien entendu, un repas classique, *a fortiori* un repas de fête, avec la famille élargie ou au restaurant, peut sembler très long. Il ne paraît donc pas raisonnable de lui imposer de rester sagement à table d'un bout à l'autre du repas.

BON À SAVOIR

Ces moments conviviaux où la famille se réunit sont d'une grande valeur pour l'avenir; il serait dommage de ne pas en tirer parti. S'il vient à table avec plaisir, il aura peu de risques de souffrir de troubles du comportement alimentaire.

Des repas calmes et réguliers

La régularité et le calme sont la base des repas pris dans de bonnes conditions. Après une journée de séparation, chacun se retrouve autour d'un repas pris en commun. Ce moment est très important pour votre enfant. Le partage des repas familiaux n'est possible tous les jours que si l'emploi du temps de chacun le permet. En effet, votre enfant a encore besoin d'une grande constance dans ses horaires et ne peut attendre pour se mettre à table que la famille au complet soit rentrée du travail, si ces retours ne sont pas réguliers.

Des repas détendus

Ne faites pas de vos repas des moments de tensions et de règlements de comptes – ni avec votre enfant ni avec votre conjoint. Ne le réprimandez pas sans arrêt parce qu'il mange salement ou parce qu'il ne finit pas sa soupe : c'est le plus sûr moyen de lui couper l'appétit et de transformer pour tout le monde le temps des repas en une véritable épreuve. Le plaisir d'être ensemble doit passer avant tout. S'ils sont allumés et captent l'attention des uns et des autres, la télévision et la radio ne favorisent pas la communication. Votre enfant a le désir de vous raconter sa journée et d'échanger avec vous. Il lui en faut le temps, et peut-être a-t-il besoin d'être sollicité.

LA PROPRETÉ DE NUIT

La propreté pendant le sommeil survient quelque temps après la propreté diurne. Que pouvez-vous faire pour aider votre enfant ? Faites-lui confiance et soyez détendu face à cet apprentissage.

Le bon moment

Quelle que soit votre impatience à voir votre enfant devenir propre, vous ne pouvez guère hâter les choses ni les forcer, sauf à prendre le risque de les voir empirer. Quand votre enfant sera prêt, vous constaterez que, le matin, ses couches sont sèches. Avec son accord, vous pourrez alors les supprimer. Se réveiller la nuit et se lever pour aller uriner demande déjà un bon niveau de maturité. Quant à passer une nuit sans avoir besoin de se relever, cela nécessite que la vessie ait une taille suffisante. Rien sur quoi vous puissiez agir.

BON À SAVOIR

En cas d'accident, apprenez à votre enfant à enlever ses draps mouillés et à les déposer, avec son pyjama, dans le panier à linge sale. Il ne s'agit pas de lui imposer une punition, mais de lui donner la responsabilité de son corps.

Comment aider votre enfant ?

- N'ôtez pas les couches trop tôt : se réveiller le matin dans un lit froid et mouillé est dur pour le moral et décourageant. Inutile de vivre cela trop longtemps.
- Au début, peut-être y aura-t-il des accidents. Il est inutile de vous fâcher, de vous moquer ni de lui faire honte. Votre enfant a besoin de vos encouragements et de votre patience ; vous pouvez lui dire quelque chose comme : « Ce n'est pas grave, quand tu seras prêt, quand ton corps et ta tête le décideront, tu seras propre la nuit. Tu verras, cela viendra tout seul. Cela n'a aucune importance en comparaison de tout ce que tu es déjà capable de faire. » Avec une bonne alèse et un lave-linge, cela ne mérite aucun drame.
- Le soir, il est inutile de priver votre enfant de boisson. Cette technique est cruelle et sans effet ; cela ne signifie pas pour autant qu'il doive boire trois grands verres d'eau avant de se coucher…
- Certains parents trouvent pratique de réveiller à moitié leur enfant vers 23 h et de le conduire à ce moment-là aux toilettes. Mais la propreté de nuit ne sera acquise que lorsqu'il sera capable de se réveiller seul. Vous pouvez faciliter les choses en lui mettant un pyjama facile à baisser, en laissant une veilleuse dans sa chambre et en plaçant un pot à côté de son lit : de nombreux enfants ne sont pas encore propres la nuit, tout simplement parce qu'ils ont peur de traverser le couloir dans le noir.

LES RÉVEILS NOCTURNES

Tel enfant se réveille toutes les nuits, en proie à des frayeurs, et vient les apaiser dans le lit de ses parents. Tel autre, depuis des mois, appelle plusieurs fois par nuit et ne se calme qu'avec un verre d'eau et un câlin…

BON À SAVOIR

Le sommeil est composé d'une suite de cycles qui alternent des phases de sommeil profond et de sommeil plus léger.

L'enfant, en sommeil léger, est au bord du réveil; s'il a un bon sommeil, il replonge spontanément et sans aide extérieure dans le cycle suivant.

Certains enfants se réveillent à ce moment-là, bavardent calmement sans déranger personne, puis se rendorment. Dans ce cas, les parents qui l'entendent babiller ou grogner ne doivent pas intervenir, car cela laisserait penser à l'enfant qu'il peut faire venir ses parents.

D'autres enfants se réveillent légèrement au cours de cette phase et en profitent pour appeler, pleurer ou se lever. Dans ce cas, il est difficile de ne pas intervenir.

Des raisons variées

Si les raisons d'un réveil pendant la nuit sont sans doute aussi nombreuses qu'il y a d'enfants, il reste malgré tout possible de trouver des points communs ou fréquents. La nuit, l'enfant n'aime pas être séparé de ses parents. Il est à la fois jaloux de leur intimité et désireux de ne pas laisser passer tant d'heures sans les voir. Spontanément, il ne comprend pas pourquoi on peut être ensemble la journée, mais qu'on doit être séparé la nuit. Les habitudes anciennes, où toute la famille partageait la même pièce, lui conviendraient tout à fait.

Il arrive aussi que l'origine des troubles remonte à une maladie banale telle qu'une rhino-pharyngite: respirant mal, l'enfant se réveille la nuit; pour ces quelques jours, ses parents décident de le garder dans les bras et de le rendormir doucement en le berçant; mais une fois la maladie guérie, l'habitude est prise et l'enfant ne voit pas pourquoi il se passerait du plaisir de voir ses parents la nuit. Ce besoin dure de plus en plus longtemps, puis se reproduit deux heures plus tard, et il faut tout recommencer. Alors la mère est épuisée et le père irrité – ou l'inverse –, et les voisins cognent au mur.

Un fait de société?

Entre 10 et 20 % des consultations en pédiatrie ou en psychologie du jeune enfant concernent les troubles du sommeil. Ces chiffres sont en augmentation constante: on estime que 40 % des enfants âgés de deux ans se réveillent au moins une fois par nuit.

Il est légitime de se demander, en ce domaine, quelle est l'influence des conditions de la vie moderne, du stress et du surmenage, de la bousculade et du manque de disponibilité ou de l'irritabilité. Quand les parents consultent, le problème est déjà souvent bien installé. Autant l'enfant semble gai, actif et en bonne santé, autant les parents paraissent à bout de résistance. Les réveils bruyants qui se répètent nuit après nuit usent leurs nerfs, et cette exaspération ne fait que renforcer les difficultés de sommeil de l'enfant. Il est alors difficile d'échapper à un tel cercle vicieux, qui s'amorce parfois d'une manière très précoce.

Dans le lit des parents

Plutôt que d'appeler, de nombreux enfants qui se réveillent la nuit préfèrent venir se glisser dans la chaleur rassurante du lit parental… Plutôt que de se réveiller et de reconduire l'enfant dans son lit, de nombreux parents préfèrent lui faire une petite place… Cela est encore plus fréquent et plus tentant quand le parent est seul dans son lit.
Chacun son choix. Ces choses se produisaient souvent autrefois et se pratiquent encore dans d'autres pays. Aujourd'hui, elles ne sont plus admises sur le plan culturel dans les pays occidentaux.

Une habitude vite prise

Attention : si la démarche de l'enfant réussit et s'il est accueilli pour la nuit dans le lit parental, elle se reproduira les nuits suivantes. C'est incroyable comme l'enfant considère vite comme des habitudes les exceptions qui lui conviennent ! En revanche, si la démarche échoue, nettement et fermement, elle tendra à cesser. Aux parents de savoir s'ils sont plus gênés d'avoir leur enfant dans leur lit ou de le renvoyer, en le rassurant, dans la solitude du sien. Un cas particulier peut être fait des suites de cauchemars, où l'enfant vient se glisser contre l'un de ses parents pour lutter contre les fantômes de la nuit, mais c'est autre chose (voir p. 406).

Ne lui laissez pas la place

Dans les cas habituels, il est vivement recommandé, dès le plus jeune âge de l'enfant, d'installer son lit dans une autre chambre que celle de ses parents. Mais comment réagir si, plus grand, il se glisse dans le lit parental au milieu de la nuit ? Dire « non » fermement si cela se reproduit d'une manière régulière : car cela risque d'entraîner le départ de l'un des parents qui, pour faire de la place à l'enfant, s'en va dormir ailleurs, sur le divan du salon ou dans le lit, désormais libre, de son enfant…

Les attitudes à éviter

Tous les parents expriment clairement leur souhait : que leur enfant « fasse » des nuits entières et qu'ils puissent, eux aussi, dormir enfin d'une traite toute la nuit. Mais les choses qu'on fait inconsciemment ne sont pas si simples et ne mènent pas nécessairement là où on voudrait aller : c'est ainsi que certains comportements parentaux ouvrent la porte à des troubles du sommeil.

BON À SAVOIR

Vouloir à tout prix que son enfant dorme, c'est impossible. Mais on peut lui enseigner le calme, l'autonomie et la tranquillité, ce qui est suffisant pour que les parents, à leur tour, dorment correctement.

En voici quelques-uns qu'il vaut mieux éviter.

- Menacer l'enfant de son lit comme d'une punition et le coucher en vitesse, le soir, comme pour s'en débarrasser.
- Devenir l'esclave de ses insomnies et se mettre à sa disposition à toute heure de la nuit. Tant que l'enfant trouvera des avantages à se réveiller et à appeler, il le fera. Le plus clair de ces avantages est bien entendu de passer du temps avec sa mère, même si elle proteste. C'est donc le premier avantage qu'il faudra supprimer.
- Changer d'attitude chaque nuit face à ses réveils nocturnes. Une nuit, les parents se fâchent, une autre ils se lèvent, une troisième, par lassitude ils autorisent l'enfant à se glisser dans leur lit. L'enfant ne sait pas à quoi s'attendre ; alors, à tout hasard, il tente sa chance.
- Aggraver le problème avec des désaccords parentaux : tandis que l'un est partisan de la tolérance, l'autre prône la fermeté. L'enfant aura tôt fait d'agrandir cette brèche et de transformer un moment pénible en un conflit généralisé. Mieux vaut discuter de la conduite à tenir dans la journée, au calme, puis s'y tenir, plutôt qu'à 2 heures du matin, quand tout le monde est fatigué et sur le point de craquer.
- Quand un enfant se réveille, aller le voir et le prendre dans ses bras ou le lever. Mieux vaut poser avec douceur sa main sur lui et le rassurer de la voix.
- Inclure dans le rite du sommeil un élément qui rend le parent indispensable. Par exemple, l'enfant habitué à s'endormir en tenant la main de sa mère aura de nouveau besoin d'elle pour se rendormir s'il se réveille la nuit. Mieux vaut un rituel qui se termine lorsque l'enfant est encore éveillé, afin qu'il apprenne à s'endormir seul dans son lit.
- Donner un sirop en pensant avoir la paix (voir aussi p. 325). C'est une solution de facilité qui ne s'attaque pas aux racines du problème. En revanche, il peut être parfois utile, et même efficace, que la mère, quant à elle, prenne un somnifère ou mette dans ses oreilles des bouchons acoustiques afin de l'isoler des bruits extérieurs !

Que faire ?

Voici quelques conseils qui vous permettront peut-être de mieux comprendre votre problème. Dans le cas contraire, n'hésitez pas à vous faire aider.

- Interrogez-vous sur le plaisir que vous trouvez, au-delà de votre fatigue, à voir votre enfant la nuit, à le bercer, à jouer avec lui. De nombreux parents, qui sont privés de leur enfant pendant la journée, trouvent, qu'au fond, ces heures de nuit ont quelque chose de très doux.
- Quel enfant étiez-vous ? Si vous étiez vous-même un enfant au sommeil difficile, il est possible que vous transmettiez, à votre insu, un message de ce type : « C'est

normal que mon enfant ne dorme pas la nuit, puisque j'étais pareil étant petit... » L'enfant ressent cela et sait, qu'au-delà des apparences, il vous fait plaisir en vous ressemblant.

- Profitez de la journée pour donner à votre enfant tout l'amour et toute l'attention dont il peut avoir besoin. Ainsi, il a moins besoin d'appeler pendant la nuit ; et les parents ont la conscience tranquille pour ne pas lui répondre.
- Profitez aussi de la journée pour discuter et mettre au point une stratégie à appliquer la nuit ; tâchez de vous y tenir.
- Ne négligez pas le rituel du coucher et confiez à votre enfant ses peluches, ses tétines et ses doudous. Puis faites-lui clairement comprendre qu'on ne se reverra que le lendemain matin.

Le jour où ça suffit

Le jour où vous aurez décidé de faire cesser les réveils nocturnes et que vous vous sentirez la force de ne plus répondre aux appels, voici comment vous y prendre.

- Expliquez à votre enfant que la nuit, c'est fait pour dormir. Comme vous le lui avez déjà dit cent fois, sur le moment il ne vous croira pas.
- Lorsqu'il se réveille, laissez-le pleurer pendant un temps, puis levez-vous et expliquez-lui de nouveau les règles : « Fais ce que tu veux, au calme, dans ton lit, mais laisse-nous dormir. Prends ton doudou : il te tiendra compagnie. C'est fini, nous ne serons plus disponibles la nuit. » Retournez vous coucher. S'il pleure encore, recommencez, si possible sans vous lever, simplement de la voix.
- Envoyez son père expliquer fermement mais gentiment : « Ta mère se repose, elle dort, alors elle ne viendra pas te voir maintenant. Je comprends tout à fait que tu aies du mal à l'accepter. Mais elle passe ses nuits avec moi, pas avec toi. Moi-même, c'est la dernière fois que je me relève. Nous te retrouverons demain matin avec beaucoup de plaisir. Maintenant, bonne nuit. »
- Veillez ensuite à ne pas revenir sur ce que vous avez dit, même si le temps des pleurs vous semble long. Il sera plus court demain, et encore plus court après-demain.
- Le secret de la réussite tient en trois points : vous êtes sûr de vous et de votre choix, vous êtes d'accord entre vous et vous maintiendrez nuit après nuit la même attitude affectueuse, rassurante mais catégorique.
- Enfin, sachez que les troubles du sommeil, s'ils sont très fréquents à cet âge, s'améliorent avec le temps. Dans quelques mois, votre enfant deviendra peut-être un gros dormeur...

BON À SAVOIR

Lorsqu'on évoque les réveils nocturnes, une attitude sensée consiste tout d'abord à s'assurer qu'ils n'ont aucune raison médicale ni externe.

Des maladies aiguës telles qu'une otite séreuse ou une infection urinaire, ou bien chroniques, peuvent passer inaperçues, mais justifier, par la douleur, le réveil de l'enfant ; de même pour une difficulté respiratoire passagère ou une période d'éruption dentaire.

L'environnement peut aussi jouer un rôle déterminant : si l'air de la chambre est trop sec et trop chaud, l'enfant transpire, a soif et se réveille. Le bruit – de la télévision, des voisins ou des voitures – peut aussi troubler le sommeil.

SEUL DANS SA CHAMBRE ?

Pour un enfant, la chambre est par excellence le théâtre où se jouent les peurs, les fantasmes et les cauchemars. Il est plus rassurant, et plus pratique, de la partager avec son frère ou sa sœur.

Un phénomène social assez récent

Dans les temps plus anciens et jusqu'au début du xxe siècle, il était inconcevable, et en général impossible, de séparer un jeune enfant du reste de la famille : dans la plupart des cas, à l'exception des classes sociales les plus riches, les chambres étaient communes, ainsi que les lits. Chaque enfant partageait le sien, tout d'abord avec un adulte – un aïeul par exemple –, puis avec un ou deux membres de sa fratrie (dans les familles aisées, l'enfant partageait sa chambre avec un adulte chargé de veiller sur lui).

Aujourd'hui, au contraire, une idée reçue dicte l'attitude de nombreux parents dans l'aménagement de leur maison : il faut que chaque enfant ait sa chambre, quitte à ce que les parents, eux, dorment dans le salon. Dès ses premiers mois, l'enfant dispose souvent d'une chambre, où il dort seul ; on le veut très tôt autonome, négligeant parfois ses besoins de sécurité, de chaleur humaine et de réassurance. Pourtant, si on interroge des frères et sœurs un peu plus âgés, on s'aperçoit qu'ils préfèrent souvent rester ensemble. Si cela est presque toujours vrai, cela l'est d'autant plus quand ils sont de même sexe et proches en âge.

BON À SAVOIR

Jusqu'au début du xxe siècle, la solitude était considérée comme néfaste : on savait les craintes nocturnes que les sorcières et les loups-garous pouvaient provoquer, et on les respectait.

Négocier, partager, chahuter…

Quelques raisons pour faire dormir des enfants dans une même chambre.

- Cela aide à lutter contre les démons de la nuit. Entre deux et dix ans environ, tous les enfants ont peur de l'obscurité. Être deux – ou plus –, c'est être deux fois plus forts pour chasser les monstres cachés sous le lit et les voleurs embusqués dans les placards.
- Cela apprend à négocier : partager sa chambre, même si elle est grande, oblige à faire de la place à l'autre. Avec le temps, on devient vite solidaires et complices.
- Cela double la quantité de jouets disponibles. La chambre étant aussi où sont rangés les jeux, vivre à deux dans cette chambre, c'est avoir, à portée de main, deux fois plus de jouets et le partenaire qu'il faut.

- Cela impose à chacun l'apprentissage du respect de l'autre, de ses affaires et de ses secrets. Pour éviter les conflits, il faut que chaque enfant dispose, dans la chambre, d'un endroit à lui – un coin bureau, un tiroir... –, inaccessible aux autres – par respect ou au moyen d'une clé.
- On peut également séparer la chambre par une cloison symbolique – une étagère, un store... – ou installer une mezzanine.
- S'endormir en chahutant sous les draps et se réveiller à côté de celui qui a partagé son sommeil est une excellente façon de commencer et de finir sa nuit.

ASTUCE

Pourquoi séparer des enfants qui préfèrent rester ensemble dans la chaleur, même conflictuelle, de la fraternité ? À cet âge, ils ne sont pas demandeurs de solitude, mais de vitalité. Et si vous avez autant de chambres que d'enfants, transformez-en une en salle de jeux.

Et l'enfant unique ?

Bien entendu, quand l'enfant est unique, aucun frère ni aucune sœur ne peut venir le rassurer pour l'instant. Il existe des solutions : le doudou, les peluches, la veilleuse et autres aménagements.
Au nom de principes d'hygiène ou d'éducation, certains parents refusent de laisser un animal dormir avec l'enfant, alors que ce dernier dispose d'une chambre de taille suffisante. Pour ce qui est de l'enfant, il est certain qu'il se sentirait plus en sécurité, donc moins en proie aux angoisses de la nuit, avec son animal familier, son copain de jeux, au pied du lit.

Être deux dans la même chambre, c'est parfois se disputer mais c'est aussi savoir partager et surtout s'amuser !

L'ENFANT DE 27 À 29 MOIS

Souvent affectueux et agréable, plus facile à comprendre, l'enfant de cet âge aime souvent rendre service. Il est un être d'habitudes : il s'appuie sur la routine pour développer sa confiance en lui et se forger une image rassurante du monde.

QUI EST-IL ?

S'il est moins provocateur et moins désobéissant, c'est qu'il commence à intégrer les règles de la vie en commun. Il les fait siennes, au point de les faire appliquer aux personnes qui ne les respectent pas.

BON À SAVOIR

Dans une étude, on a demandé aux parents de deux cents jeunes enfants de décrire ces derniers. À l'âge de deux ans :

- 70 % résistent pour aller au lit ;
- 79 % pleurent facilement ;
- 82 % sont désobéissants ;
- 83 % sont coléreux ;
- 94 % recherchent en permanence l'attention ;
- 95 % sont têtus ;
- 100 % sont actifs et restent difficilement en place.

Cela vous rappelle-t-il quelqu'un ?

Il connaît les règles

C'est le début de l'autodiscipline : l'enfant connaît les lois de base, se les répète et tente de s'y plier. Il a compris – et cela éclaire sa vision du monde – que les règles n'ont pas été inventées pour l'ennuyer, lui, mais qu'elles sont les mêmes pour tout le monde. Ainsi, il peut facilement expliquer à un autre enfant qu'on ne déchire pas les livres, ou à son père qu'il doit attacher sa ceinture de sécurité, ou encore que c'est mal de faire tomber un verre.
Il commence à intégrer le fait qu'il n'est pas le centre de l'univers, mais le membre d'une communauté.

Il aime comprendre

L'intelligence conceptuelle de l'enfant fait un bond considérable : il est désormais capable de classer les objets par couleurs et par formes, ainsi que d'ordonner et de dénombrer quelques éléments. Cette intelligence logique, il la met au service de ses explorations. Agissant tantôt comme un détective, tantôt comme un scientifique, il passe beaucoup de son temps à chercher, à fouiller, à démonter et à explorer. Alors, il est bon de mettre à sa disposition des objets qu'il peut facilement scruter, si on ne veut pas qu'il s'en prenne au mécanisme du réveil ou au fonctionnement du mixeur… Car il aime savoir comment ça marche ; à chaque fois que cela est possible, pourquoi ne pas le lui expliquer ? De grandes vocations scientifiques naissent peut-être ainsi.

Il prend des risques

Les capacités physiques augmentant, le champ d'exploration de l'enfant devient plus vaste. La marche et la course sont davantage assurées, et le tricycle aussi : le jardin ou le square ne suffisent plus, l'univers se faisant soudain plus vaste.

Bien entendu, l'enfant prend des risques et se met souvent dans des situations dangereuses, dont il ne sait plus comment sortir. Sa perception du péril n'est pas encore à la hauteur de ses capacités physiques. C'est la raison pour laquelle il a besoin d'être surveillé de près.

Il acquiert une maîtrise

L'adulte n'est pas là pour empêcher, inhiber ou punir l'enfant, mais pour l'encourager, le soutenir et l'aider peu à peu à acquérir la maîtrise de ses gestes et de ses escalades. Le plus souvent, un encouragement de la voix – « Ah, tu ne sais plus comment redescendre ! Lève un peu le pied qui est sur la barre, voilà, déplace ta main qui est sur le côté pour attraper la corde, penche-toi, tu vas pouvoir sauter par terre sans risques »... – vaut beaucoup mieux qu'une intervention physique directe : alors, l'enfant n'aura rien appris, sinon qu'il est un incapable. S'il s'en sort tout seul, il aura pris confiance en lui pour la fois prochaine.
Désormais, s'il peut se tenir à une rampe, l'enfant monte et descend les escaliers sans aide. Il est souvent capable de se servir de petits ciseaux et de découper – attention à vos livres ! D'une main, il tient désormais un verre plein sans le renverser.

Il fait des phrases

Le langage de l'enfant continue à se développer rapidement, si bien que les mots prennent de plus en plus souvent la place des actes : il parle au lieu de pleurer et réfléchit à un problème plutôt que de se lancer immédiatement dans des expérimentations. Son langage l'aide à développer son intelligence, qui, en retour, lui en permet une meilleure utilisation.
Selon les cas, son vocabulaire comprend entre trente et trois cents mots. Il est souvent capable de faire des phrases complexes correctes, qui respectent la place des mots, le genre des adjectifs et la concordance des temps. Si l'enfant a entendu deux langues dès sa naissance, il commence à s'exprimer dans les deux.
Pour aider l'enfant à développer son vocabulaire, on peut, pendant ce trimestre, passer à une autre étape : s'appuyer sur son expérience sensorielle. Apprendre à être attentif, à voir, à entendre, à toucher et à goûter constitue un jeu passionnant pour l'enfant, qui sera d'autant plus enrichissant s'il est accompagné des phrases qui expliquent.

BON À SAVOIR

- Il vous donne l'impression de ne jamais s'arrêter, excepté quand il dort.
- Il ne respecte pas la propriété d'autrui.
- Il change d'avis, de goûts et de désirs tous les jours, quand ce n'est pas toutes les cinq minutes.
- Il génère une quantité impressionnante de fouillis, qu'il est ensuite dans l'incapacité de ranger.
- Il interrompt sans arrêt les conversations des adultes.
- Il résiste au sommeil et trouve que la nuit, c'est aussi fait pour jouer.
- Il est très sensible au stress et aux tensions qui l'environnent. Il est une véritable éponge émotionnelle.
- Il fait encore la sieste ou au contraire, ne veut plus du tout la faire !

Il est curieux

Pour un enfant de cet âge, la nature offre une infinité d'occasions d'observer ce qu'on ne regarde habituellement pas – les nuages qui passent, les bourgeons qui poussent, l'araignée qui tisse sa toile... –, de toucher – la mousse, les feuilles... – et d'écouter – les chants des oiseaux, le bruit de l'eau... La maison offre également de nombreuses possibilités d'expérimenter de nouvelles sensations et de les nommer. Être attentif, savoir écouter les petits bruits ou regarder les détails sont les qualités importantes à développer chez un enfant, car elles lui rendront de grands services lors de ses acquisitions futures.
Plus calme et un peu plus concentré, il prend plaisir à la peinture, au dessin – pas encore au coloriage –, à la pâte à modeler, à la pâte à sel, aux perles à enfiler, aux lacets colorés qu'on passe dans des trous pour encadrer des dessins...

Il est changeant

Les relations sociales de l'enfant de cet âge évoluent peu. S'il aime et s'il recherche les contacts avec ses camarades, il est encore maladroit dans ses relations. La morale et la patience ne sont pas de son âge ; aussi la gentillesse et les agressions peuvent-elles alterner d'une manière assez rapide envers un même enfant, rendant les rapports brefs et conflictuels. Cela s'arrangera doucement.
Certains enfants, qui se concentrent intensément sur leur tâche, ne supportent pas qu'on les dérange dans leurs activités pour venir à table ou aller prendre leur bain. On peut aisément comprendre cette irritation ; pour le jeune enfant, elle est difficile à gérer. Respecter son activité, c'est le prévenir quelques minutes plus tôt qu'il va devoir y mettre un terme.

Il monte et démonte, construit et détruit...

L'enfant est davantage capable de jouer seul. Son imagination et sa créativité lui permettent de développer des scénarios, qu'il prolonge pendant de longs moments, les reprenant au besoin le lendemain.
Ses jeux préférés consistent à démonter et à remonter les objets. Il tire une grande satisfaction à voir qu'un objet peut être détruit et reconstruit comme il était auparavant. Un établi, rudimentaire mais possédant des outils semblables aux vrais, lui fait grand plaisir. Les puzzles, les cubes et les gros jeux de construction participent également de ce mécanisme.
L'enfant aime les figurines qu'il peut faire évoluer à sa guise, de la maison au parc et de l'école au garage, ainsi que les marionnettes auxquelles il commence à savoir prêter vie.

APPRENDRE LES SAISONS

L'apprentissage du temps est sans doute l'un des plus complexes, car l'un des plus abstraits. Pour rendre compréhensibles le cycle du temps et sa régularité, les saisons sont d'un grand secours. Profitez de l'arrivée d'une nouvelle saison pour tenter de rendre concrets ces concepts difficiles à cerner.

Le jeune enfant a vécu peu de saisons. Manquant de recul, toute nouveauté dans son environnement peut faire l'objet d'une découverte et d'un apprentissage. Pour cela, utilisez ses sens – et pas seulement la vue et l'ouïe. Laissez-le manipuler, goûter, sentir, expérimenter...

- Accrochez un calendrier au mur, à la hauteur de votre enfant. Entourez chaque saison d'une couleur différente et barrez un jour chaque matin.
- Attirez son attention sur les signes des saisons : la température qui baisse – montrez-lui le thermomètre –, les feuilles qui rougissent et qui tombent, les bourgeons, les jours qui raccourcissent ou qui rallongent...
- Laissez-le expérimenter : cueillir des feuilles mortes, les faire sécher dans un catalogue, puis les coller pour en faire des tableaux, ou bien griller des châtaignes sont autant de repères temporels.
- On peut aussi observer un arbre fruitier du début du printemps jusqu'à la fin de l'été.

SE LAVER SEUL

Votre enfant revendique-il son autonomie à grands cris ? Profitez-en pour lui apprendre à s'occuper de son corps, par exemple à se laver tout seul. Si de nombreux parents pensent que c'est trop tôt, qu'il ne saura pas, d'autres ne veulent pas renoncer au plaisir de s'occuper encore de leur petit...

Responsable de son corps

Il ne s'agit nullement de laisser l'enfant seul dans la salle de bains et de partir faire autre chose : tant qu'il y a un risque de noyade – jusqu'à quatre ou cinq ans, un enfant peut glisser et se noyer dans très peu d'eau –, quelqu'un doit rester pour surveiller.

Il s'agit plutôt de le laisser se débrouiller avec les soins de son corps. Dès que possible, un enfant doit avoir la responsabilité de ce qui le concerne intimement. Pourquoi ne pas profiter de cet âge de quête d'autonomie pour l'encourager et lui apprendre à se débrouiller ?

Accepter de perdre un peu de temps

Dans ce domaine comme dans d'autres, après l'heure, ce n'est plus l'heure. Tout ne sera pas aussi bien fait ni aussi vite que si sa mère continue à s'en charger ; mais, à cet âge, un peu de temps perdu permet d'en gagner beaucoup par la suite. Cette façon de faire, si elle demande tout d'abord plus d'efforts et de temps aux parents, leur évite également des conflits à venir et rend les enfants plus autonomes – ce qui reste un des buts fondamentaux de toute éducation.

Si vous laissez passer cette période, une proximité corporelle prolongée risque de s'instaurer entre l'enfant et sa mère, et une absence d'autonomie dans les comportements peut être préjudiciable à l'équilibre psychologique futur de l'enfant.

BON À SAVOIR

Si vous voulez être rassuré sur le plan de l'hygiène, continuez à vous charger de sa toilette une fois par semaine, par exemple les jours de shampooing. Les autres jours, grâce à vos conseils, il se débrouillera comme un grand !

Comment faire ?

- Attirez son attention sur la façon dont vous vous y prenez : selon vos préférences, à la main, avec un gant, une éponge, du savon, du gel moussant...
- Montrez-lui les petits endroits à ne pas oublier : derrière les oreilles, entre les doigts de pied, les fesses...

- Offrez-lui, pour l'amuser et le stimuler, un gant ou une éponge en forme de fraise, un savon à la banane...
- Installez un tapis antidérapant au fond de la baignoire.
- Puis laissez-le faire. Qu'importe si votre enfant ne se lave pas dans les règles et s'il ne suit qu'approximativement vos instructions. Il ne risque pas de ressortir sale s'il a joué dans l'eau chaude au moins pendant un quart d'heure. L'essentiel est qu'il se rince bien dans l'eau ou avec le jet de la douche.

Le brossage des dents

Autour de l'âge de deux ans, vous pouvez offrir à votre enfant le matériel dont il aura besoin pour se laver les dents tous les soirs avant de se coucher – un dentifrice pour enfants, un verre à dents en plastique et une petite brosse souple en nylon.
Après lui avoir expliqué comment s'y prendre, laissez-le se débrouiller seul. L'important est de lui en faire prendre l'habitude, par exemple en l'intégrant au rituel du coucher. Une fois la bouche rincée, vous pouvez lui donner à sucer un comprimé de fluor, qui est une bonne prévention des caries.
Peu à peu, vous lui expliquerez l'importance de ne plus manger le soir après s'être lavé les dents. Il apprendra aussi que certains aliments sont bons pour ses dents, comme les légumes et les fruits crus, alors que d'autres sont mauvais, comme le sucre, les bonbons, les sirops, les sodas ou la confiture.

ATTENTION

Après la cuisine, la salle de bains est la pièce la plus dangereuse.

- S'il y a un loquet accessible à l'intérieur, assurez-vous que vous pouvez le débloquer de l'extérieur.
- Installez un antidérapant au fond de la baignoire ou de la douche.
- Ne laissez aucun spot à portée de l'enfant ; les risques de brûlure sont trop importants
- N'utilisez jamais un séchoir à cheveux si votre enfant est dans le bain ou en train de jouer avec de l'eau. Ne laissez jamais un petit appareil électrique branché.
- Rangez hors de portée médicaments, produits de beauté et de toilette, rasoirs, petits ciseaux, coupe-ongles...
- Installez un gant sur les robinets de la baignoire pour prévenir les chocs et les brûlures.
- Réglez la température de l'eau afin qu'elle ne soit pas brûlante.

LE PLAISIR DES SENS

On n'apprend pas uniquement avec sa tête, mais avec tous ses sens. Aussi serait-il dangereux de ne privilégier qu'un type d'apprentissage au détriment des autres. Et savoir utiliser ses cinq sens est un immense plaisir.

S'ouvrir sur le monde

Chaque sens peut être développé. Pourquoi laisser de côté le toucher et l'odorat ? Si ces deux sens nous sont moins familiers, à nous les adultes, chez l'enfant ils comptent beaucoup : un bébé reconnaît sa mère à son odeur avant de la voir clairement ; plus tard, il deviendra un touche-à-tout, qu'on aura bien du mal à tenir à distance des rayonnages ou des présentoirs. Tout au long de ces premières années, les parents doivent donc garder en tête que le développement sensoriel est tout aussi important que le développement physique et intellectuel.
Avant tout, recourir à ses sens consiste à attirer l'attention de l'enfant sur ce qu'il ne voit ou sur ce qu'il n'entend pas : centré sur lui-même, il ne s'intéresse pas d'une manière spontanée à ce qui n'appartient pas à son environnement immédiat et habituel.

BON À SAVOIR

Face aux sensations, l'enfant calque son attitude sur celle de ses parents. Selon la façon dont ils les lui présentent, il est ouvert, curieux de tout, ou au contraire craintif et facilement dégoûté. Or, plus que tout apprentissage intellectuel, savoir rester en contact avec ses sensations est une promesse de bonheur. Si les parents sont intéressés et enthousiastes, aiment découvrir des plats nouveaux, hument un mets avant de le déguster, montrent du plaisir à se glisser dans des draps frais ou à marcher pieds nus dans l'herbe, leurs enfants feront de même.

Être attentif, regarder, observer

Il s'agit de développer l'attention visuelle qu'on porte à son environnement, en particulier en prêtant intérêt aux détails. Avec son enfant, on peut observer comment l'eau s'écoule dans le siphon de la baignoire, comment sont disposées les feuilles autour d'une tige, comment travaille la fourmi qui transporte une miette de pain, comment les ombres s'allongent ou se rétrécissent…
Pour les enfants craintifs qui ont développé, par exemple, une peur des insectes, il peut être tout à fait utile de passer le temps nécessaire à observer avec intérêt, à courte distance mais en sécurité, l'araignée qui tisse sa toile, l'abeille qui butine ou le ver trouvé dans la pomme.

Entendre, écouter, jouer avec les voix

L'ouïe est, bien entendu, déterminante dans l'apprentissage du langage. S'il faut attirer l'attention sur des sons, il est essentiel de toujours commenter : « Tiens, tu

entends la sirène de l'ambulance ? Allons voir si elle passe dans notre rue », ou : « Écoute les cloches, il doit être midi », ou encore : « Attention, je vais mettre le mixeur en route, cela fait beaucoup de bruit ».
Qui dit sons dit également musique. L'enfant affinera son sens de l'audition s'il écoute parfois la radio : modifier l'intensité, changer de fréquence, tomber sur des langues ou sur des musiques étrangères est un jeu très intéressant. Les musiques qu'on fait écouter doivent être variées : sur le plan mélodique, les chansons pour enfants sont souvent trop limitées ; l'enfant aime aussi les chansons folkloriques, les musiques du monde, la musique classique... Ainsi, son oreille s'ouvrira à autre chose et apprendra à aimer ce qui n'est pas familier.
Enfin, l'ouïe, c'est aussi produire soi-même des sons : taper dans les mains, taper du pied, agiter de petites bouteilles en plastique pleines de riz ou de lentilles sont autant de façons d'explorer les rythmes et de les traduire dans son corps.

Explorer avec ses mains

Chez l'adulte, la mémoire s'appuie avant tout sur la vue et sur l'audition. Chez l'enfant, en revanche, le toucher est à la fois un moyen de connaissance et un moyen de mémorisation. Aussi, plutôt que d'ennuyer l'enfant en lui répétant à longueur de jour : « Ne touche pas à ça », ou « Enlève tes mains, c'est sale », faudrait-il, au contraire, l'inciter à toucher et à explorer avec ses mains à chaque fois que c'est possible.
Si, au préalable, on demande au maître afin de s'assurer de la gentillesse de l'animal, on peut très bien caresser un chien dans la rue. On peut aussi manger certaines choses avec ses doigts, enfoncer ses mains dans la terre, caresser l'écorce des arbres... Au fil des expériences, l'enfant expérimente le chaud et le froid, le doux et le rugueux, le tendre, le piquant, le moelleux, le sec, le gluant...
Certains jeux aident aussi à développer le sens du toucher, par exemple le colin-maillard, où il s'agit d'identifier des gens les yeux bandés, et avant tout le jeu de l'aveugle où, toujours les yeux bandés, on promène l'enfant dans la maison en le tenant par la main et en lui donnant des objets à identifier. Penser à collecter des morceaux de surfaces diverses – du velours, de la fourrure, du plastique ondulé, du bois, du nylon, du liège... –, puis les coller sur une planche de contreplaqué peut aussi donner lieu à de nombreux jeux de reconnaissance, avec la main ou avec le pied, ou au simple plaisir de toucher et de caresser.
Enfin, le toucher, c'est aussi l'ensemble de la peau. Développer ce sens, c'est ne pas ménager les caresses, les enlacements, les fausses bagarres, les jeux de corps à corps et les chatouilles ; c'est aussi prendre un lait corporel ou une huile d'amande douce et le masser doucement.

ASTUCE

L'enfant aime jouer avec les voix : on peut se servir d'un magnétophone pour s'enregistrer les uns et les autres, et tenter de se reconnaître. L'enfant adorera écouter sa propre voix.

BON À SAVOIR

Le sens du toucher ne se limite pas aux mains : les pieds aussi ont besoin qu'on développe leur sensibilité. Plutôt que de les enfermer tout le jour dans des chaussures, laissons-les nus. Le sol de la maison est frais ? Cousez des semelles sous une bonne paire de chaussettes – la mousse, côté sol, sera antidérapante.

Pieds nus, l'enfant expérimente la sensation de marcher sur le tapis, le carrelage, le parquet, le sable, le gravier, la terre, l'herbe… Il peut aussi essayer d'identifier des objets ou tenter de les attraper – une balle, un crayon, un foulard…

→

Donnez à votre enfant des tubes vides de shampooings ou de savons liquides et offrez-lui de temps en temps un bain moussant. Ludique et olfactif !

Sentir, humer

Permettre à l'enfant de développer, ou plutôt de ne pas perdre sa sensibilité olfactive, n'est pas très compliqué.

La cuisine contient mille senteurs – les plantes aromatiques, les fruits ou les légumes fraîchement coupés, le pain grillé, les épices… Peut-il, sans regarder, deviner ce qui cuit ?

La salle de bains est un autre lieu plein d'odeurs à explorer : l'eau de Cologne, la mousse à raser, les savons, les sels de bain, le lait pour le corps, votre parfum favori…

Dans la rue, on peut apprendre à distinguer les odeurs des magasins : la pharmacie ne sent pas comme la boulangerie, la parfumerie ou la teinturerie. Dans la nature ou à la campagne, on sent les fleurs, la sève, la menthe, l'herbe, le foin coupé…

Goûter à tout

Développer le goût de l'enfant n'est, *a priori*, pas difficile. Pour cela, il suffit de le laisser prendre de tout, en le prévenant si la saveur risque de le surprendre.

Attention ! Il ne s'agit pas là de lui apprendre à manger de tout, et encore moins de le forcer, mais seulement de lui offrir la possibilité de mettre en bouche tout ce qui peut l'être par lui. Il ne s'agit pas d'éducation à la bonne conduite, mais au plaisir.

UNE SENSIBILITÉ EXACERBÉE

Certains enfants n'ont pas besoin d'être stimulés sur le plan sensoriel, car ils sont déjà très sensibles, le plus souvent pour s'en plaindre : les chaussettes sont trop serrées, le col du pull gratte, la lampe leur fait mal aux yeux, la glace est trop froide, la soupe trop chaude, la musique trop forte… Tout se passe comme si leur seuil de sensibilité était très bas, de même que leur capacité de tolérance à l'inconfort.

Certains parents ont souvent du mal à admettre que cette sensibilité est réelle et pense que leur enfant se plaint pour le seul plaisir de les embêter ; compréhension et patience sont pourtant ici primordiales… Ces enfants peuvent souvent utiliser leur grande sensibilité dans des domaines créatifs et artistiques.

DROITIER OU GAUCHER ?

Voyant leur enfant se servir souvent de sa main gauche pour tenir une cuillère ou un ballon, de nombreux parents se posent la question de savoir s'il est gaucher. En réalité, à cet âge, il n'est pas toujours simple de déterminer si un enfant est droitier ou gaucher. La plupart sont encore ambidextres (ils se servent des deux mains).

Comment le savoir ?

Dans certains cas, la main droite sert pour certaines activités et la main gauche pour d'autres. Dans d'autres cas, les deux mains sont employées indifféremment. Il est alors toujours possible de favoriser la prise du crayon dans la main droite, afin de développer une habitude, et de laisser l'enfant libre pour les autres gestes de la vie quotidienne. Cela ne changera rien au fait que votre enfant se révélera gaucher s'il l'est.

Certains tests permettent de détecter un enfant gaucher avant la fin de la maternelle, à l'âge où il va devoir se décider pour un côté ou pour un autre. En général, la main dominante est celle qui est utilisée pour les tâches réclamant de la précision : dessiner, poser en équilibre, insérer un morceau de puzzle… Ce critère paraît plus pertinent que celui qui tient compte simplement de la fréquence d'emploi de telle ou telle main.

D'autres exercices témoignent d'une gaucherie qui s'installe dans l'ensemble du corps, et non pas seulement au niveau d'une main dominante :

- on lance un ballon dans les jambes de l'enfant, et on observe avec quel pied il le renvoie ;
- on lui demande d'écouter dans le creux de son oreille le bruit d'un coquillage ou d'une montre, et on observe quelle oreille il tend ;
- pour l'œil, on lui tend un papier roulé en forme de tube, et on lui demande de regarder dans la longue-vue.

BON À SAVOIR

Tant qu'on n'est pas sûr de la latéralité de l'enfant, le mieux est de solliciter ses deux mains alternativement ou bien de le laisser choisir ; par exemple, on lui lance une balle entre les jambes, ou bien on place la cuillère au-dessus de son assiette.

S'il est gaucher

Il n'y a pas de bonne ni de mauvaise main. Mais il est vrai que notre société ne rend pas toujours la tâche facile aux gauchers ; néanmoins ils réussissent souvent brillamment. Peut-être est-ce dû précisément aux efforts supplémentaires qu'ils ont fournis au cours de leur scolarité.

Si l'enfant témoigne d'une adresse normale, il n'existe aucune raison de contrarier un processus neurologique de latéralisation qui s'installe peu à peu. Ces processus sont complexes et fragiles ; mieux vaut les respecter. Contrarier un enfant peut, dans certains cas, engendrer des troubles : une difficulté de lecture et d'écriture, un malaise à se servir de son corps, un bégaiement… Pour qu'il soit droitier, on l'a rendu gauche ! Diverses études ont montré que forcer un jeune enfant qui est, spontanément et génétiquement, gaucher à utiliser sa main droite – ce qui se pratiquait couramment il y a une vingtaine d'années – risque d'entraîner des problèmes de lecture et d'écriture. Aujourd'hui, on sait que les gauchers réussissent très bien dans les domaines qui demandent un bon sens spatial, par exemple l'architecture ou le tennis.

Des causes

L'origine de la gaucherie permet de bien comprendre pourquoi il faut la respecter. Chez un individu gaucher, les hémisphères du cerveau ont des fonctions inverses : c'est l'hémisphère droit qui est dominant, et non le gauche. On voit alors que contrarier cette dominance risque d'entraîner des troubles liés aux apprentissages.

Pourquoi est-on gaucher ? On ne sait pas exactement. Si le facteur héréditaire joue sans doute un rôle important, il n'est pas le seul ; l'influence de l'éducation et de l'environnement, et du rôle de l'imitation, est également invoquée.

Quoi qu'il en soit, si votre enfant se révèle un vrai gaucher, c'est-à-dire que tout le côté gauche est d'une adresse supérieure au côté droit, vous n'avez d'autre choix que de le respecter dans sa singularité et de l'aider quand les circonstances l'exigeront – en particulier au début de l'école primaire.

ATTENTION

Un monde fait pour les droitiers peut poser des problèmes d'adaptation aux jeunes gauchers ; c'est la raison pour laquelle la vigilance concernant les questions de sécurité doit être permanente.

UNE HISTOIRE DE FAMILLE

Même si la main droite est la main dominante pour la grande majorité de la population, 5 à 10 % des enfants se révèlent être gauchers. La composante héréditaire est manifeste : quand les deux parents sont gauchers, la probabilité que leur enfant le soit aussi s'élève à 50 % ; elle est de 17 % quand un seul parent est gaucher et chute à 2 % quand aucun ne l'est. Enfin, 20 % des enfants ne se détermineront jamais pour une main d'une manière exclusive et resteront plus ou moins ambidextres pendant toute leur vie. Parmi ceux-là, certains utilisent indifféremment l'une ou l'autre main dans tous les cas tandis que d'autres écriront de la main droite, mais coudront ou tiendront leur raquette de la gauche.

LA PLACE DU PÈRE

Un père, une mère : deux parents, différents et complémentaires, qui sont indispensables au développement de leur enfant.

Les choses ont-elles changé ?

Aujourd'hui, il peut sembler déplacé de commencer un texte par ce titre ; d'ailleurs, de la première à la dernière ligne, cet ouvrage s'adresse au père comme à la mère. On voudrait croire que, la vie moderne et l'évolution des mentalités aidant, les rôles sont devenus interchangeables ; que les pères, tous plus ou moins « nouveaux », nourrissent, promènent, cajolent et baignent leur enfant, au même titre que les mères ; et que les mères, de leur côté, partagent avec soulagement les tâches parentales, familiales et ménagères avec l'homme de leur vie. Il n'en est rien. Les femmes comme les hommes sont au travail toute la journée. Or, qui prend des jours de congé pour les maladies de l'enfant ? Qui l'emmène chez le pédiatre ? Qui va l'inscrire à l'école ? Qui a la responsabilité concrète et quotidienne de l'intendance et de l'éducation ? La mère, toujours elle. Le 1 % de couples qui échappe à cette règle a beau faire la une des magazines féminins, il ne suscite pas de nombreux adeptes pour autant.

Les pères n'aiment pas moins que les mères leurs enfants, ni ne s'en désintéressent, loin s'en faut ; mais voilà, « ils n'ont pas le temps ». Certes, le trait est grossi. En réalité, la situation actuelle varie beaucoup d'une famille à une autre : certains pères maternent à temps plein ou à temps partiel ; d'autres assument le bain, le jeu, les promenades, d'une manière occasionnelle ou quotidienne ; certains, enfin, ne font rien, juste réparer, le dimanche, les jouets cassés. C'est très bien, mais cela reste insuffisant pour créer une relation de confiance et d'intimité avec leur enfant.

Un rôle unique

Mais le travail ne peut pas tout justifier – les mères aussi travaillent –, et il reste toujours possible de téléphoner à son enfant et de se réserver une plage horaire pour aller se promener seul avec lui.

Cet ouvrage n'est pas le lieu pour approfondir un tel débat. Mais il est important d'y écrire qu'un père n'est pas seulement un géniteur, ni un compagnon de passage, ni une seconde mère : en reconnaissant son enfant, il s'engage fondamentalement face à lui, plus encore que face à sa compagne. Son rôle à l'égard de son enfant est tout aussi important que celui de la mère, et il serait bon que tout le monde – la société en général, mais également la mère, et lui-même – lui donne les moyens de l'assumer. Même si les conséquences de l'absence de l'un ou de l'autre parent dépendent de nombreux facteurs, il en va ici de l'équilibre de l'enfant. Un père n'éduque pas comme une mère, mais il ne s'y prend pas moins bien pour autant ; pour l'enfant, cette différence de style est une grande richesse. Nombreux sont aujourd'hui les parents qui ne partagent pas la vie quotidienne de leur enfant. On peut, de cette façon également, assumer pleinement son rôle de père ou de mère, pour peu qu'on ait à cœur de rester le plus près possible de son enfant, de son développement, et de tenir une vraie place dans sa vie.

Une tâche multiple

Par tradition, le père a toujours été celui qui servait d'intermédiaire entre l'enfant et la société, au sein de laquelle il l'introduisait peu à peu. Entre autres effets fondateurs du psychisme de l'enfant, le père est celui qui :

- ouvre l'enfant au monde en le sortant de la dyade mère-enfant et lui permet de devenir indépendant ;
- lui offre des stimulations nouvelles, différentes et plus excitantes ;
- fournit un modèle social, une sorte de référent et de support, qui permet à l'enfant d'établir ses choix et de se déterminer ;
- par son autorité, sécurise l'enfant, renforce son attachement et lui permet de s'opposer sans crainte de détruire ;
- permet à l'enfant l'apprentissage des différences sexuelles et la découverte de son propre sexe : le garçon a un modèle auquel s'identifier, la fille un homme à séduire.

QUAND L'ENFANT REJETTE SON PAPA

Assez souvent, un enfant de deux ans ne veut avoir affaire qu'à sa mère : il se colle contre elle et l'étouffe. Si le père va s'en occuper, pour l'habiller ou le nourrir, il crie : « Non, pas papa, maman ! » Ce qui peine le père et lui laisse penser qu'il n'a pas sa place dans l'éducation du petit.

Pour l'enfant, sa mère fait tout mieux – les câlins, les tartines ou les nœuds des chaussures. Pourquoi ? Simplement parce qu'il la connaît si bien qu'elle ne perturbe pas sa routine ; leur « couple » est rodé.

Le papa doit persévérer sans croire que ce rejet remet en question l'amour que lui porte son enfant. Les choses s'arrangeront quand il aura, lui aussi, pris des habitudes avec son enfant ; il est plus facile de prendre sa place dans des activités agréables – lire l'histoire, jouer au ballon…

BON À SAVOIR

C'est une banalité de dire que les années perdues ne se rattrapent pas, mais c'est particulièrement vrai dans le domaine de l'éducation : c'est au cours de la petite enfance que s'établissent les fondements des bons rapports entre un père et son enfant. À l'adolescence, il sera trop tard pour espérer nouer des liens qui ne l'ont jamais été ; le jeune n'aura rien à partager avec celui qui n'aura pas été disponible pour lui.

LE RÔLE DES GRANDS-PARENTS

Les grands-pères et les grands-mères d'aujourd'hui ne correspondent plus à l'image traditionnelle et un peu désuète du papi-potager et de la mamie-confiture. Souvent, ils veillent à ne pas être confondus avec la baby-sitter de service...

Ils rassemblent

BON À SAVOIR

Plus la famille est complète, élargie et soudée, plus l'enfant se sent heureux ; plus il côtoie de générations, moins il se sent étouffé ; chacun peut trouver davantage de force et se sentir soutenu parce qu'il n'est pas isolé.

Très attachés à leurs petits-enfants, les grands-parents s'en occupent beaucoup et les prennent souvent en vacances. Avoir des grands-parents jeunes et dynamiques constitue une grande chance.

Leur rôle de relais et de rassemblement est, aujourd'hui, d'autant plus crucial que le taux de divorces est élevé et le nombre de familles monoparentales ou éclatées important. Les grands-parents occupent une place essentielle dans la permanence qu'ils peuvent offrir : l'enfant y trouve des repères, dont la stabilité le rassure.

Ils sont plus disponibles

Face à leurs grands-parents, les petits-enfants sont curieux de tout. Pour eux, grand-père et grand-mère ne sont pas vieux. Ils sont ceux qui ont le temps de les écouter et de leur expliquer le monde, car ils ont souvent plus de disponibilité, de patience et de recul que leurs parents.

Bien entendu, ils gâtent leurs petits-enfants, et cela est parfois une source de conflit avec les parents ; mais c'est une grande joie pour les enfants qui se font de merveilleux souvenirs. Et les grands-parents ne sont-ils pas également ceux qui prennent le temps de jouer aux petits chevaux, de faire des gaufres ou de fabriquer des habits de poupée ?

Ils sont les témoins du passé

Les grands-parents sont les seuls à pouvoir parler aux enfants de leurs parents « quand ils étaient petits », les aidant ainsi à reconstituer leur propre histoire et à prendre le sens du temps. Pour un enfant, il est très important de savoir que sa mère, quand elle était petite, se chamaillait sans cesse avec sa sœur, ou que son père adorait la mousse au chocolat, qu'ils faisaient des bêtises et qu'ils suçaient leur pouce… Ainsi, les enfants comprennent que leurs parents, si parfaits et exigeant d'eux tant de perfection, ont été des enfants confrontés aux mêmes difficultés et aux mêmes conflits. Devenir adulte devient alors une chose accessible.

Ils situent l'enfant dans le temps

Très jeunes, les enfants sont sensibles à la mémoire vivante, qui les aide à comprendre la succession des générations et à se repérer dans le temps. C'est également aux grands-parents de dessiner un arbre généalogique simple de la famille et de le garnir des photographies de chacun de ses membres. Cela aide beaucoup les petits à se souvenir que « Tata est la sœur de maman, qui est la tante de Sébastien ».
Les enfants apprennent aussi qu'ils sont issus de deux lignées ; c'est la raison pour laquelle ils ont quatre grands-parents et non deux, qui portent des noms différents et qui possèdent des histoires distinctes. Sur l'arbre généalogique, ils peuvent se représenter à la croisée de ces deux lignées.

Ils ont plus de recul

L'entente avec les grands-parents s'appuie sur des règles simples. Les modes et les manières de faire ont changé – des idées qui ne semblent plus à la mode peuvent néanmoins être empreintes de bon sens et d'expérience. Il est important que la mère n'interfère pas dans la manière dont la grand-mère nourrit et prend soin de l'enfant lorsqu'elle l'a en charge – sauf problème grave, bien entendu ; et une grand-mère respectueuse de l'éducation que sa fille ou sa bru donne à son enfant, et qui s'abstient de toute critique, saura beaucoup mieux se faire apprécier.
S'il revient, bien entendu, aux parents de faire les choix éducatifs concernant leur enfant, ils ont également beaucoup à entendre dans ce que disent les grands-parents : parce qu'ils ont du recul, ils sont moins prisonniers d'un modèle idéal de perfection auquel l'enfant devrait ressembler ; les enfants les sentent plus tolérants, aussi en font-ils souvent les confidents de leurs difficultés.

BON À SAVOIR

Laisser les grands-parents, pendant quelques jours, choyer à leur façon leurs petits-enfants et leur donner du temps est le plus beau cadeau que vous puissiez faire aux uns et aux autres.

Chacun a sa place

Pour un jeune enfant, les vacances chez les grands-parents sont souvent les plus belles. Aussi ne les en privez pas, quels que soient les conflits d'éducation qui vous opposent à eux : ceux-ci sont parfois nombreux, et c'est regrettable ; les désaccords qui portent sur l'alimentation ou sur l'âge de la propreté nuisent à tout le monde, en premier lieu à l'enfant. Et il est toujours triste de voir des petits-enfants privés de leurs grands-parents – et réciproquement – pour des raisons de désaccord éducatif avec la génération intermédiaire. Les choses ont souvent toutes les chances de s'arranger si on prend le temps de dialoguer et d'écouter les avis et les arguments de tous. S'entendre et établir un partenariat qui satisfasse chacun est avant tout une question de respect de la place de chacun : les grands-parents pour leur âge et leur expérience ; les parents pour leur place de premier plan. Chacun a des droits.

COMMENT RESTER EN CONTACT ?

- Skype, et tout autre moyen de communiquer « en direct », bien sûr.
- Faire tirer les photographies de son enfant en double et en envoyer un exemplaire à ses grands-parents ; ou bien leur envoyer les images par courriel s'ils possèdent un ordinateur.
- Leur envoyer un enregistrement de l'enfant chantant des comptines ou disant un message affectueux.
- Leur envoyer régulièrement des dessins et des peintures.
- Leur demander leur photographie pour l'encadrer dans la chambre de l'enfant.
- Leur proposer d'enregistrer pour l'enfant un CD ou un petit film où ils lisent des contes ou chantent des chansons d'autrefois.
- Leur suggérer d'envoyer à l'enfant des cartes postales et des petits journaux.
- Leur demander de contribuer à la « boîte à déguisements » en offrant un vieux chapeau, un foulard, une cravate, des bijoux fantaisie…

→ **Confiez souvent votre enfant à ses grands-parents :** disponibles et patients, ces derniers deviennent vite des confidents.

CHOISIR LES JOUETS

Il n'existe pas d'enfant sans jouet – qu'il s'agisse d'un bâton, d'une boîte de conserve ou d'un vieux carton, d'une voiture téléguidée ou d'une poupée qui parle – et quels que soient l'époque, le lieu de naissance ou le niveau de vie. Tout enfant a besoin de jouer. Le jeu participe au développement à la fois physique, intellectuel, affectif, sensoriel et social de l'enfant.

C'est à moi !

Certains jouets ont pour fonction essentielle d'être possédés par l'enfant : ils sont sa propriété, et ils sont les seuls à l'être. Très tôt, l'enfant est sensible à cette dimension ; et ce n'est pas parce qu'il ne se sert jamais de son seau ou de son ours qu'il est d'accord pour le prêter à son camarade : « À moi ! » est une phrase qui apparaît d'une manière très précoce.

Repérer ses possessions et les défendre, c'est pour l'enfant une manière d'affirmer son existence et son identité. Avant de permettre le jeu, le jouet est un signe : un signe de puissance – « J'ai ce que les autres n'ont pas, c'est à moi » – et un signe d'affection – « C'est mon papa qui me l'a offert ». Il a aussi une valeur d'échange, qui se révèle pendant les années d'école. Pour toutes ces raisons, le jouet possède une valeur sociale qui ne doit pas être sous-estimée.

Selon son âge

L'enfant de deux ans aime reproduire les comportements de ses parents et de ses aînés. Ainsi, il appréhende le monde, mais il règle également ses conflits et récupère sur son baigneur le pouvoir qu'il subit. C'est le temps des figurines mises en situation, des jeux du faire semblant et des premières poupées. L'enfant berce, déshabille, punit et imite la voix que sa mère prend dans la vie sociale.

Deux ans, c'est aussi le temps des conquêtes motrices : l'enfant promène ses jouets, se promène sur son tricycle et court derrière ses petites voitures. Habile manuellement, il s'intéresse aux puzzles, aux assemblages, aux gros feutres et aux gommettes. C'est aussi le temps de l'attachement exclusif à certains jouets préférés, qui consolent lors des séparations et des moments de fatigue – le doudou, bien entendu, mais également la poupée, l'ours ou le lapin.

Il est donc inutile et néfaste d'offrir à votre enfant un jouet qui n'est pas de son âge ou de son niveau de développement, ou bien qui ne l'intéresse pas. Car cela le met en situation d'échec, ou risque de le dégoûter de ce type d'activité. Mieux vaut ranger ce jouet pour le ressortir dans quelques mois.

Pour développer sa créativité

L'amour qu'on porte à un enfant ne se mesure pas au nombre et au prix des jouets qui envahissent sa chambre, mais davantage le temps qu'on passe avec lui à jouer. Alors, mieux vaut mettre à sa disposition, plutôt que des jouets spécialisés, compliqués et coûteux, des jouets simples et des matériaux non structurés dont l'enfant pourra multiplier les utilisations. Plus le jouet est simple, moins il en fait par lui-même ; plus l'enfant sera libre d'en faire, plus il pourra être créatif. Ce n'est pas au jouet d'inventer, pas à la poupée de dire toujours la même phrase, mais à l'enfant d'imaginer de la faire parler selon les circonstances. Ce n'est pas à l'ordinateur d'apprendre à l'enfant à parler en lui affirmant, d'une voix synthétique : « tu t'es trompé, ceci n'est pas une girafe, recommence », mais aux parents.

Pas trop à la fois

Trop de jouets laissés en permanence à portée de l'enfant le submergent et noient son attention. En revanche, sortir les jouets alternativement, puis les ranger, renouvelle son intérêt pour eux. Cela n'est pas valable pour ses jouets favoris, avec lesquels il joue sans arrêt pendant une période donnée, ni pour les jouets « affectifs », dont il doit seul déterminer l'usage.
Ranger les jouets sur des étagères basses et larges, ou dans de grands bacs en plastique empilables ou sur roulettes, permet à l'enfant d'être plus autonome. Il les voit mieux que dans un coffre traditionnel. Mais il peut aussi apprendre facilement à les ranger : les cubes dans le bac bleu, les peluches dans le rouge, les puzzles dans le vert…

Respecter les normes de sécurité

Il ne faut jamais négliger les éléments de sécurité. Les jouets qui portent l'indication « NF » respectent les normes de sécurité et sont adaptés aux enfants de l'âge prévu sur l'emballage. Quand on achète un jouet, il convient de porter une attention particulière aux points suivants :

- Se casse-t-il facilement ?
- Comporte-t-il des bords tranchants, des pointes ou des pièces détachables, que l'enfant pourrait avaler ?

BON À SAVOIR

Voici des objets à mettre à sa disposition :

- Des papiers, des cartons, des feutres et des crayons de cire.
- Une ardoise et des craies de couleur.
- Des emballages divers, des boîtes, des cubes et des matériaux de construction.
- Des balles et des ballons.
- Des contenants divers pour jouer avec l'eau.
- Des accessoires et des tissus pour se déguiser.
- À fabriquer : un garage ou une petite maison faits dans de grands cartons ou des planches de contreplaqué, où trouveront place des équipements rudimentaires, les poupées, la dînette et les petites voitures.

- Est-il assez gros pour ne pas être placé tout entier dans la bouche ?
- Les cordons ou les ficelles ont-ils moins de 30 cm de longueur ? Au-delà, il existe un risque d'étranglement.
- Risque-t-on de s'y pincer les doigts ?
- Le jouet résistera-t-il à un traitement de choc ? Lancé dans la pièce ou à la tête d'un camarade, utilisé comme projectile, risque-t-il d'être dangereux ?

Le bonheur de faire ensemble

Enfin, il convient de ne jamais oublier qu'à cet âge encore, l'adulte est le compagnon de jeu favori de l'enfant. Nul besoin de jouet ni d'argent pour rire ensemble, se courir après, jouer à cache-cache, se raconter des histoires, chanter des comptines, faire un gâteau ou se promener dans les bois pour commencer une collection de feuilles mortes. Il existe mille façons de jouer sans jouets et de s'amuser à partager des activités en famille.

→

Si votre enfant sait marcher, offrez-lui un tricycle et aidez-le à se familiariser avec ce premier vélo.

L'HEURE DE L'HISTOIRE

Lire ou raconter une histoire fait partie du rituel du coucher. Elle le fait entrer doucement dans le monde du rêve.

Voir plus clair en soi

Les contes et les histoires enrichissent le vocabulaire de l'enfant en nourrissant son imaginaire. Ils l'entraînent à suivre un déroulement logique, où certaines actions provoquent des conséquences attendues ou surprenantes. Le mettre, très tôt, en contact avec la chose écrite est le meilleur – et peut-être le seul – moyen de lui transmettre le goût des livres et le plaisir de la lecture. Mais les histoires apportent encore plus que cela à l'enfant : tout en éveillant son intelligence et son imagination, elles l'aident à voir plus clair en lui-même. Parce qu'il arrive aux personnages des aventures dans lesquelles l'enfant peut se reconnaître, les histoires lui permettent de concevoir des solutions possibles à ses peurs inconscientes et à ses conflits intérieurs. Puisqu'il n'est pas seul dans son cas, il se sent déculpabilisé, ce qui lui donne une plus grande confiance en lui. Dans les contes, où les bons personnages sont vraiment bons et les méchants vraiment méchants, l'enfant se repère facilement ; il est heureux parce que les bons triomphent toujours : sa vision d'un monde juste s'en trouve renforcée.

Que raconter ?

Il existe de très nombreuses collections d'ouvrages de contes ou d'histoires pour les jeunes enfants.

- Les contes traditionnels – de Perrault et de Grimm, mais aussi les contes d'autres parties du monde, peut-être moins connus – ont toujours autant de succès. Ils mettent en situation des conflits et des difficultés qui résonnent dans l'inconscient des enfants de tous les pays et de toutes les époques.
- Les histoires plus récentes sont également appréciées. Le jeune enfant aime particulièrement les histoires d'animaux avec leurs petits, auxquels il s'identifie. C'est la même chose avec l'histoire d'un enfant qui lui ressemble. Il se sent moins seul : les autres enfants aussi ont des difficultés, font des bêtises, se sentent incompris…
- Il existe aujourd'hui de nombreux magazines auxquels vous pouvez abonner votre enfant offrant des histoires souvent d'excellente qualité et bien adaptées à l'enfant.

ASTUCE

- Jouez l'histoire en variant l'expression de votre visage, le ton de votre voix, les onomatopées et les gestes des mains. Cela aide à la compréhension et ajoute au plaisir.
- Inventez ! L'enfant adore les histoires qui mettent en jeu des bébés animaux à qui il arrive des aventures semblables aux siennes.
- Une autre source d'histoires est la vraie vie. L'enfant adore entendre comment son père a rencontré sa mère, comment sa mère s'est aperçue qu'elle attendait un bébé…
- Incitez-le à participer. Quand il connaît déjà l'histoire, il peut énoncer lui-même les formules magiques et les phrases qui reviennent.

- Si vous faites partie de ces parents qui ont assez d'imagination pour inventer leurs propres histoires, votre enfant a beaucoup de chance. Ce n'est plus du « prêt-à-lire », mais du « sur-mesure ». Même si vos histoires suivent plus ou moins le schéma des histoires classiques, vous les enrichissez de mille détails qui ne concernent que votre enfant, si bien qu'il se sent directement concerné; dans vos récits, vous glissez des phrases qui témoignent directement de votre histoire personnelle et de votre inconscient, ce qui sera bien reçu par l'enfant. La communication passe bien, ce qui sera précieux dans d'autres situations.

La même histoire, encore et toujours...

Les jeunes enfants aiment beaucoup qu'on leur lise ou qu'on leur raconte souvent les mêmes histoires, au point qu'ils finissent par en connaître des passages entiers par cœur. Pourtant, si vous y mettez toujours le même plaisir, ils vivront toujours le même enchantement, comme la première fois: pour un enfant, c'est très rassurant que les mêmes causes produisent les mêmes effets.
L'histoire qu'ils aiment entendre répéter résonne souvent profondément en eux, et ils y trouvent des réponses qui correspondent à leur niveau de développement. Aussi est-il naturel d'accéder à leur demande. Mais attention: ils exigeront exactement le même ton, les mêmes mots, le même mystère...

ASTUCE

Les libraires et les bibliothécaires sont à même de vous renseigner sur ce qui convient à l'âge de votre enfant. N'hésitez pas à leur demander de l'aide.

Comment lire?

Un enfant aime que la personne qui lui lit une histoire la lui fasse vivre réellement: il faut absolument la mettre en scène, comme au théâtre, pour que l'enfant vibre, attende, ait peur, se sente ému, inquiet ou amusé, soit surpris par les événements et ressente enfin le soulagement du dénouement.
En lisant, il ne faut pas hésiter à remplacer un mot ou une structure trop difficiles pour l'enfant par d'autres, plus accessibles. Adapter le texte à cet enfant-là, modifier un nom, tout cela fait partie de la liberté et de la créativité du narrateur qui fait sien le texte.
Il est souhaitable que votre enfant ait accès librement à ses livres, car il peut prendre plaisir à les feuilleter seul et à se raconter pour lui-même ceux qu'il connaît bien. Les premiers petits livres seront souvent gribouillés ou arrachés. Ne soyez pas trop sévère: cela fait partie de sa façon d'aimer. Peu à peu, vous apprendrez à votre enfant à respecter les livres et à les garder en bon état.

LA PEUR DU NOIR

Rares sont les enfants qui échappent entièrement à la peur de l'obscurité : le plus souvent, elle apparaît entre deux et cinq ans, à une étape charnière du développement infantile, lors d'un nouvel apprentissage ou de la mise en place d'un changement de vie, par exemple.

Une peur qui apparaît soudainement

L'enfant, qui jusqu'alors ne se plaignait pas quand ses parents éteignaient la lumière en sortant de sa chambre, le soir, commence à réclamer que sa lampe reste allumée et qu'on ne ferme pas la porte.

Parfois, même, l'enfant se réveille au milieu de la nuit, et on le trouve assis dans son lit, tremblant de peur. Selon son imaginaire, il parle alors de loups, de monstres, de vilains messieurs, de voleurs, d'un cauchemar ou seulement d'une peur sans objet.

Sur le moment, les parents actuels sont plutôt surpris : eux qui ont pris soin de ne jamais menacer du croque-mitaine, qui n'ont jamais lu La Chèvre de monsieur Seguin et qui n'ont jamais raconté Le Petit Chaperon rouge qu'avec un grand luxe de précautions oratoires, se trouvent désarçonnés par ce qu'ils qualifieraient volontiers de sornettes.

La perte des repères

Si les loups se font rares aujourd'hui, les peurs, quant à elles, sont restées ; et si les sorcières n'existent pas, la peur, quant à elle, existe « pour de vrai ». Une preuve qu'elle vient d'ailleurs et que les histoires effrayantes qui, de tout temps, ont été racontées aux enfants le soir, à la veillée, si elles n'arrangent rien ne sont pas, en revanche, à l'origine des peurs. Elles en sont l'expression. Sans images sorties des contes, la peur se nourrira des ombres ou du bruit de la pluie sur le toit.

Les causes profondes des peurs ne sont donc pas celles que l'enfant énonce. L'obscurité entraîne la perte des repères ; l'enfant ne voit plus ceux qu'il aime et qui le rassurent, mais il ne voit plus non plus son environnement familier : le monde qu'il commençait à organiser et à construire en lui semble avoir disparu.

Une autre cause est l'angoisse de séparation, qui reste très vive jusque vers l'âge de quatre ans. Le soir, on se retrouve face à soi-même ; l'obscurité de la nuit, c'est l'heure où chacun se sent le plus seul, le plus vulnérable. En grandissant, l'enfant va développer des défenses, qui lui permettront de faire face à cette anxiété. Vers six ans, il est davantage apte à différencier le réel, ce qui est possible, de l'imaginaire. Capable de tenir ses pensées effrayantes à distance, alors il craint moins l'obscurité.

Un sommeil paisible

Il semble qu'on ait, depuis le début du XXe siècle, sous-estimé les besoins d'un jeune enfant et négligé les conditions qui peuvent lui assurer un sommeil paisible. L'habitude de faire dormir les enfants dans l'obscurité totale est assez récente. Bizarrement, elle date de l'avènement de l'électricité et de l'interrupteur ; elle est apparue en même temps que la nouvelle habitude consistant à faire dormir un enfant seul dans sa chambre.

Atténuer l'obscurité

Le fait de pouvoir se repérer dans l'espace quand on se réveille au milieu de la nuit compte pour beaucoup. Or, on sait que les jeunes enfants passent en sommeil léger, voire se réveillent tout à fait, plusieurs fois par nuit.

S'il fait nuit noire, l'enfant peut alors être perdu, désorienté. Souvent, il va appeler et réveiller ses parents afin qu'ils viennent le rassurer. Mais s'il voit suffisamment, grâce à une petite lumière intime et rassurante qui vient de la veilleuse ou du couloir, il va vite pouvoir saisir où il se trouve, se remettre dans le sens du lit et récupérer seul son doudou ou son ours.

Dès qu'il n'aura plus de couches pendant la nuit, il pourra se lever seul pour se rendre aux toilettes ou jusqu'à son pot, ce qu'il n'oserait jamais faire dans le noir complet avant plusieurs années. On voit que laisser une veilleuse à l'enfant, non seulement ne nuit pas au développement de son autonomie, mais au contraire la renforce. Plus tard, il vous dira tout aussi nettement que cette lumière l'empêche de dormir et qu'il préfère s'endormir dans le noir. Mais ce jour-là, son sommeil aura changé de nature, il saura allumer une lampe de chevet et il aura bien grandi.

Rassurer

Installer une veilleuse n'est pas suffisant ; il est bon également de rassurer l'enfant.

- Ne ridiculisez jamais la peur de l'enfant et ne vous en moquez pas. Asseyez-vous avec l'enfant dans le noir, afin de comprendre quel est précisément l'objet de sa peur. Les ombres existent : l'imagination fait le reste. Observez ensemble, puis allumez et rassurez votre enfant.

BON À SAVOIR

Autour de deux ans, l'enfant commence à s'aventurer hors des limites habituelles ; les rencontres qu'il fait ne sont pas toujours des plus rassurantes. Quand ils ont eu une expérience désagréable, certains enfants développent une peur de l'eau, du médecin ou des animaux – le plus souvent des gros chiens.

Après deux ans, l'enfant gagne en indépendance et devient très énergique – ses peurs aussi. Imaginatif, il n'a pas seulement peur des réalités de la vie, mais aussi de son monde intérieur, plus dangereux encore. Dans ce cadre surviennent la peur de l'obscurité ou de l'orage, ou bien celle de s'endormir.

- Profitez de la journée pour apprivoiser cette peur du soir. Par exemple en jouant avec lui à l'aveugle : l'un se met un foulard sur les yeux et l'autre le guide à travers la maison, lui faisant explorer de la main différentes formes et sensations.
- Dès qu'il sait s'en servir, confiez-lui une lampe de poche. Il pourra, depuis son lit, explorer tous les recoins sombres de la chambre.
- Parfois la « peur du noir » exprime en réalité une peur de la séparation. L'enfant met sur le compte des monstres sa crainte de se retrouver seul dans sa chambre, sans ses parents. Sa crainte lui sert d'alibi pour les faire revenir.

Les parents ne doivent pas oublier de rassurer l'enfant plus profondément, en parlant de la peur elle-même et non de son objet. Ils peuvent, par exemple, dire à leur enfant que ce sentiment est fréquent à son âge ; cela signifie qu'il grandit, qu'il doit renoncer à des choses de sa petite enfance et que cela fait parfois peur ; on peut lui expliquer que ses parents sont à ses côtés et que ses peurs disparaîtront quand il se sentira plus fort. Les parents doivent montrer à leur enfant qu'ils n'ont pas peur de sa peur. C'est en le rassurant à ce niveau-là qu'on aide véritablement un enfant à dépasser sa peur : peu à peu, il saura se rassurer lui-même sans avoir besoin d'une intervention extérieure.

Parce qu'il sentira ses parents compréhensifs et chaleureux, il pourra se rendormir seul, serrant son ours contre lui, répétant pour lui-même cette formule magique : « Maman est là, papa est là, tout va bien, rien ne peut m'arriver. »

ALLEZ CONSULTER

Si les peurs de l'enfant sont telles qu'elles entravent sa vie quotidienne, il est nécessaire de consulter un pédiatre voire un psychologue, qui saura comprendre et rassurer.

→

Si votre enfant a peur du noir, branchez dans sa chambre une veilleuse qui lui offrira une lumière rassurante.

L'ÉCOLE À DEUX ANS ?

Dans la limite des places disponibles, l'école maternelle peut accueillir les enfants à partir de deux ans. N'étant pas obligatoire, elle reçoit en priorité les élèves qui sont dans leur troisième année.

Est-ce souhaitable ?

La question de savoir si l'école est adaptée aux enfants de deux ans a donné lieu à de nombreuses polémiques. La réponse est d'autant plus importante que les maternelles refusent parfois les admissions en cours d'année, après Noël ou après les vacances de février. Un enfant né en mars doit-il entrer à l'école à deux ans et demi, ou bien à trois ans et demi ? Le plus souvent, les parents n'ont pas véritablement le choix.
En général, un enfant de deux ans est encore bien petit pour s'intégrer à la communauté scolaire et à ses contraintes. Les classes de trente élèves sont de plus en plus fréquentes, et il est quasi impossible à la maîtresse, quelles que soient ses qualités, de s'occuper des petits d'une manière individuelle, comme il le faudrait.

ASTUCE

Si votre seul choix est de mettre votre enfant à l'école dès la rentrée prochaine, ne culpabilisez pas. Préparez-le soigneusement, mettez-le en confiance, rassurez-le et ménagez-lui une période d'adaptation, où il fera des petites journées ; quinze jours à mi-temps facilitent souvent les choses. Si c'est possible, trouvez une assistante maternelle qui le reprendra à l'heure du déjeuner et le gardera l'après-midi afin qu'il fasse la sieste. Quand il aura grandi, elle pourra aller le chercher à la sortie de l'école.

Savoir se materner

Nombreux sont les enfants de deux ans qui ne sont pas encore tout à fait propres le jour, et encore moins à la sieste. Ils ne savent pas encore bien s'occuper d'eux-mêmes et se défendre face aux plus grands ; ou bien ils ne parlent pas assez bien pour comprendre tout ce qui est dit et exprimer leurs désirs et leurs besoins. Enfin, beaucoup auront à faire de très longues journées : l'accueil du matin, l'école, le déjeuner à la cantine, l'école, la garderie après l'école... Les parents qui travaillent n'ont souvent aucune autre possibilité, mais ces journées, pleines de bruits, d'activités et de monde, sont très éprouvantes à deux ans.

S'il est prêt

Finalement, il semble que ce ne soit pas tellement l'âge de l'enfant qui compte que son niveau de développement : immature, il se sentira perdu et, malheureux, se construira une mauvaise image de l'école ; au contraire, s'il est prêt, il s'adaptera bien et évoluera très vite entre deux et trois ans. L'école lui offrira de nombreuses possibilités de socialisation, de découvertes et de développement du langage et de l'autonomie. Avec les camarades de son âge, il sera stimulé pour imiter, recréer, inventer ; il se bâtira une personnalité dont il pourra comparer les effets sur autrui.

Un accueil adapté

Une grande part de la réussite de l'intégration d'un enfant de deux ans à la maternelle dépend de la structure et des choix pédagogiques de l'école, ainsi que de la personnalité de la maîtresse.
L'accueil s'est beaucoup amélioré ces dernières années ; les établissements ont mis en place des structures en général conçues pour les tout-petits, plus proches du jardin d'enfants que de l'école proprement dite. Chaque enfant a son lit, où il peut dormir à sa guise et laisser ses doudous. Ils peuvent s'ébattre physiquement. (Les maîtresses sont volontaires pour ces classes et font preuve d'une patience, d'une chaleur et d'une sensibilité qui suscitent l'admiration des parents et l'affection des enfants).

Le moment de lui apprendre la propreté

Si votre enfant entre à l'école à la rentrée de septembre et s'il n'est pas encore propre, les vacances d'été seront la période idéale pour enlever les couches et tenter un passage au pot : il fait chaud, vous n'avez pas besoin d'habiller votre enfant et vous pouvez lui laisser les fesses à l'air, vous êtes ensemble toute la journée, vous n'êtes pas pressés, bref, c'est le moment.
Si vous pensez que votre enfant est prêt pour ce changement, ôtez les couches dans la journée, en posant le pot à proximité. Expliquez-lui ce que vous attendez de lui. Si vous le voyez commencer à faire pipi par terre, portez-le rapidement sur le pot. Félicitez-le, ne le grondez jamais. La propreté viendra à son heure, et les accidents sont sans importance. Servez-vous de l'exemple d'enfants plus âgés. Tout enfant veut faire comme les grands ; c'est un moteur puissant pour apprendre à se contrôler.

BON À SAVOIR

Il était propre, il ne l'est plus. Le cas est fréquent. Comment le comprendre et l'aider ?

- Une visite chez le médecin est la première démarche : avant de chercher une cause psychologique, soyez sûr(e) de ne pas passer à côté d'une infection urinaire.
- Si l'enfant est encore en phase d'opposition, la propreté peut être un enjeu de pouvoir : refuser le pot, c'est une manière de montrer qu'il est le chef.
- Cela succède souvent à un événement pénible ou à une période de stress – un déménagement, l'arrivée d'un puîné, l'entrée à l'école…
- L'attitude la plus efficace est celle qui, positive et sereine, ne met pas trop de pression, s'adapte à la situation et prend patience.

L'ENFANT DE 30 À 32 MOIS

À deux ans et demi, l'enfant a acquis la conviction d'être une véritable personne et n'a donc plus besoin de le clamer à tout moment. Il sait très bien qui il est et se nomme par son prénom.

QUI EST-IL ?

Tandis que sa morphologie évolue de mois en mois, le caractère de l'enfant se dessine davantage et son tempérament propre apparaît : on distingue dès lors les audacieux des timides, les actifs des bavards, les bagarreurs, les créatifs, les sensibles...

Il est très occupé

S'il fait encore beaucoup de bêtises, ce n'est en général plus par provocation mais par simple ignorance ou par pure maladresse ; comme dit la sagesse populaire, il n'y a que ceux qui ne font rien qui ne se trompent jamais, et ce n'est pas le cas de l'enfant qui, lui, est sans cesse occupé. Au point qu'il se passerait parfois volontiers de faire la sieste l'après-midi.
Il n'exécute pas toujours, loin de là, ce qu'on aimerait lui voir réaliser, mais c'est avec une telle énergie et une telle imagination que les parents sont parfois trop fiers pour se fâcher...

BON À SAVOIR

- Il fait une tour avec six ou huit cubes.
- Il se lave et s'essuie les mains.
- Il met ou enlève son T-shirt.
- Il se brosse les dents, même maladroitement.
- Il nomme un ou deux camarades.
- Il commence à apprendre les couleurs.
- Il aide à mettre la table.
- Il se vexe de vos plaisanteries à son égard.
- Il ne vous écoute pas et n'en fait qu'à sa tête.
- Il étale tous ses jouets mais ne les range pas.

Il est propre

À deux ans et demi, un enfant est le plus souvent propre le jour ; chez certains, cela prendra encore quelques mois, sans pour autant que cela témoigne d'un problème quelconque. Chacun son rythme, c'est tout. Celui qui est en avance dans un domaine l'est en général moins dans un autre, et tous les enfants finissent par se rattraper.
Quant à la propreté de nuit, elle est venue ou elle viendra d'elle-même, en son temps, quand le niveau de maturité de l'enfant sera suffisant.

Il est très habile

L'enfant connaît désormais bien son corps ; il peut en nommer les parties essentielles et sait quelles capacités en attendre ; plein de vitalité, il court, saute à pieds joints, danse, court encore, s'arrête brusquement et repart.
La coordination entre l'œil et la main est désormais bien meilleure : pour faire un puzzle, l'enfant ne tâtonne plus, comme il le faisait auparavant ; il regarde les pièces disponibles, observe les formes à remplir et va souvent d'emblée vers la bonne ; il n'essaie plus à toute force de la faire rentrer à l'envers.

Il tient son crayon comme un adulte, ce qui lui fait réaliser des progrès dans ses productions graphiques. Il prend grand plaisir à visser et à dévisser. Mais, avant tout, il aime se servir de ses mains pour toucher : la connaissance qui passait auparavant par la bouche passe désormais directement par la main. C'est ainsi que l'enfant développe une sensibilité tactile.
À chaque fois que cela est possible, il est donc bon de laisser toucher votre enfant. Il aime tout particulièrement ce qui est doux – les cheveux, les fourrures, les peluches…

Il ne se met pas à la place de l'autre

Avec les amis de son âge, l'enfant de deux ans et demi est capable de plus de coopération et de tolérance. Il commence à organiser des jeux d'une façon rudimentaire. Des petits groupes de deux ou de trois enfants se forment, dont chacun veut être le chef et décider pour les autres ; si bien que cela ne dure pas très longtemps, et les disputes verbales ou les bourrades physiques sont encore fréquentes.
L'enfant qui en bouscule un autre trouve, en revanche, inadmissible de se faire bousculer : cela signifie simplement qu'il reste incapable de se mettre à la place de l'autre. Il n'y a là aucune méchanceté, et les choses s'arrangeront dans les années qui viennent.

BON À SAVOIR

Nombreux sont les adultes qui n'appliquent pas encore le principe qui voudrait qu'on traite l'autre comme on aimerait qu'il nous traite en retour… Alors, n'exigeons pas de nos enfants qu'ils soient meilleurs que nous.

Il connaît des chansons

La prononciation de l'enfant de deux ans et demi s'est améliorée, même s'il ne maîtrise pas encore toutes les consonnes. Certains sons sont particulièrement difficiles à prononcer tels que les r, z, s, ch, f ou x, et il faudra encore un an ou deux à de nombreux enfants avant qu'ils puissent y parvenir d'une manière correcte.
Certains mots possèdent encore des sens multiples. Ainsi, toutes les femmes peuvent être appelées « maman » et les autres enfants, qu'ils soient de son âge ou plus jeunes, « bébé ».
En revanche, l'enfant connaît déjà plusieurs chansons, qu'il sait interpréter ou mimer, et il est capable d'obéir à trois instructions données d'une façon simultanée, par exemple : « Va à la cuisine, prends le torchon qui est sur la table et rapporte-le moi, s'il te plaît. »
Aux jeux des périodes précédentes, il est possible d'ajouter les instruments de musique rythmique, qui sont bien meilleurs pour l'enfant que les pianos ou les guitares miniatures qui jouent faux. On peut également confier à l'enfant un lecteur de CD, dont il saura très vite comprendre le mécanisme. Il pourra ainsi, seul, écouter ses chansons ou ses histoires préférées.

Il adore jouer

Pour ses jeux d'imitation, il aime se servir d'une trousse de médecin ; ajoutez du coton et offrez-lui de vrais pansements et du sparadrap : il sera ravi.
En mettant à sa libre disposition une grande quantité de matériel non structuré – des morceaux de tissu, de grands cartons d'emballage, du papier et des gros crayons en cire, des ciseaux, un tableau et des craies, de la pâte à modeler... –, vous lui permettez de développer son imagination et de jouer longtemps, bien davantage qu'avec les jouets dont l'utilisation précise a été conçue par le fabricant.
Parce qu'il commence à intégrer les règles, l'enfant de deux ans et demi devient capable de jouer correctement à des jeux de société très simples tels que le loto à images ou les gros dominos.
Enfin, il est toujours très content et tire beaucoup de bénéfices à pratiquer des jeux d'extérieur, sur des structures complexes ou des portiques conçus pour les jeunes enfants.

Il part à la découverte

Associée à sa vitalité et à son besoin d'indépendance, la curiosité de l'enfant, fait, qu'à cette période, il risque de se perdre assez souvent dans la foule, dans la rue ou dans un magasin ; très vite, il profite du moindre moment d'inattention pour lâcher la main de l'adulte et partir à la découverte du monde.

ATTENTION

Soyez particulièrement vigilant quand vous emmenez un enfant de cet âge dans un lieu public. Attention, en particulier, aux parcs d'attractions, aux centres commerciaux et aux magasins pendant la période des fêtes – les cadeaux, les lumières et les Pères Noël sont tellement attirants...

CHANGER DE LIT

Votre enfant est sans doute prêt à quitter son lit à barreaux pour un vrai lit : vous saurez qu'il est temps quand il sera capable d'escalader les barreaux, ce qui présente un danger. Le plus simple est d'enlever les barreaux. Si vous optez pour un grand lit, voici quelques conseils.

- En choisissant le lit avec votre enfant, assurez-vous qu'il peut y monter et en descendre seul facilement.
- Il s'agit d'une transition importante : ne la projetez pas en même temps qu'une autre – un déménagement, la naissance d'un autre enfant...
- Avant d'ôter son petit lit, faites essayer à votre enfant son nouveau lit. Et ne le donnez pas tout de suite au petit frère.
- Montrez votre fierté à votre enfant de le voir grandir, donc de changer de lit.

JONGLER AVEC LES MOTS

L'un des grands plaisirs de l'enfant est de jouer de toutes les façons avec les mots. Essentielle, cette activité contribue à développer le goût pour le langage, ce qui sera très utile pour aborder la lecture et l'écriture.

Apprivoiser le langage

Si l'enfant ravit désormais toute la famille avec ses inventions verbales, sa passion pour la voix, pour les rythmes et les sonorités remonte à sa plus tendre enfance ; à cette période, il était déjà sensible aux mélodies, aux intonations chantantes et aux bercements qui les accompagnaient. Depuis, les comptines ont tenu un rôle important. Qu'importe que leur sens soit absurde, pourvu qu'elles jouent sur des mots amusants et des rimes surprenantes.

L'enfant adore les mots qui caressent son oreille et le ravissent par leur seule sonorité : il appelle sa poupée « Marguerite Papillon Volant » ou « Traguidelle Courte Plume », invente des chansons et fait des jeux de mots sans s'en rendre compte, les mélangeant et jonglant avec eux pour mieux les apprivoiser.

Certains jeux consistent à chercher des mots qui riment ou bien qui s'enchaînent – sur le modèle de « marabout, bout de ficelle… ». D'autres font mélanger systématiquement les mots ; atteint soudain d'une maladie étrange, vous allez dire : « Je mets les assiettes sur le sable », « J'ai un château sur la tête », ou « J'allume la crampe ». Votre enfant doit vous corriger et trouver le bon terme. Après un certain temps et selon l'habileté de l'enfant, on peut inverser les rôles. Mais on peut également innover.

BON À SAVOIR

Pour l'enfant, la poésie n'est pas une démarche intellectuelle, mais un domaine qui touche directement ses sens et son corps. « Et ron et ron petit patapon » évoque le chat qui ronronne ; c'est la raison pour laquelle tant de comptines sont accompagnées d'une gestuelle appropriée.

De la poésie

À cet âge et plus tard, les enfants sont touchés par la poésie : c'est le moment de leur en lire et d'en composer avec eux. Ils inventent avec leur sensibilité plutôt qu'avec leur réflexion, et ils n'ont pas besoin de comprendre pour apprécier ; ils savent composer avec des mots à eux et exprimer la musique qui les habite.

LES DISPUTES ENTRE FRÈRES ET SŒURS

Vous avez donné à votre aîné un compagnon de jeu, et les voici qu'ensemble ils vous rejouent Caïn et Abel ! Vous avez du mal à supporter ces querelles : l'ambiance est tendue, et vous souffrez pour vos enfants d'être sans arrêt pris dans des conflits. Auriez-vous tout oublié de votre enfance ?

Une rivalité inévitable

Avec votre deuxième voire votre troisième enfant, peut-être aviez-vous en tête une image idéale de la famille : tout le monde se soutenait, vos enfants s'entendaient à merveille, partageaient leurs jouets dans une douce complicité, et l'harmonie était sans faille. Puis vous voici confronté à tout autre chose : des chamailleries et des disputes qui semblent incessantes, parfois des bagarres plus violentes.

Il faut savoir que les rivalités au sein d'une fratrie sont inévitables ; elles en sont même une des composantes principales. Dès la naissance du deuxième enfant, la compétition commence : l'aîné est jaloux du cadet, dont on exige moins ; et le cadet est jaloux de l'aîné, qui a plus de pouvoir et plus de droits. En fin de compte, chacun veut pour soi tout seul l'amour parental ou, du moins, la plus grande part. Pour chaque enfant de la fratrie, un enfant de plus signifie spontanément de l'amour, du temps et de l'attention en moins.

N'espérez pas qu'un enfant de cet âge soit capable de se mettre à la place de l'autre, de partager son point de vue ou de céder spontanément sa place. Chacun de vos enfants veut être au centre du spectacle. Attirer le plus possible l'attention des parents est un but exigeant, qui demande parfois de piétiner les droits à exister de l'autre.

Il faut en prendre son parti. Dites-vous que, si elle est bien gérée, cette rivalité forme le caractère de l'enfant et lui apprend à se défendre dans la société. Elle enseigne également le partage, la négociation, la générosité et la vivacité. Après tout, dans la vie, personne n'a tout pour lui seul, et il faut bien l'apprendre un jour.

Selon l'attitude éducative

Il reste à définir le niveau raisonnable et acceptable de la rivalité entre vos enfants. En ce domaine, les parents ont une grande part de responsabilité : selon la façon dont ils interviendront ou non et considéreront chaque enfant, soit ils encourageront les conflits d'une manière involontaire, soit, au contraire, ils apprendront à leurs enfants à les gérer rapidement, puis à les éviter.
Selon leur comportement éducatif, ils attiseront ou bien atténueront la jalousie, en facilitant chez leurs enfants de bonnes relations interpersonnelles. Et si la gentillesse d'un enfant attire l'attention, si elle permet d'obtenir du temps de ses parents, elle se développera ; si c'est être difficile ou désobéissant qui le permet, ce sont ces défauts-là qui s'installeront.
Voici des exemples d'attitudes parentales qui possèdent un effet direct sur le niveau de rivalité entre frères et sœurs.

Ce qui attise…

- Vous êtes convaincu que l'existence est un vaste champ de bataille où, à l'issue de bagarres permanentes, ne survivent que les plus forts et les plus aguerris. Aussi vivez-vous les disputes de vos enfants comme un entraînement plutôt efficace, en tout cas indispensable pour affronter ce qui les attend par la suite.
- Vous êtes convaincu que les frères et sœurs doivent absolument s'aimer et se soutenir mutuellement. Toute manifestation d'un sentiment négatif entre eux vous bouleverse et vous semble contre nature. Vous arrêtez immédiatement toute chamaillerie pour les contraindre à s'entendre.
- Vous éprouvez une préférence pour l'un de vos enfants et vous le faites bénéficier d'un traitement de faveur.
- Étant donné que vous les aimez tous de la même façon, vous veillez à leur donner toujours strictement la même chose : le même temps d'attention, la même part de gâteau, le même compte de cadeaux de Noël… Vous pensez que tenir compte de leurs besoins individuels ouvrirait la porte à l'injustice.
- Vous comparez vos enfants afin de donner l'un en modèle, positif ou négatif, à l'autre. Vous prononcez des phrases telles que : « Jamais ton frère, à ton âge, ne m'aurait fait une colère pareille ! » ; « Toi, au moins, tu ranges tes jouets ! »
- Vous vous en prenez d'une manière systématique à celui qui attaque ou qui frappe – le plus souvent le grand envers le petit. Vous le réprimandez exclusivement, sans vous occuper de l'agressé ni des raisons qui ont poussé l'agresseur à commettre son geste.
- Vous êtes vous-même en rivalité fréquente avec votre conjoint, votre patron… Les tensions et les conflits sont une composante importante de l'ambiance familiale.

BON À SAVOIR

N'encouragez pas les rapporteurs ! Fiers de connaître les règles, les enfants sont heureux de pouvoir dénoncer celui qui ne les respecte pas. Mais gronder le fautif est un piège à éviter, sauf à risquer d'encourager cette attitude – ce qui augmente la méfiance et la rivalité entre les enfants.
Ne prêtez aucune attention à ce qu'un enfant vous rapporte, excepté s'il s'agit d'une situation dangereuse pour laquelle vous devez intervenir.
Le mieux est de ne pas solliciter de tels comportements ni de confier à un enfant la responsabilité ou la surveillance d'un frère ou d'une sœur à peine plus jeune.

... et ce qui atténue

- Vous vous préoccupez de la question des relations fraternelles dès le plus jeune âge de vos enfants : vous tentez de leur apprendre à partager, à échanger, à gérer leurs conflits, à se respecter...
- Vous permettez à chaque enfant d'éprouver des sentiments négatifs envers son frère ou sa sœur, voire envers vous. Au besoin, vous l'aidez à les exprimer : « Je vois combien tu es furieux contre ton frère qui vient de renverser ta tour ».
- Vous évitez de donner raison à l'un ou à l'autre des enfants qui se querellent. Au lieu de cela, vous constatez la situation : « Je vois deux enfants très fâchés l'un contre l'autre ; peut-être devraient-ils se séparer un moment afin de retrouver leur calme ».
- Vous interdisez absolument la violence physique, mais vous permettez que l'agressivité s'exprime d'une façon qui ne fait de mal à personne, verbalement par exemple. Si deux enfants se battent, vous les séparez. Mais si vous arrivez après la bagarre, vous ne vous occupez que du bleu sur la jambe et non de réprimander le coupable.
- Vous n'enfermez pas un enfant dans le rôle de l'agresseur et l'autre dans le rôle de la victime que vous devez protéger. Vous savez que les choses sont plus subtiles que cela et que vous risqueriez de figer les comportements.
- Vous définissez des règles de conduite que vous veillez à faire appliquer. Par exemple : « Un jouet emprunté doit être rendu ». À terme, la constance de l'attitude parentale paie toujours, et les enfants finissent par respecter les règles.
- Vous valorisez la coopération. En leur offrant des tâches à réaliser en commun, vous développez leur esprit de coopération plutôt que la compétition et la rivalité.
- Vous leur expliquez également ce qu'il se passe dans l'esprit de l'autre, l'aidant à se mettre à sa place. Pour cela, il faut, tant que les enfants sont petits, les aider à exprimer leurs conflits et à trouver une solution qui convienne à tous.

BON À SAVOIR

Prenez le temps d'expliquer à vos enfants les avantages du partage et de l'échange. Ils comprendront vite qu'ils ont ainsi accès à deux fois plus d'objets.

CHAQUE ENFANT EST UNIQUE

Pour réduire les rivalités, il est important de respecter l'individualité et la personnalité de chaque membre de la fratrie. Rien de pire pour des enfants que d'être traités comme un groupe indifférencié – les filles, les jumeaux... Rien d'étonnant à ce que cela les incite alors à se faire remarquer.

Vos enfants sont différents et vous avez à donner à chacun ce dont il a besoin. Ainsi, vous les rassurez sur le fait qu'ils sont uniques pour vous et aimés tels qu'ils sont ; chacun se sentira spécial et compris par vous. En sécurité affective, on éprouve moins le désir d'écraser son frère ou sa sœur.

→ **Les disputes** sont normales mais veillez à interdire toute violence physique.

LES RÈGLES DE POLITESSE

Pour la plupart des parents, la politesse se réduit à des formules telles que « bonjour » et « au revoir », « s'il te plaît » et « merci ». Ces mots magiques, qui signalent l'enfant « bien élevé », nous viennent si naturellement qu'on admet mal que nos bambins les oublient si souvent.

Apprendre les règles

Sans doute le répétez-vous souvent à votre enfant : « Dis merci à maman », « Dis au revoir à la dame »... Mais non, il ne s'y fait pas ! Alors qu'il apprend tant de choses et avec tant de facilité... N'y mettrait-il pas un peu de mauvaise volonté ? Chaque jour, on s'épuise à ânonner les mêmes phrases, et cela semble totalement vain : on finit alors par se poser des questions.

Rassurez-vous : tous les enfants sont ainsi. La phase d'apprentissage des règles de la politesse dure des années – des années de répétitions et d'attente des mêmes exigences. Ce n'est que vers l'âge de six ou sept ans que cet apprentissage commence à porter ses fruits : l'enfant comprend alors à quoi cela sert. Mais pour qu'un enfant de sept ans devienne poli, ou seulement se tienne correctement, il faut avoir commencé bien avant, autant dire dès la naissance...

Votre enfant n'a pas l'âge de mémoriser les codes sociaux ; il n'en comprend pas l'utilité et n'en ressent pas le besoin. Pourquoi dirait-il bonjour à des gens qu'il ne connaît pas ? Pour dire bonjour à ceux qu'il aime, il dispose d'autres moyens : il crie, il court, il va chercher un jouet pour le montrer, il intègre l'autre dans une activité partagée lors d'une autre rencontre, ce qui est une façon de le reconnaître et d'abolir l'absence. De même, pourquoi dirait-il au revoir alors qu'il n'a pas du tout l'intention de s'en aller ? Il n'est pas prêt, il n'a pas décidé ce départ, il n'embrassera pas spontanément s'il est fâché.

Les « s'il te plaît » et les « merci » sont plus vite mis en place, même si l'enfant n'en voit pas l'utilité immédiate. Exprimer son besoin lui semble bien suffisant, alors pourquoi rajouter des petits mots qui ne servent à rien ?

En tant que parents, vous pouvez expliquer, mais n'exigez pas trop. La perfection n'est pas de son âge ; aussi est-il inutile de se fâcher si les bonnes habitudes vous semblent longues à acquérir. À ce stade, l'essentiel est que l'enfant comprenne, s'il souhaite vous faire plaisir ou obtenir ce qu'il veut, qu'il s'agit d'un parcours obligé.

BON À SAVOIR

Les baisers font plaisir aux adultes plus qu'aux enfants. La politesse exige qu'on dise les mots d'accueil et de séparation, mais elle n'impose pas des gestes d'affection qu'on n'éprouve pas. Quel adulte n'a pas le souvenir désagréable de baiser mouillé ou piquant, pris sans être offert ? Le baiser ne doit donc pas être exigé ni imposé. Ne dites jamais à un enfant, l'air affligé : « Tu ne m'embrasses pas ? » Il le fera pour obéir, mais agira en désaccord avec son sentiment réel. Ne videz pas de sens cet élan d'amour.

Connaître les codes

On entend souvent dire que, pour un enfant âgé de deux ans et demi, c'est encore trop tôt; la politesse viendra toute seule, avec le temps. Or, l'apprentissage des règles est une histoire de longue haleine, qui demande de la cohérence et de la suite dans les idées: dans une situation donnée, l'enfant doit clairement savoir ce que vous attendez de lui. Pour ne pas que les règles de politesse lui apparaissent comme des exigences superflues, il est donc important de les lui expliquer et d'en limiter le nombre.

Certaines périodes d'opposition systématique semblent remettre en question la politesse, même si, profondément, il n'en est rien. On apprend souvent par hasard que son enfant se comporte d'une façon plus correcte chez les autres que chez soi, ce qui est plutôt bon signe: cela signifie que les codes sont connus, même s'ils ne sont pas toujours appliqués.

Soyez cohérent...

Voici quelques règles qui pourront vous aider à adopter une attitude possédant du sens pour votre enfant.

- L'apprentissage de la politesse, si on souhaite qu'il aboutisse, commence très tôt et se poursuit sans relâche. À l'âge de votre enfant, vous pouvez le reprendre s'il ne dit pas « s'il te plaît », ou bien tout simplement l'informer que votre oreille n'entend les requêtes que si elles sont ainsi formulées.
- Dans ce domaine, les punitions ou les menaces sont des réactions excessives. À un enfant qui refuse de dire bonjour et qui cache son visage dans les jupes de sa mère, on peut dire simplement: « C'est dommage que tu ne dises pas bonjour, cela serait tellement agréable, mais tant pis, ce sera pour demain. »

Donnez l'exemple

Si vous voulez que votre enfant devienne poli, commencez par être poli d'une manière systématique avec lui. Plutôt que: « Viens là! », préférez: « Tu veux bien venir une minute, s'il te plaît? » Il ne faut pas négliger de lui dire bonjour le matin et de lui souhaiter bon appétit lorsqu'il se met à table.

BON À SAVOIR

L'enfant est sensible à la politesse qu'on a envers lui, mais également à celle que les adultes ont entre eux. Il reste difficile de demander à l'enfant d'être plus poli que soi quand on boude son conjoint, qu'on médit sur ses voisins ou qu'on traverse la rue pour ne pas saluer un collègue de bureau...

FAIRE LA FÊTE

Il n'y a qu'un anniversaire et qu'un Noël par an... Entre-temps ? L'attente, le quotidien, répétitif et pas toujours très drôle. Cela semble souvent long aux enfants, alors que c'est l'inverse pour les adultes. Les fêtes qui les concernent sont trop rares, trop préparées, et le jour J passe trop vite quand on a trop attendu.

BON À SAVOIR

Les petites fêtes quotidiennes représentent avant tout du temps où on est bien ensemble, du temps sans conflits, où on pense avant tout à faire plaisir à l'autre. L'essentiel est là : dans cette complicité qui unit la famille, sécurise l'enfant et lui montre que vivre est un plaisir.

Changer, inventer, rire...

Les enfants adorent les fêtes, toutes les fêtes, dès lors qu'elles changent de l'ordinaire. Ils aiment également faire des surprises et en recevoir. Mais la répétitivité des emplois du temps, la fatigue après une journée de travail et la force des habitudes ne favorisent pas une ambiance gaie et festive.

À cet égard, ce sont les enfants, avec leurs petits cadeaux, leurs dessins et leur joie de vivre, qui nous montrent l'exemple. Alors pourquoi ne pas changer tout cela et inventer la fête au quotidien ?

Et savez-vous que le rire provoque la sécrétion d'endorphines dans le cerveau, qui nous aide à nous sentir plus heureux ? Il détend en profondeur, aide à lutter contre le stress et favoriserait également la guérison de certaines maladies. Il semble bien, par ailleurs, que les habitudes prises dans l'enfance soient déterminantes pour l'avenir... Pas de doute : rire avec ses enfants constitue bien une nécessité éducative !

À toutes les occasions

Prendre la vie comme une fête, cela n'est pas un surcroît de travail, de coût ni de temps, mais c'est avant tout un état d'esprit : c'est modifier son regard sur le monde pour s'entraîner à percevoir toutes les petites occasions de surprise, de plaisir ou de complicité à partager avec ses enfants. Les occasions ne manquent pas : l'anniversaire du chat, le premier jour des vacances, l'arrivée du printemps, la visite de sa grand-mère, une nouvelle dent, les deux ans et demi...

Tous les moments sont bons. Le soir, il faut peu de temps pour sortir une tarte du congélateur, se déguiser, mettre un ruban autour d'une carte, décorer la table de quelques bougies et emballer trois bonbons dans un papier d'argent. Le dimanche matin, on peut faire du brunch familial une vraie fête qui suit les retrouvailles et les câlins dans le lit des parents.

Faire la fête consiste également, pour les enfants, à avoir le droit de faire ce qui est, en temps normal, interdit – par exemple sauter sur le lit de ses parents, avoir la permission de veiller ou manger avec les doigts. Il peut s'agir également d'être quelqu'un d'autre que celui qu'on est d'ordinaire – d'où l'intérêt pour le maquillage et le déguisement. Un jour, on peut leur donner libre accès à la garde-robe parentale et les laisser se déguiser en l'un des deux parents – fou rire garanti. Un dimanche, on peut décider que chacun doit s'habiller en rouge, ou avec les habits d'un autre…

Sortir de l'ordinaire

Pour un enfant, la fête, c'est avant tout une ambiance de légèreté et des choses qui sortent de l'ordinaire. Vous avez du mal à faire manger votre enfant ? Innovez.

- Proposez-lui un pique-nique dans le parc, un repas à l'envers qui commence par le dessert, une raclette, une fondue au chocolat où on trempe des morceaux de fruits, un repas de crêpes salées et sucrées…
- Essayez les repas composés de mets exclusivement jaunes – du maïs, de la purée, de l'œuf, de la banane… –, blancs – des cœurs de palmier, du riz, du poulet, un yaourt… – ou bien roses – des radis, du saumon, de la purée betteraves-pommes de terre, du sirop de grenadine…
- Pour décorer la table, faites participer votre enfant : il installera une jolie vaisselle en carton, des fleurs cueillies dans le jardin et dessinera une carte pour chacun.

Inviter ses amis

La fête constitue pour un enfant l'occasion d'inviter des camarades à venir jouer à la maison. Cela peut se faire d'une manière spontanée, sans attendre un anniversaire ; et si vous voulez que les choses se passent facilement, deux ou trois enfants suffisent amplement.

Même si votre enfant est content de les voir arriver, ne comptez pas sur lui pour être un hôte gracieux et poli, qui les laissera choisir les jeux, emprunter ses jouets et se servir les premiers au goûter. À son âge, c'est tout à fait irréaliste ; attendez-vous plutôt à un comportement « normal », c'est-à-dire égocentrique, impossible à prévoir, timide ou, au contraire, autoritaire. Vous serez plus près de la vérité, et vous saurez ainsi que, plutôt que d'avoir la paix pendant trois heures, vous devez prévoir de vous rendre un peu disponible.

ASTUCES

Pour faire du bain une fête, offrez à votre enfant une variété de savons de toutes formes et de toutes couleurs, et laissez-le choisir le shampooing, les sels de bain ou le talc. Un de ses camarades vient jouer à la maison ? Offrez-lui de dormir là. Votre enfant ne veut pas aller se coucher ? Dressez la tente dans un coin de sa chambre, et laissez-le s'y endormir, enfoncé dans son sac de couchage. Les idées ne manquent pas. Si ses parents sont ouverts et disponibles, un enfant n'est jamais en peine d'imagination.

LE VOYAGE EN VOITURE

« C'est quand qu'on arrive ? », soupire une petite voix à l'arrière de la voiture. Alors que vous songez aux huit cents kilomètres à parcourir, sans parler de la chaleur et des embouteillages... Après la sécurité et l'intendance, occuper ses enfants pendant les longs trajets est l'un des premiers soucis des parents.

La sécurité

En voiture, votre enfant doit obligatoirement être assis dans un siège-auto homologué, puis dans un siège rehaussé, et être retenu par une ceinture de sécurité. À ce sujet, vous devez être intransigeant. Il l'acceptera d'autant mieux que vous donnerez l'exemple.

Pour la sécurité des enfants, il est recommandé de :

- bloquer le système de sécurité des portières arrière du véhicule afin que l'enfant ne puisse pas les ouvrir de l'intérieur ;
- ne pas déposer d'objets lourds ou tranchants sur la plage arrière ;
- ne pas trop baisser les vitres arrière afin que les bras d'un enfant n'aient pas la possibilité de s'y glisser ;
- enfermer les animaux dans un panier adapté ou les isoler du conducteur par un filet ;
- faire des pauses régulières, où chacun peut se détendre et se dégourdir les jambes.

ATTENTION

Malgré les informations et les interdictions, on voit encore trop d'enfants qui voyagent sur le siège avant ou à l'arrière, mais sur les genoux d'un adulte, ou simplement sans ceinture. Quand on connaît les risques encourus, le nombre d'enfants blessés ou tués chaque année sur la route et, en cas de choc, la violence de l'impact d'un crâne d'enfant sur un pare-brise, on juge ces comportements inadmissibles ; ils sont punis par la loi.

L'intendance

Le trajet se passera bien si vous le préparez. Certains préféreront rouler de nuit, afin que les enfants dorment et qu'il y ait moins de monde sur la route. Dans tous les cas, il est important d'étudier la meilleure heure de départ et les lieux d'étape.

- Parmi les provisions à emporter, il ne faut pas oublier les couches si nécessaire, de l'eau fraîche en bouteille isotherme, des mouchoirs en papier, des sacs en plastique et de la nourriture facile à grignoter – du fromage en cubes, des fruits en morceaux, des fruits secs, des biscuits, des bâtonnets de carotte, des yaourts à boire...

- Si la route tourne, attention à la nausée : les enfants ne préviennent pas toujours. Prévoyez des sacs en plastique à portée de main.
- En cas d'attente dans la voiture, prévoyez de pouvoir lutter contre les coups de chaleur ou, au contraire, contre les effets du froid.

Les occupations

De jour, le problème essentiel pour un enfant de cet âge est de devoir rester immobile pendant des heures. Vous pouvez l'y aider, à condition de vous y prendre à l'avance. Voici quelques idées.

- Permettez-lui d'emporter ses jouets favoris. Attention : si le conducteur est seul avec l'enfant dans la voiture, il est bon de penser à attacher ces jouets – ainsi que le doudou – avec une ficelle fixée à son siège afin qu'il puisse les hisser seul s'il les fait tomber.
- Prenez des comptines et des histoires à écouter. Choisissez de préférence celles qu'il connaît déjà et qu'il aura plaisir à réécouter.
- Si vous avez prévu d'emporter son oreiller, votre enfant acceptera plus facilement le principe d'une sieste.
- Prévoyez de petits jouets bien emballés à offrir un à un, et toutes choses pouvant renouveler son intérêt.
- Récupérez un volant de voiture à la casse – on en vend aussi au rayon des jouets. Confiez-le à votre enfant, qui le tiendra sur ses genoux et le manipulera comme s'il conduisait lui-même la voiture. Cela l'occupera passionnément pendant de longs moments.
- Profitez de ce temps où vous êtes coincés ensemble pour bavarder, jouer et l'intéresser à ce qu'il voit. Nombreux sont les jeux de mots, les activités d'éveil et les découvertes qui peuvent être pratiqués lors d'un voyage en voiture. Il serait dommage de se limiter à : « Compte toutes les voitures blanches qu'on croise » !
- Enfin, des jeux ou des dessins animés sur la tablette peuvent être bien utiles pour passer le temps.

La chasse aux émotions

Avant de partir, emportez un gros catalogue de vente par correspondance – ou quelques magazines féminins. C'est un peu encombrant, mais quelle source de jeux et d'activités diverses ! Vous pouvez par exemple demander à votre enfant de se « promener » dans le catalogue comme dans un magasin imaginaire : pour remplir son chariot, il doit choisir des vêtements, une housse de couette… Bien entendu, vous discutez ensemble de ses choix.
Dans cet exemple de jeu, vous allez aider votre enfant à reconnaître ses émotions.

Demandez-lui de trouver la photographie d'une personne joyeuse, puis d'une personne fatiguée, ou en colère, ou étonnée… À chaque proposition, discutez avec lui pour savoir ce qui l'a fait s'arrêter sur cette photographie plutôt que sur une autre. Profitez-en pour évoquer des situations dans lesquelles l'enfant lui-même ressent telle ou telle émotion.

Des jeux d'éveil

Le principe des « questions d'éveil » est le suivant :

- On part toujours du vécu de l'enfant et on prend des exemples concrets dans l'environnement immédiat pour illustrer les apprentissages.
- On présente les questions comme des petits jeux nouveaux et amusants, sous la forme de devinettes. Si on veut « intéresser » le jeu, on peut décider qu'un certain nombre de bonnes réponses donneront droit à une récompense.
- Les notions de situation dans l'espace – au-dessus, à côté, derrière, proche… – peuvent être travaillées avec des questions telles que : « Trouve une voiture qui s'éloigne et une qui se rapproche », « Est-ce que le camion est devant ou derrière nous ? », « Pose ta poupée entre toi et la portière, puis au milieu du coussin »…
- De la même façon, selon le niveau et les goûts de l'enfant, on peut poser des questions telles que : « Quelles sont les couleurs des vaches de ce champ ? », « Comment s'appelle le petit de la vache ? », « Que donne la vache ? », « Que fait-on avec le lait ? », « Quel est le contraire de haut ? », « Cite un nom de fleur, d'oiseau, d'arbre… »

Toutes ces questions occupent votre enfant, et vous trouvez là l'occasion de l'intéresser à ce qui l'entoure ; le temps passe plus vite, il apprend à regarder et il accroît son vocabulaire.

ASTUCES

- L'été, s'il fait très chaud et que votre voiture n'est pas climatisée, garnissez le siège-auto avec une serviette de toilette afin d'absorber la transpiration de l'enfant coincé dans la coque en plastique. Quand vous sortez de voiture, étalez cette serviette sur le siège-auto afin de faire de l'ombre sur les parties métalliques et leur éviter de trop chauffer au soleil.
- À défaut d'un store, prévoyez également une serviette éponge qui pourra être coincée dans la fenêtre pour faire de l'ombre à l'enfant. Lors d'une halte, humidifiée, elle pourra servir à le rafraîchir.
- La tête de l'enfant a tendance à rouler quand il s'endort dans son siège. Si vous n'avez pas de coussin, vous pouvez, en dépannage, maintenir sa tête avec un rouleau de papier absorbant.

→

Les voyages en voiture sont longs pour un enfant. Emmenez son doudou et des CD de musique qui feront passer le temps plus vite.

CAUCHEMARS ET TERREURS NOCTURNES

Entre deux et sept ans, les enfants ont parfois le sommeil troublé par de mauvais rêves, qui peuvent revêtir deux formes, de gravité différente : tandis que le cauchemar déclenche une anxiété qui se résout face à la réalité, la terreur nocturne témoigne d'une angoisse véritable.

Des conflits et des angoisses

À certaines périodes de l'enfance, les cauchemars sont fréquents ; tant qu'ils ne reviennent pas plusieurs fois par nuit, ils ne doivent susciter aucune inquiétude particulière. En général, l'enfant qui a fait un cauchemar se réveille brusquement, en proie à la peur : il appelle ou vient chercher ses parents, mais il peut également pleurer et crier en dormant, puis se calmer et repartir dans un autre cycle de sommeil. Tandis que certains enfants racontent leurs cauchemars, d'autres non : ils les ont oubliés. Rassuré par ses parents, l'enfant se calme assez facilement et continue sa nuit.

La cause des cauchemars est à rechercher dans les conflits internes, avant tout inconscients, que peut vivre l'enfant – au même titre que tout être humain. Certaines idées, culpabilisées, reviennent sous la forme d'un danger qui le menacerait. Tout cela est normal : l'enfant grandit, son psychisme se constitue et devient plus complexe ; aucune existence n'est exempte de conflits intérieurs et d'angoisses.

Plus conjoncturels, différents événements peuvent favoriser l'apparition de cauchemars à certaines périodes : une exigence parentale trop grande, une expérience de la journée mal vécue, un changement dans la vie quotidienne, un inconfort – la chaleur, une difficulté à respirer…

Que faire ?

Si les cauchemars sont fréquents ou graves, c'est pendant la journée qu'il convient de parler avec votre enfant et d'essayer de comprendre ce qui le perturbe actuel-

lement. Le rassurer sur votre amour et votre confiance peut l'aider à vivre des nuits plus tranquilles.
Au moment même du cauchemar, il faut, bien entendu, se lever et aller voir l'enfant. Allumer la lumière dans le couloir afin de dissiper les visions de la nuit, prendre la main de l'enfant, lui parler doucement pour le ramener à la réalité, lui donner à boire un peu d'eau fraîche, puis lui chanter une berceuse sont en général des comportements apaisants, qui suffisent à faire replonger l'enfant dans un sommeil calme.
Le lendemain, si l'enfant s'en souvient, on peut lui demander de raconter son cauchemar. S'en libérer avec des mots, alors qu'il fait grand jour, peut également avoir un effet bénéfique.
Dans le cas des terreurs nocturnes, il faut aller plus loin et prendre l'avis d'un thérapeute. Mais, en aucun cas, il ne faut tenter de résoudre le problème en prenant l'enfant dans son lit, en lui donnant du sirop calmant ou en se moquant de ses peurs sans fondement. Car, la nuit, ces peurs semblent bien réelles et font partie des expériences fortes de l'enfance, dont on garde le souvenir pendant toute sa vie.

Un traumatisme

Les terreurs nocturnes sont une forme plus rare, mais également plus grave, des cauchemars : l'enfant se dresse dans son lit, affolé ; il crie, pleure et semble terrorisé par des choses que lui seul peut voir ; même s'il a les yeux ouverts, il dort encore, mais se débat et ne semble pas reconnaître ses parents. Après quelques minutes qui paraissent bien longues aux parents impuissants face à ce paroxysme d'angoisse, l'enfant finit par se rendormir tranquillement. Le lendemain, il ne garde aucun souvenir de ces crises.
Ce type de cauchemar, surtout s'il survient souvient et si d'autres signes diurnes trahissent une anxiété, traduit un problème véritable, dans lequel l'enfant se débat. Il est important de tenter de retrouver le facteur traumatisant, qui a pu être la cause de ces terreurs, et de ne pas laisser l'enfant y faire face seul. Un pédiatre ou un psychologue pourra vous aider à faire le point ; c'est ensemble que vous finirez par comprendre les troubles qui agitent votre enfant, et vous pourrez alors l'aider à s'en débarrasser.

ATTENTION

La première fois, vous ne l'avez pas senti venir se glisser contre vous et se rendormir sans un mot. La seconde fois, vous étiez trop fatigué pour le raccompagner. La troisième fois... l'habitude était prise. Vous n'avez plus d'intimité de couple et votre sommeil est menacé. Comment remettre chacun dans son lit ?

- Si vous entendez votre enfant pleurer et s'il ne se rendort pas, mieux vaut aller le voir que le laisser venir. Du réconfort, un câlin, et chacun retourne dans sa chambre.
- Soyez patient – afin que votre enfant ne se sente ni rejeté ni abandonné –, mais sans ambiguïté : chacun dans son lit, sans exception. Et cela tous les jours, même si vous êtes fatigué et que le lit est grand.

LA PRÉPARATION À L'ÉCOLE

BON À SAVOIR

L'accueil du matin, la classe, la cantine, de nouveau la classe, et parfois l'accueil du soir… cela finit par faire des journées très longues pour l'enfant. À chaque parent de réfléchir et de trouver sa solution : certains demandent à une mère de la classe de prendre leur enfant pour déjeuner, d'autres trouvent une assistante maternelle pour l'après-midi ou une jeune fille qui va chercher l'enfant à la sortie de l'école, d'autres enfin négocient avec leur employeur de ne travailler qu'à mi-temps pendant une quinzaine de jours. Pendant cette première année de maternelle, de nombreuses solutions sont envisageables pour alléger un peu la journée de l'enfant ou pour lui accorder un temps d'adaptation.

Votre enfant fera sa première rentrée scolaire en septembre prochain. Pour que tout se passe bien, à la fois pour lui et pour vous, une préparation en douceur s'impose.

Un passage important

On dit que les enfants qui ont déjà été gardés hors de chez eux s'adaptent plus facilement à l'école maternelle. Cela est vrai dans une certaine mesure seulement : ils ont pris l'habitude de se séparer de leurs parents le matin et savent qu'ils les retrouveront le soir, mais l'accueil en crèche ou chez une assistante maternelle est très personnalisé ; l'enfant y est encore materné. Même si le choc de la séparation sera moins rude, la première rentrée à l'école constituera, malgré tout, une épreuve importante.

Souvent, un enfant ayant un aîné déjà scolarisé a souvent hâte d'en faire autant. Il est très motivé pour aller à l'école et pour faire « comme les grands ». En revanche, un enfant unique dont la mère n'a pas d'activité extérieure ou, plus difficile encore, celui qui laisse un puîné à la maison, seul avec sa mère, risque de mal vivre cette rentrée, comme s'il s'agissait d'un rejet ou d'une manière de se débarrasser de lui. Autant le savoir afin de comprendre ce que ressentira votre enfant et de mieux le préparer.

Vers plus d'autonomie

- La préparation psychologique de votre enfant prend du temps ; dans les trois mois qui précèdent la rentrée, parlez-lui souvent de l'école, en la présentant d'une manière positive, mais réaliste.
- Vantez-lui les avantages d'avoir des camarades de jeu, qui deviendront vite des copains. Parlez-lui des activités, des découvertes et des nouveaux apprentissages qu'il fera et dont vous serez fière. Décrivez-lui son nouvel emploi du temps, précisez-lui quels jours il ira à l'école, évoquez les changements que cela apportera dans sa vie quotidienne et rassurez-le sur ses inquiétudes.
- Être prêt pour l'école, c'est aussi avoir développé des compétences qui seront utiles dans la vie de groupe et que votre enfant n'a peut-être pas encore acquises s'il n'a pas été en collectivité. Vous pouvez l'y entraîner dans la vie de tous les jours.

- Favorisez chez votre enfant une attitude de coopération et de tolérance à la frustration : à table, permettez-lui de se servir à son tour ; au jeu, ne le laissez pas gagner systématiquement ; dans les tâches courantes, demandez-lui son aide pour vider le lave-linge…
- Apprenez-lui à suivre des instructions. Cela se fait comme un jeu : « Tu vas dans ta chambre, tu prends ton lapin et tu vas l'asseoir sur la télévision. » Commencez par deux instructions, puis augmentez le nombre si l'enfant réussit trois fois de suite.
- Si votre enfant n'a pas l'habitude de fréquenter les camarades de son âge, dans les mois qui précèdent la rentrée, inscrivez-le dans une halte-garderie. Vous pouvez également aller dans une structure conçue sur le modèle de la Maison verte créée par Françoise Dolto, un lieu d'accueil des enfants jusqu'à trois ans accompagnés de leurs parents. Cette étape intermédiaire rendra la transition plus douce.

Le compte à rebours

- Un mois ou deux avant la rentrée, puis à nouveau dans les jours qui précèdent, il est essentiel d'emmener votre enfant découvrir son école, sa salle de classe et parfois déjà sa maîtresse. Le directeur de l'établissement propose souvent des visites et organise une réunion des parents et des enfants.
- En général, le samedi matin est un bon jour pour venir ; l'enfant peut tranquillement repérer les lieux. Grâce à votre présence, votre enfant ne se sentira pas perdu dans cet espace inconnu. Cette reconnaissance du lieu contribue amplement à le mettre en confiance et à lui donner des repères ; et la vue de tous les jeux présents dans la classe lui donne souvent envie d'aller les essayer…
- Dans la semaine qui précède la rentrée, il est bon de coucher et de lever votre enfant aux horaires qui seront désormais les siens. Ainsi, il aura pris l'habitude, si ce n'est déjà fait, d'aller au lit plus tôt, de se laver éventuellement le soir et de ne pas trop traîner en prenant son petit-déjeuner.
- Il est temps également de marquer ses vêtements (et son doudou) à son nom : vous pouvez coudre des étiquettes à son nom, écrire son nom avec un feutre permanent sur les étiquettes des habits (un stylo-bille fonctionne également).
- Enfin, essayez de prévoir quelques jours, si possible une semaine ou deux, de plus grande disponibilité professionnelle, afin que votre enfant puisse s'adapter peu à peu à son nouveau milieu sans faire d'emblée des journées de neuf ou dix heures.

ASTUCE

Votre enfant se sentira mieux à la maternelle s'il est autonome. Le préparer, c'est également l'aider à devenir propre pendant la journée. Prévoyez des vêtements faciles à enlever et à remettre – des pantalons à taille élastique plutôt que des salopettes, des chaussures à scratch plutôt qu'à lacets…

L'ENFANT DE 33 MOIS À 3 ANS

À l'approche de ses trois ans, l'enfant aimerait bien décider tout seul et faire seul tout ce qui le concerne, même s'il sent combien il est encore petit et dépendant de l'adulte. Ces sentiments contradictoires sont difficiles à gérer : ne vous étonnez pas si votre enfant paraît souvent changeant.

QUI EST-IL ?

À cette période, votre petit garçon ou petite fille se connaît bien et tient à se faire respecter.

Il sait

Au sein d'un discours désormais bien construit et aussi plus compréhensible, nombreuses sont les phrases de l'enfant âgé de presque trois ans qui commencent par : « Moi, je… »

Tant sur le plan physique que sur le plan intellectuel, l'enfant sait ce dont il est capable ; il sait qui il est et se situe parfaitement parmi les membres de sa famille ; il sait ce qui lui appartient en propre, dont il fait l'inventaire d'une manière régulière, et ce à quoi il ne doit pas toucher. Il est fier de lui, mais tout aussi fier – et il s'en vante auprès de ses camarades –, de la voiture de son père ou du travail de sa mère.

Étant donné qu'il se sait différent des autres, l'enfant vérifie sur eux son pouvoir, ce qui peut se traduire par des caprices à répétition. Par moments, il se montre obéissant et charmant ; à d'autres, il peut tout aussi bien devenir autoritaire et inflexible. Non seulement il voudrait décider pour lui, mais également pour les autres. Comme, de plus, il a encore du mal à accepter de négocier ou d'attendre, il se réfugie parfois dans des crises de colère ou d'opposition.

BON À SAVOIR

Vers deux ans et demi, ou parfois trois ans, l'enfant a besoin d'expériences plus riches et d'un environnement plus large. Il parle d'une manière correcte, il est devenu autonome en ce qui concerne son corps et il sait se situer dans un espace social complexe : il est fin prêt pour l'école.

Il est un grand

La bonne attitude parentale n'est pas facile à trouver. Il faut naviguer entre deux directions.

La première consiste à faire confiance à l'enfant, à respecter ses désirs de liberté et à le laisser faire pour tout ce qui est dans ses capacités. Il aime qu'on le considère comme un grand et qu'on lui confie des responsabilités ; plus question de l'appeler « mon bébé » !

La seconde direction est de lui offrir un cadre stable et rassurant : quoi qu'il en dise, l'enfant de cet âge sait combien il doit être encore entouré et guidé ; il apprécie les adultes capables de résister à ses caprices, de ne pas faire ses quatre volontés et de poser des limites raisonnables à ses pulsions. C'est cela, profondément, qui le rassure. Aussi n'est-il pas question d'abandonner une attitude éducative empreinte d'une certaine fermeté lorsque cela s'avère nécessaire.

Il questionne sans cesse

Curieux de tout, l'enfant de presque trois ans pose beaucoup de questions, auxquelles il n'est pas toujours facile de répondre d'une manière simple et qui témoignent de son niveau de réflexion et d'intelligence. « Dis, pourquoi... ? » devient le point de départ de nombreuses conversations. Les « pourquoi » s'enchaînent les uns aux autres, jusqu'à ce que l'adulte n'ait plus de réponse. L'enfant va alors s'apercevoir que les grands ne savent pas tout, ce qui constituera une autre découverte fondamentale.
Lui qui n'a jamais appris la grammaire manie sa langue maternelle avec une précision et une correction très impressionnantes.

Il apprend des petits et des gros mots

Trois ans, c'est la période des mots d'enfants ; empreints de poésie, ils témoignent de la façon dont fonctionne l'intellect de l'enfant et dont il apprend le langage.
Parce qu'il est très sensible à la magie des mots et à leur musique, c'est le moment de lui lire des poésies, d'en composer avec lui et de jouer avec les mots. Les rimes, en particulier, l'amusent beaucoup, et il aimera jouer à trouver tous les mots connus qui se terminent par le son ion ou le son i.
Son vocabulaire s'enrichit de « petits mots » grossiers – qui, en général, ne sont pas encore des « gros mots » –, et cela d'autant plus vite qu'il va à l'école. « Pipi, caca, boudin » le font crouler de rire, et il sera très surpris de s'apercevoir que ses parents les connaissent aussi !

Il est plus cordial

À cet âge, le niveau de bousculades voire de bagarres diminue, à la fois parce que le langage, en s'améliorant, permet de résoudre un grand nombre de conflits, et parce que les rapports entre les enfants s'imprègnent de plus de cordialité. Attendre son tour, n'être pas le premier servi ne sont plus une terrible épreuve ou une si grande injustice ; partager devient possible et parfois recherché.
Les jeux d'enfants se déroulent souvent en petit nombre. Alors qu'il y a peu de temps encore, tous voulaient décider et faisaient dès lors éclater le groupe, aujourd'hui un chef se désigne, qui est reconnu par ses pairs : c'est à la fois celui qui a le plus d'énergie et d'idées, et celui qui est capable de faire fonctionner le jeu tout en maintenant la cohésion du groupe.

ASTUCE

Si vous voulez que votre enfant trouve naturel de vous aider dans les tâches ménagères et qu'il s'habitue à en prendre sa part, il est temps de commencer à lui confier quelques responsabilités.

- Commencez doucement. Votre enfant adore imiter les adultes: profitez-en pour lui demander de faire avec vous plutôt que de faire tout seul.
- Montrez-lui que les tâches demandées sont un jeu et qu'elles peuvent être effectuées avec plaisir. Donnez l'exemple.
- Demandez-lui des choses raisonnables, qu'il se sent capable de mener à bien: il peut ramasser ses jouets et les ranger dans leurs boîtes respectives; Il peut mettre le linge sale dans le panier, arroser les plantes, rincer la salade, trier les couverts, essuyer la table, ramasser les feuilles mortes...

Il fait presque tout

De plus en plus à l'aise dans son corps, l'enfant court maintenant d'une manière souple, tombe peu et ne se cogne presque plus. Il est capable de suivre sa famille dans des promenades à pied assez longues sans avoir besoin d'être porté. Il mange et boit proprement. Il est capable de s'habiller seul, y compris quand il faut boutonner; les lacets lui posent encore quelques problèmes.
Le plus souvent, une main est systématiquement utilisée de préférence à l'autre pour toutes les activités qui demandent de la précision.

Il voyage par l'imagination

Si vous voulez faire une grande joie à votre enfant, mettez à sa disposition, pour servir de cadre à ses aventures imaginaires, un espace de jeu qui ne sera qu'à lui. Si vous avez la place, un coin de cave ou de grenier sera le bienvenu. Vous avez un jardin? Aménagez-y une cabane ou une tonnelle. Sinon, une simple tente d'Indiens, ou encore une petite maison en carton, plantées dans la chambre, feront très bien l'affaire. Il y sera chez lui, y cachera ses trésors et y fera, par l'imagination, des voyages merveilleux.

Il invente

Tous les jeux suggérés aux trimestres précédents restent valables, et l'enfant y joue de mieux en mieux. Les puzzles qui l'intéressent comportent davantage de pièces, et ses constructions sont plus complexes.
À l'approche de ses trois ans, l'enfant entre dans l'âge de l'imagination: il s'invente des histoires, des aventures extraordinaires et des amis imaginaires – un compagnon, humain ou animal, auquel il donne un nom, un caractère et une existence propre. On a du mal à savoir dans quelle mesure il y croit ou non lorsqu'il contraint jusqu'à ses parents à jouer le jeu. À d'autres moments, il se plonge dans un jeu d'imitation et se fait tour à tour pompier, danseuse, cow-boy ou mère de famille, le tout avec une conviction entière. En réalité, l'enfant n'est pas dupe de ses jeux, et sait bien qu'il n'est pas dans le monde de la réalité. Mais, pour lui, les choses ne sont pas aussi tranchées que pour les adultes, si bien que le réel et l'imaginaire semblent parfois se chevaucher. L'enfant ne « ment » pas s'il dit qu'il a vu un ours dans la rue ou que c'est le chat en peluche qui a renversé le verre: il embellit simplement la réalité pour la rendre conforme à ses désirs.

À SON ÂGE...

- Il retrouve des dessins dans un imagier et sait les nommer.
- Il lance un ballon.
- Il met les céréales et le lait dans son bol.
- Il fait du tricycle.
- Il utilise des adjectifs et des prépositions.
- Il reconnaît sans faute deux à quatre couleurs.
- Il adore faire des puzzles de plus en plus compliqués.
- Il refuse de s'habiller tout seul.
- Il décide de ne plus faire la sieste l'après-midi.
- Il a du mal à affronter l'obscurité.
- Il a déjà appris un grand nombre d'injures et de gros mots.

ASTUCE

Vous fabriquerez facilement une cabane dans un très grand carton d'appareil électroménager, munie d'une porte et de fenêtres découpées dans les côtés, les « murs » tapissés de restes de papier peint ou peint, en blanc, puis décoré comme un paysage, avec des feutres ou des pinceaux, d'arbres, de fleurs au ras du sol, d'une boîte à lettres et de tuiles sur le toit.

←

Laissez votre enfant s'habiller seul, même s'il boutonne lundi avec mardi ou s'il met ses chaussettes dans le mauvais sens.

LES MODES ÉDUCATIFS

Les parents ont souvent du mal à se fixer sur un mode d'éducation ou sur un autre. Le rejet de la rigidité d'autrefois a pu engendrer un certain laxisme : au nom de son bonheur et de son épanouissement, on a laissé l'enfant libre de ses comportements. Aujourd'hui, on recherche l'équilibre et on parle à nouveau d'autorité.

Différentes manières d'exercer l'autorité

En matière d'éducation, les conseils, comme les modèles, sont confus et incohérents. Si on ajoute à cela que, dans les familles actuelles, les deux parents travaillent et, à juste titre, préfèrent passer le temps qu'ils partagent avec leur enfant à autre chose qu'à se fâcher, on comprend qu'ils aient bien du mal à se déterminer.

Dans les chapitres précédents figuraient des conseils sur la façon d'assurer une discipline. Voici maintenant, brièvement exposés, les résultats des recherches portant sur les conséquences de tel ou tel mode éducatif; trois manières d'exercer l'autorité ont ainsi été comparées.

La tendance autoritaire

Selon ce mode éducatif, les règles et les interdits sont nombreux et clairement signifiés, mais ils ne sont pas expliqués; les décisions sont prises « au sommet » et ne se discutent pas. La structure est rigide. Si, par exemple, une règle veut que les enfants ne mangent pas de bonbons, elle s'applique en tout lieu et en toutes circonstances. Les heures de repas ou de coucher ne souffrent pas d'exception. Le chef de famille a les choses en main et tient peu compte des désirs de chacun.

On constate que la plupart des enfants qui subissent ce type d'éducation réagissent le plus souvent par l'apathie: ils ne prennent pas d'initiative et accèdent très difficilement à l'autonomie. Pour certains, les réactions peuvent prendre la forme de crises soudaines d'agressivité.

La tendance laxiste

Selon ce deuxième mode éducatif, la structuration est faible; cela dépend des moments ou de la personne. Il n'existe pas véritablement de règles à appliquer. Un jour, l'enfant a le droit, mais pas le lendemain, car les circonstances ont changé. Il est souvent livré à lui-même: on lui fait confiance, attendant de lui qu'il trouve spontanément les bonnes réponses. Ses erreurs ne sont pas sanctionnées.
Dans ce climat de laisser-aller, un enfant est vite perdu, n'ayant aucun point de repère et ne sachant jamais « à quelle sauce il sera mangé »... La plupart des enfants en profitent alors pour exiger beaucoup et deviennent infernaux: ils recherchent une limite qui ne leur a pas été indiquée. Il en résulte une anxiété, qui se manifeste sous la forme d'une forte agressivité.

La tendance démocratique

Dans ce troisième mode éducatif, la structure est ferme, mais souple. Les règles existent, elles sont déterminées selon les besoins de chacun, et on veille à ce qu'elles soient appliquées.
Les désirs des enfants sont écoutés, mais ne sont pas traités comme des exigences. Les règles supportent des exceptions occasionnelles. Les comportements des parents sont stables, les règles évoluent avec l'âge des enfants et les décisions qui les concernent sont prises en tenant compte de leur avis.
D'après toutes les recherches entreprises, ce climat éducatif est le plus efficace: il est celui qui permet le meilleur épanouissement et le bien-être de chacun. Le niveau d'agressivité est minimal. Deux critères viennent renforcer ces effets positifs: si les parents sont d'accord sur les modalités de l'éducation donnée et s'ils sont eux-mêmes de bons modèles, capables de contrôler leurs propres émotions.

La punition, une solution à double tranchant

Pour être acceptable, la punition doit être justifiée, reçue après un avertissement, appliquée rapidement, assortie à la faute et occasionnelle. Elle peut alors aider les parents à asseoir leur autorité: que serait un interdit qu'on pourrait transgresser sans rien risquer? L'enfant n'a pas encore assez d'autodiscipline pour cela.
Mais mal contrôlée et répétitive, la punition risque de ressembler à une humiliation et à une injustice. Être mis hors jeu – sorti de la pièce, mis au coin – pendant deux ou trois minutes est suffisant à cet âge.

ASTUCE

Chaque fois que cela est possible, on peut demander à l'enfant d'aider à réparer (éponger, ramasser, etc.).

QUE PENSER DE LA FESSÉE ?

La fessée n'est en aucun cas un élément à part entière de la discipline ; constituant toujours l'attaque d'un grand contre un petit, elle ne peut pas être éducative. Tout au plus est-elle une solution d'urgence, qui soulage la tension de celui qui l'assène et allège la culpabilité de celui qui la reçoit. Le châtiment corporel en général est une très mauvaise manière de mettre un terme à un comportement indésirable. Inefficace, il perd vite tout pouvoir et nuit au respect que l'enfant porte au parent.

Beaucoup d'enfants sont aujourd'hui élevés sans le recours à la fessée. De la part de leurs parents, un froncement de sourcils ou une grosse voix ont autant d'impact qu'une tape sur les fesses. Soyez vigilants : trop de conflits, de cris, voire de fessées sont le signe que quelque chose ne va pas dans la relation.

L'éducation sexuelle

Les enfants ne sont plus tenus dans la même ignorance qu'autrefois. Les garçons et les filles sont réunis pour toutes les activités et les parents protègent moins leur nudité. Aussi, entre deux et trois ans, connaissent-ils tous les différences anatomiques entre un homme et une femme.

Fier d'être soi

Qu'un enfant soit fier de son sexe et confiant en son devenir dépend directement de l'attitude de ses parents. Se sentent-ils heureux d'être ce qu'ils sont ? Chacun est-il respectueux de son conjoint dans sa façon de le considérer et d'en parler à l'enfant ? Traitent-ils ouvertement les garçons et les filles d'une manière différente, voire discriminatoire ? C'est tout cela qui fera la fierté d'être un garçon et celle d'être une fille.

L'origine et la naissance

C'est entre deux et trois ans qu'un enfant commence généralement à se poser des questions sur son origine et sur la naissance. D'où viennent les bébés ? Comment les fait-on ? Comment sortent-ils ? Où étaient-ils auparavant ? Il est curieux de cela comme il est curieux de tout, sans le moindre préjugé. C'est l'éventuel malaise qu'il risque de ressentir à l'énoncé des réponses qui lui fera comprendre que ces sujets ne sont pas comme les autres…

En réalité, un enfant de cet âge ne réclame pas un cours d'anatomie. Il se contente de réponses simples et brèves. Le jour où il voudra avoir plus de détails, il vous les demandera.

Faut-il parler des abus sexuels ?

Parler aux enfants de l'existence des abus sexuels n'est pas facile, mais c'est le prix à payer pour la prévention. Comment aider un enfant à faire la part entre le câlin normal et celui qui ne l'est plus ?
Tout d'abord, en lui expliquant que personne d'autre que lui n'a le droit de toucher à ses parties intimes – sauf pour une raison médicale, bien entendu.
Ensuite, en lui apprenant à se méfier des personnes qui lui demandent le secret : un baiser normal n'a pas à être caché. Mais il est encore bien tôt.

UN SEUL ENFANT

De plus en plus de couples n'ont qu'un seul enfant, que ce soit leur choix, ou bien la conséquence d'une séparation, ou encore une décision dictée par la vie. Ces enfants uniques sont-ils si différents des autres ?

BON À SAVOIR

Tout aîné est porteur des attentes et de l'anxiété parentales, mais les puînés, un jour, allègent ces contraintes – pas chez l'enfant unique.

Des raisons diverses

Dans nos sociétés modernes, riches et confortables, on a un enfant parce que les pressions sociales et affectives sont très fortes, pour ne pas passer à côté d'une telle expérience, parce que les années passent, parce qu'on en meurt d'envie… Mais on ne se décide pas à en faire un second : l'appartement est trop petit, la profession ne laisse pas assez de temps, le couple s'est dissous, on se trouve comblé avec un seul enfant…
Pour les parents, plus d'enfants, c'est plus de soucis, moins d'argent et moins de temps. Mais l'enfant, lui, que vit-il ?

Trois difficultés

Pour mieux comprendre et élever son enfant unique, il faut savoir qu'il peut souffrir de trois difficultés, qu'il est possible de résumer ainsi : un trop tôt, un trop-plein et un trop vide.
Trop tôt, l'enfant unique est plongé dans un univers d'adultes. Pour plusieurs enfants, on prend une baby-sitter quand on s'absente, mais l'enfant unique suit ses parents partout. Témoin de leur vie, confident de leurs problèmes, adapté à leurs horaires, il grandit souvent trop vite, parce qu'il ne baigne pas dans un monde d'enfants. Plus raisonnable, il est parfois moins gai et porteur de davantage d'angoisses, qui ne sont pas les siennes.
Le trop-plein correspond à l'excès de pression dont l'enfant unique est l'enjeu. Dans les grandes fratries, on attend moins de chaque enfant ; de ce fait, chacun est plus à même de suivre sa propre voie. Mais l'enfant qui porte seul tous les espoirs et les investissements de ses parents subit une pression trop forte. Le plus souvent, il n'a pas le droit à l'échec, pas le droit d'être différent de l'enfant rêvé de ses parents.

Le trop vide représente tout ce que l'enfant unique ne connaîtra jamais, tout ce dont les frères et les sœurs souffrent parfois, mais qui finit par former leurs meilleurs souvenirs et qui les rend plus forts et plus aptes à la vie sociale ; tous les jours, ils ont eu à partager leur chambre, leurs jouets, leurs crayons et leurs secrets. Le plus souvent calme, l'enfant unique s'invente des personnages, des compagnons imaginaires et des aventures où il tient tous les rôles.

Se frotter aux autres

On peut donner à un enfant unique le sens du partage en général, mais cela s'avère difficile pour le domaine du plus fondamental, du plus terrible et du plus formateur : le partage de l'amour de ses parents, de leurs câlins et de leur temps. Si cette rivalité est douloureuse à vivre pour les frères et sœurs, elle est essentielle pour apprendre qu'on n'est pas le centre du monde et que le monde ne vous appartient pas. Parfois et à ses dépens, un enfant unique aura du mal à accepter de n'être pas l'unique objet d'affection et d'attention des personnes auxquelles il sera confronté.

Il ne s'agit pas ici de convaincre ceux qui ne le souhaitent pas d'avoir d'autres enfants, mais de les aider à élever un seul enfant. Plus ce dernier vivra au sein d'un groupe et plus il sera épanoui. C'est parce qu'il se confrontera aux autres et qu'il perdra quelquefois qu'il deviendra plus fort ; c'est parce qu'on le laissera être lui-même qu'il deviendra quelqu'un.

LA NAISSANCE DU PUÎNÉ

Vous avez fait le choix d'agrandir votre famille. Un autre enfant va naître. Mais avoir pris cette décision n'empêche pas le doute et l'inquiétude. Comment cela va-t-il se passer ? Et si vous n'aimiez pas le second autant que le premier ? Et comment bouleverser cet équilibre à trois, qui fut si difficile à établir ?

Que de questions !

Un nouveau bonheur s'annonce pour tout le monde, mais qui est, en même temps, accompagné de remises en cause, de problèmes et d'une disponibilité qui devra être totale. Comment gérer cela et, surtout, comment vous y prendre avec votre premier enfant, qui va devenir l'aîné, pour qu'il ait l'impression d'un surcroît de vie et non pas d'une privation d'amour ? On voudrait lui épargner les souffrances, les douleurs et les apprentissages trop pénibles, alors qu'ils font partie de l'existence.

Dans ces moments-là, il est également difficile de ne pas être renvoyé à sa propre histoire, à sa propre place dans la fratrie. Avez-vous dû, enfant, vivre l'arrivée au foyer d'un enfant puîné ?

ATTENTION

Une erreur commune consiste à profiter de la naissance du bébé pour modifier des choses importantes dans la vie de l'aîné. La naissance peut ainsi coïncider avec un déménagement, une entrée à l'école ou à la crèche ; ou bien, on demande à l'enfant de laisser son lit voire sa chambre au nouveau venu. Ces coïncidences sont maladroites, car l'enfant rendra le bébé responsable de l'inconfort des changements imposés. Malheureux, il lui en voudra de ce qu'il risque de vivre comme un rejet. Il faut au contraire chercher à maintenir un environnement stable.

Il le sait déjà

Nombreux sont les parents qui se demandent à quel moment il convient d'informer leur enfant de la grossesse de sa mère. Ils craignent que, s'il est prévenu trop tôt, les neuf mois à patienter paraîtront bien longs. Il me semble, que, malgré tout, il faut dire l'attente du bébé dès que vous en avez la certitude. Pour la simple raison que votre enfant le sait déjà : non pas précisément, avec des mots – encore que… nous ignorons tout de ce sixième sens que possèdent les très jeunes enfants et qu'ils perdent ensuite –, mais avec une intuition très sûre.

Votre enfant a senti votre attente, votre joie, vos doutes, un changement d'ambiance ou de caractère, une plus grande fatigue… Ces indices qu'il a perçus clairement risquent de le plonger dans l'anxiété tant qu'il ne saura pas quelle en est la cause exacte. Si ces neuf mois seront longs, l'enfant a, lui aussi, besoin de temps pour se préparer, même s'il reste incapable d'imaginer comment sera ce bébé et comment il changera sa vie.

Associer l'aîné, en tant que membre de la communauté familiale, à l'attente, partager avec lui cette période l'aidera à se sentir devenir grand ; dès lors, il sera moins tenté par un retour en arrière. Vous avez le temps de lui expliquer que cette grossesse est une décision de ses parents, qu'il n'a besoin ni de désirer ni d'aimer ce frère ou cette sœur, et que votre amour pour lui ne sera pas remis en question.

Une épreuve qui fait grandir

Même si votre enfant semble avoir souhaité avec vous cette nouvelle naissance, même si vous l'y avez préparé le mieux possible en l'associant à chaque étape, dites-vous bien, que malgré tout, il souffrira de jalousie et, à son échelle, connaîtra une véritable épreuve – mais une épreuve qui permet de grandir. Cette période difficile se déroule rarement dans une sérénité totale.

Jusqu'alors, il était le centre de votre attention, le centre d'un petit monde qui tournait autour de lui. Encore aujourd'hui, c'était votre « tout-petit » ; soudain, cette position privilégiée disparaît, et tout s'effondre. Ce n'est plus lui qu'on admire, mais ce minuscule bébé. On lui avait promis un camarade de jeu, mais ce nourrisson ne sait que manger, pleurer et dormir ; de plus, il mobilise ses parents vingt-quatre heures sur vingt-quatre.

L'enfant réfléchit, mais ne comprend pas bien ce qui peut susciter un tel enthousiasme. Alors, à tout hasard, il se met à faire de même et adopte des comportements de bébé qu'il avait abandonnés depuis longtemps.

Comprendre ce qu'il ressent

À la naissance du puîné, il serait grave que l'aîné se replie sur lui-même au lieu d'exprimer sa détresse et se fixe sur une attitude de régression.

Au contraire, il est plus sain qu'il extériorise ses sentiments : le rôle des parents est alors de l'aider à formuler ce qu'il ressent et à l'assurer de leur compréhension ; il est bon qu'ils lui consacrent du temps à lui tout seul. Parler avec lui, se montrer calmes et patients, dire un amour et un intérêt inchangés sont autant de comportements qui l'aideront à dépasser l'anxiété dans laquelle il se trouve plongé et qui peut être exprimée ainsi : « Si ma mère en aime un autre, c'est qu'elle ne m'aime plus, ou du moins plus autant. »

Il faut être très attentif à tout ce que l'enfant pourrait interpréter comme un manque d'amour ou comme une éjection de sa place. Si cette souffrance de l'aîné est comprise et acceptée par les parents, la naissance du second enfant sera pour lui une occasion importante d'acquérir plus de maturité, d'être plus responsable et de mettre en place de nouvelles aptitudes.

Par fierté d'être promus grand frère ou grande sœur, certains enfants en profitent pour devenir propres, pour effectuer de grands progrès dans leur langage ou pour s'autonomiser d'une façon ou d'une autre. D'ailleurs, on peut les y inciter en sollicitant leur aide pour s'occuper du bébé, ce qui les aide à se sentir appartenir définitivement au camp des grands et non plus à celui des petits.

BON À SAVOIR

Une attitude faite de patience, d'affection et de compréhension aidera chacun à trouver sa place dans la nouvelle constellation familiale.

La nouvelle constellation familiale

Soucieux du bien-être de l'aîné, certains parents en viennent à se sentir coupables de lui imposer une telle épreuve. Ils voudraient le protéger, au point de ne pas donner à leur second enfant la place à laquelle il a droit. Ce comportement est dommageable pour les deux enfants : pour le second, car il a besoin de votre amour autant que son aîné ; pour le premier, car il n'est pas bon de vouloir à ce point lui épargner les difficultés de l'existence. C'est en les affrontant, avec votre aide, qu'il grandira.

Il semble préférable de dire à l'aîné quelque chose comme : « Je comprends très bien que l'arrivée de ce bébé te gêne. Je ne te demande pas de l'aimer, seulement de ne pas lui faire de mal. Car, moi, je l'aime. Différemment de toi, bien entendu, parce que tu es le seul à être comme tu es, que tu es grand maintenant, que je suis fier de toi. Tu resteras toujours mon aîné. Tu es unique, et mon amour pour toi est unique. »

→

L'aîné est souvent très fier d'être devenu le grand. Encouragez-le à prendre son petit frère ou sa petite sœur dans les bras.

IL VEUT UN ANIMAL

Les enfants adorent les animaux. Tous, un jour ou l'autre, réclament un chat, un chien, un hamster ou un poisson rouge. Avant de vous décider, il est bon de vous poser au préalable quelques questions et de bien réfléchir à toutes les contraintes que cela vous imposera.

Les questions à vous poser

Avez-vous le temps suffisant pour vous en occuper ? Si vous vous décidez pour un chien ou un chat, avez-vous une solution pour les vacances ? Un animal sera-t-il heureux chez vous, ou, pendant la journée, souffrira-t-il de manque d'espace ou de solitude ?

Si la demande de votre enfant se fait pressante, il peut être également utile de vous demander pourquoi. Souffre-t-il de solitude ? S'ennuie-t-il ? A-t-il du mal à se faire des camarades ? L'ambiance à la maison n'est-elle pas un peu trop calme ? Il est fréquent que la demande d'un animal révèle, en réalité, une autre demande, qu'il est bon de percevoir.

Des droits et des devoirs

Si, en fin de compte, vous vous décidez à accéder à la demande de votre enfant, sachez que vous ne pouvez pas lui faire de plus beau cadeau. Un animal domestique apportera beaucoup d'affection et de plaisir à votre enfant ; et il lui apprendra beaucoup : l'attachement, les droits qu'il a sur l'animal, ainsi que les devoirs que cela implique.

Si votre enfant pourra jouer avec l'animal, le réveiller, lui donner à manger ou le taquiner gentiment, il devra également respecter ses besoins de calme et de nourriture, apprendre à connaître son caractère et ses goûts. Il devra le respecter comme un être vivant et non pas comme un jouet ou un ours en peluche. Il devra comprendre qu'un animal n'est pas un enfant et ne peut être traité comme tel. Leurs relations seront réussies si l'enfant sait respecter les limites que l'animal lui montrera.

La demande des enfants uniques doit être particulièrement prise en considération. Souvent, l'enfant se sent seul, inadapté au monde des adultes auquel il est si souvent mêlé, et manque d'un complice, d'un interlocuteur, d'un confident à certaines heures, d'un compagnon de jeu à d'autres ; il manque d'animation, de bruit et de mouvement autour de lui, même s'il peut souvent inviter des amis ou s'il est en collectivité pendant la journée.

L'enfant adore la compagnie des animaux avec lesquels il peut jouer, mais vérifiez bien avant si vous pourrez vous en occuper : un animal n'est pas une peluche !

C'EST LA RENTRÉE !

Quel que soit le vécu de votre enfant et même s'il a été en crèche, l'entrée en maternelle est toujours une épreuve – pour l'enfant comme pour ses parents. Aussi le mot d'ordre est-il : sécuriser. Mieux l'enfant sera préparé et moins il aura d'inquiétudes, moins il se sentira perdu et abandonné dans ce nouvel environnement.

Une séparation difficile

Même si vous avez bien préparé votre enfant, il se peut que, le matin de la rentrée, pris par l'ambiance générale, il s'accroche à vous lorsque vous l'accompagnerez dans sa classe. Au moment de le laisser, son chagrin vous laissera au bord du désespoir et vous rongera de culpabilité. Et comme tous les parents, c'est en courant que vous irez le chercher le premier midi ou le premier soir ! Cette période, pour pénible qu'elle soit, ne durera pas longtemps, une semaine ou deux tout au plus. L'entrée à l'école maternelle demande à certains enfants des efforts d'ajustement, avant tout pour ceux qui n'ont jamais passé beaucoup de temps hors de la maison. Votre soutien sera nécessaire à votre enfant pour lui faire voir les choses sous un jour agréable.
Les premiers matins sont parfois difficiles : « Tous les jours, c'est le même scénario, raconte une mère. Thibaut se lève et se prépare gentiment. Il a l'air content et ne proteste pas lorsque je lui parle de l'école. Le trajet se passe bien. Mais dès que nous approchons de l'école, Thibaut se tend. Dans le hall, il refuse d'avancer et, une fois dans la classe, il s'agrippe à moi en sanglotant. » Cela ne signifie pas que Thibaut n'est pas heureux à l'école, mais que la transition et la séparation sont encore difficiles. Voici quelques conseils qui vous aideront à passer le cap.

ALLEZ CONSULTER

Si, après quelques semaines d'école, votre enfant pleure toujours le matin et que son enseignant vous confirme qu'il semble triste et peu actif pendant la journée, il convient d'en chercher les raisons lors d'une consultation psychologique.

Établir une routine rassurante

- Dès le premier matin, réveillez votre enfant assez tôt afin de ne pas avoir à le brusquer pour partir à l'heure. Ne vous énervez pas et ne lui demandez pas de se dépêcher.
- Faites-lui prendre son petit-déjeuner tranquillement ; pensez à ce qu'il aime.
- Habillez-le de vêtements et de chaussures simples à enlever et à remettre.

- Glissez dans sa poche un petit mouchoir où vous verserez quelques gouttes de votre eau de toilette habituelle, pour lui rappeler votre présence, ou bien un petit objet ou un petit jouet qui lui rappellera la maison et qu'il pourra serrer dans sa poche.
- En classe de petite section – et souvent après –, un enfant peut apporter son doudou, qu'il dépose dans un panier à l'entrée de la classe, mais qu'il retrouve à l'heure de la sieste.
- Dans un sac à son nom, placez une tenue de rechange – un accident peut arriver.

Expliquer, soutenir, rassurer

- Parlez tranquillement à votre enfant, expliquez-lui encore et encore, d'une manière calme, qu'il viendra à l'école tous les jours – comme vous vous rendez à votre travail, comme font tous les grands – et que vous viendrez le chercher après la sieste, ou après le déjeuner ; pendant quelques jours, il est bon de lui donner la possibilité de s'adapter en faisant de petites journées.
- Même si vous avez bien préparé votre enfant en lui exposant tous les bienfaits de l'école – n'en faites pas trop, car il risquerait de se sentir déçu et trompé en constatant la réalité –, il aura besoin de vous dans les premiers jours : accordez-lui un surcroît d'attention, de disponibilité et de patience, à la fois à la maison et au moment de l'accompagner dans sa classe. Mais n'en faites pas trop non plus et restez un temps raisonnable : fiez-vous à son enseignant, qui a une grande expérience et qui saura vous dire à quel moment vous devez partir et lui passer le relais.
- Sachez partir et évitez les deux écueils : ne déposez pas votre enfant en vitesse pour fuir son chagrin et ne profitez pas du moment où il regarde ailleurs ; au contraire, ne lui dites pas adieu dix fois pour revenir onze fois en arrière. Un baiser tendre, un air calme et convaincu, un mot à la maîtresse, un dernier petit signe de la main en souriant, puis partez. Plus vite vous le ferez, plus vite votre enfant se mettra en route pour vivre sa journée d'élève.
- Occupez-vous de votre propre anxiété, que votre enfant perçoit très bien. Si elle vient contredire un discours rassurant, l'enfant sent que vous lui cachez des choses inquiétantes, et il aura peur.
- Soyez tolérant : pendant quelques jours, votre enfant peut avoir du mal à s'endormir et à dormir, ou à manger, faire des cauchemars, être plus énervé, faire de nouveau pipi au lit… Tout cela doit rentrer rapidement dans l'ordre.

BON À SAVOIR

Certains enfants s'adaptent mal à l'école, surtout dans les premiers temps. Attention aux signes suivants.

- Il régresse : il recommence à faire pipi au lit, à parler bébé…
- Il se retire en lui-même et se renferme.
- Il se cramponne à la maîtresse pendant toute la journée.
- Il se sent rejeté, abandonné.
- Il paraît anormalement fatigué en fin de journée.
- Il fait de l'eczéma, des cauchemars, des angines à répétition.
- Il pleure tous les matins depuis plus de trois semaines.
- La maîtresse s'inquiète pour lui.

Créer un bon environnement scolaire

Votre enfant est rentré à la maternelle : les choses sérieuses commencent... Vous allez vous initier peu à peu au dur métier de parent d'élève. Même si l'apprentissage et l'animation des journées sont du ressort de l'enseignant, pas question de vous tenir sur la touche ; aux premières loges, vous avez un rôle essentiel à jouer pour aider votre enfant à réussir tout au long de ses années de scolarité.

BON À SAVOIR

Pourquoi ne pas vous inscrire à une association de parents d'élèves ? C'est à ces réunions que vous en apprendrez le plus sur la vie de l'école.

Se tenir au courant

- Votre enfant a besoin de sentir que vous êtes concerné par l'école et par ce qu'il y vit. Parce qu'il ne vous racontera sans doute pas grand-chose, il va falloir aller aux nouvelles.
- Assistez aux réunions de parents organisées à la rentrée, puis une ou deux fois dans l'année, pour connaître la vie de la classe et le projet pédagogique de l'enseignant.
- Restez en contact régulier avec son enseignant : il vous communiquera ce que l'enfant fait à l'école ; vous l'informerez des événements qui concernent la vie de l'enfant et qui peuvent avoir une influence sur son comportement en classe. Assurez-vous que tout va bien et, s'il le faut, faites le point avec lui.
- Intéressez-vous à la vie de la classe et de l'école ; consultez souvent les cahiers et le carnet de correspondance, et lisez toutes les annotations.
- Proposez-vous de temps en temps pour accompagner une sortie de classe : c'est une bonne occasion de nouer des liens avec l'enseignant, de sentir l'ambiance de la classe et de faire connaissance avec les amis de votre enfant – ce dernier sera ravi !

Garantir une régularité

Les études sont formelles : les enfants qui poursuivent une scolarité avec succès ont une vie régulière :

- leur heure de coucher est fixe ;
- ils dorment suffisamment, car l'école est très fatigante ;
- ils prennent un vrai petit-déjeuner avant de partir – s'il l'aime, laissez-lui son biberon ;
- ils ont le temps de se détendre et de jouer ;
- ils n'ont pas un agenda de ministre et ne font pas mille activités.

De cette régularité vous êtes le garant.

Développer sa confiance en lui

Il s'agit, en dernier lieu, de l'atout psychologique. Un enfant réussit mieux s'il a confiance en lui. Pour cela, il a besoin de se sentir soutenu. Un beau dessin ? Une notion comprise ? Un progrès ? Ne ménagez pas vos félicitations ; montrez votre joie et votre fierté. Il n'arrive pas à faire quelque chose ? Positivez : « Tu es sur le bon chemin. Je sais que tu vas y arriver bientôt. » Soutenez ses efforts et encouragez-le à progresser.

Une grande fatigue

Dans les semaines ou les mois qui suivent l'entrée de l'enfant à l'école, il est fréquent qu'il subisse un contrecoup sous la forme d'une grande fatigue. Les causes en sont diverses.

- Votre enfant a des journées sans doute trop longues : non seulement la journée scolaire proprement dite débute souvent tôt, mais beaucoup d'enfants commencent par l'accueil, où les parents les déposent encore plus tôt. Ils enchaînent l'atmosphère de la classe – avec une tolérance plus ou moins grande au bruit, l'importance du contrôle de soi, l'agitation… –, l'ambiance de la cantine – le bruit y est parfois assourdissant, donc très fatigant –, de nouveau la classe, puis parfois l'accueil du soir, qui s'offre de garder les enfants jusqu'à 18 h 30.
- Les rythmes biologiques de l'enfant ne sont pas respectés : il n'a pas son temps de sommeil ; l'alternance des moments d'activité, de concentration et de détente n'est pas suivie.
- Le petit-déjeuner est négligé. Dans le stress, l'appétit de l'enfant encore endormi ne peut pas se manifester. À défaut d'une bonne collation autour de 10 h, il aura du mal à tenir jusqu'au déjeuner sans ressentir de coup de pompe.

Comment y remédier ?

- Veillez sur son sommeil nocturne, source de toute récupération. Il faut que votre enfant ait son compte de sommeil, donc qu'il se couche et s'endorme de bonne heure. Pour cela, il est préférable que l'ambiance familiale soit calme et la télévision éteinte.
- Faites attention à son alimentation. Les enfants ont besoin de légumes verts, de crudités, de fruits, de céréales et de laitages. Demandez à l'école les menus de la cantine et, le soir, équilibrez avec les repas pris à la maison. Évitez le grignotage et les bonbons, qui coupent l'appétit.
- Évitez qu'il regarde trop la télévision. Les enfants de cet âge restent incapables de suivre une histoire, encore moins un reportage ou des actualités ; en revanche,

ALLEZ CONSULTER

Préparer son enfant à l'école comprend plusieurs aspects. Le plan médical ne doit pas être négligé.

- Une visite de contrôle de la vue et de l'audition est indispensable si vous avez le moindre doute.
- Si votre enfant n'a encore jamais été en collectivité, il convient de le vacciner. N'attendez pas le dernier moment, car les réactions peuvent être désagréables et il y a des rappels.
- Si le DTCoq Polio (contre la diphtérie, le tétanos, la coqueluche et la poliomyélite) est le seul vaccin obligatoire, le BCG (contre la tuberculose) et le ROR (contre la rougeole, les oreillons et la rubéole) sont vivement recommandés.

BON À SAVOIR

Une autre source de surstimulation, d'anxiété et de fatigue concerne les « heures supplémentaires » que font les enfants hors de l'école, quand les parents ont hâte de leur apprendre – ou de leur faire apprendre – l'anglais, la natation, la poterie ou le respect des bonnes manières. Halte ! Rien n'est encore joué dans la course à la réussite. Une fois rentré à la maison, votre enfant a droit au repos, à l'ennui, à ne rien faire.

ils sont vite fascinés par l'image en mouvement. Mais le bruit, les lumières et la rapidité constituent un facteur important de fatigue et de surstimulation, mais non de détente.

- Si vous devez le mettre devant la télévision, sélectionnez soigneusement le programme que vous lui destinez. Mais, surtout, ne le laissez pas finir ses soirées face au poste. Il existe bien des façons plus harmonieuses et plus paisibles de glisser dans le sommeil.
- Assurez-lui une hygiène générale de vie la plus saine possible : pas trop de chauffage, des pièces aérées, des vêtements amples et confortables, des moments de détente, des balades dans la nature, un partage de loisirs accessibles à tous les membres de la famille…

DES BESOINS DIFFÉRENTS

À l'école, les enfants subissent une tension forte. Pour ceux qui avaient l'habitude de beaucoup courir ou de vivre plus ou moins en liberté, l'exigence de se tenir tranquilles plusieurs heures par jour peut être un vrai défi – rien d'étonnant à ce que la sortie de classe ressemble à une sortie de fauves… Les enfants ont besoin de crier, de courir, de sauter partout… Un besoin à respecter.

Au contraire, d'autres ont besoin de se retrouver seuls sans leur chambre, au calme, avec leurs affaires et leurs jouets, et de rêver paisiblement, sans qu'on les dérange. Un besoin à respecter.

Les défauts de prononciation

Certains parents s'inquiètent beaucoup quand leur enfant « avale » certains sons, quand il les change et en rend certains inintelligibles.

Il est inutile, voire néfaste, de reprendre un enfant d'une façon systématique, même avec les meilleures intentions.

Le langage est un moyen de communication au service de l'échange et non pas du dressage : ce que dit l'enfant est plus important que la façon dont il l'exprime. Si vous l'interrompez souvent pour lui faire répéter un mot mal prononcé, il aura vite l'impression que vous ne vous intéressez pas à ce qu'il vous dit – et il aura raison.

Le reprendre sur la forme risque de le décourager durablement sur le fond. Son apprentissage est encore fragile et l'enfant souvent susceptible. S'il pense qu'il parle mal, il risque de se détourner de l'envie et du plaisir de s'exprimer librement : son langage progressera moins, et on aboutira au résultat inverse de celui recherché.

Il convient avant tout de parler correctement devant votre enfant, puis de converser avec lui. S'il fait une faute, reprenez simplement la bonne prononciation dans votre réponse. Mieux que tout rabâchage, un dialogue ouvert lui donnera peu à peu le goût des mots et le sens de la forme correcte.
Si l'enfant possède une bonne ouïe, l'écart entre ce qu'il entend et ce qu'il prononce n'est pas une faute qui peut être corrigée, mais une maladresse de la langue, une immaturité du système phonatoire ou une impossibilité temporaire à pouvoir articuler – rien sur quoi l'enfant puisse agir du jour au lendemain.
Dans la plupart des cas, la prononciation s'améliorera d'elle-même au cours de la troisième année, avec l'entraînement et la maturation physiologique. Sinon, il sera toujours temps, au cours de la cinquième année de l'enfant, de faire réaliser un bilan de langage par un orthophoniste.

BON À SAVOIR

Souvent, le jeune enfant a beaucoup de choses à dire, mais encore du mal à les formuler. Sa pensée va plus vite que ses phrases : il y a embouteillage. Il bégaie. Rassurez votre enfant, prenez le temps de l'écouter, donnez-lui la parole régulièrement, et tout rentrera dans l'ordre dans les mois qui viennent.

←

Première rentrée !
Votre enfant est devenu un grand, même si le chemin à parcourir ne fait que commencer…

CONCLUSION

À trois ans, l'enfant est une vraie petite personne. Il a un passé, des connaissances, des expériences. Mais ses centres d'intérêt tournent essentiellement autour de lui-même, du foyer, dont il est un peu le roi, et de ceux qui y vivent.
Dans les trois années qui viennent, qui couvrent en fait les années de l'école maternelle, l'enfant va s'ouvrir au monde extérieur. Il va se faire des copains avec qui il apprendra à faire des compromis, il va vivre à l'école des moments qu'il ne voudra pas raconter, il posera mille questions sur les gens et les choses et il apprendra qu'il n'est qu'un enfant parmi beaucoup d'autres.
Pour toutes ces découvertes, il va s'appuyer sur une énergie débordante, un langage de plus en plus performant et un désir jamais satisfait de nouvelles connaissances et aventures.

Table des matières

Nourrir votre bébé

Sein ou biberon

La tétée

Les débuts à la maison

De la douceur

Un bébé, ça pleure

Le moment de la toilette

Le bain

Les soins du corps

La famille change

Une place pour chacun

Premières séparations

Le sommeil du tout-petit

Des aliments nouveaux

Un changement en douceur

Le repas au quotidien

Bébé grandit

Ce qui change mois par mois

Le jeu et les jouets

La naissance du langage

Un être social

La sécurité du bébé

Les dangers de la maison

Étouffements et intoxications

Des vacances bien préparées

La santé de votre bébé

Le suivi médical

L'enfant de 15 à 17 mois

Qui est-il ?

La propreté : c'est trop tôt

Le moment du repas

Les jeux du faire semblant

L'enfant et l'animal

Savoir lui dire non

L'enfant de 18 à 20 mois

L'enfant de 21 à 23 mois

L'enfant de 24 à 26 mois

Qui est-il ?

Les dangers domestiques

L'ambiance des repas

La propreté de nuit

Les réveils nocturnes

Seul dans sa chambre ?

L'enfant de 27 à 29 mois

Du même auteur

Le guide pratique des mamans débutantes
100 façons de rendre son enfant autonome
100 façons de se faire obéir sans cris ni fessée
L'autorité, pourquoi, comment ?
Traîtez-les comme des mômes !

En format poche

Votre bébé de 1 jour à 1 an
Votre enfant de 1 à 3 ans
Votre enfant de 3 à 6 ans

Crédits photo
© Thinkstock : p. 10, 31, 59, 80, 103, 107, 118, 127, 148, 157, 165, 169, 177, 207, 223, 232, 234, 241, 257, 273, 277, 283, 303, 307, 315, 335, 336-337, 343, 355, 375, 385, 397, 405, 415, 427, 433.
© Shutterstock : p. 19, 43, 51, 189, 195, 219, 269, 295, 327, 347, 367, 379, 425.

Maquette : Maogani
Avec la collaboration de Fabienne Travers

Imprimé en Espagne pas Estella Graficas
Pour le compte des éditions Hachette Livre (Marabout)
58, rue Jean Bleuzen, 92170 Vanves
Achevé d'imprimer : novembre 2015
Dépôt légal : janvier 2016
ISBN : 978-2-501-11153-9

26.8917.3/01